谨以此书献给辽宁社会科学院建院50周年

辽宁社会科学院学者文库

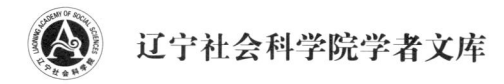

明清史民族史杂识

谢肇华 著

谢肇华文集

社会科学文献出版社
SOCIAL SCIENCES ACADEMIC PRESS (CHINA)

图书在版编目（CIP）数据

明清史民族史杂识：谢肇华文集/谢肇华著．—北京：
社会科学文献出版社，2013.12
（辽宁社会科学院学者文库）
ISBN 978 - 7 - 5097 - 5538 - 9

Ⅰ．①明… Ⅱ．①谢… Ⅲ．①中华民族 - 民族历史 - 明清时代 - 文集 Ⅳ．①K280.04

中国版本图书馆 CIP 数据核字（2014）第 001925 号

·辽宁社会科学院学者文库·

明清史民族史杂识·谢肇华文集

著　　者 / 谢肇华

出 版 人 / 谢寿光
出 版 者 / 社会科学文献出版社
地　　址 / 北京市西城区北三环中路甲29号院3号楼华龙大厦
邮政编码 / 100029

责任部门 / 皮书出版中心 （010）59367127　　责任编辑 / 郑庆寰　丁　凡
电子信箱 / pishubu@ssap.cn　　　　　　　　　责任校对 / 范立君
项目统筹 / 丁　凡　　　　　　　　　　　　　　责任印制 / 岳　阳
经　　销 / 社会科学文献出版社市场营销中心 （010）59367081　59367089
读者服务 / 读者服务中心 （010）59367028

印　　装 / 三河市东方印刷有限公司
开　　本 / 787mm×1092mm　1/16　　　印　张 / 28.25
版　　次 / 2013 年 12 月第 1 版　　　　　字　数 / 468 千字
印　　次 / 2013 年 12 月第 1 次印刷
书　　号 / ISBN 978 - 7 - 5097 - 5538 - 9
定　　价 / 128.00 元

本书如有破损、缺页、装订错误，请与本社读者服务中心联系更换

▲ 版权所有　翻印必究

辽宁社会科学院学者文库编委会

主　任　鲍振东
副主任　曹晓峰　孙洪敏　梁启东　牟　岱
编　委　(以姓氏笔画为序)
　　　　　王　丹　王凯旋　吕　超　孙　航　李天舒　李劲为
　　　　　沈殿忠　张天维　张思宁　张洪军　张献和　陈　爽
　　　　　高　翔　韩　红　廖晓晴

作者简介

谢肇华，1941年8月生于河南省南阳县（今宛城区）东谢营。1960~1965年在中央民族学院历史系读本科。其后曾在辽宁日报社任记者、编辑。1978年春，调入刚复建的辽宁省哲学社会科学研究所（后扩建为辽宁社会科学院），从事史学研究。历任《社会科学辑刊》史学编辑室负责人、历史研究所所长、副院长，助理研究员、副研究员、研究员。曾兼任辽宁省社会科学工作领导小组秘书长，郑州大学历史系特聘教授，辽宁省历史学会副会长、中国民族史学会副会长、中国民族学学会副会长。退休后为中国民族史学会顾问、中国民族博物馆特聘专家。

主要从事东北民族史、明清史、中朝关系史研究，兼及民族学研究。著作有《清代租佃制研究》（合著）、《锡伯族文化史》、《辽宁省少数民族志》之"概述"及"满族篇"、《明代东北边民流移朝鲜研究》，主编《辽宁经济文化研究》、《谢氏故里研究》，参编《中国通史·中古时代·清时期》、《中国历史大辞典·东北民族分卷》、《中国城市史丛书》、《中国历史文化名城丛书》等。自20世纪80年代后期主持东北三省部分清史学者与日本清史学者合作项目先清史迹考察研究起，多次受日、意、法、美、朝、韩学术机构邀请，赴彼方交流、研究、讲学。因学术贡献突出，自1992年起享受国务院"政府特殊津贴"。

总　序

时值壬辰，辽宁社会科学院走过了波澜壮阔的五十年征程。经过精心策划和编排，"辽宁社会科学院学者文库"终呈其面，令人欣喜，从中不难窥见中国学术传统的映像和传承，感知社会科学工作者栉风沐雨、砥砺研磨的艰辛劳苦，雄立潮头、凯歌行进的激情与欢乐。

社会科学研究事业于人类的生存发展意义重大。自有人类社会起，就开始了各种方式的对社会规律的探索，以叩问社会之道，寻求社会的良性发展。这些探索已成为人类探索自身的一部分。社会是人的活动域，有关这一场域的属性、构造、关系、机能等的规律性的研讨构成了社会科学的内容。康德生动、精准而有趣地表述了自然、人、社会的关联："大自然迫使人类去加以解决的最大问题，就是建立起一个普遍法治的公民社会。"（《历史理性批判文集》）人类结成社会以解决来自大自然的威胁，或者说人类以社会的方式告别了自己的自然之属。从那一刻起，社会就作为人的结构的一部分而存在，它和人的关系是那样的密切，以至于建设社会就是建设人自身，研究社会就是研究人自己，在对社会的研究中寄托着人类的希望。一个充满活力和希望的社会关联着人类的未来，在马克思的理想中，"人的社会"将"代替那存在着阶级和阶级对立的资产阶级旧社会"，理想社会"将是这样一个联合体，在那里，每一个人的自由发展是一切人的自由发展的条件"（《共产党宣言》）；社会"创造着具有人的本质的这种全部丰富性的人，创造着具有丰富的全面而深刻的感觉的人作为这个社会的恒久的现实"（《1844年经济学哲学手稿》）。对人类未来的期许成就了社会科学研究充类至尽的学术积淀，成就了社会科学研究事业的光昌流丽、兴旺发达。

社会科学研究事业有着不可忽视的学理传统，即要着眼于基础理论的研究。人类社会代有其变，但有着基本的规律贯穿其间，对这些基本规律的研究延续在数千年来对人类社会的体认之中，其成果构成了社会科学理论的深厚传统，凝聚为人类文明的珍贵积淀，影响着各个时代、各种体制下的社会建设。"天有显道，厥类惟彰"（《尚书·泰誓》）。这是社会科学发展的普世追求。分门别类，彰显根本，对社会之道的追问是社会科学工作者的职责；对人类文明成果的积淀与守护，探索人类社会的运行法则和进步理念，是繁荣发展哲学社会科学研究的题中应有之义。

社会科学研究事业是与时俱进的，这是它的时代性，它由此建立起有差异的合法性、权威性，建立起与所处时代的血脉关联，并以此回应时代之问。时代精神赋予了哲学社会科学分析现实的视角和解决问题的能力，它必须与时代一同发展，葆有向新而在的敏锐性、先锋性，敏锐地在学理传统中整合进时代的质素，以此推进社会的积极发展。对于当下的中国社会科学研究工作者而言，要处理好八种关系，即学术与政治的关系、继承与创新的关系、求真与务实的关系、动机与效果的关系、调查与研究的关系、科研与科普的关系、有为与有位的关系、治学与修身的关系，在全面建设小康社会、开创中国特色社会主义事业新局面的伟大历史进程中，做好本职工作，积极推进哲学社会科学事业发展。

社会科学研究又是一项脚踏实地的事业，它的理论不是面向空中筑楼阁，而是朝向坚实大地的实践结晶，呈具象于大地上繁衍生息的各个人类共同体之中，与具体的生活、建设、发展相联结。它的应用性体现在作为社会管理、政策制定的智库，为具体的社会发展服务。由此，社会科学研究要继续"大兴调查研究之风"的光荣传统。事实上，倡导调查研究是现代中国社会科学研究固有的学术传统，早在 20 世纪初，中国大地上开展的一系列社会调查孕育了现代形态的中国社会科学研究事业，其卓越的成果不仅构架了中国社会科学的基架，而且为中国社会的大变革提供了学理上的合法性依据。当下，中国社会科学研究机构也必须在调查研究中切实致力于发现、认识并解决中国社会的现实问题，把自己打造成党和政府的智囊团。这是它安身立命的价值所在，任何一种脱离了社会现实和应用的社会科学都是没有作为、没有生命力的。

辽宁社会科学院起步于新中国社会主义建设时期的 1962 年，其前身是辽宁省哲学社会科学研究所；迅速发展于改革开放之后，进而蔚为大观。五十春秋，筚路蓝缕，薪火传承，为中国哲学社会科学事业奉献了弥足珍贵的学术成果，并作为辽宁省委、省政府的智囊团，为推动辽宁的经济建设、社会发展和文化繁荣作出了应有的贡献，并在此过程中，造就了一支学有专攻、术有所长的学者队伍，涌现出一批学术精英人才。以我国全面建设小康社会关键的"十一五"时期为例。辽宁社会科学院共完成学术成果3500项，出版著作104部，发表论文、研究报告3266篇，有236项成果获胡锦涛、李长春、刘云山等国家领导人及省部级领导批示，总字数达5056万字。诸多成果不仅显示了特有的学术价值，而且被转化为新政策、新举措付诸实施，带来可观的社会经济效益。有关专家成为辽宁省重点学科——马克思主义哲学、世界经济、金融学、社会学、民俗学、中国语言文学、东北边疆史地史、明清史、东北近现代史、区域经济学的学术带头人。

展望未来，刚刚踏入"十二五"时期的辽宁社会科学院，志在通过五年的努力，建成体制完善、机制灵活、人才聚集、学科布局合理、在国际上有一定影响、在国内位居上游水平、在辽宁省内具有权威地位的哲学社会科学综合性研究机构，成为马克思主义中国化最新成果研究和传播中心、经济社会文化发展战略咨询服务中心、哲学社会科学学术和信息交流中心、地方党委与政府名副其实的思想库和智囊团。

辽宁社会科学院因时而生，为民而谋；孜孜以求，唯兴国以为宏志。共襄五秩盛典，无不鼓舞欢欣，豪情满怀。往事可追，前程在望。感慨系之，谨以为序。

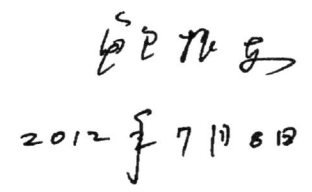

2012年7月8日

自　序

辽宁社会科学院在建院 50 周年之际，决定建设本院学者文库，陆续出版本院学者的文集。这对学术积累，是极为有益的。我忝列其中，实感荣幸。

所选 34 篇论文，大多数文章既属于明清史，又属于民族史；另有几篇，或只是民族史，或只是明清史。为了能涵盖所有文章，文集就直白地命名为《明清史民族史杂识》。"杂识"者，盖所论涉及经济、政治、军事、民族、宗教、对外关系、文献档案、考古文物等，每篇只是点滴管见而已，论文集没有构建理论系统，称之"杂识"，较为贴切。

这些文章所使用的资料，基本上还是传统文献。但有幸的是，20 世纪中期以来，各地档案馆整理出了一批明清档案。本文集第一组文章，就较多地引用了当时还未出版的辽宁省档案馆收藏的明代残档。第二组文章，较多地引用了当时也未出版的中国第一历史档案馆收藏的清代档案，以及从日本抄回的清初"汉文旧档"。第三组文章，较多地引用了朝鲜的文献。第五组文章，还利用了考古、碑刻、宗谱、社会调查等。这是本文集在所用资料方面的一些特点。现在看来，引述的档案可能稍多一些，使有的文章有些冗长。但在当初，有难以割舍的一面，另一方面，也是为方便同行和读者，在这些档案汇编出版之前，它们确多次被其他文章转引。

在学习、研究民族史和明清史的多年里，愈发觉得青年时在中央民族学院接受的历史唯物主义、辩证唯物主义、马克思主义民族观、多民族统一国家的国家观等基础理论的教育，是多么的重要。它每每指导你，能以新的视角研判史料，从而得出真正属于自己的心得感悟。如，研究清代租佃制资料，特别是对押租制和永佃权的分析，你会发现在它封建剥削的基本属性外，加速了佃农的分化，有利于富农经济的增长和经济作物面积的扩大，同时使破产农民增多，这些，都为资本主义萌芽准备了物质条件和劳动力。它的这一面，是封建地主阶级始料不及的。再如，明末农民战争与满洲崛起，它们互为影响，最终满族入主中原。认真回顾中国封建社会的历史，就会看到它有一定的历史轨迹可循，并不偶然。历史上，规模巨大的农民战争，都给周边的少数民族提供了发展壮大的机会。农民战争和民族战争虽然都有不同程度的破坏作用，但又互为影响，共同推动着中华民族整体的发展，推动着全中国社会历史的发展。如若不只站在汉族的立场、不只从中原的角度论是非，得出的结论可能会更正面一些，释放的正能量会更多一些。还有，汉族的先民华夏族，难道只有中原这一个源头吗？在辽宁发现的、与后来汉族天圆地方观念相符的、距今五千年的祭天祭地的圆形和方形祭坛，以及出土的中华民族文化象征的龙形玉器和猪龙形彩塑，这些都是华夏文明的有力证据。这是不是可以认为，东北这方土地，不只孕育了东北夷，同时也是孕育华夏族的摇篮之一。再有，对皇太极民族一体思想的认识，对袁崇焕民族思想的探讨，对多尔衮、洪承畴、施琅与康熙帝在统一全国上所做贡献的分析，等等，虽然"杂识"千差万别，但作者的指导思想是一致的，认识脉络是相通的。

  还应说明的是，有几篇文章是与周远廉研究员、何溥滢研究员合写的，征得他们同意后，也收入在本集之中。虽然在题下注释都已注明，我觉得在文集的前面，还有必要多说几句，使读者了解有关背景。何溥滢和我是本科的同班，工作后从事同一专业，又是一家人，茶余饭后，多有切磋，不免合写一些东西。周远廉先生是我的师辈，他虽供职于中国社会科学院历史所，但他的夫人杨学琛教授正是我读大学时的老师。周先生是清史大家，著作等身，乐意提携后学，对我多有帮助，无私到把他青年时抄录的档案资料，全部交我研用，这是何等博大的胸怀！后来先生在日本讲学时，我也曾协助收集资料并邮寄过去。这种亦师亦友的情谊，不觉已几十年了。

  山有脉，水有源。当这一篇篇文章终于要结集成一本书的时候，不由得想起了当年中央民族学院历史系的恩师们。想起系主任翁独健师曾鼓励我们，"要扎扎实实地写一本书"。想起副主任傅乐焕师从来是一丝不苟地讲课，和他的条理清晰、逻辑严谨的讲义。想起讲课最为幽默生动的徐宗元师，而听他的课又最难记笔记。想起吴恒师认真批改每个同学的课堂笔记，以及对我笔记所下的肯定和鼓励的评语。想起贾敬颜师带领我们在锡林郭勒牧区实习，同吃同住的日日夜夜。更难忘王钟翰师，改革开放之后，

自 序

学术空气活跃,我们经常一起参加明清史、民族史讨论会;又曾一起在大连黑石礁,为《中国历史大辞典》东北民族分卷定稿;师生二人又同赴威尼斯大学、法兰西学院,与欧洲同行交流,朝夕相随,常沐师风,时获指教,受益良多。还有林耀华师、张锡彤师、苏晋仁师、陈永龄师、宋蜀华师、王辅仁师、邝平章师、程溯洛师……诸师虽均已弃教,但师恩难忘。这本集子虽没有多大分量,但可以寄托我对诸师的追念,就权当我献给诸先师的亲自采摘的一束野花吧。

2013 年 6 月 16 日

识于北京拂林园寓所

目 录 CONTENTS

第一篇 明史研究

明代辽东军户制初探
　　——明代辽东档案研究之一 ………………………………………… 3
明代辽东军屯制初探
　　——明代辽东档案研究之二 ………………………………………… 26
万历后期的矿税之祸
　　——明代辽东档案研究之三 ………………………………………… 40
明代女真与汉族的关系
　　——明代辽东档案研究之四 ………………………………………… 67
明代灶户的分化 ……………………………………………………………… 80
明末农民战争与满洲的崛起
　　——兼论中国封建社会农民战争对民族关系的宏观影响 ………… 95

第二篇 清史研究

清代前期的实物分租制 ……………………………………………………… 111
清代实物定额租制的发展变化 ……………………………………………… 132
清代实物定额租制的特点及其影响 ………………………………………… 146
清前期永佃权的性质及其影响 ……………………………………………… 160
从乾隆刑科题本看东北旗地的经营方式 …………………………………… 174
清代的佃农 …………………………………………………………………… 183

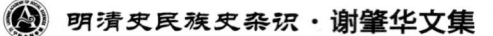

关于汉文旧档《各项稿簿》·· 199

第三篇　明清与朝鲜关系研究

鲜初的中国流人与朝鲜的应对之策······································ 209
评析朝鲜对建州卫女真的第一次用兵·································· 222
清入关前后对朝鲜政策的变化·· 230
清朝与朝鲜的中江贸易·· 238

第四篇　明清人物研究

猛哥帖木儿论··· 253
简论努尔哈齐朴素的辩证法思想·· 264
论皇太极的民族一体思想··· 274
论袁崇焕的民族思想··· 283
力助清朝统一全国的摄政王多尔衮····································· 293
论洪承畴修身治国的特点··· 312
施琅与康熙帝对规复台湾的贡献·· 327
施琅的思想方法与台湾的规复·· 337

第五篇　民族史研究

辽宁民族源流概述··· 349
元明之际建州女真向高丽-朝鲜的流徙································ 358
释辽阳广佑禅寺住持圆公塔铭
　　——兼谈明初女真社会的几个问题······························ 366
浪孛儿罕事件与女真族民族精神的觉醒······························ 373
北镇县满族的多元性及礼俗文化的融合······························ 384
从一份"家训"看清后期满族的族长制································ 392
锡伯族的宗族文化··· 398
为何谢氏家谱都定炎帝系申伯为始祖而不涉黄帝系············ 407
再论谢氏始祖为炎帝系申伯及谢邑在南阳宛城区谢营
　　——兼谈"召伯虎说"与"信阳说"之离谱处················ 417

第一篇

明史研究

明代辽东军户制初探*

——明代辽东档案研究之一

明代辽东档案有一千零八十卷,是一九四九年在沈阳故宫发现的,原藏东北档案馆,现存辽宁省档案馆。

这批档案本系明代辽东各官署的文件。一六二一年三月后金国汗努尔哈齐率领八旗官兵进驻辽沈以后,一来不懂得这批档案的史料价值,二来当时极缺棉花,就将一部分明档用来代替棉花,絮入包装"信牌"的囊袋夹层。由于它被剪成信牌形状,所以现在称为"信牌档"。另一些档案被用来裱糊沈阳宫殿的屏风,因而今天被叫作"屏风档"。这批档案大多是残件,有的首尾不全,有的中间残缺;原来的顺序也被弄乱了;有重复的,有缺页的,也有前后颠倒的。据其残损程度,又被分为甲、乙、丙、丁四类。

这些文件起于洪武年间,止于崇祯末年。它详细地、具体地、比较真实地载录了明代辽东地区经济、政治、军事、文化、民族关系等方面的情况,是研究明史,特别是辽东地区历史和清初历史的珍贵资料。

我们对这批材料做了初步的研究,觉得有不少问题值得探索。本文首先介绍和论述明代辽东的军户。

军户制度是明代的一项重要制度。明初全国有二百万军户,占户口总数的五分之一。[①] 弄清军户制,对研究明代的军事、政治、经济制度和阶级关系、阶级斗争等问题,都有重大的意义。

对于此事,虽然《明实录》等官方典籍和私人著述多有涉及,但不够

---

* 与中国社会科学院历史所周远廉研究员合写,原载《社会科学辑刊》1980年第2期。

① 《明太宗实录》卷33,永乐二年八月庚寅,都察院左都御史陈瑛言:"以天下通计,人民不下一千万户,军官(官军)不下二百万家。"据《实录》,该年全国著籍人户是九百六十八万五千二十户。

具体,明档则有上百件专谈这个问题。现以明档为主,结合有关文献,对辽东军户制的若干侧面做些探讨。

一 明代辽东军户的来源

明太祖朱元璋夺取全国政权以后,在统治和役使人民方面,因袭了元朝统治者配户当差的老办法,仍然把全国百姓分成军、民、匠、灶等不同类型的户。这些不同类型的人户,分别籍属于中央不同的部,承担不同的差役,而且不准改籍,役皆永充,世代延续。军户,就是供应军役的户,著军籍,隶兵部。

关于军户的来源,《明史》在总论明朝兵制时指出:"其取兵,有从征,有归附,有谪发。"① 既包括随从朱元璋起义反元的人户,归降、依附的元军和义军的人户,因罪充军的人户,又包括民户因"垛集"而一时变为军户的,元代的旧军户等。

辽东的军户,大多是谪发的。《明史》指出:"初太祖沿边设卫,惟土著兵及有罪谪戍者。"② 这在明档中有突出的反映,因罪充军的记载很多。明档丙类五十三号、五十八号(原系一件,整理时分为两件)是各地谪发辽东都司某卫充当军士的清册,分别载明充军人的姓名、原籍、充军时间和罪名及逃故年月。比如:"一名,宋辉,系本县(浙江省武义县)在城西隅人,洪武二十五年,为不应事,充本卫左所百户赵文所总[旗□□]……小甲缺下军,本年六月内故。"由于该档记录了二百六十五名军犯的情况,约有一万六、七千字,不便全引,仅选录若干条,列表如下,以观其一斑(见表1)。

表1 各地谪发辽东都司某卫充当军士情况

姓名	原籍	充军时间	充军罪名	逃故年月
叶官保	×县在城西五隅人	洪武二十五年	为剁指事	洪武二十六年二月故
王 道	×县在城东二隅人	洪武二十五年	为不应事	洪武二十八年二月故
于子祥	×县在城南八隅人	洪武二十五年	为违法事	洪武二十六年二月故
姜道伍	×县依任乡七都庚字圩人	洪武二十五年	为不法事	本年六月故

---

① 《明史》卷90《兵二》。
② 《明史》卷91《兵三》。

续表

姓 名	原 籍	充军时间	充军罪名	逃故年月
□道胜	×县十都三保人	洪武二十五年	为马草事	洪武二十六年二月故
沈来孙	×县一都人	洪武二十五年	为马匹事	洪武二十七年七月逃
王 亮	×县二十九都二保人	洪武二十五年	为党送事	本年二月故
朱小二	×县十四都人	洪武二十五年	为私盐事	洪武二十六年二月故
何伏四	×县四都人	洪武二十五年	为盐法事	本年二月故
应佛伍	×县人	洪武二十五年	为钱粮事	洪武二十六年十一月故
范 肆	×县十四都人	洪武二十五年	为粮草事	洪武二十八年六月故
叶叔同	龙游县三十一都人	洪武二十五年	为法除民害事	本年闰十二月故
□□□	×县中隅人	洪武二十五年	为起宗事	洪武二十九年二月故
杨允中	×县人	洪武二十五年	为黄册事	永乐二年九月故
郑良舍	送安县五都人	洪武二十五年	为钞法事	洪武三十五年五月故
□□□	□□□□□	□□□十五年	为钱法事	洪武二十九年十月故
王思发	静乐县围城都人	洪武二十五年	为未完勘合事	永乐二十年十□□
□□贰	×县九都人	洪武二十五年	为不举事	本年九月逃
朱受一	×县三十五都修字圩人	洪武二十五年	为巡补事	洪武二十八年三月故
王 信	本县（福山县）松江社人	洪武二十五年	为力士事	□□□□年 九月故
王 输	泰原府徐沟县人	洪武二十五年	为起送老人事	洪武□□□□□
周原善	×县东北隅人	洪武二十五年	为说事过钱事	本年七月故

根据表1所示，我们可以看出六个问题：第一，因罪充军的名目繁多，统治人民的法网细密。表1载录的充军罪名有二十二种：为剁指事、为不应事、为违法事、为不法事、为党送事、为马草事、为马匹事、为私盐事、为盐法事、为钱粮事、为粮草事、为法除民害事、为起宗事、为黄册事、为钞法事、为钱法事、为未完勘合事、为不举事、为巡补事、为力士事、为起送老人事、为说事过钱事。若不是档案残缺，名目一定还会更多。不过就是这些名目，已经清楚地表明，大到国家粮赋，小至个人一言一行，处处有禁，动辄得咎。人民已经像被网起来的鱼儿一样，根本没有行动自由。

第二，这些充军的罪名，大大超过了明廷正式规定的条文。洪武时，明王朝曾明确规定了"合编充军"的二十二条，即"贩卖私盐。诡寄田粮。私充牙行。私自下海。闲吏。土豪。应合抄剖家属。积年民害官吏。诬告人充军。无籍户。揽纳户。旧日山寨头目。更名易姓家属。不务生理。游食。断指诽谤。小书生。主文。野牢子。帮虎。伴当。直司。"① 上述档案记录的二十二种充军罪名中，只有私盐、钱粮、剁指三项符合这项正式规定，盐法、粮草、法除民害三项，可能与此项规定也有些关系。其余如不应事、黄册事、起宗事、党送事等十多种充军罪名，虽皆与"合编充军"的律令无关，但照样被强行解到辽东卫所充军。②

第三，轻罪重惩，滥施刑罚。既然档案记录的二十二种充军罪名中，有三分之二以上的罪名不符合明廷充军的律令，那么明王朝各级政权滥施刑罚的情况，就显而易见了。比如，在明档丙类五十三号和五十八号记录充军的二百六十五人中，"为不应事"有八十九人，占总数的33.6%。什么是"不应事"？就是"不应为而为之事"。这个"不应事"伸缩性很大，凡是封建政权认为不应该的，看着不顺眼的，都可以诬为"不应事"。真是欲加之罪，何患无辞！这仅是"滥"的一个方面。另一方面，按照刑律，"不应事"本非什么大罪，一般是"杖八十"即可了结，可是反倒变成了只比死罪低一等的充军大罪。这是"滥"的另一方面，即轻罪重惩的一面。又如"为马草事"、"为黄册事"等条，都不属大罪，可是都要充军。

这种滥施刑罚，大量逼民充军的情况，在明廷大臣的奏疏中也有所披露："而所谓罪者（指充军之罪），或粮赋违限，或工作误式，甚而至于洪、永之际，奏请小有不合，僚属偶尔不和，又甚而死事逮于群众，诖误累及亲友，纵其身罪合，而今应补者日以远也。"③

第四，残酷镇压人民的反抗。档案记录"为剁指事"而充军的达九十九人，占总数的37%，为犯罪充军中人数最多的一种。所谓"剁指"，不是剁别人之指，而是剁自己之指。这是劳动人民困于苛敛重赋，苦于当兵远戍，而被迫采取的自身致残的办法。这种现象在明代相当普遍，它是抵制、反对封建国家剥削奴役的一种消极手段。但是，统治阶级对人民的镇压是全面的，无论是积极反抗，还是消极反抗，它都要镇压。

---

① 《诸司职掌》刑部司门科，页11下-13上，载《玄览堂丛书》第48册。
② 《明律集解附例》载称，充军条例在弘治时增至四十六款，嘉靖时增至二百十三款，万历时又增至二百九十三款，比洪武时"合编充军"的二十二条包罗的宽得多，但这是一二百年以后的事了。
③ 王世贞：《议处清军事宜以实营伍以苏民困疏》，《明经世文编》卷332。

《大诰》把"断指诽谤"定为"杂犯死罪"①，因为皇帝"恩赦"，减免一等，才改为充军。

"合编充军"条例中的"不务生理"、"游食"等条，亦是明廷针对贫民的反抗而规定的。所谓"不务生理"，就是穷到了没法"务生理"的地步，不是无土地，便是无牛具，因而再不能够为封建国家种田、纳粮、当差了。所谓"游食"，就是企图摆脱国家户籍，不愿纳粮当差的游食之民，也即朱元璋说的"若有不务耕种、专事末作者，是为游民，则逮捕之"。②因为"不务生理"、"游食"之人，已经不对封建国家尽"民"的"本分"了，所以要逮捕他们问"罪"，强迫他们从军，这是对人民哪怕是一点点微小反抗的残酷镇压。至于"合编充军"中的"旧日山寨头目"一条，更是赤裸裸针对元末反抗暴政的农民义军。

第五，充军的人来自天南海北，地域十分广泛。档案丙类五十三号和五十八号，记录的是一个卫的情况。充军到这一卫的人，来自许多不同的地方。仅可查出地名的，就有浙江省的武义县、龙游县、丽水县、遂安县、龙泉县；山东省的蒄城县、福山县、文登县、栖霞县、夏津县、日远县；山西省的泰原县、静乐县、徐沟县、崞县、泽州，共计三省十六个州、县。每一县又分若干乡、里、都，不少乡、里、都有充军之人。例如丽水县下就有六都、七都、十都、十一都、十三都、十九都、二十都、四十九都等处之人充军。有的都甚至有好几个人充军的，如丽水县的十一都，就有张仲新、肖伍朝、叶在善、梅仲机、叶幼等五人同时充军到该卫。③

第六，因罪充军的人很多。按明制，每百户所设总旗（或名总甲）二，各辖军士五十六名。而明档丙类53号、58号载明，在洪武二十五年一年内，充军到该卫后所百户薛方所总甲某名下的，就有陈佛受、叶官保、于

---

① 见《诸司职掌》刑部都官科，页19上，载《玄览堂丛书》第48册。
② 《明太祖实录》卷208，洪武二十四年四月癸亥。
③ 《明代辽东档案》（以下简称《明档》，辽宁省档案馆藏），丙类53号，丽水县下载有："一名，张仲新，系本县十一都人。洪武二十五年，为不应事，充本卫左所百户邹□……小甲缺下军。""一名，肖伍朝，系本县十一都人。洪武二十五年，为马草事，充本卫左所邹荣所□玉小甲缺下军。""一名，叶在善，系本县十一都人。洪武二十五年，为不应事，充本卫左所百户邹荣□□玉小甲缺下军。""一名，梅仲机，系本县十一都人。洪武二十五年，为马草事，充本卫左所百户邹荣所蒋玉小甲缺下军。""一名，叶幼，系本县十一都人。洪武二十五年，为剁指事，充本卫后所百户薛口……小甲缺下军。"

子祥、陈显、许孟、查荣、张善、倪安保、陆阿三等二十一人。① 这还是根据残档做出的不完全统计，可见因罪充军的比重是多么的大。

这些档案的记载，并不是孤立的、局部的现象，而是符合历史实际的，与其他文献的叙述也完全吻合。据《明史》载："明初法严，（充军之人）县以千数，数传之后，以万计矣。"②

自从洪武四年（1371）明都指挥叶旺、马云率兵入辽，陆续设立卫所以后，明王朝就不断遣发罪犯充军辽东。洪武十八年（1385），明太祖朱元璋命令赏赐辽东军士，因为这时"谪发者"已是辽东军士的重要组成部分，所以不得不打破"例不赏赐"的旧规，特意指明对"谪发者"也要赏赐。③ 洪武二十年（1387），朱元璋还专门对谪戍辽东之人下诏说："凡吏民谪发辽东戍守者，各以时力田讲武，不得更上封事，论诉是非，违者罪之。"④ 遣发罪犯充军辽东的直接记录也时有出现，例如：洪武二十九年（1396）三月，清水江中平等寨"群蛮聚众为乱，贵州守御官军捕之，获从乱蛮人五百，械至京师，俱宥死给衣，谪戍三万卫"。⑤ 同年六月，因会同县所辖上下十八洞的"蛮民"不遵约束，各立栅寨，"置标枪刀弩，拒命不供赋役"，明廷发兵攻剿。以所获"顽民"械送京师，"谪戍三万卫"。⑥ 类似的记载还有不少。所以，管领辽东的山东巡按张聪，在论及辽东的军兵情形时，得出"辽东军士，多以罪谪戍"⑦ 的结论。

辽东的军户，除了因罪谪戍的以外，还有从征兵士留戍辽东的，⑧ 金女

---

① 《明档》，丙类53号载有："一名，陈佛受，系本县十三都人。洪武二十五年，为剁指事，充本卫后所百户薛方□成小甲缺下军。"等等，共十二条；丙类五十八号载有："一名，倪安保，系本县十二都利字圩人。洪武二十五年，为剁指事，充本卫后所百户薛方所总甲张成小甲缺下军。"等等，共九条。

② 《明史》卷93《刑法一》。

③ 《明太祖实录》卷171，洪武十八年二月戊午："命赐辽东等处军士钞，尝从征者人三锭，谪发者人二锭。"卷240，洪武二十八年八月辛巳："赐山东辽东诸卫恩军棉布各二匹、棉花二斤。初，以恩军为宥罪之人，比之正军例不赏赐。至是，上以边地苦寒，特命赐之。"

④ 《明太祖实录》卷182，洪武二十年六月甲申。

⑤ 《明太祖实录》卷245，洪武二十九年三月庚辰。

⑥ 《明太祖实录》卷246，洪武二十九年六月辛丑。

⑦ 《明宣宗实录》卷107，宣德八年十二月庚午。

⑧ 《明太祖实录》卷86，洪武六年闰十一月癸酉："置定辽右卫于辽阳城之北，立所属千户所五，命定辽都卫指挥金事王才等，领原将山东诸卫军马屯守。"

真为兵的，^① 因为所占比重不大，这里就不详细论述了。

以上情况表明，封建国家的专制权力，人丁对国家的封建人身依附，是建立军户制的基础。明王朝统治集团正是运用封建国家的这种专制权力，利用全国人丁隶属于封建国家的人身依附关系，施行暴力，镇压反抗，强迫佥发大批贫民当兵，建立了军户制度，从而形成了辽东的军户。

二 军户制对军户、兵丁的残酷剥削和压迫

据明档丙类53号和58号各地谪发辽东都司某卫充当军丁清册的统计，在洪武二十五年充军的约有二百五十四人，死亡的约有二百一十五人，占84.6%。其中洪武年间，即在头七年内死亡的，约有一百七十八人，占充军总数的70%。而在洪武二十五年当年死亡的竟有六十八名，占充军总数的26.8%；第二年死亡的二十九名，占11.4%。充军之人，多系壮丁，为什么会死得这么多、这样快？原因不难理解，那就是封建专制国家对军户、兵丁残酷压迫和剥削所造成的。明王朝要对军户、兵丁进行剥削，就必须先把他们束缚起来，实行严格的军事编制。这种军事编制包括两个方面：一是军户单独成籍，二是兵丁固定卫所，这都是具有强制性的。

关于军户单独成籍，上面已经提到。明王朝统治者的根本目的是："凡军、匠、灶户，役皆永充。"^② 因此，对于保持军户的军籍极为注意。明宣宗朱瞻基曾谕示兵部："朝廷与军民，如舟车任载，不可偏重。有司宜审实，毋混。"^③ 为"军"者世代为"军"，为"民"者世代为"民"，严禁军籍改入民籍。只有两种例外的情况：或皇帝亲自恩准，或官至兵部尚书，才能除去军籍。但这种机会都是绝少的。《明史》兵志曾记述一例："宣德四年，上虞人李志道充楚雄卫军，死，有孙宗皋宜继。时已中乡试，尚书张本言于帝，得免。如此者绝少。户有军籍，必仕至兵部尚书始得除。"^④ 军户只有这样永远固定起来，才可能"永充"统治者"任载"之"舟车"，

---

① 《明太祖实录》卷178，洪武十九年秋七月戊午："置东宁卫。初，辽东都指挥使司以辽阳高丽、女直来归官民，每五丁以一丁编为军，立东宁、南京、海洋、草河、女直五千户所分隶焉。"
② 《明史》卷78《食货二》。
③ 《明史》卷92《兵四》。
④ 《明史》卷92《兵四》。

供其驱使。

　　有了固定的军户，可以保证兵源不枯竭，而要想任意役使兵丁，还需把兵丁编置起来，这就是卫所编制。其法大体是"度要害地，系一郡者设所，连郡者设卫。大率五千六百人为卫，千一百二十人为千户所，百十有二人为百户所。所设总旗二，小旗十，大小联比以成军。"① 总旗即总甲，小旗即小甲。洪武二十一年（1388）秋，明廷更"令卫所著军士姓名、乡贯为籍，具载丁口，以便取补"。② 其具体做法是："一样造册二本，将各总小甲军人姓名、年籍、乡贯、住址，并该管百户姓名、充军卫分，注写明白。一本进赴内府收照，一本同总小甲军人付该管百户，领去充军，仍咨呈该付作数。"③ 这样，对兵丁的控制就更严了。军丁充军的地方，大体上也是一定的，基本上是南方人谪戍北方，北方人谪戍南方。"如浙江、河南、山东、陕西、北平、福建并直隶应天、庐州、凤阳、淮安、扬州、苏州、松江、常州、和州、滁州、徐州人，发云南、四川属卫；江西、湖广、四川、广东、广西、并直隶太平、宁国、池州、徽州、广德、安庆人，发北平、大宁、辽东属卫。"④ 这当然也不是绝对的，如上引明档记录，充军到辽东的，就有山西和山东之人。统治者的用意是：路程遥远，防止军丁逃亡。

　　对于军丁的逃亡，明廷是严行禁止的。明律将"从军征讨私逃再犯"和"三犯逃军"，都定为"真犯死罪"。⑤ 对于"一次、二次在逃囚军"，处理稍轻一点，兵部要"照例刺字，依律杖断原伍旧军"。"若系在京军人，调发外卫"。⑥ 法律不仅规定了对逃军的惩处条例，同时也对"两邻里甲"、"众百姓"发出了严厉警告："毋得隐藏逃军，虽是至亲，必须首告"，否则，"两邻并影射之家，尽行拿充军役"。对于"隐藏逃军之家"，则"全家拿赴京来，迁居化外"，"家私就赏捉拿之人"，⑦ 惩处是够狠的了。

　　卫所的军丁一旦逃亡、老疾或病故，则必须勾取原户壮丁补充，是谓清军。明律规定："凡各卫所开报逃故并老疾勾丁代役军人，先须查对乡贯

---

① 《明史》卷90《兵二》。
② 《明史》卷92《兵四》。
③ 《诸司职掌》刑部司门科，页11下－13上，载《玄览堂丛书》第48册。
④ 《诸司职掌》刑部司门科，页11下－13上，载《玄览堂丛书》第48册。
⑤ 《诸司职掌》刑部都官科，页16下－18上，载《玄览堂丛书》第48册。
⑥ 《诸司职掌》兵部职方科，页23下－24上，载《玄览堂丛书》第48册。
⑦ 《大诰续编》，逃军第七十一。

住址明白，具手本赴内府给批，差人前去，着落有司官吏，逃军，根捉正身。如正身未获，先将户丁起解补役，仍根捉正身补替。其故军，勾取户内壮丁补役……老疾军人，就留原籍住坐，将户下壮丁起解替役。"① 军士若被少数民族统治者掳去，亦勾原户壮丁充补。② 总之，只要籍为军户，不管遇到什么严重情况（老疾、被掳、死亡等等），都还得为封建国家供军丁，服军役。

清军给人民带来的灾难极为沉重。宣德时，有些地区因此而"株累族党，动以千计"。③ 到"嘉靖初，捕亡令愈苛，有株累数十家，勾摄经数十年者，丁口已尽，犹移覆纷纭不已"。④ "每当勾丁，逮捕族属、里长，延及他甲，鸡犬为之不宁"。⑤ 清军如此害民，以至《明史》的作者也借他人之口议论说："论者谓（充军）既减死罪一等，而法反加于刀锯之上，如革除所遣谪，至国亡，戍籍犹有存者，刑莫惨于此矣！"⑥

明王朝正是通过这些手段，来保证兵源，对军士进行残酷剥削。

在军户的差役里边，最根本的一项是服兵役。明初规定，每一军户必须出一丁，到指定的卫所当兵。到永乐时期，由于军事行动增加，竟强令一个军户出数丁当兵。有多达三丁、五丁为兵的，简直是全家壮丁都为军了。这种"重役"，在宣宗以后虽有所减轻，但一直未能彻底改变。一家数人当兵的事情，在档案里面也有反映。例如，成化十七年（1481），记录有王秀祖父共垛一军的事情：

> 旧军王英儿捏作故军，原籍清勾，蒙本县将秀同妻□……瘦子帮军不缺。今来若不状告，切思祖父共垛一军，见有军余不缺，带回原籍，听继军伍便益，有此具状来告山东监察御史大人处，详状施行。成化十七年正月十八日告。⑦

这种情况，其他史籍也不乏记载。比如，正德年间，有一家二名壮丁

---

① 《诸司职掌》兵部库部，页39，载《玄览堂丛书》第48册。
② 《明宣宗实录》卷28，宣德二年六月丁卯："辽东三万卫总甲张显言……盖其人被掳时，原卫已取户内壮丁补伍。"
③ 《明史》卷92《兵四》。
④ 《明史》卷92《兵四》。
⑤ 《明史》卷93《刑法一》。
⑥ 《明史》卷93《刑法一》。
⑦ 《明档》，丙类11号。

同时当操守旗军的。① 隆庆年间，有一户四丁而三丁当兵的，也有一户二丁全部当兵的。②

军户要给军士置办军装，筹备路费，费用相当浩大，常常因此倾家荡产。这几乎成了普遍的情况，以至不能隐瞒。管理清军的给事中徐贞明曾言："勾军东南，资装出于户丁，解送出于里递，每军不下百金。大困东南之民……"③ 这些费用，有时还要强加在军丁的亲族头上，即"亲族有科敛军装之费"。④ 为了羁绊军丁不致逃亡，明廷允许甚至提倡军丁携带家属。如果出军役时加上办婚事，那情况就更不堪设想了，"民间娶妻、佥解路费、军装，无虑百金，故一军出，则一家敝，一伍出，则一里敝……往往见新军殊死，号泣道路"。⑤

军丁被押解到卫以后，须向卫官行贿，交"见面钱"或"拜见钱"，这竟然成了常例。明档记有：

> 管队张春"索要见面钱，张玉银八钱、崔祥银□……罗中拜见钱铜壶一把，入□□□□□□将黑漆纸鬏髻四十个，共值银四钱……"⑥

连《明史》这种官修"正史"，也不得不承认，军丁每"至所充之卫，卫官必索常例"。⑦ 需要行贿的事情很多，例如，军丁不许外出，因故外出，就得行贿，甚至回原籍扫墓，还需交银一两。⑧

军户的另一项经常性的差役，就是被迫耕种屯田。谪发辽东的军兵，绝大部分被用来屯耕，要缴纳高额屯粮，受很重的剥削。明初，辽东军屯的情况大体是，"八分屯种，二分成逻。每军限田五十亩，租十五石"。⑨ 对于屯军的全面情况，将另文专述，这里就不细说了。

此外，军户还要承担各种官役。明代的徭役，大致有三种：里甲、均

---

① 《大明会典》卷155《兵部·军政·起解》。
② 《明穆宗实录》卷62，隆庆五年十月乙未。
③ 《明史》卷92《兵四》。
④ 《明史》卷93《刑法一》。
⑤ 汪道昆：《辽东善后事宜疏》，《明经世文编》卷337。
⑥ 《明档》，乙类119号。
⑦ 《明史》卷93《刑法一》。
⑧ 《明孝宗实录》卷196，弘治十六年二月庚戌。
⑨ 《明宪宗实录》卷244，成化十九年九月戊申，毛泰奏。

徭、杂泛差役。按照法令规定，军户的军田可以免除杂役。事实上，军户除负担"里甲"、"均徭"之役外，还是要应承各种杂役的，即"正军领马操备，余丁各有差役"。① 这种情况在屯军里最为突出。屯田的正军和军余，往往要承担养马、打柴、打草、修建、筑堤、运粮、烧炭等差役，甚至还要为官府运送与己毫不相干的铜铁。② 因此，"总理屯盐都御史"庞尚鹏在总论屯田之弊时指出："若论其大端，则房患不时，科差无度，最为屯田之梗，而侵盗克剥次之。"③ 特别强调的一点，就是"科差无度"。

军户、军丁还遭到各级官吏非法的盘剥奴役，有的甚至被逼勒致死。这在明档里有大量的记录。请看镇抚张春对军丁崔祥等人科索的情况：

>……被害不过，脱走回屯，差管事军人李旺拘催得户丁崔祥，前来更替□……布一匹。本年闰三月内，军人张洪年老，告将户丁张玉代役，要银八钱。弘治十年五月，有军人罗五十病故，将户丁罗中代役，要银七钱，铜壶一把。本年九月内，散在军人董俊、周文、余能、金全等四名，每名黑漆纸鬃髻十斤（个），要谷草一车。鬃髻四十斤（个），要草四车。弘治十一年正月内，有军人周文老疾，告将余丁周芳替军，要银一两。替后又要银五钱，送周芳跟都指挥张俊作识字吏，俱是贪赃。
>
>十月内，每军科要狐狸皮一个，做皮袄备寒，每个用银三钱买交。内有军人线林、王原……狐狸皮不堪，退出要换。今弘治十一年四月内，存留军人白二汗在家熟皮，不去防护。
>
>去迤西防护人夫修边，本官令军人韩能、崔得、罗五十、王祥、徐敬同洪□……打柳木杆，着各军官马连芦席、干鱼驮送辽阳城西地名三里庄（家里）。④

可以看出，军丁代役时要勒索，安排好差事要勒索，变季节的时候也要勒索。勒索的东西有白银、布匹、谷草、狐狸皮、柳木杆、芦席、干鱼，应有尽有。甚至在防边吃紧之时，这个张春还不忘损"公"肥私，留下军人为自己熟皮子，即使到边防的，也要抽出一些人为自己搞"副业"，捞

---

① 《明孝宗实录》卷196，弘治十六年二月庚戌。
② 《明神宗实录》卷222，万历十八年四月辛巳。
③ 庞尚鹏：《答王总制论屯盐书》，《明经世文编》卷360。
④ 《明档》，丙类25号。

外快。

再看王瓉、戴英揭发老吏周祥虐待余丁一例：

> 今弘治九□五月，有本百户所老吏余丁周祥妻李氏在家倚大，要行见害，是瓉不从，（就）被本妇串同伊亲孟广、孟位住、周和尚、周升、周山马同男妇韩氏，上瓉门首欺侮，将家产毁坏缸二个、盆二个。是瓉含忍不过，要行告理。后周祥回家，带领周和尚等十数余名，将瓉踩打肿，抢去绒帽一顶、三梭布衫一领、褶儿一腰，抢去无存。不期老吏周祥在卫谋干，弘治六年管收三年，每年椿木二百五十车、芦苇三百车，尽数卖放，讨钱肥己。……不期先年迎承管事，要英青儿马一匹，算银五两，凭中见人张昂，至今拖欠，累讨不还。又得本丁将男妇韩氏欺奸，有妇前到瓉窗下敢叫，瓉得知。又将役占本百户所余丁丘全等十数余名牛马人力，俱无远近差役，讨钱肥己。……老吏周祥不守公道，假公干私科害等情，将椿木、芦苇、砖瓦装运地名郎均在，起盖房三间住坐。①

一个小小的管收旧吏，对余丁可以毒打、抄家，可以私收实物上千车，可以役占余丁十数名，盖起三间"别墅"，其他卫官势要盘剥役使余丁的情况也可推想而知了。

有些军士余丁，不堪盘剥奴役，竟有被逼勒致死者。请看明档记录招头杨景时逼死林秀等人的案卷：

> ……早辰，守堡镇抚刘谦在演武厅内点□□□器听候阅时。彼有林秀军器不堪，令未到□……通点已毕，本官将各军亲管招首、管队旗器数比较，景时与小甲王英每名责打二十棍，严□……景时就不合用言咸逼林秀：你的军器不堪，将我辄等语。至巳时分，林秀恐累时责打，密用白麻兀刺袋□□□去演武厅房梁上自缢身死……比时，王英与辛淮等九名各不合将尸坑浅挖埋，以致狼狗（刨）开，将尸拖拽，食残无存。本月内，有伊父林聚才得知，到堡探望。景时因见林秀缢死，缺人当军，又兼听候问实，就将林［聚才］捉拿应役。比伊不从，景时将伊责打二十棍，锁项交□□□□□在官军人许英不合

---

① 《明档》，甲类41号。

手拿铁锁，将伊下牙打落……

　　添［杨景］时先撒派本招军士七十三名，每军兀刺［一双银二钱，弓弦一条银一钱］，共勒要银二十一两六钱，因男家窘口口口责打四十棍，棒疮举发，气绝身死等项实……①

因家贫，没有好军器，就要挨打。被逼死了，尸体让狗吃了，还不罢休，探视的家属还要挨棒打，被充军。家寒窘，不堪勒索，也要被毒打而致死亡。卫官贪婪残暴的形象，真是跃然于档案之中。

除此之外，还有些狡猾的官吏，在勒索军士、余丁时，常常搞点伪装，"设计套银"。兹举嘉靖二十五年（1546）铁岭卫军犯董朝用告发掌案积吏罗通一例：

　　……问拟朝用徒三年，发本城边墩复注空守哨，满日疎放，照旧充军。押□到堡，当有掌案积吏罗通设计套银，故称守堡用刑时锁，你可凑些银物送他。将红赤骒马一匹变卖与客人赵三，改机一桶，银二两交付本丁，收送了讫着役。至本年七月内，遇蒙恩宥，例该释放，照旧回卫应役。今本年五月内，不料污吏罗通假捏批文，随带军人马镗，不知何处差遣，到朝用家说称，各处查点徒夫，替你使银打点，二人又索银物一两二钱，本丁收存。②

有时候，贪官们勒索不均，以致互相告发，出现狗咬狗的局面。请看嘉靖二十一年（1542）海州卫指挥佥事林相与李春的互相揭发。林相揭发李春：

　　……指挥李春拦挡，军夫停止，不行做工，差令管队秦端、管工董杲、写字李振等，将做工军余高也儿、赵杲、王堂等四十队共一千名，每名科收银一钱，共银一百两，不知何用。③

李春揭发林相：

　　……指挥林相谋干前来督修东胜并本堡工程，在彼住扎，□思

---

① 《明档》，乙类 153 号。
② 《明档》，甲类 55 号。
③ 《明档》，甲类 44 号。

军苦,每日科逼队伍军甲王付等管办,各日不等,共要烧酒四十壶、鸡四十只、肉四十斤、粳米八斗、青酱二十碗,同伊弟林二并亲识等十余人往来吃用。仍科要军余曹隆、魏住、宁景、刘春及五百户所黄青甫等各鹅不等,共鹅九十三只。台军王成、铺司兵丁那海等共银二两、马尾网巾一十六顶,俱本官科要入己。仍将做工夫丁李序、汪钦等每队二名,共夫四十二名,私役割田使用一十余日,不修边工。贪心不足……①

明档中有关官吏盘剥军丁的记录是举不胜举的,并且都如一幅幅历史画卷那样,非常细腻逼真,与《明实录》的记载可以互为印证。兹引成化和弘治时的几条材料加以比较。成化十年,"辽东都司都指挥吴俊,私役军卒或致死者。有卒妇色美,逼通之。为其夫所奏。并发诸受贿不法事。下巡按御史按问得实"。② 弘治时,"海州卫备御都指挥佥事李杲与布商谋,伪称中官之布,分散军士,约以米偿,取利倍常"。③ "辽东都司都指挥同知宋溥,役军士耕私田,私乘官马致死,又索贿于军士。"④ 分守辽阳的太监刘恭,"在辽阳私役军余千余人"。⑤ 镇守太监梁玘,"倚势为害,……闻民有良马,必贱市之。多夺民田至二百八十余顷,以军余佃之。又占军余二百七十余人,纳钱而免其役",且"私役军士……樵采,为虏所杀"。⑥ 辽东巡抚张鼐指出,这种役占军丁的行为并非个别现象,而是通病:"辽东总兵、副总兵、参将、都指挥、指挥、千户等官……隐占军丁从而使令者,见今一家多者有二三百丁,俱称舍余"。⑦ 因此,当时有人曾概括说:"旗军精壮富实者,役占于私门;老弱贫难者,疲困于征役"。⑧ 可见,在官吏对军丁的盘剥苛索、役使占有,以及奸污军卒妇女、驱逼军卒致死等基本方面,明档的记载和实录的叙述是完全一致的。

军丁和军户在各级官吏的盘剥压榨之下,生活异常贫穷困苦。老疾无

---

① 《明档》,甲类44号。
② 《明宪宗实录》卷135,成化十年十一月庚午。
③ 《明孝宗实录》卷13,弘治元年四月乙巳。
④ 《明孝宗实录》卷73,弘治六年三月戊子。
⑤ 《明孝宗实录》卷192,弘治十五年十月乙巳。
⑥ 《明孝宗实录》卷194,弘治十五年十二月辛酉。
⑦ 《明孝宗实录》卷196,弘治十六年二月庚戌。
⑧ 《明孝宗实录》卷76,弘治六年闰五月戊午,平江伯陈锐言。

依的人，更是难以维生。且举几例档案：

> 告状人刘常一，年六十一岁，□……难以屯种，户下又无人丁替役，实切□……①
>
> 状据江文四代役孙江宁宽告，年七十二岁，……［不］勘应役……②
>
> ［曹民］年六十五岁，系定辽后卫前所百户陈昂所屯军。状告：先于成化……得患痨祛病症，又兼两腿麻痹，时常举发，不堪辩（办）纳粮差……③

六七十岁了，还要应役纳粮，不能除豁，其生活艰难之状是可以想见的。

因为贫穷，回不起故乡，有的军丁只好世代流落异乡：

> ……□同可才等供送祖，一向随住，续生子孙，不能回乡。正德十一年五月二十八日，是可才因贫□……见丁纳粮，若不具告，委的亏损老幼等项余丁，衣食不能度生，如蒙可怜分□……④

既不能免役，又无力返乡，有的军丁竟致乞讨度日：

> 状据于仲礼告称：幼年在所，办当王差，家产变卖尽绝，即今年迈绝嗣，两眼昏花，不能行走，寻讨度日。有妻魏氏年过六十五岁，无处投生，命在朝夕，望乞青天老爷悯恤蚁命，九死一生，投天等情……随唤于仲礼到官：供系本卫后所已故百户俞承尧所老疾余丁，见年八十二岁，先年在所，应当屯军，每年办纳谷豆一十一石、草银五钱，仓库票存。后因无力，家□□□尽绝，遗下屯军更替本所余丁于六汉领纳。即今与妻□□□各年老贫窘，又无弟男子侄，朝夕无所仰赖，乞丐无门。⑤

因此，军丁大量死亡，如本段开头统计所表明的，许多军卒在短短的

---

① 《明档》，乙类36号。
② 《明档》，乙类38号。
③ 《明档》，乙类37号。
④ 《明档》，丙类52号。
⑤ 《明档》，甲类72号。

几年内即被逼迫致死。

对于辽东军士、余丁的普遍贫困及其对社会经济和"边防"带来的影响，明廷不少大臣一再上疏，指出其严重性："比者岁凶寇虐，不殍则殇，宅无人居，泽量野殍，盖七年，往矣……重以终岁露师，丁壮悉皆受甲，幸而一生九死，犹或不餍糟糠"，"辽东年饥役重，军民窜伏"；①"该镇行伍空虚，屯田荒秽，多由数年来，或杀房于强寇，或冻馁于荒年，户口消沉，日益月甚"；②"或厄于旱荒，衣食不给；或苦于掊克，启处弗遑。老者以死，壮者以逃。遂致敌忾乏人，捍御就废"。③

这种情况，在嘉靖三十七年（1558）、三十八年（1559）闹饥荒的时候，尤为突出。当时辽东"斗米至银八钱"，④比正统时陡涨五十至八十倍，⑤以至境内"母弃生儿，父食死子"，"巷无炊烟，野多暴骨"，其"萧条惨楚"之状，使得当时巡抚辽东的都御史侯汝谅"目不忍视"，"计无所出"，无限"忧惶"。⑥

这种积重难返的局面，当然不是封建统治者，哪怕是其中的有识之士所能解决的。它只能通过人民的斗争来解决。

三 军户、兵丁的反抗斗争与辽东军户制的崩溃

对封建国家的暴政和各级官吏的剥削，辽东的军户和兵丁进行了长期的激烈的斗争。这种斗争包括消极怠工、大量逃亡和直接反抗。

我们着重谈谈军丁的逃亡和直接反抗。

从明档丙类53号和58号的逃故军丁清册来看，有关个人逃亡的记录有二十四条，即：在充军当年（洪武二十五年，1392）八名，洪武二十六年（1393）一名，二十七年（1394）二名，二十八年（1395）二名，二十九年（1396）一名，三十五年（即建文四年，1402）二名，永乐十□年一名，十九年（1421）一名，永乐二十年（1422）一名，宣德三年（1428）一名，

---

① 汪道昆：《辽东善后事宜疏》，《明经世文编》卷337。
② 庞尚鹏：《清理辽东屯田疏》，《明经世文编》卷358。
③ 杨博：《奉旨会议勾补军丁责成抚臣管理疏》，《明经世文编》卷277。
④ 《明世宗实录》卷475，嘉靖三十八年八月甲子。
⑤ 据《明英宗实录》卷63，正统五年正月辛酉，当时辽东"银一两买米六石至十石"，可推知。
⑥ 《明世宗实录》卷475，嘉靖三十八年八月甲子。

正统九年（1444）二名，其他两名年代不详。虽然这是残档，记录并不完全，但还是能够说明两点：一是充军的当年即有逃亡，而且数量较多；二是以后仍有逃亡。

更能说明问题的是丙类 1~3 号和 29 号档案。这是嘉靖三十七年（1558）开原属下城堡原额和见在兵丁、马匹数目的清册，有总的数字，而且还有十一城堡的完整记录，可看出逃故军士占原额军士的比例。兹引录其总数，并将十城堡的情况列表如下（见表2）。

总数："开原等五城并二十边堡军马：原额军舍余丁共该一万五千五百一十六员名，见在一万一千九百七十二员名，逃故三千五百四十四员名。"①

表2 开原城下属十个城堡逃故军士

单位：名，%

城堡名称	原额军士	见在军士	逃故军士	逃故占原额比例
古城堡	365	241	124	33.97
求宁堡	264	164	100	37.88
威远堡	476	321	155	32.56
中固堡	875	697	178	20.34
柴河堡	377	229	148	39.25
铁岭城	856	784	72	8.41
抚安堡	328	239	89	27.13
镇西堡	568	494	74	13.02
彭家湾堡	341	284	57	16.71
懿路城	865	765	100	11.56
统计	5315	4218	1097	20.63

资料来源：《明档》，丙类29号。

表2反映出三个问题：一是各城堡都有逃故，逃故是普遍现象。二是戍堡的军丁逃故更多。城比堡条件好些，控制更严，逃故的数字小一些，例如铁岭城，逃故军士仅占原额军士的8.41%。相反，戍堡的军士逃故的就多，例如求宁堡，逃故的军士达37.88%。三是逃故的数量相当多，平均来看，约占20.63%。

---

① 《明档》，丙类1~3号。

但逃故并非逃亡,它包括亡故和在逃。那么在逃军士到底有多少?所占比重究竟多大?现根据明档丙类53号和58号的五处记录,列表如下(见表3),并做出分析。

表3 在逃占逃故军士比例

单位:名,%

军士原籍	逃故总数	死亡数	在逃数	在逃占逃故比例	出处
山西布政司	131	109	22	16.79	丙类58号
栖霞县	5	3	2	40.00	丙类58号
丽水县	16	12	4	25.00	丙类53号
×××	30	25	5	16.67	丙类53号
×××	20	14	6	30.00	丙类53号
统计	202	163	39	19.31	

表3所示五条记录,都是对来自同一个地方军丁逃故情况的统计,应该说是比较完整的典型材料,因而可以据此计算、分析、判断。如表3所显示,来自同一个地方的军丁,在逃占逃故总数的比例,少者为16.79%,多者达40%,按平均计,也在20%左右。

根据表3所示的统计比例,可以推算出,在嘉靖三十七年(1558),开原等五城二十边堡约有七百余名军士外逃。这种推算当然不会十分准确,因为宣德(1426~1435)以后,兵士逃亡的问题更加严重,但这份档案对我们了解整个辽东军士逃亡的情况,还是有所帮助。

辽东军士逃亡的总的情况,其他史籍也有概括的论述。宣德八年(1433),山东巡按张聪言:"辽东军士,多以罪谪戍,往往有亡匿者,……至卫即逃。"而且逃亡的数量多,"军士在戍者少,亡匿者多"。其原因是,"皆因军官贪虐所致,""挪移作弊,掊克军士,逼令亡匿"。[1] 张聪所说与明档完全符合。到弘治年间,更是一大半都逃走了:"辽东旧额军士十八万有余,今物故逋亡过半,勾考不前",[2] "见在止有七万之数"。[3] 就全国来

---

[1] 《明宣宗实录》卷107,宣德八年十二月庚午。
[2] 《明孝宗实录》卷182,弘治十四年十二月辛未。
[3] 《明孝宗实录》卷195,弘治十六年正月甲午。

说，情况也一样严重，早在正统三年（1438），逃故军士竟已达一百二十余万，① 充分证明军户制度已经濒于崩溃。

逃亡后的军士，"或逃回原籍，或潜匿东山，或为势豪隐占"。② 他们"所至为家"，③ 或开垦边荒，或深山挖矿，或参加武装的反封建斗争。

军丁的直接反抗，首先表现为抗赋抗役。这是经常发生的。明档中有不少这类事例。先看抗赋的记载：

> 一名朱宝，年四十岁，系海州卫左所百户魏朝用所军人朱来住下余丁。……嘉靖二十四年正月内，……编审均徭，将宝编定，每年纳窑柴四千斤……宝自合照数买办本色窑柴，送窑交纳为当。不合……本年十月内……查出宝窑柴未纳……④

> 一名曾国忠，年六十三岁，系复州卫左所百户孙世荣所额伍铁军。状招：国忠每年该纳铁二百斤，递年赴本卫上纳，打造盔甲不缺。后嘉靖年间，国忠畏避军差……万历十九年九月内，复州卫掌印指挥王正名票催百户孙世荣捉拿，国忠前欠铁一百斤，并拖欠万历十一年起十九年止共该铁一千九百斤，俱未完纳。本官前往彼处，向追国忠等前项铁斤。比国忠又不合不行办纳，奸慳不□……⑤

再看抗役的记载：

> 一名李志良，年五十岁，系定辽右卫中所百户金国殿所军人李仲举下余丁，见在旧险山堡地名舍羊界排居住。状招：万历十［年］四月内。有叆阳堡奉明拆修……（指挥）孙遇春票差在官牢子吕永禄、高锁住并未到张二、小四、韩文德同未到百长宋钦，催调志良等各出夫一名，解赴叆阳堡修工，行间，比时志良纠同戴仲金、管一迁，各不合欺抗不服，带领未到李三、李五、戴仲美、李志敉、李二汉、管五子、左添禄、李聋子、张二、戴仲柏、李三儿、李五汉、王玉功等一十六名，各不合听从跟随，各执木棍，赶至地名韩箭儿岭，将吕永

---

① 《明英宗实录》卷46，正统三年九月丙戌。
② 《明孝宗实录》卷195，弘治十六年正月甲午。
③ 庞尚鹏：《清理辽东屯田疏》，《明经世文编》卷358。
④ 《明档》，甲类46号。
⑤ 《明档》，乙类127号。

禄拘解众夫尽行夺去。比志良又不合用棍将吕永禄右手肚并左手中指连左腿□□□□伤重倒地,今已平复□……能家煎汤食用□□□□春惟恐不的,亲诣韩能家看视,志良□管一迁、戴仲全等各又不合不论职官,用石乱打不服……①

还有军官仗势借东西不还,遭到军丁坚决反抗、辱骂殴打的。②

军丁的大规模反抗,发生于明代中叶。从正德到万历年间,先后在辽东的许多地方发生了兵变。其规模较大、影响深远的有义州、锦州、辽阳、广宁、抚顺的兵变。

正德四年(1509)八月,义州、锦州爆发了高真、郭成等领导的"兵变"。这年,刘瑾遣官四出丈量屯田,其爪牙户部侍郎韩福被派到辽东。韩福"希瑾意","伪增田数",③利用丈量之机,加重对屯军的剥削。他"所行过刻,屯卒弗堪"。"军余高真、郭成等同胁众为乱,劫诸将领及城中百姓不从者之家,焚毁廨舍,殴逐委官。守臣不能禁,发银二千五百两抚谕之,乱者始息"。④军丁的斗争取得了初步的胜利,打击了刘瑾丈屯的苛政,横扫了封建官吏的威风,迫使统治阶级暂时做出了一定的让步。这是明代第一次兵变,在全国影响很大。

嘉靖十四年(1535),辽阳、广宁发生了大规模的兵变。当时,辽东巡抚吕经"苾政多苛,奉法太过"。⑤"故事,每军一,佐以余丁三。每马一,给牧地五十亩。经损余丁之二编入均徭册,尽收牧地还官。又役军筑边墙,督趣过当"。⑥辽阳军士忍受不了这种剥削和奴役,于这年三月,首先起来"罢工",要求"免马田租",接着就殴打官吏,"击毁院门,火其徭役籍",开监狱,释放犯人。迫使明廷招回吕经,将吕经的爪牙都指挥刘尚德革职。⑦

四月,吕经灰溜溜地走到广宁,"素诣事经"的都指挥袁璘,"拟扣诸军月草价",替吕经"饰装具",又激怒了广宁的军士。军卒们"狃辽阳前

---

① 《明档》,甲类62号。
② 《明档》,乙类139号载:百户赵雄借军丁林广布匹,一向推调未还,遭到林广的辱骂殴打。
③ 《明史》卷77《食货一》。
④ 《明武宗实录》卷53,正德四年八月辛酉。
⑤ 《明世宗实录》卷173,嘉靖十四年三月己丑。
⑥ 《明史》卷203《吕经传》。
⑦ 《明世宗实录》卷173,嘉靖十四年三月己丑。

事，鼓众倡乱"，于是打破衙门，逮捕了吕经，将其"残毁发肤，裸而置之卫狱"。并且"聚诸公牒，并经私箧，纵火爇之。延烧公署及儒学东庑，一时俱烬。遂破库劫旗纛，分其党为四部，鸣钟鼓，竟日夜。明日，取经及璘，囚首揭标，环游五门间"。军卒们数经罪行："非尔汰我余丁征徭银耶？非尔夺我牧马田耶？而复能虐使我筑墙种树，终岁勤苦，不遑耕织耶？"①一时间，封疆大臣成了过街老鼠，人人喊打敢打；官府衙门成了虚设之物，失去权威；受尽苦难的军丁们掌握了大权，号令一切。

五月，朝廷惮于兵变，不得不派锦衣卫官校到广宁逮捕吕经。可是，这些官校一到，也被军卒"置广宁狱"。②

七月，明廷派兵部侍郎林庭昂前往广宁镇压。辽阳军卒赵鼐儿事先赶到广宁，与广宁军卒于蛮儿等"合谋"，③准备联合起来进行斗争。

辽阳、广宁的兵变，从三月起到七月止，历时五个月，并且彼此"合谋"，遥相呼应，搞得朝廷束手无策，官吏焦头烂额，不能不说是军丁斗争的一大胜利。

嘉靖十四年（1535）四月至七月，抚顺也发生了兵变。这几乎与辽阳、广宁兵变相始终。其原因也是军官剥削军士所致。抚顺城备御指挥刘雄，朘削军士，人心蓄怨，军卒王经等"见辽阳倡乱，乃乘机夜纠众拥入其室，尽掠其囊箧，执雄与其子勋，连颈及缚之，寘诸空馆，闭城门，鸣钟鼓，以惊众。胁指挥董震等以激变闻"。④

嘉靖十八年（1539）七月，广宁再次发生兵变。前几年大规模的兵变，振奋了军卒的斗争士气，他们"狃于前事，时有不逞心"。适逢这一年饥馑，广宁卫"达军"佟伏与军丁于秃子、张鉴等四十余人，乘机起来进行斗争，杀死了千户张斌。这次起义虽然当天就被镇压下去，牺牲四十人，被俘二人，无一人得脱，但是它具有武装斗争的新特点，比过去的兵变前进了一步。⑤

万历三十六年（1608），前屯等地爆发了反对税监高淮的兵变。高淮到辽东后，"万般剋剥，敲骨吸髓，年甚一年"。⑥他一次"带领家丁数百人，

---

① 《明世宗实录》卷174，嘉靖十四年四月丙午。
② 《明世宗实录》卷175，嘉靖十四年五月癸酉。
③ 《明世宗实录》卷177，嘉靖十四年七月甲申。
④ 《明世宗实录》卷174，嘉靖十四年四月丙午。
⑤ 事见《明世宗实录》卷227，嘉靖十八年闰七月己亥。
⑥ 《明神宗实录》卷445，万历三十六年四月丁丑，朱赓等言。

自前屯起，辽阳、镇江、金、复、海、盖一带大小城堡，无不迂回遍历，但有百金上下之家，尽行搜括，得银不下十数万，闾阎一空"；① 他"恐喝将领，刻削军士"，"借税杀人，黩货无厌"。② 因此民谣云："辽人无脑，皆淮剜之；辽人无髓，皆淮吸之。"③ 穷极计生，在走投无路的情况下，前屯各军数千人，"歃血齐盟，欲挈家北投虏地"。此时"淮尚稔恶不悛，密访各军姓名于汪政。众军益惧益愤"，④"仍歃血摆塘，誓杀高淮而后已"⑤，把高淮派出的四名狗腿子打死两个，抓住两个。"激变之事，不数月间，一见于前屯，再见于松山，三见于广宁，四见于山海关，愈猖愈近"⑥，全辽东都沸腾了，迫使明朝皇帝不得不把他心爱的太监撤回。嚣张一时的高淮，在全辽军民的誓死反对下，不得不夹起尾巴狼狈逃走。

辽东军丁的反封建斗争，扫除了一些阻碍历史前进的障碍，推动了社会的发展，产生了强烈的影响。

第一，军士、余丁的大量逃亡和多次聚众公开反抗，使部分军户暂时摆脱了封建官府的束缚和赋役剥削，抵制了一些贪酷官将的横征暴敛（如取消韩福、吕经的苛政），对改善军士、余丁的处境，促进社会经济的发展，起了良好的作用。

第二，顶住了封建国家加重剥削的压力，促使屯田官赋有所降低。永乐十七年，辽东屯田二万一千多顷，征粮六十三万多石，至正德初，屯田增至二万五千多顷，征粮反降为四十五万石，⑦ 比永乐时少征三分之一，就是证明。这不是统治阶级的慈善表示，而是军户抗赋斗争的结果。

第三，致命地打击了残酷的军户制。以朱元璋为首的明朝统治阶级，金派数百万人丁世隶军籍，永服兵役，以图建立和保持一支强大的军队，为巩固朱家王朝效劳。但是，广大军士、余丁长期地、不断地、大批地逃亡，千方百计抵制清军，猛烈反抗，使得各地卫所（尤其是九边各卫）"逃亡繁众，行伍空虚"，沉重地打击了军户制。这个专供兵源的制度，再也起不到保证兵源的作用了，这就迫使明廷不得不从责令军户出兵过渡到以募

---

① 朱赓：《论辽东税监高淮揭》，《明经世文编》卷436。
② 宋一韩：《直陈辽左受病之原疏》，《明经世文编》卷467。
③ 宋一韩：《直陈辽左受病之原疏》，《明经世文编》卷467。
④ 《明神宗实录》卷445，万历三十六年四月乙酉。
⑤ 《明神宗实录》卷445，万历三十六年四月丁丑。
⑥ 《明神宗实录》卷446，万历三十六年五月甲寅。
⑦ 《明武宗实录》卷39，正德三年六月己卯，巡按山东监察御史周熊奏。

民当兵为主。兵制的这一重大变化，不仅使军费支出大增，而且严重地影响了军队的战斗力，成为明王朝衰亡的一个重要因素。

第四，挫低了封建国家的威严，打击了豪横官将的威风。平时，封建皇帝有至高无上的权力和崇高的威严，官将亦权大势横，无恶不作。可是兵变之时，官府衙门被推倒焚烧，巡抚大臣为鞭责囚系。堂堂的明王朝也无可奈何，只能以计相诱，惩处官将，取消暴政，而不敢发兵镇压，不敢坚持弊政，国家威严大大降低。这就是大理寺右寺丞林希元说的"国威大损"。以至使他"愤愤不能自已"地惊呼："诸镇奸雄，必谓朝廷果无能为，轻侮之心起于此矣！……缚执窘辱，犯顺干纪之若是，岂非侮朝廷乎！……叛卒之志，不杀而益骄；朝廷威令，不振而益削……国家体统，天下事势，不知将如何！"①

第五，壮大了全国人民反封建斗争潮流，促进了全国人民反封建斗争的发展。军队本来是封建国家的主要支柱，是镇压人民、统治人民的主要工具，可是兵变却连续发生，这就沉重地打击了统治阶级，削弱了其镇压力量。而且不少逃亡的军士和余丁，还直接参加了人民的反封建斗争。明末的农民军，就有很多"哗变"或逃亡的军丁参加。

第六，对开发辽东起了重大作用，促进了辽东地区生产的发展。不少军士、余丁逃到深山或边疆，开荒垦田，例如宽甸等六城外的八百余里地面，就是他们开拓的。该地"逼邻东房，汉夷接壤。军民苦役，往往逃窜其中，积集六万余人，屯聚日久，生齿益繁"。②也有不少人逃往矿山，开发矿业，"辽东东南多金银穴，口内流民诱亡命盗矿，甚者肆出卤掠"③。无疑，这都促进了工农商业的发展，使明初"以猎为业，农作次之"④的辽东地区，到明中叶以后，变成了农业相当发达的"沃壤"⑤。嘉靖十六年修的《辽东志》总论辽东情形时说：当地"家给人足，都鄙廪庾皆满，货贿羡斥"⑥，"田人富谷，泽人富鲜，山人富材，海人富货，其得易，其值廉，民便利之"⑦。这虽然有所夸张，但由此也可看出辽东地区确实有了很大的进展。这是辽东地区百万军民长期辛勤劳动、坚持斗争的结果。

---

① 林希元：《辽东兵变疏》，《明经世文编》卷164。
② 《明神宗实录》卷424，万历三十四年八月癸亥。
③ 《明世宗实录》卷133，嘉靖十年十二月辛丑，御史谢兰奏。
④ 《明太祖实录》卷144，洪武十五年四月丙午。
⑤ 《辽东志》卷7《翰林院修撰龚用卿户科给事中吴希孟会陈边条疏》。
⑥ 《辽东志》卷3，"薛子曰"。
⑦ 《辽东志》卷1，"薛子曰"。

明代辽东军屯制初探*

——明代辽东档案研究之二

关于明代辽东的军屯,特别是运用明代辽东档案来研究这个题目,至今尚为鲜见。我们想利用《明档》,结合有关文献,对这个题目做初步探讨。

一　明初辽东军屯的建立和发展

辽东军屯制度的设立,主要是由当时辽东地区的政治、军事、经济形势所决定的。

洪武四年(1371),马云、叶旺率兵入辽后,辽境并没有立刻平宁。明廷不得不派遣十万大军①,长期镇戍辽东。而当时辽东的经济形势是,"元季兵寇残破,居民散亡,辽阳州郡,鞠为榛莽"②,实在无力养活十万官兵。这就不得不依靠海运从内地运送粮谷、布匹。人力、物力都是极大的负担。且海运之时,又极不安全,沉船溺海事故屡屡发生。在这种颇为困难的情势下,明廷为了免去戍军衣食之忧,减少内地运输之累,保证辽东官军长期驻守,才在辽东地区大规模地实行军屯。

辽东军屯的最初设立,当在洪武四年(1371)明军入辽伊始。洪武五年的《实录》曾含蓄地说,辽阳的戍兵是"农战交修"的,并且"已有年矣"③。

辽东军屯的扩大,是在洪武十五年(1382)以后。洪武十五年五月,海运又出了事故,淹死不少人。边防粮饷不足,朱元璋再一次命群臣议屯田之

---

* 与中国社会科学院历史所周远廉研究员合写,原载《辽宁大学学报》1980年第6期。
① 《明太祖实录》卷248,洪武二十九年十二月己酉。
② 《辽东志》卷8,元文宗条。
③ 《明太祖实录》卷74,洪武五年六月辛卯。

法。到洪武十九年（1386），定辽九卫的屯军已增加到一万八千五十人①，按每人耕地五十亩计，则已垦种田地九十万亩。随着屯田地亩的不断增多，生产技术的逐步提高，到洪武二十八年（1395），辽东定辽等二十一卫军士，已基本做到"自食"②。到洪武三十年（1397），辽东军饷甚至"颇有赢余"③。

辽东军屯实行的比较深入、全面，其另一表现是不仅各卫正规军须屯种田地，而且王府护卫军丁、马驿及递运所的旗军等亦须屯田④。嘉靖时共有驿、所六十九个，明初姑按五十个计算，定例每驿百人，该有五千名驿递军卒，又可屯种田地二十五万亩。

明初统治者的重视，是辽东军屯得以发展的一种政治保障。明太祖朱元璋曾要求下边"一岁三报"⑤屯田的情况。明成祖朱棣，对于"不尽心提督屯种之务"的边将，曾给以严厉的"敕责"⑥。为了"广屯田于辽东"，他还特地派人到朝鲜买"耕牛万头"，分给辽东各卫屯所⑦。

关于辽东各卫兵士守城和屯垦的比例，因时因地，多寡不同。洪武初年，是"农战交修"，"且耕且战"，好像还不分屯军和戍军。洪武二十七年（1394），朱元璋下诏，"命辽东定辽二十一卫军士，自明年俱令屯田自食"⑧，又似乎是全部军卒都参加了屯种。但这是不可能的。为防备蒙古、女真各部入边抢掠，各卫所必须分拨部分旗军守城。《辽东志》对这种情况曾有过简单明了的记述：开始是"三分屯田，七分戍逻。既而损戍逻，益屯田，至永乐年间减戍卒而增屯夫，数至十有其八"⑨。不过也有例外，比如在广宁，这里是辽王府所在，为供给王府用度，广宁等五屯卫实行"全伍屯田"⑩。但这只是在洪武至宣德这一段时间。后来因辽王"徙国荆州"，

---

① 《明太祖实录》卷179，洪武十九年十月辛卯。
② 《明太祖实录》卷233，洪武二十七年六月戊寅："命辽东定辽等二十一卫军士自明年俱令屯田自食，以纾海运之劳。"
③ 《明太祖实录》卷255，洪武三十年冬十月戊子。
④ 见《明太祖实录》卷234，洪武二十七年九月丙寅；《明宣宗实录》卷58，宣德四年九月壬戌。
⑤ 《明太祖实录》卷252，洪武三十年夏四月乙酉。
⑥ 《明太宗实录》卷25，永乐元年十二月甲申。
⑦ 《明太宗实录》卷29，永乐二年六月辛卯。
⑧ 《明太祖实录》录233，洪武二十七年六月戊寅。
⑨ 《辽东志》卷8，国朝太祖条。
⑩ 《明英宗实录》卷25，正统元年十二月壬申。

这里也改为"二分守城，八分屯田"了①。成化时，"总理粮储户部郎中"毛泰，在详述辽东军屯的经过时也曾指出，明初"罢海运，置屯田，八分屯种，二分戍逻"②。看来，这个二八比例比较符合历史实际，可能是早期通行的比例。到了明代中叶，边事开始紧张，屯军逐渐减少，操军逐渐增多，加之屯政败废，以至出现了倒二八的比例。毛泰在成化二十年（1484）说的"辽东军士，旧以二分守城，八分屯种，而今乃反是"③，就是指的这种局面。

明初在辽东大规模的屯田，对巩固边防，开发边疆，繁荣边疆经济，完成国家的统一，维护明朝政权，起了重要的作用。

第一，促进了辽东地区生产的恢复和发展。辽东地处边陲，原来主要是女真、蒙古等族人民居住，"土旷人稀"④。"民以猎为业，农作次之"⑤，生产很不发达。加之元末明初战乱频仍，山河残破，连比较发达的辽阳古郡，也"城为一空"⑥。自马云、叶旺率军入辽，相继建立二十一卫（后增为二十五卫），驻军十余万，连同家属，人口一下子增加数十万，其后人口不断增加，"寰区以四方之民来实"，形成"华人十七，高丽土著、归附女直野人十三"⑦的多民族杂居局面。明廷役使军丁，包括少数民族军丁，垦辟了许多荒地，扩大了耕地面积，军屯多达二百五十多万亩⑧，使得昔日的"榛莽"之地，变成了"数千里内，阡陌相连，屯堡相望"⑨的沃野。农业的发展，推动了手工业，商业的发展。后来《辽东志》的编著者薛廷宠在回顾这一时期辽东的经济形势时，无限向往地写道：往时"田人富谷，泽人富鲜，山人富材，海人富货"，"家给人足，都鄙廪庾皆满，货贿羡斥，每岁终辇至京师，物价为之减半。"⑩一片繁荣景象。

第二，减轻了运粮兵民的困苦，暂时缓和了阶级矛盾。洪武年间，辽

---

① 《明英宗实录》卷25，正统元年十二月壬申。
② 《明宪宗实录》卷244，成化十九年九月戊申。
③ 《明宪宗实录》卷255，成化二十年八月庚辰。
④ 《明太祖实录》卷145，洪武十五年五月丁丑，朱元璋屯田谕。
⑤ 《明太祖实录》卷144，洪武十五年四月丙午，故元臣名祖言。
⑥ 《辽东志》卷8，国朝太祖条。
⑦ 《辽东志》卷1，风俗条。
⑧ 《明宪宗实录》卷244，成化十九年九月戊申，毛泰言："自洪武至永乐，为田二万五千三百余亩"。印刷有误，"亩"当为"顷"。
⑨ 《辽东志》卷8，国朝太祖条。
⑩ 《辽东志》卷1，物产条；卷3，财赋条。

东二十一卫共有官兵十万余人,每人月粮一石,年需军粮百万余石。自明军入辽以来,《实录》里几乎年年都有运粮的记载,单是江南诸地运来之粮,几乎每年都在六十万石。洪武二十九年(1396)因海船增多,又增运十万石,即一年七十万石①。此外还要运送巨量的钞、布、棉花、战衣、军鞋等物。这种大搬运给沿海军民带来巨大的灾难。当时技术尚不发达,"海运之船,经涉海道,遇秋冬之时,烈风雨雪,多致覆溺"②。因此,"一夫有航海之行,家人怀诀别之意"③。这真是劳民伤财又伤人。大兴军屯以后,辽东军饷逐渐做到自给。洪武三十年(1397),朱元璋谕户部:"今后不须转运,止令本处军人屯田自给。"④从此,海运停止,沿海军民方释重负。此后除永乐元年有一次不大的例外⑤之外,《实录》里再也没见海运之事,证明确实做到了停止海运。

第三,保证了军粮的供应,达到了"足食足兵"、"实边"的目的。太祖、成祖二朝,辽东军屯发展很快,洪武末年,屯粮已能自给。永乐年间(1403~1424),更是"边有积储之饶,国无运饷之费"⑥。就是到屯政开始败坏,军屯走向下坡路的宣德年间(1426~1435),辽东卫所仍然是"且耕且守,其供不出于民",是"诸边卫皆请仿"⑦的榜样。说明明初的军屯确实解决了九边军粮的供应问题,对九边的防御,军队的加强,起过相当大的作用。

当然,军屯之所以能起这样的作用,归根到底是广大屯田兵丁辛勤劳动的结果。正是数以万计的屯田军士和余丁被束缚在土地上,长期用血汗浇灌辽东的原野,才开发了辽东地区;每年缴纳很重的租赋,才"实"了边。所以,军屯制的本质仍是一种强制性的封建剥削制度。

二 辽东军屯的经营方式和生产关系

明王朝把大批兵丁严格地束缚在土地上,残酷地进行压迫和剥削,征

---

① 《明太祖实录》卷245,洪武二十九年四月戊戌。
② 《明太祖实录》卷134,洪武十三年十二月戊午。
③ 《明太祖实录》卷145,洪武十五年五月丁丑。
④ 《明太祖实录》卷255,洪武三十年十月戊子。
⑤ 《明太宗实录》卷21,永乐元年八月乙丑:"平江伯陈瑄总督海运粮四十九万二千六百三十七石,赴北京、辽东以备军储。"
⑥ 《明宪宗实录》卷244,成化十九年九月戊申,毛泰奏。
⑦ 《明宣宗实录》卷90,宣德七年五月丙戌,朱勇奏。

收高额的屯粮,实际上是采取了粗暴的农奴制剥削方式。广大屯军很少有自由,其地位与农奴没有多大差别。

首先,明王朝要对屯军征收高额的屯粮和屯草。

按明制,天下官民田,亩税五升三合五勺,民田减二升(江浙例外)。军屯也是官田,其租赋情况又怎样呢?

据《明史》说,每亩军田的租赋,在洪武初是一斗,洪武三十五年后是二斗四升,英宗以后是一斗二升,隆庆间又是一斗①。这些都超过了一般官田的二倍、三倍、四倍。

《明实录》的记载比《明史》还要重些。例如《实录》记载成化年间(1465~1487),辽东所存屯军"惟一万六千七百余名,而岁征粮止一十六万七千九百石"②。按每军屯田五十亩计,则每亩平均征粮二斗,比《明史》上讲的英宗以后亩征一斗二升增加了百分之六十六。又如正德三年(1508)的《实录》记载,当时辽东屯田是"一万二千七十三顷,该粮二十四万一千四百六十石"③,平均每亩征二斗,更高出《明史》说的弘治、正德间每亩只征几升的好几倍。

从方志的记载看,也证明比《明史》所称为重。嘉靖十六年(1537)编的《辽东志》记载:"辽东都司定辽左等二十五卫,额田三万一千六百二十顷,额粮三十六万四千九百石。"④ 此时真正是屯军或军余耕种的屯田,数量已不多,这里当包括带有民田因素的"地亩田园",但姑以此推算,则每亩纳屯粮一斗一升五合,仍然比一般官田租赋要高出一倍多。同时也证明,至迟在隆庆以前三十年,就已经亩收一斗多了,《明史》所说"隆庆间复亩收一斗",显然又是不对的。

最能说明问题的是明代辽东的档案,它记载了隆庆年间(1567~1572)广宁、定辽等卫征收屯粮的数字,这是当时当地的第一手材料,十分珍贵和真实。不妨举几例做一比较。定辽后卫:

> 原额屯田六百七十四顷,共谷豆一万四千五百五十石九斗五升:谷九千三百六十三石四斗五升,豆五千一百八十七石五斗。已承种田

---

① 《明史》卷77《食货一·田制》。
② 《明宪宗实录》卷244,成化十九年九月戊申,毛泰奏。
③ 《明武宗实录》卷39,正德三年六月己卯,周熊奏。
④ 《辽东志》卷3《兵食志·财赋》。

四百六顷七十七亩五分,共谷豆八千八百九十八石六斗二升:谷五千七百九十九石九斗二升,豆三千九十八石七斗。①

按永乐时定制,豆一石合谷二石②,照此计算,定辽后卫原额屯田平均每亩要征屯粮合谷二斗九升,其中已承种的屯田,平均每亩实际征收屯粮也合谷二斗九升。

(广)宁卫:

> 原额屯田二百六十三顷五十亩,共谷豆五千五百九十六石:谷三千六百六十七石,豆一千九百二十九石。今次复过召人佃种田一顷,该隆庆三年征完谷豆二十二石:谷一十四石,豆八石。③

则原额田平均每亩征谷二斗八升,召人佃种田平均每亩征谷三斗。

某卫:

> 原额屯田五百六十八顷五十八亩,共谷豆一万一千八十六石五斗:谷七千一百一十三石六斗七升,豆三千九百七十二石八斗三升。已承种田三百顷九十四亩五分,共谷豆六千五百三十五斗五升:谷四千三十三石三斗三升,豆二千五百二石二斗二升。节年承种并上年复过召人佃种田二百三十顷四亩五分,征完谷豆五千七十一石一斗六升:谷三千一百一石六斗六升,豆一千九百六十九石五斗。④

原额屯田平均每亩征谷二斗七升,已承种田平均每亩征谷三斗,而承种田中"节年承种并上年复过召人佃种田",平均每亩征谷三斗六升多。

某卫:

> 未种、水冲、沙压、达掳、绝户荒芜无人承种田二百五十六顷一十二亩五分,共谷豆五千六百五十二石三斗三升:谷三千五百六十三石五斗三升,豆二千八十八石八斗。⑤

---

① 《明代辽东档案》(以下简称《明档》,辽宁省档案馆藏),丙类13号。
② 《明史》卷77《食货一·田制》。
③ 《明档》,丙类13号。
④ 《明档》,丙类13号。
⑤ 《明档》,丙类13号。

平均每亩征谷三斗。

以上数字虽不一致，但平均每亩都在二斗八升以上，多的亩达三斗六升，超过一般官田征收量五倍，比《明史》说隆庆间"亩收一斗"之数也多一倍多。

屯军除缴纳屯粮外，还要缴纳屯草。据《辽东志》载，辽东二十五卫每年要收额草五百九十四万零六百三十束①。当时辽东额田是三万一千六百二十顷，平均每亩要缴纳一束半草。但这并不是一个小数字，按成化十三年（1477）规定，每二百束合米四石②，米一石折谷二石③，则一束草合谷四升。每亩一束半草，则合谷六升，即此一项，也超过一般官田的租赋（五升三合）。

一名屯军，领分地五十亩，屯粮和屯草加起来，一年要缴纳十七石以上的租赋。这在全国也是仅有的。它强有力地说明了辽东军屯的剥削是沉重的。

其次，逼令屯军充当各种官差私役。

屯军的官役原是屯田，除耕种军田外，本不应服其他官役。永乐三年（1405）颁布的"红牌事例"曾明文规定，对屯田军士"一钱不许擅科，一夫不许擅役"④。但事实上，屯田军士常被佥充各种官役，或操练，或征剿，或筑城修墙。成化二十年（1484），户部郎中毛泰曾指出，"辽东军士，旧以二分守城，八分屯种，而今乃反是，其都司卫所官员又调以修筑边墙，致误农事"⑤。后来虽重申了"红牌事例"，但也没有约束效力。

除官役而外，各级将官苛索兵丁、私役兵丁、强占屯田的事情也层出不穷。连明英宗朱祁镇也承认，"近年都司卫所官往往占种膏腴，私役军士，虚报子粒，军士饥寒切身，因而逃避；亦有管军官旗，倚恃势强，欺虐良善，无所控诉"⑥。弘治时（1488~1505），单是右少监刘恭一人，就在辽阳"私役军余千余人，占种官地三百余亩，赃以千计"⑦。到嘉靖时（1522~1566），这种情况愈发严重，几乎到了普遍存在的程度。例如，"辽

---

① 《辽东志》卷3《兵食志·财赋》。
② 《明宪宗实录》卷172，成化十三年十一月丙子。
③ 《明史》卷77《食货一·田制》。
④ 庞尚鹏：《清理固原屯田疏》，《明经世文编》卷359。
⑤ 《明宪宗实录》卷255，成化二十年八月庚辰。
⑥ 《明英宗实录》卷108，正统八年九月戊寅。
⑦ 《明孝宗实录》卷192，弘治十五年十月乙巳。

东镇守太监白怀、已故镇守总兵麻循、监枪少监张泰、辽阳副总兵张铭、分守监丞卢安、参将萧泽、李鉴、游击将军傅瀚，各占种军民田土，多者二百五十余顷，少者十余顷"①。这仅仅是辽东巡按给嘉靖皇帝的奏折中择其大者举出的，不上数的当然更多了。

最后，对屯田兵丁实行军事编制，严格控制，处处以军法从事。

明王朝之所以能够对屯田兵丁进行最残酷的剥削和奴役，除了屯地是封建国家所有这一基本原因之外，很重要的一条就是对屯田兵丁实行了军事编制。屯田的军士分别隶属于各个卫所，五千六百人为一卫，一千一百二十人为一千户所，一百一十二人为一百户所，每所设总旗二、小旗十。小旗、总旗、百户、千户和卫管屯指挥具体管理屯种，卫都指挥使"总督"屯种。其组织、管理都十分严密。

辽东屯军多系罪人谪充，必须世代延续，严禁逃亡。若逃亡，就要像对逃亡的操军一样，"初犯，杖八十，仍发本卫充军。再犯，并杖一百，俱发边远充军。三犯者绞"。②

屯军若不缴或欠缴屯粮，也要按律惩治。屯田赏罚规定：一名屯军一年要缴纳正粮、余粮各十二石，凡余粮不及十一石、十二石者，则要扣其月粮。惩治轻重依余粮多寡而定。若缴余粮十一石、十二石者，可支月粮一石；缴十石者，月粮九斗；缴九石者，月粮八斗；缴八石者，月粮七斗；缴七石者，月粮六斗③。对各级官将及总旗，也各依所辖兵丁纳粮多寡而分别奖惩，这样一来，他们对屯军的监督、强制就愈发严酷了。

综合上述情况，可以看出，屯田属于封建国家所有，屯军只能使用，实即佃种。既佃种，除国赋外，还必须交地租，租赋合一。兼之屯田上的农具、耕牛、种子，在初期都是由国家发给的，所以屯粮既比民田的赋税为重，也比一般官田的租赋为多。又因屯军多是因罪充军之人，或是罪人的后代，身份低贱，被严密地束缚在军事编制中，受各级屯田官将的监督和役使，所以屯军实际上是处于农奴的地位，军屯实际上是农奴制的生产方式。

---

① 《明世宗实录》卷101，嘉靖八年五月丙午。
② 《明会典》卷166《刑部·律例》。
③ 《明太宗实录》卷27，永乐二年正月丁巳。

三　屯田兵丁的反封建斗争和军屯制度的破坏

残酷的剥削，野蛮的奴役，逼得屯军难以生存，自正统（1436~1449）以降，《实录》里不断出现"今屯军艰难，所欠官粮宜俟秋收输纳"①、"往年……所负屯田子粒，上纳艰难"②、"屯军缺食，并乏下年种粮"③ 的记载，可以看出，屯军的苦难在逐步加深，连简单的再生产也无法维持了。灾荒之时，屯军更是遭殃，嘉靖三十七年（1558）、三十八年（1559）辽东全镇受灾，以致"母弃生儿，父食死子"，"巷无炊烟，野多暴骨"④，萧条惨楚之状可以想见。

在走投无路的情况下，屯军们纷纷起来斗争，抵制落后的军屯生产方式，反抗苛虐的边将。最初，这种斗争是以"怠耕"的形式出现的。早在永乐年间，"屯种者率怠惰不力"⑤。到英宗时，更严重到"屯田旗军军余，利在推免屯种，假罪调卫"⑥，就是说宁可故意犯罪发配别卫，也不愿继续屯种。

屯军斗争的第二步是大批逃亡。宣德年间（1426~1435），逃亡数量增多，当时"辽东之地，……军士在戍者少，亡匿者多，皆因军官贪暴所致"⑦。这种逃亡是普遍的，连各马驿、递运所的"屯田自给"的旗军，也是"逃亡者十率八九"⑧。逃军去向大概有五：其一，"潜从登州府运船及旅顺等口渡船，越海道逃还原籍"⑨；其二，"或潜匿东山"⑩，即辽东东部山区；其三，"多聚万滩等岛"⑪，即靠近辽东半岛的一些海岛；其四，"或为势豪隐占"⑫，这里有投充的成分，特别是嘉靖时，有不少人"投充蓟镇将

---

① 《明英宗实录》卷13，正统元年正月甲戌。
② 《明英宗实录》卷19，正统元年闰六月壬午。
③ 《明英宗实录》卷87，正统六年十二月甲午。
④ 《明世宗实录》卷475，嘉靖三十八年八月乙丑。
⑤ 《明太宗实录》卷95，永乐十三年二月癸酉。
⑥ 《明英宗实录》卷39，正统三年二月己巳。
⑦ 《明宣宗实录》卷107，宣德八年十二月庚午。
⑧ 《明宣宗实录》卷58，宣德四年九月壬戌。
⑨ 《明英宗实录》卷47，正统三年十月辛未。
⑩ 《明孝宗实录》卷195，弘治十六年正月甲午。
⑪ 《明宣宗实录》卷108，宣德九年二月戊午。
⑫ 《明孝宗实录》卷195，弘治十六年正月甲午。

领"名下①；其五，"北走投虏"②、"逃往海西"③。到正统三年（1438），李纯奏言辽东边卫利病时曾指出："并边卫所军士逃亡者多，甚至一百户所原设旗军一百十二人者，今止存一人。"④ 就全国来说，这时逃军数目也已高达一百二十余万⑤，充分证明军屯制度已经濒于崩溃了。

屯军斗争的第三步是直接发动"兵变"。明代的兵变，开始于正德四年（1509），而且首先发生在辽东。这种短兵相接，是屯军反封建斗争白热化的表现。这时，刘瑾擅政，派官四处丈量屯田。户部侍郎韩福迎合刘瑾，到辽东后，"伪增田数，搜括惨毒……辽卒不堪"，当年八月爆发了义州、锦州军余高真、郭成等人领导的兵变⑥。这次兵变给明王朝以沉重打击，明王朝镇压不了，只好发银"抚慰"；第二年，丈量屯田的策划者刘瑾，在舆论的压力下彻底垮台；第三年，终于将因清查而虚增的粮数"改正"过来，"诏以屯田虚数既多，准暂照原额征纳"⑦，即反掉了刘瑾、韩福增加到屯军头上的赋粮。

自义州、锦州兵变以后，辽东又掀起多次兵变，如嘉靖十四年（1535）辽阳兵变⑧、广宁兵变⑨、抚顺兵变⑩，嘉靖十八年（1539）广宁兵变⑪，万历三十六年（1608）前屯、松山、广宁、山海关等地的兵变、民变⑫。其规模一次比一次大，而且各地遥相呼应，军民密切配合，是谓"饥军合于乱众"，"愈猖愈近"⑬。这一次次的斗争，使得明廷"国威大损，后患将成"⑭，为彻底摧毁军屯暴政和最终埋葬朱明王朝埋下伏笔。

在屯田兵丁长期冲击下，军屯制度严重破坏。嘉靖、隆庆年间的辽东档案，对此反映得十分清楚。先看嘉靖三十九年（1560）广宁四卫的灾荒

---

① 《明世宗实录》卷546，嘉靖四十四年五月乙丑；卷559，嘉靖四十五年六月丙寅。
② 《明神宗实录》卷445，万历三十六年四月丁丑。
③ 《明宣宗实录》卷90，宣德七年五月丙寅。
④ 《明英宗实录》卷47，正统三年十月辛未。
⑤ 《明英宗实录》卷46，正统三年九月丙戌。
⑥ 《明武宗实录》卷53，正德四年八月辛酉；《明史》卷77《食货一》，卷306《韩福传》。
⑦ 《明武宗实录》卷74，正德六年四月庚寅。
⑧ 《明世宗实录》卷173，嘉靖十四年三月乙丑。
⑨ 《明世宗实录》卷174，嘉靖十四年四月丙午。
⑩ 《明世宗实录》卷174，嘉靖十四年四月丙午。
⑪ 《明世宗实录》卷227，嘉靖十八年闰七月己亥。
⑫ 《明神宗实录》卷445，万历三十六年四月乙酉；卷446，五月甲寅。
⑬ 《明神宗实录》卷446，万历三十六年五月甲寅，朱赓等言。
⑭ 林希元：《辽东兵变疏》，《明经世文编》卷164。

档案，例如：

（广）宁中卫原额纳粮军余二千七百九十五名，各种不等共田一千二百七十三顷六十六亩九分三厘四毫，该粮米一万二百三十八石三斗六升四合七勺九抄。已种旱虫灾田四百八十一顷十四亩，该粮四千三百九十六石七斗五升八合九勺……有灾无收六分，田二百八十八顷八十六亩四分，该粮二千六百三十八石五升五合三勺四抄。无灾有收田四分，田一百九十二顷五十七亩六分，该粮一千七百五十八石七斗三合五勺六抄。全未种并已种荒芜田七百九十二顷二十二亩九分三厘四毫，该粮米五千八百四十一石六斗五合八勺九抄。①

中所原额纳粮军余一千一百二十三名，各种不等共田四百二十八顷□十八亩四分二厘七毫，粮米五千八百三十八石二斗七升三合。已种旱虫灾田八十五顷六十七亩六分八厘五毫四丝，该粮一千一百六十七石六斗五升四合六勺。有灾无收六分，田五十一顷四十亩六分一厘一毫二丝四忽，该粮七百石五斗九升二合七勺六抄。无灾有收田四分，田三十四顷二十七亩七厘四毫一丝六忽……（该粮）四百六十七石六升一合八勺四抄。（全未种并已种荒芜田三百）四十二顷七十亩……②

类似的记载很多，总的可以得出两点认识：第一，屯田荒芜情况十分严重，屯地所剩无几。全未种并已荒芜田，加上已种但有灾无收田，广宁中卫已达屯田总数的百分之八十五，中所更达百分之九十。第二，屯粮大大减少。全未种并已种荒芜田，加上有灾无收田，该粮广宁中卫已达应纳粮米总数的百分之八十二，中所更达百分之九十。

嘉靖三十九年档案所记是辽东发生灾荒时的情况，有些特殊。但即使在正常年景，所得屯粮也比往昔少得可怜。成化十九年（1483）毛泰奏，当时辽东岁征"不足七八万之数，较于旧制屯田之法十不及一。故辽东三十二仓，通无两月之储"③。这说明，屯粮减少，不光有自然上的原因，还和屯军的贫困，难以精耕细作及有意的进行息耕斗争有关。总之，屯地的破坏，屯粮的锐减，清楚地表明了军屯制度败废的严重程度。

---

① 《明档》，乙类73号。
② 《明档》，乙类73号。
③ 《明宪宗实录》卷244，成化十九年九月戊申。

隆庆年间（1567～1572）定辽等卫屯田的档案，还从另外一些侧面说明了军屯制腐朽及破坏的情况。让我们从乙类13号档中举几例加以分析。

定辽后卫：

> 原额屯田六百七十四顷，共谷豆一万四千五百五十石九斗五升。……已承种田四百六顷七十七亩五分，共谷豆八千八百九十八石六斗二升。……节年承种并上年复过召人佃种田四百四顷七十七亩五分，征完谷豆共八千五百八十三石四斗二升。……未种、水冲、沙压、达掳绝户荒芜无人承种田共九十九顷七亩三分，共米谷豆六百五十七石四斗三升五合二勺三抄八撮。

广宁卫：

> 原额屯田二百六十三顷五十亩，共谷豆五千五百九十六石。……已承种田一百四十顷五十亩，共谷豆二千九百八十二石。……节年承种并上年复过召人佃种田一百二十六顷五十亩，征完谷豆二千五百九十七石。……今次复过召人佃种田一顷，该隆庆三年征完谷豆二十二石。……步军佃种营田一十三顷。已承种田并上年复过清出田三百四十八顷四□□亩四分一厘，共米谷豆一千八百五十一石一升三合八勺五撮。……未种、水冲、沙压、达掳绝户荒芜无人承种田一百一十八顷一十四亩六分四厘三毫，共米谷豆八百二十九石七斗一升四合五勺五抄。……步军佃种营田一十一顷一十亩，该正谷豆共二百四十二石二斗。

某卫：

> 原额屯田五百六十八顷五十八亩，共谷豆一万一千八十六石五斗。……已承种田三百顷九十四亩五分，共谷豆六千五百三十五石五斗五升。……节年承种并上年复过召人佃种田二百三十顷四亩五分，征完谷豆五千七十一石一斗六升。……今次复过召人佃种田九顷四十亩，该隆庆四年征谷豆一百一十二石三斗九升。……步军佃种营田六十一顷五十亩，该正谷豆一千三百五十二石。

某卫：

原额科田七百六十七顷三十六亩四分一毫，共米谷豆四千一百八十二石一斗一升七合六勺二抄四撮：米一千二百一十五石六斗三合八勺七抄四撮，谷二千八百一十九石四斗三升一勺九抄五撮，豆一百四十七石八升三合五勺五抄五撮。已承种并上年复过清出田四百九十三顷九十四亩八分一毫，共米谷豆二千六百三十三石九斗一升七合七勺二抄四撮。……未种、水冲、沙压、达掳绝户荒芜无人承种田二百七十三顷四十一亩六分，共米谷豆一千五百四十八石一斗九升九合九勺。

从上引四段记载，可以看出以下八个问题。

第一，"屯田"数量不大。辽东二十五卫田地，本来都是军屯，可是，随着时间的推移，军屯不断被破坏，二十五卫的田地中，"屯田"只占了一部分。此件档案的"屯田"数目就不多。

第二，屯田数字中，包括"召人佃种"一项，说明屯军逃亡严重，无人耕种军田，只好招民佃种，可见屯田破坏之严重。

第三，在屯田的"已承种"田里，包括"步军佃种营田"一项。营田是担任防御的旗军集体耕种，费用完全由官府供给，收获也全部入官，它是为补救军屯废弛而设的。

第四，原额屯田中有不少是"未种水冲沙压达掳绝户荒芜无人承种田"。从上引材料看，定辽后卫占百分之十四，广宁卫占百分之四十四，某卫虽没记荒芜田数，但原额屯田五百六十八顷，扣除已承种田三百顷，则荒芜无人承种田为二百六十八顷，占百分之四十七。

第五，"科田"很多。科田乃是余丁民人佃种军田或开垦已荒屯田而成的，它表明了屯田向民田的转化。

第六，"科田"纳粮少于屯田。上引某卫科田七百六十七顷三十六亩，征米谷豆四千一百八十二石一斗，若把米豆也折成谷，三项共为五千五百四十三石，则每亩平均征谷七升，仅为屯田赋租的三分之一或四分之一。这也表明，科田具有民田的性质。

第七，即使是"科田"，也有隐占，不少是现在才"清出"的。上引某卫科田，清出田是四百九十三顷九十四亩，占科田总数七百六十七顷三十六亩的百分之六十四。

第八，即使是"科田"，也有很多已经荒芜了。上引某卫科田，"未种水冲沙压达掳绝户荒芜无人承种"共二百七十三顷四十一亩，占科田总数七百六十七顷三十六亩的百分之三十五。

总的看来，隆庆时期的军屯已经不成体统了。

军屯制度的破坏及其演变，大体上经历了如下过程。先是屯军大批逃亡，不得不以屯军的"余丁"顶补，成化时期（1465～1487），辽东军屯已大都是余丁耕种了。但这还不能完全弥补屯军逃亡的损失，大量土地还是被抛荒了，无人承种。于是，明廷又行"科田"法，即招募或遣派余丁、民人佃种屯地，或开垦已荒屯地及未曾开垦的荒地。正德时（1506～1521），正规的屯田才有一万二千零七十三顷，而科田性质之类的地亩田园等，则有二万七千四百六十七顷，超过正规屯田一倍多①。此后，在隆庆时（1567～1572），明廷还实行了"营田"制，以图把军屯"改营田以足额"②，但因一切费用全由官府开支，得不偿失，所以营田数量很少，没有推广开。在这种情况下，"总理屯盐都御史"庞尚鹏奏准，对荒芜的屯田，"无分官旗舍余，寄籍客户，听其自行认种，各照顷亩，先给牛种，待五年之后，若有收成，仍分别上中下，办纳屯粮，其有逼临房穴及工力繁难者，永不起科"③。到崇祯二年（1629），给事中汪始亨又极论盗屯损饷之弊，户部尚书毕自严则承认现实，认为这种状况"相沿已久，难于核实，请无论军种民种，一照民田起科"④。毕自严的意见得到崇祯皇帝的同意。至此，军屯完全停止，从法律上也正式变成了"民田"。

---

① 《明武宗实录》卷39，正德三年六月己卯，周熊奏。
② 《明穆宗实录》卷12，隆庆元年九月辛未。
③ 庞尚鹏：《清理辽东屯田疏》，《明经世文编》卷358。
④ 《明史》卷256《毕自严传》。

万历后期的矿税之祸*

——明代辽东档案研究之三

万历二十四年（1596），明神宗朱翊钧派遣大批太监，分赴各省，督办开采金银矿，增收新税。他们滥施刑罚，逼索民财，侵占国赋，搞得"海内贫富尽倾"，民变纷起。这个震惊全国的大事，被称为"矿税之祸"。弄清矿税之祸的基本情况，分析它的破坏性及其结束的原因，是很有必要的。

一

在论述矿税之祸之前，我们先简要摘录两件有关的明代辽东档案，并做初步分析。

（一）海盖兵备道为税监高淮催征矿税而亏损海州盐税事①

> 分守辽海东宁道带管海盖道河南布政使司右参□□为公务事。本年十一月十六日，蒙巡按山东监察御史王宪牌：前备行本道，即查海州盐税，每年额该本院公费若干，今仍该议留若干，以备新院前项公费支用，作速酌议停妥呈报，以凭施行。蒙此，随行委官制盐海州卫经历郭辅庆查议详报去后。今据本官呈称，遵依查得，海州盐税每年□该二千五百两，先尽户部题准年例军饷银，一季该银一百七十五[两]，[一]年共银七百两。又该军门供用小菜银，一季该银一百两，

---

* 与中国社会科学院历史所周远廉研究员合写，原载《中国古代史论丛》第2辑，福建人民出版社，1982；又《历史论丛》第3辑，齐鲁书社，1983。

① 《明代辽东档案》（以下简称《明档》，辽宁省档案馆藏），甲类39号。

一年共银四百两。又该抚院马价银六十一两八钱。余银一千三百三十八两二钱,听该两院均分,抚夷助工应用。卑职自万历二十七年三月初一日奉明文接收盐税,各处居民商客惧怕尚膳监高（淮）差人两处重收,俱各躲避,□□贩卖。卑职恐税银抽收不足额数,屡经节次申呈院道,俱蒙行岫□通判师心议准,海州盐税每车每驮背担与尚膳监高差人两处均收各一半,如税银分解不敷,另议于别项银两呈请题补缘由,通呈军门并两院详允,该前道案行。师通判于本□□□二十九日移文卑职,于本年八月初一日□照议准事例,与同尚膳监高收税人役一税平半均收。沿屯军民因惧尚膳监高委官编拿矿夫,又派大户,以致小民各处逃走。兼因各卫盐场,近被本监差人逼要锅税,有锅之家俱各惊散,不行煎熬,车驮较比往年日渐稀少。卑职自□□□日起,至本年十一月初十日止,共收［税银三］百五十余两,除户部差人催取解交广宁左库银三百两,搭放军饷,取有实收批回在卷。剩银五十余两,尚不足年例,候分解剩有余银,方得分解抚、按两院,抚夷助工应用。今蒙行查海州盐税原该本院公费若干,今仍该议留若干,无凭酌议缘由,呈报到道。据此该本道看得,海州□□原议二千五百两为额,近议与尚膳监高委官平半均收,一年止该［一］千二百五十两。今经历郭辅庆止抽收税银三百五十余两,尚不足年例军饷,其余各衙门供费无凭酌议,拟合呈请。为此,今将前项缘由,同原蒙宪牌,理合具呈,伏乞照详施行。须至呈者。

万历二十七年十一月　日
带事右参政张登云

（二）海州卫为开豁年老矿夫韩善友差役事①

　　海州卫指挥使司为孤苦□□□□□□□□□山东监察御史康批,状□□□□□□万历年间,蒙查矿夫,不忆营房□□□□历将善友名字诬报在册,编纳矿夫银□□□□征不起,以致妻子受害,碎骨难完。又兼家无□□亦无栖身存活,营房供报,希图搪盖,似难填塞,乞天准批,从公查豁,庶不受害,等情。蒙批:该卫查是否营房报。

---

① 《明档》,甲类67号。

蒙此，遵依行拘告人韩善友到官审得，本告状：系海州参将营调操军人韩贵下除□，见年八十岁，在海州城南关赁房居住。万历［二］十九年二月内，有海州掣盐复州卫李经历奉明查编矿税，将韩善友编为上等，纳银一两，每年追比，上纳不缺。今因年老，变纳不前，乞要开豁，以此将情具告。蒙批前因，审供前情。据此，看得韩善友非系营房，始因查编矿税，纳银一两，今□□□似应俯从，候详允日，移文征银管屯官□□□□□□开豁，仍令南面壮士号头另□□□□□□庶不失原额。蒙批查报，事□□□□□□□拟合呈请，为此，今将前项□□□□□□□□□伏乞照详施行。须至呈者。右呈巡抚山东监察御史康。

万历三十二年十一月　　日

管屯指挥□□□

掌印指挥同知□□□

管局指挥佥事高尚义

经历吉佐

典吏缺

从这两份档案中，我们可以看出以下六个问题。

第一，明帝是矿税之祸的根子。太监们率领属员，到各地开矿征税，都是"奉旨前来"。在此之前，各地也有商税，但均系地方官征解。各地的金银矿，亦为地方官督采。现在则不同，矿税皆由明帝派出的内监专理。

第二，矿税太监所收之新税，大部分是瓜分和占用旧税；上缴的矿银，也多来源于对民夫的摊派。海州盐税原来就有，每年定额二千五百两，分作各项费用，现却被矿税太监高淮强行占用。矿银本应是开矿所得之银，而现在韩善友既不开矿，又被编为矿夫，每年纳银一两。这就是时人所称的"矿不必穴"，"税不必商"[①]，"不市而征税，无矿而输银"[②]。

第三，矿税害民甚苦。税监"委官编拿矿夫，又派大户，以致小民各处逃走"；商民畏惧双重收税，"俱各躲避"；盐丁惧收重税，"俱各惊散"；贫穷老叟韩善友被编为上等矿夫，年纳矿银，家破人亡，孤苦无依。

第四，矿税祸国不浅。因矿税太重，煎盐者少，行商者也少，严重地

---

① 《明史》卷237《田大益传》。
② 《明史》卷233《杨天民传》。

破坏了农工商业的发展。同时，国赋收入也大大减少，如海州盐税，过去年额为银二千五百两，自太监高淮委官"平半均收"后，地方官府一年只收税银三百五十余两，实际减少百分之八十六。国赋减少也必然影响军费，以前盐税额数的百分之四十四要充军饷，现在盐税只剩百分之十四，因而全充军饷，"尚不足年例军饷"，国防受到削弱是可想而知了。

第五，军民怨恨，奋起反抗。《明档》里主要反映了盐丁罢工、商客罢市、军民逃亡的情况，即："有锅之家，俱各惊散，不行煎熬"；"各处居民商客……俱各躲避，[不行]贩卖"；"沿屯军民……各处逃走"。除上引档案之外，《明档》丁类21号卷还记载了人民直接反抗的情况，辽东金州、复州地方民夫沙景元"猖率地方"，"抗违不行应当打矿夫役"。与沙景元领导的民变相配合，危希儒还乘机"诈传官言"，"明文告示免开矿场"，与矿税太监唱对台戏。甚至连地方官金州卫指挥沙守珍、红嘴守堡李逢泰、镇抚郭应奇等，也若明若暗地支持人民的正义斗争，或"擅[自]听从将沙景元等放出监禁"，或"阻违不行查拨人夫"。除了上述的斗争形式以外，在《明档》丙类341号卷、丁类20号卷和92号卷，还有三条盗矿案的记载，这也可以说是一种斗争形式。

第六，加剧了统治集团内部的矛盾。矿税太监的横行，既搞得民穷财尽，秩序混乱，又削弱了地方官的权力，影响了抚按军门的收入，因此，官吏们大多讨厌税监。海盖兵备道张登云的既反对而又不敢正式地公开反对，正是一部分官僚的态度。而另外一些官员，如沙守珍、李逢泰、郭应奇等，则直接地与矿税太监斗争。也有一些大臣，甚至指责明帝之过，强烈反对矿税之祸。

《明档》所表明的上述问题，大体上是万历年间矿税之祸的缩影。

下面让我们从几个不同的侧面，看一看矿税之祸的具体内容及其恶果，分析一下波澜壮阔的反矿税斗争及其作用。

二

明代的"坑冶之课"和"关市之征"，在前期并没有多大问题。明太祖朱元璋认为矿业"利于官者少，损于民者多，不可开"，因而很少开采，或"屡开屡停"。开矿既少，"坑冶之课"也就少，英宗时最多也不过"十八万（两）有奇"。明初的税制，也较"简约"。收税机构健全，"有都税，有宣课，有司，有局，有分司，有抽分场局，有河泊所"。这些机构遍布全国，"京城诸门及各府州县市集多有之，凡四百余所。其后以次裁并十之七"。当时税收也不算重，"凡商税，三十而取一，过者以违令论"①。这都是正常情况，不存在矿税之祸。

矿税之祸发生在明末的万历年间。它既是明王朝腐败、衰落的一种必然结果，也是明神宗朱翊钧个人的贪婪残忍所造成的一个恶果。万历初年，朱明王朝已走向衰落，"每岁入额不敌所出"②，财用已呈匮乏。为了聚敛财富，明神宗一伙从万历六年（1578）起，令户部每年增进金花银二十万两，比原额增加五分之一③。明神宗还多次把户部官银归入私囊。但是，这并不能堵住财政的窟窿和填满明神宗一伙的欲壑。而且，明王朝后期正值多事之秋，"至二十年，宁夏用兵，费帑金二百余万。其冬，朝鲜用兵首尾八年，费帑金七百余万。二十七年，播州用兵，又费帑金二三百万。三大征踵接，国用大匮。而二十四年，乾清、坤宁两宫灾。二十五年，皇极、建极、中极三殿灾。营建乏资，计臣束手"。为了搞到更多的金银，朱翊钧实行了震惊海内、祸国殃民的"矿税"政策，"矿税由此大兴矣"④。

派遣矿监是因为神宗贪财，而早在万历十二年（1584）就有"奸民屡以矿利中上心"⑤。二十四年六月，"府军前卫千户仲春等奏，开采以济大工（指重建乾清、坤宁二宫）。命工部查例差官"⑥。群臣力陈其弊，神宗不听。七月，"差承运库太监王虎同户部郎中戴绍科、锦衣卫佥书张懋忠，于真、保、蓟、永等开采样砂进览"⑦。至此，无地不开。"中使四出：昌平则王忠，真、保、蓟、永、房山、蔚州则王虎，昌黎则田进，河南之开封、彰德、卫辉、怀庆、叶县、信阳则鲁坤，山东之济南、青州、济宁、沂州、滕、费、蓬莱、福山、栖霞、招远、文登则陈增，山西之太原、平阳、潞安则张忠，南直之宁国、池州则郝隆、刘朝用，湖广之德安则陈奉，浙江之杭、严、金、衢、孝丰、诸暨则曹金，后代以刘忠，陕西之西安则赵鉴、赵钦，四川则丘乘云，辽东则高淮，广东则李敬，广西则沈永寿，江西则潘相，福建则高寀，

---

① 以上皆引自《明史》卷81《食货五》。
② 《明史》卷213《张居正传》。
③ 《明史》卷20《神宗本纪》。
④ 《明史》卷305《陈增传》。
⑤ 《明史》卷81《食货五》。
⑥ 《明神宗实录》（江苏国学图书馆传钞本，下同）卷298，万历二十四年六月乙卯。
⑦ 《明神宗实录》卷299，万历二十四年七月乙酉。

云南则杨荣。皆给以关防，并偕原奏官往"①。《明实录》讲，"往辽东开矿征税"的高淮，是由原奏阎大经陪同，于万历二十七年（1599）三月遣往的②。《明档》记录是，"万历二十七年四月内□监丞高奉旨前来辽东开矿监收税务"③。一是出发时间，一是到达时间，二者完全吻合。

关于派遣榷税之使的情况，《明史》神宗本纪说，万历二十四年十月"始命中官榷税通州。是后，各省皆设税使"④。《食货志》讲："榷税之使，自二十六年千户赵承勋奏请始。其后高寀于京口，暨禄于仪真，刘成于浙，李凤于广州，陈奉于荆州，马堂于临清，陈增于东昌，孙隆于苏、杭，鲁坤于河南，孙朝于山西，丘乘云于四川，梁永于陕西，李道于湖口，王忠于密云，张晔于卢沟桥，沈永寿于广西，或征市舶，或征店税，或专领税务，或兼领开采"。一时，"中官遍天下，非领税即领矿"⑤。

明神宗谕令开矿征税的理由是："其开矿抽税，原为济助大工，不忍加派小民，采征天地自然之利"⑥。开矿的原则是：不许动支官银，"只督百姓自行采取，不得支费公帑骚扰"⑦。征税在名义上也只是征过去遗漏之税，如，"奉旨：南直隶沿江一带往来船只，遗税每年可得银八万两，有裨国用"，著暨禄征之⑧；"奉旨：奏内遗漏船税，湖广每岁银七万两，有裨国用"，命陈奉收之⑨。这些都是所谓"舡料银"。除舡料银外，新税的名目还多得很，有什么"新增盐课银"、"租税银"、"无碍官银"、"节省银"、"额外茶盐税银"、"盐引银"、"漏税银"⑩、"遗税银"、"赃罚银"、"廪饩银"⑪、"省费银"、"盐务银"、"引价银"、"输献吴时修银（即犯法抄没银）"、"额外税银"、"节省余银"⑫、"买办方物银"⑬、"积余引课银"、"公

---

① 《明史》卷81《食货五》。
② 《明神宗实录》卷332，万历二十七年三月丙戌。
③ 《明档》，丁类21号。
④ 《明史》卷20《神宗本纪》。
⑤ 《明史》卷81《食货五》。
⑥ 《明神宗实录》卷416，万历三十三年十二月壬寅。
⑦ 《明神宗实录》卷298，万历二十四年六月乙丑。
⑧ 《明神宗实录》卷344，万历二十八年二月庚辰。
⑨ 《明神宗实录》卷344，万历二十八年二月戊午。
⑩ 《明神宗实录》卷355，万历二十九年正月。
⑪ 《明神宗实录》卷360，万历二十九年六月。
⑫ 《明神宗实录》卷361，万历二十九年七月。
⑬ 《明神宗实录》卷365，万历二十九年十一月。

费银"、"长芦额外增课银"①，等等。

可以看出，明神宗是极其伪善的。所谓不动用官银，不扰乱地方，新税只是征遗漏之税，不过是为了表明他满怀恤民为国之心，在大修宫殿的时候，仍然想到了省费用、减民苦、增国赋，似可三全其美了。然而，漂亮的言辞掩盖不了贪婪掠夺的丑恶面目。实际上，开矿征税所得银两，并未用来修建二宫三殿，当时，工科都给事中韩学信等就曾揭露："自开采征税以来，皆以助工济用为名，乃内府之传宣，有增无减，外地之征输，有入无出。窃意陛下有此积聚，不用之于宫殿，不用之于诸皇子，将焉用之？"②可见矿税所得多是纳入了明神宗本人的私库。它既是对全国人民财产的掠夺，又是对国赋明目张胆地侵吞。在这场闻名中外的"矿税之祸"中，得利的仅是明神宗、矿监税使和一小撮参随、委官之类的爪牙。

三

自明神宗兴起矿税之后，矿监税使及其爪牙遍布国中，他们贪婪残忍，横行霸道，无恶不作，给国家、人民带来了无穷的祸害。当时的次辅沈鲤在总论矿税之祸时，是这样描述的：

> 自矿税兴而中使遍天下矣。中使出，而四方无籍之徒随为牙爪耳目者，或分布乡村城市，或把持关津渡口，或武断于商贾凑治。所在树黄旗，揭圣旨，都舆从，张气焰，吮人之血，吸人之髓，孤人之子，寡人之妻……在在不聊其生，人人莫必其命。③

让我们从几个矿税太监的所作所为，具体地看一看他们是怎样残害人民、荼毒地方的。

陈增，万历二十四年到山东，在山东肆恶十年。他开益都县孟坵山矿，"日征千人凿山。多捶死。又诬富民盗矿，三日捕系五百人"④。他大肆敲诈勒索，仅"江北被害共二百余家，诈银共一十二万九千六百余两"，这只是

---

① 《明神宗实录》卷419，万历三十四年三月。
② 《明神宗实录》卷331，万历二十七年二月戊辰。
③ 《明神宗实录》卷398，万历三十二年七月戊午。
④ 《明史》卷237《吴宗尧传》。

直隶巡按李思孝一个人"耳目所及者"①，此外当会更多。对他的暴行持有异议的地方官，纷纷被诬陷劾治，"增始至山东，即劾福山知县韦国贤，帝为逮问削职。益都知县吴宗尧抗增，被陷几死诏狱。巡抚尹应元奏增二十大罪，亦罚俸"②。在他的指使和庇护下，其党羽、侄婿程守训，更是无法无天，"自江南北至浙江，大作奸弊。……所破灭什伯家，杀人莫敢问"，聚敛"违禁珍宝及赇银四十余万"③。

陈奉，万历二十七年到湖广，在湖广作恶两年。他"兼领数使，恣行威虐。每托巡历，鞭笞官吏，剽劫行旅"。他的党羽无恶不作，"至直入民家，奸淫妇女，或掠入税监署中"。挖不出矿，就明目张胆地逼取地方的"库金"④。其委官王继贤因开矿无砂，就"谋为寇盗，白昼持刀入谷城县堂，拷打署印主簿，欲开县库。不得，逾城而去"⑤。为了勒索更多的金银，陈奉甚至采取"伐冢毁屋，刳孕妇，溺婴儿"⑥等最惨毒的手段。这种高压政策，连一些地方官也不能幸免。两年中，先后被他陷害的地方官计有：襄阳知府李商畊、黄州知府赵文炜、荆州推官华钰、荆门知州高则巽、黄州经历车任重、武昌兵备佥事冯应京、枣阳知县王之翰、襄阳通判邸宅、推官何栋如等⑦。他的权势之大，甚至可以"凌逼亲藩，以恶言侮襄王妃"⑧。短短两年，他"吓诈重贿及前后赃银十五万，盗匿税银不计其数"⑨。《明史》说"奉在湖广二年，惨毒备至"⑩。

高淮，万历二十七年到辽东，三十六年被辽东军民赶走，前后为害十年。高淮的贪婪性更大。为了捞财，他"在雪深丈余，人烟几断之时，带领家丁数百人，自前屯起，辽阳、镇江、金、复、海、盖一带，大小城堡无不迂回遍历，但有百金上下之家，尽行搜括"，终于"得银不下十数万"，而使"闾阎一空"⑪。经高淮劫夺之后，不少人家"非死而徙，非徙而贫，

---

① 《明神宗实录》386，万历三十一年七月庚午。
② 《明史》卷305《陈增传》。
③ 《明史》卷305《陈增传》。
④ 《明史》卷305《陈奉传》。
⑤ 《明神宗实录》卷356，万历二十九年二月癸丑。
⑥ 《明史》卷237《冯应京传》。
⑦ 《明史》卷305《陈奉传》。
⑧ 《明神宗实录》卷362，万历二十九年八月丁亥。
⑨ 《明神宗实录》卷362，万历二十九年八月丁亥。
⑩ 《明史》卷305《陈奉传》。
⑪ 朱赓：《论辽东税监高淮揭》，《明经世文编》卷436。

无一家如故矣"①。除了榨取民财，高淮还勒索趴冰卧雪的守边军士，这也是他比别的矿税监更为突出的地方。当时有人揭发："辽军已数年不得钱粮，凡给散钱粮，为将领扣去高淮，军士分厘皆不得沾矣。"② 因此，《明史》也称他"又扣除军士月粮"③。除了赤裸裸地侵占之外，他还对军士的财物巧取豪夺，"取羸马散给军，收好马之价十倍。至于布鞭香袋米面诸货，无不派勒各营及民间者"④。当时辽东军民编的一首民谣，深刻地刻画了高淮的残忍："辽人无脑，皆淮剜之。辽人无髓，皆淮吸之！"⑤ 辽东巡按萧淳也指出："自有税使以来，生命戕于鞭敲，脂膏竭于咀吮，十室九空"，"辽民极困，请撤税使"⑥。高淮的暴虐，还表现在对吏民的残酷迫害上。除"诬系诸生数十人"⑦外，对辽东的总兵、巡抚、巡按等，几乎无不攻讦、陷害、置诸死地。辽东总兵马林不顺从他，他就参劾马林，将马林罢官。给事中侯先春为救马林，也被谪为"杂职"⑧。巡按何尔健要揭发高淮，高淮更用特务绑架的手段，"遣人邀于路，责其奏事人，锢之狱，匿疏不以闻"⑨。他诬陷同知王邦才、参将李获阳于狱，获阳死狱中，邦才监五年。他甚至"无故打死指挥张汝立"⑩。至于普通百姓，被他害死的就更多了。因此《明史》说矿税监中，"最横者（陈）增及陈奉、高淮"⑪，又说"淮及梁永尤甚"⑫。

其他矿监税使，也并不比陈增、陈奉、高淮、梁永逊色多少。

这些矿税太监，互相间也争权夺利，在他们相邻的地方激烈"争税"。如陈增与马堂在山东争税⑬，李道与陈奉在湖口争税⑭，李凤与李敬在广东

---

① 董其昌：《神庙留中奏疏汇要》，兵部卷1，万历三十六年四月二十八日，协理京营戎政尚书李化龙题：《为辽左危在旦夕等事疏》。
② 董其昌：《神庙留中奏疏汇要》，兵部卷1，万历三十六年四月二十八日，协理京营戎政尚书李化龙题：《为辽左危在旦夕等事疏》。
③ 《明史》卷305《高淮传》。
④ 方孔炤：《全边略记》卷10《辽东略》。
⑤ 宋一韩：《直陈辽左受病之原疏》，《明经世文编》卷467。
⑥ 《明神宗实录》卷429，万历三十五年正月乙酉。
⑦ 《明史》卷305《高淮传》。
⑧ 《明史》卷305《高淮传》。
⑨ 《明史》卷305《高淮传》。
⑩ 《明史》卷305《高淮传》。
⑪ 《明史》卷305《陈增传》。
⑫ 《明史》卷305《高淮传》。
⑬ 见《明神宗实录》卷332，万历二十七年三月庚辰。
⑭ 见《明史》卷305《陈奉传》。

争税①，王忠与张烨在密云争税②。虽然这种狗咬狗的斗争很激烈，有时闹得明帝亲自出面调停，但因为后台都是明神宗，所以并没有因此而倒霉的。最终倒霉的只有老百姓，因为太监争税，常常是重征叠税，一地"两税"③。

这些矿税太监搜括的巨量金银财宝，"大率入公帑者不及什一"④，即只有一部分上缴帝库，其余则全被矿税太监及其一帮爪牙瓜分了。例如，广东巡按李时华查明：税监"李凤起解方物，用六十舡，当有三千抬。据凤本三次揭，多不过三百抬。不知六十舡所盛，竟归何处？又四十木桶，每桶银八千，此外，仍将银易金，不知已进否？"⑤山东巡按黄克缵揭发："税监马堂，每年抽取各项税银不下二十五、六万两，而一岁所进才七万八千两耳。约计七年之内，所隐匿税银一百三十余万。"⑥陕西开矿太监赵钦，"掊克无厌，积数十万。复命之日，驿递申报，除牛负马驮外，箱九十六抬。每抬用夫四名，尚颠踣不起"⑦。陕西巡按御史余懋衡题："据各州县驿递申报，税监梁永发牌六张，差李忠等自京兆驿起程，前往安肃、良乡，皮包十三包、销银九抬、重杠三十三抬。每抬用夫四名，骑马、包马共五十五匹。此皆狼吞所得。自臣入境甫二旬，而所见如此，他时可知。"⑧类似的例子举不胜举。

在矿税的浩劫与矿税监的蹂躏下，全国百姓痛苦万状，走投无路。河南巡抚姚思仁当时曾以巡历所睹，逼真地"模拟"了《开采图说》二十四幅，真实地记录了河雒之民"溺河缢树，刎颈断指之状……鬻妻卖子，哀号痛苦之声"⑨。这种惨状自然不限于河南，当时全国各处都是"天下萧然，生灵涂炭"⑩，一样的惨。

明神宗实行的这种矿税政策，犹如饮鸩止渴，不仅给全国人民带来了巨大的灾难，也给国家酿成了无法挽回的祸乱。

---

① 见《明史》卷305《宦官二》。
② 见《明神宗实录》卷333，万历二十七年四月己巳。
③ 《明神宗实录》卷330，万历二十七年正月戊戌。
④ 《明史》卷305《陈增传》。
⑤ 《明神宗实录》卷374，万历三十年七月癸未。
⑥ 《明神宗实录》卷416，万历三十三年十二月壬子。
⑦ 《明神宗实录》卷418，万历三十四年二月丙午。
⑧ 《明神宗实录》卷421，万历三十四年五月丁丑。
⑨ 《明神宗实录》卷321，万历二十六年四月丁卯。
⑩ 《明史》卷305《陈增传》。

第一，国赋为之大减。矿税是在国家正常的经济秩序中突然增加的一项内容，又是权力极大的太监在督办，必须完成。因此，它在给贫困已极的人民带来破产的同时，势必还要冲击国家正常的财政收入。如万历二十五年，刑部左侍郎吕坤在奏疏中讲了一事：当时开所谓文家洞"矿"，近千人开采三个月，只见砂十六眼，"银之有无，费之多寡，可概知"。但矿税是必须缴的，这就得要"矿税无利，散民间纳银。民不能支，括库银代解"。因此，"朝廷得一金，郡县费千金"①。再如云南给明神宗内库输金一事，虽岁额仅五千，但"公私之费"十倍于此，这需要当地"布政司岁给金值三万二千两，民间贴买亦如其数"②。经矿税这一"硬任务"一挤，国家的其他赋税收入大大减少。如崇文门、河西务、临清、九江、浒墅、扬州、北新、淮安等钞关的关税，每年原额约银三十三万五千五百余两，万历二十五年又增加八万二千两，此为定例，共四十一万七千余两，可是以后逐年减少："二十七年，各关征解本折银约共三十四万五百四十九两零。二十八年，各关征解本折银约共三十万六千一百三十二两零。二十九年，各关征解本折银约共二十六万二千八百两三钱零。以原额约之，岁缩一岁，几减三分之一"③。

这种影响国赋收入的情形，户部尚书赵世卿在《题国用匮乏有由疏》中，曾有总结性的论述：

> 盖国家钱粮，征收有额：曰税粮，曰马草，曰农桑，曰盐钞者，为正课；各运司者为盐课；各钞关者为关课；税契赎锾香商鱼茶屯折富户等项为杂课。内除径解边镇外，大约三百七十余万两。此外则开纳樽省军兴搜括等银，为非时额外之课，大约五六十万不等。合此数项，方足四百余万之数，以当一岁之出。年来权宜开采之命一下，各处抚按司道有司，皆仰体皇上不忍加派小民之意，遂将一切杂课，如每年山东之香商等税一万五千五百余两，福建之屯折等银三万四千八百余两，南直隶徽宁等府之税契银六万两，江西之商税盐课等银二万六千七百余两，改归内使。而臣部之杂课失矣。其间杂课不敷，诛求无艺，百姓不得不以应征之银钱，暂免

---

① 《明神宗实录》卷309，万历二十五年四月辛酉。
② 《明神宗实录》卷424，万历三十四年八月戊戌。
③ 赵世卿：《关税亏减疏》，《明经世文编》卷411。

棰楚；有司不得不以见完之正税，量为那移；为上官者亦谅其爱民万不得已之衷，而曲为弥缝。以致三年之间，省直拖欠一百九十九万有奇，而臣部之正课亏矣。山东运司，每年分割去银一万五千余两；两淮运司，别立超单八万引，而臣部之盐课壅矣。原额关课三十三万五千余两，二十五年新增八万二千两，今则行旅萧条，商贾裹足，止解完二十六万二千余两，而臣部之关课夺矣。高淮开纳中书，李敬开授挥使，而臣部事例之课分矣。关中军兴撙省等银，每年七万余两，尽抵矿税，各省援请，而臣部额外之课虚矣。①

第二，地方为之残破。以南直隶为例，"所属上有湖口，中有芜湖，下有仪扬。旧设有部臣，新设有税监，亦云密矣"。是为两套机构，政出多门。"湖口不二百里为安庆，安庆不百里为池口，池口不百里为荻港，荻港不百里为芜湖，芜湖不数十里为采石，采石不百里为金陵，金陵不数十里为瓜埠，瓜埠不数十里为仪真，处处抽税。长江顺流扬帆，日可三四百里。今三四百里间，五、六委官拦江把截，是一日而经五、六税地，谓非重征叠税可乎"！是为小块分割，关卡林立，重征叠税。"应天诸府、徽州，夙号殷富。自程守训横行，诈骗公私何啻百万。此外各监互出，诸棍云从，投匦告密，敲骨吸髓，民间之皮毛穿、脂膏竭矣"②。是为恶棍横行，民不聊生。南直隶如此，处处亦如此。

第三，工商业为之摧残。由于矿税奇重，勒索无常，使得不少小业主倾家荡产，即或尚没破产，也自觉不能维持下去，因此"自愿"弃工弃商者也不在少数。短短几年间，店铺锐减，本来就发展缓慢的工商业受到了严重的摧残。这种情况，在赵世卿的另一份奏疏中，曾有一段具体地记载。

> 在河西务，则称税使征敛，以致商少，如先年布店计一百六十余名，今止存三十余家矣。在临清关，则称往年伙商三十八人，皆为沿途税使盘验抽罚，赀本尽折，独存两人矣。又称临清向来缎店三十二座，今闭门二十一家；布店七十三座，今闭门四十五家；杂货店六

---

① 赵世卿：《题国用匮乏有由疏》，《明经世文编》卷411。
② 以上见《明神宗实录》卷359，万历二十九年五月甲寅。

十五座，今闭门四十一家。辽左布商，绝无一至矣。在淮安关，则称南河一带剥来货物，多为仪真、徐州税监差人挟捉，各商畏缩不来矣！

就这样，由税使的辛螫所造成的"畏途"，吓退了向来"不惜霜风跋涉之劳，不惮湖海波涛之险，以兢尺寸之利"① 的商人。

第四，民族关系、国家关系被扰乱，国防被破坏。矿税在普遍造成民困国虚的同时，更给边疆带来无穷的祸患。例如辽东：居民被勒索得"十室九空"，有不少人"病税纲之残苛，乐夷法之宽假。或出而输我情形，或入而明作乡导。以故夷虏数数大举"②。这种情况常常是被税监及其爪牙逼出来的，《明实录》中多次记载因高淮一伙的暴行，"乡民无告，至欲顺虏逃生"③。不但如此，高淮还违反约束，"时时出塞射猎"④，给本已紧张的民族关系又造成了进一步的影响。更为严重的是，高淮的罪恶之手还伸向了朝鲜，他"矫中旨，檄朝鲜王"⑤，"索冠珠、貂马"⑥。这破坏了明与朝鲜的友好关系，削弱了明朝的东翼。云南：杨荣使人"往阿瓦开宝井……卒启杀属夷、拆藩篱之祸，弃内服土地人民，而使缅与我比邻剥肤"⑦。广西：这里经费本来不足，靠广东和湖广协济，可是权臣沈永寿"必欲取盈二万，不得已，将额充兵饷盐利凑与……权臣所征商税盐利，皆兵饷经费额内正数……本省环境皆夷，万一仓卒窃发，无饷可以养兵，无兵可以守土"⑧。福建：自高寀坏海禁，生隙海外以来，"诸夷益轻中国，以故吕宋戕杀我二万余人，日本声言袭鸡笼、淡水，门庭骚动，皆寀之为也"；"自高寀后，红夷无岁不窥彭湖矣！"⑨ 可以说，从东北到西南，从陆疆到海疆，民族关系、国家关系无不被税监们搞乱，边防、海防无不被税监们破坏。

---

① 赵世卿：《关税亏减疏》，《明经世文编》卷411。
② 《明神宗实录》卷429，万历三十五年正月乙酉。
③ 见《明神宗实录》卷371，万历三十年四月丙午；卷445，三十六年四月丁丑，等。
④ 《明史》卷305《高淮传》。
⑤ 谈迁：《国榷》卷79。
⑥ 《明史》卷305《高淮传》。
⑦ 《明神宗实录》卷378，万历三十年十一月辛酉。
⑧ 《明神宗实录》卷349，万历二十八年七月戊申。
⑨ 《明神宗实录》卷440，万历三十五年十一月戊午。

四

明神宗祸国殃民的矿税政策，一开始就遭到全国上下的一致反对。直接受害的劳苦百姓自不必说，就是明王朝的各级臣僚，谏阻的激烈程度，在历史上也是罕见的。

群臣的谏阻浪潮，表现出以下四个特点。

一是普遍性。内而六部尚书、侍郎、科道舍官，外而各省督抚布按；上自内阁大学士，甚至个别掌权的太监，下至州县官员，无不反对矿税。封疆大吏如河南巡抚姚思仁、凤阳巡抚李三才、湖广巡抚尹应元、广东巡抚李时华、山东巡抚黄克赞、山西巡抚魏允贞、云南巡抚马鸣鸾、保定巡抚李盛春、江西巡抚夏良心、四川巡抚庄贞一等，一再上疏，极论矿税误国害民，貂珰恶棍横行之弊。基层官员如山东益都知县吴宗尧、陕西富平知县王正志、湖广荆州推官华钰、荆门知州高则巽、枣阳知县王之翰、陕西渭南知县徐斗牛、咸阳知县守时际、咸阳知县满朝荐、江西南康知府吴宝秀、星子知县吴一元、云南寻甸知府蔡如川、赵州知州甘学书、指挥贺世勋、韩光大等，都千方百计地为难税监的委官、参随，极力阻挠矿税的实行。内阁大臣如六部尚书李戴、赵世卿、冯琦等，还多次联合上疏奏谏。大学士张位、赵志皋、朱赓、沈鲤、沈一贯等，也都屡次谏阻。其中言官的反对尤为激烈，都察院左都御史温纯、都给事中、给事中包见捷、项应祥、陈继、姚文蔚等，交章谏阻。甚至连司礼监太监田义，也参加了反对者的行列。《明实录》载称："乃者赍捧官来，开口即说矿税各处书来，未开缄，即知其说矿税！"① 就是这种普遍性的真实写照。

二是一致性。群臣反对矿税，理由大体相同。主要是抨击矿监税使横行霸道，敲骨吸髓，祸国殃民，警告天将大乱。群臣的奏疏举不胜举，我们只摘录了万历二十七年九月吏部尚书李戴与侍郎冯琦、三十年九月大学士沈鲤、大学士朱赓的三份奏疏，列一简表，加以比较（见表1）。

---

① 《明神宗实录》卷399，万历三十二年八月庚子。

表 1　三份奏疏内容比较

	李戴、冯琦奏疏	沈鲤奏疏	朱赓奏疏
指出矿税监及其爪牙的横行霸道	"诸中使衔命而出，所随奸徒动以千百。""运机如鬼蜮，取财尽锱铢。""布成诡计，声势赫然。""片纸入朝，严命夕传，纵抱深冤，谁敢辨理。不但破此诸族，又将延祸多人。但有株连，立见败灭。箠毂之下尚须三覆，万里之外止据单词。遂令狡猾之流操生杀之柄。"	"内臣不能仰承德意，滥用群小，布满川间，穷搜远猎。而群小之中又各有爪牙羽翼。虎噬狼贪，无端告讦，非刑拷讯……"	"特以利权付内使，又有亡命之奸，鼓刀笔以为羽翼，椎埋之辈，张罗网以为爪牙，金紫盈庭，戈矛载道，如狼如虎，如鸷如豺，不餍不休，不夺不餍，往往一兔而两剥其皮，取鱼而并竭其泽。"
指出矿税的祸国殃民	"远近同嗟，贫富交困。贫者家无储蓄，惟恃经营。但夺其数钱之利，已绝其一日之生。至于富民，更蒙毒害。或陷之漏税窃矿，或诬之贩盐盗木。""陛下欲通商，而彼专困商。陛下欲爱民，而彼专害民。""近者征调频仍，正额犹逋，何从得羡。此令一下，趣督严急，必将分公帑以充献；经费罔措，还派民间，此事之不可者也。"	"当今时政最称不便者无如矿税二事。""贫富尽倾，农商交困，流离转徙，卖子抛妻，哭泣道途，萧条巷陌。"	"小民稍不将顺，辄见捶楚。有司才一调护，辄被参拿。且进奉者一，而掊剋者百……臣所经过地方，父老子弟咸遮道而愬曰：上供易，下供难；鬻产业易，鬻妻子难；逃乡土易，逃生死难。"
发出亡国的警告	"夫以刺骨之穷，抱忿心点痛，一呼则易动，一动则难安。今日犹承平，民已汹汹，脱有风尘之警，天下谁可保信者？""若一方穷民倡乱，而四面应之，于何征兵，于何取饷哉！"	"遂激为临清、武昌、苏州之变。而近日广东、陕西、云南，尤纷纷未已。臣窃观天下之势，如沸鼎同煎，无一片安乐之地。""至愚人亦知必乱。""疮痍未疗，呻吟未息，更有征发，岂不速乱！"	"君犹舟也，民犹水也，水能载舟，亦能覆舟。"
出处	《明史》卷216《冯琦传》	《明神宗实录》卷376	《明神宗实录》卷376

从表 1 可以看出，三份奏疏的内容竟然如此一致。

三是尖锐性。群臣的奏疏在指明矿税监暴虐、矿税危害的同时，一般都指出祸根就是明神宗贪得无厌，纵奸为恶。其言辞之尖锐，在封建专制时代是少有的。凤阳巡抚李三才直言：

陛下爱珠玉，民亦慕温饱；陛下爱子孙，民亦恋妻孥。奈何陛下欲崇聚财贿，而不使小民享升斗之需；欲绵祚万年，而不使小民适朝夕之乐。自古未有朝廷之政令、天下之情形一至于斯，而可幸无乱者。

> 今阙政猥多，而陛下病源则在溺志货财。①

一针见血地指出了明神宗"爱珠玉"，"溺志货财"，是"自古未有"。李三才在另一道奏疏中，更毫不留情地戳穿了明神宗为敛财而编造的谎言：

> 陛下每有征求，必曰'内府匮乏'。……而其实不然。陛下所谓匮乏者，黄金未遍地，珠玉未际天耳。

他接着指出这种"征求"将带来的严重后果：

> 小民饔飧不饱，重以征求，箠楚无时，桁杨满路，官惟丐罢，民惟请死，陛下宁不惕然警悟邪！陛下毋谓臣祸乱之言为未必然也，若既已然矣，将置陛下何地哉！②

言外之意是将死无葬身之地，对明神宗发出了严厉的警告。

户科给事中田大益，在极陈矿税六害的奏疏中，几乎条条指向明神宗：第一条"敛巧必餍足"，指出内臣的"穿凿劫吓"，"丘陇阡陌皆称矿税，而官及四民皆列市贩"，"军国正供尽竭"，都是为了"餍足"明神宗。第二条"名伪必败"，指出"皇上自以矿税裕国足民，名至懿也"，是挑最好听的说。但在"军饷无给，兵荒莫备"之时，从不"以向所进收者给民佐国"，反而"日夜采榷不止"。因而"裕国足民"只不过是"以智计甘言窃天下之誉"罢了，但他是得不到"天下誉"的。第三条"贿聚必散"，第四条"怨极必乱"，第五条"祸迟必大"，均指出明神宗的倒行逆施，将酿成灭国大祸。第六条"意迷无救"，指出明神宗"沉迷不出，以豪珰奸弁为心膂，以矿砂税银为命脉。虽有苦口药石之言，听之犹如蒙耳"，因此，即使有历史上的名臣辅佐，"亦安解其徽纆而救败亡哉"③，即很难救药了。万历二十九年，田大益再次指出，是"陛下驱率虎狼，飞而食人，使天下之人，剥肤而吸髓，重足而累息"④。万历三十二年，田大益更"极陈君德缺失"，骂明神宗犹如夏桀、商纣等昏君，"迩来乱政，不减六代之季"⑤。这种尖锐程

---

① 《明史》卷232《李三才传》。
② 《明史》卷232《李三才传》。
③ 《明神宗实录》卷354，万历二十八年十二月庚辰。
④ 《明史》卷237《田大益传》。
⑤ 《明史》卷237《田大益传》。

度，即使在今天看来，也是相当惊人的。有些大臣虽做官有方，进言婉转，如吏部尚书李戴之"诚欲陛下翻然改悟"①，大学士沈一贯之"伏望皇上憬然深思，涣然省悟"② 等，亦不失柔中寓刚，绵里藏针。

　　四是坚决性。对于群臣的谏阻，明神宗不是当作耳旁之风，不予理睬；便是大发雷霆，严厉惩治。而对太监则百般庇护，使他们越发放肆地推行矿税政策。然而高压吓不倒群臣，谏阻的浪潮从未间断，且一浪高过一浪。例如御史余懋衡因谏阻矿税，被罚"停俸一年"，但在巡按山西时，他与坐镇山西的税监梁永又展开了生死搏斗。梁永为害山西，"懋衡奏之。永大恨，使其党乐纲贿膳夫毒懋衡。再中毒，不死。拷膳夫，获所予贿及余盅。遂上疏极论永罪"③。谢廷赞，"未授官，即极论矿税之害"，授刑部主事后，又上疏言"矿税当撤"，被明神宗褫职为民④。但压是压不服的，当时"中外人情汹汹，皆为矿税一事"⑤。压的结果，反而激发了人们更大的勇气和积极性，斗争更坚决了。例如，已"卧病"不起的大学士赵志皋被这种气氛感染，"不敢以将去之身，隐默而不言"，也积极行动起来，为反矿税而坚决上言⑥。最具有讽刺意味的是，连明神宗比较宠信的司礼太监田义，后来也站到了群臣一边，为罢矿税而"力争"，"田义汇诸疏进御前，帝怒掷地。义从容拾起，复进之"⑦。可以说，在群臣的坚决斗争下，明神宗确实成了"孤家寡人"。

　　明神宗不是不知道矿税扰民生事，但因为矿税敛银太多，实难舍弃。据《明实录》载，"天下矿税，四百余万"⑧。一年共收五百万两，这是一个很大的数字。当时，全国户部太仓银每年才四百余万⑨，仅是此数的百分之八十。贪得无厌的明神宗，当然不愿放弃这笔财富。另外，矿税太监及其爪牙暗中纳入私囊之银，更远远超过此数，他们当然要向明神宗施加影响。所以，明神宗坚持不改，拒绝谏阻，一意强制推行矿税虐政。只有人民群众的反抗斗争，才能教训这个贪财如命的皇帝，才能取消这种虐政。

---

① 《明史》卷216《冯琦传》。
② 《明神宗实录》卷340，万历二十七年十月癸卯。
③ 《明史》卷232《余懋衡传》。
④ 《明史》卷233《谢廷赞传》。
⑤ 《明史》卷237《吴宝秀传》。
⑥ 《明史》卷218《沈一贯传》。
⑦ 《明史》卷237《吴宝秀传》。
⑧ 《明神宗实录》卷359，万历二十九年五月丁未。
⑨ 据赵世卿：《题国用匮乏有由疏》，《明经世文编》卷411。

五

人民群众反对矿税虐政的斗争，有多种多样的形式，史书上记载较多的，具有一定规模的斗争是"民变"。从《明档》和《明史》等材料看，反矿税的民变斗争，在矿税兴起之初即已爆发。哪里有矿监税使，哪里就爆发民变，从东北的辽河平原，到西南的云贵高原，从长城内外，到南海之滨，从边疆"夷寨"，到京畿重地，民变烽火到处燃烧，从未间断。

现依据《明实录》、《明史》和《明档》，将有关民变情况列表如下（见表2）。

表2 反矿税民变情况

时　　间	地　点	规模与内容	出　　处
万历二十四年（1596）闰八月	陕西	罗元人"伪造天书，妖言惑众，谋不轨"	《神宗实录》卷301
万历二十六年（1598）三月	浙江	士民王止孝反矿税	《神宗实录》卷320
万历二十六年八月	河南陈州	任世身在陈州卫将台原竖旗杆上张挂黄旗，上书"八月起首，二十八日宿宝吾门开天祖，先夺陈州、汴城"等语	《神宗实录》卷327
万历二十六年十一月	四川	"西南诸夷酋在在离心解体……所有木枋闭关，禁绝往来。即建昌、永宁素称产木之地，原派木植，全未解……狂酋藐无畏惮，攘臂雄据，不惟阴阻大工，亦且明弃疆宇"	《神宗实录》卷328
万历二十七年（1599）	荆州	商民反陈奉，"聚众数千噪于涂，竞掷瓦石击之"	《明史》卷305
万历二十七年二月	江西湖口	"税监李道于湖口激变"	《神宗实录》卷331
万历二十七年闰四月	天津上新河	民变"今一见于天津，再见于上新河"	《神宗实录》卷334
万历二十七年闰四月	临清	反税监马堂，"市人数千环噪其门，堂惧，令参随从内发矢射杀二人。众遂大哗，火其署，格杀参随三十四人"	《神宗实录》卷334
万历二十七年闰四月	仪真	"税监暨禄委官马承恩等以抽税激变"	《神宗实录》卷334

续表

时间	地点	规模与内容	出处
万历二十七年六月	辽东开原	税监高淮"比至开原，严刑激变"	《神宗实录》卷336
万历二十七年八月	云南	"生员聚众殴辱"税监杨荣	《神宗实录》卷338
万历二十七年九月	辽东金州复州	民夫沙景元"猖率地方"，反对矿税监高淮委官叶国相，抗拒开矿	《明档》丁类21号
万历二十七年十一月	陕西	"同知宋言（贤）交通生员许显吾等倡乱"，反税监梁永	《神宗实录》卷341
万历二十八年（1600）正月	武昌汉阳	"士民数百，奔赴抚按，击鼓声冤，旋噪税监门，拥众攻打"	《神宗实录》卷343
万历二十八年二月	凤阳、徐、砀、丰、沛等地	"近有赵抚民、李化鲸、赵天民等，招合亡命，布散流言……又单县民唐云峰倡乱，强首恶赵世龙等聚党万余，部署职名，肆为猖狂，造作逆谋"	《神宗实录》卷344
万历二十八年二月	蔚州	"蔚州民毕旷造布谣言，哄散矿夫，及率男毕诗杰等殴伤参随王守富等"，反矿监王虎	《神宗实录》卷344
万历二十七年至二十八年二月	湖广	"陈奉入楚，始而武昌一变，继之汉口，继之黄州，继之襄阳，继之光化县，又青山镇、阳逻镇，又武昌县、仙姚县镇，又宝庆，又安德，又湘潭，又巴河镇，变经十几起"	《神宗实录》卷344
万历二十八年三月	凤阳	赵一平（古元）、孟化鲸"招兵七千，约以二月二日各处兵马八路齐起"	《神宗实录》卷345
万历二十八年四月	云南	"寻甸知府蔡如川、赵州知府甘学书及生员人等抗扰开采"，反杨荣	《神宗实录》卷346
万历二十八年四月	广东新会	"珠池市舶税务内臣李凤激变新会县"	《神宗实录》卷346
万历二十八年四月	北京	"各牙数百为群，号哭拦诉"，抗税监张烨抽牙税	《神宗实录》卷346
万历二十八年六月	广宁	"广宁营军鼓噪"	《神宗实录》卷348
万历二十八年六月	湖广	"税监陈奉札擅立拦江税厂，……激变灶户"	《神宗实录》卷348
万历二十八年六月	辽东	税监高淮"委官廖国泰激变土民"	《神宗实录》卷348

续表

时　　间	地　　点	规模与内容	出　　处
万历二十八年六月	通州	"生员土民喧嚷，执枪棍，抛砖石者千余人"，反税监王虎	《神宗实录》卷348
万历二十八年六月	陕西阶州成县锡和县	"矿徒劫杀"，反矿监赵钦	《神宗实录》卷348
万历二十八年七月	蕲州	"蕲州知州郑梦祯抗旨蔽矿，倡民噪呼"	《神宗实录》卷349
万历二十八年七月	湖广	"生员沈希孟等，民刘正举等，打抢抽税陈奉差人，因而竖旗聚众，鼓噪倡乱"	《神宗实录》卷349
万历二十八年	承天	"承天鼓噪"	《神宗实录》卷349
万历二十八年八月	辽东孤山	金得时等聚众三千人于孤山堡虎听谷，"左道惑人"	《神宗实录》卷350
万历二十九年（1601）三月	上饶	"上饶民群聚欲杀"税使潘相的委官陆太	《神宗实录》卷357
万历二十九年三月	武昌	反税监陈奉，"众群聚，欲杀奉"，"执奉左右耿文登等六人投之江"，又火烧巡抚衙门	《神宗实录》卷357、358
万历二十九年	谷城	县民逐陈奉差人	《明史》卷305
万历二十九年四月	广东新会	"县民哨聚千人，珠贼横行海上"	《神宗实录》卷358
万历二十九年六月	苏州	"苏州民葛贤等缚税官六、七人投之于河，且焚官家之蓄税棍者"，机户罢织	《神宗实录》卷360、361
万历二十九年冬	景德镇	"景德镇之鼓噪，由中使潘相激变"	《神宗实录》卷368
万历三十年（1602）二月	饶州	"江西税使潘相舍人王四等于饶州横恣激变，致毁器厂"	《神宗实录》卷369
万历三十年三月	上饶	税监潘相的党羽"大猾陆太等为上饶民噪殴几毙"	《神宗实录》卷370
万历三十年三月	云南腾越	"税监委官张安民播虐官民，地方激变，烧毁厂房，安民焚死"	《神宗实录》卷370
万历三十年四月	辽东	"税监高淮委官杨承恩等，逼诈赃私，乡民无告，至欲顺房逃生"	《神宗实录》卷371
万历三十年五月	苏州	机户管文等激变，反税监刘成，其帖有"天子无戏言，税强可杀"等语	《神宗实录》卷372

续表

时间	地点	规模与内容	出处
万历三十年五月	江西	"税监潘相为孺童所哄"	《神宗实录》卷372
万历三十年五月	河南	"河南毛兵李举、矿甲孙朝等之噪",反对矿监"减剋工食"	《神宗实录》卷372、373
万历三十一年（1603）正月	北京	税监王朝"劫掠立威，激变窑民"	《神宗实录》卷380
万历三十一年三月	颖州	"颖州乱民，至以千计"	《神宗实录》卷382
万历三十一年九月	睢州	杨思敬为首的"睢州大盗蔓延江北"，反对矿税	《神宗实录》卷388、389
万历三十二年（1604）五月	福建	吴建兄弟以白莲教聚众数千起义	《神宗实录》卷396
万历三十二年闰九月	武昌 汉阳	楚王宗人三千余人，劫去楚王进助大工银两，杀死巡抚赵可怀，出反叛榜文	《神宗实录》卷401
万历三十三年（1605）正月	广东省城	税监李凤劫潮州府推官姚会嘉，激起民变，"百姓千余人号呼起救，乃得释"	《神宗实录》卷405
万历三十三年十月	贵州	"今则动辄数百且近千余……劫及官员……贵州数百里之境．顿成盗薮"	《神宗实录》卷414
万历三十四年（1606）二月	陕西	反税监梁永，"万众惊骇，共图杀永及永侄吕四、心腹舍五、千户乐纲……众欲烧抢伊庄"	《神宗实录》卷418
万历三十四年三月	云南	指挥贺世勋、韩光大等及军民数千人"杀开采太监杨荣，焚其尸"	《神宗实录》卷419
万历三十四年五月	福建 漳浦	刘志迈、程可兆聚众千余人起义	《神宗实录》卷425
万历三十四年十月	江西	税监"李道悖违诏旨，地方哗然，共图杀道，赖道府维持幸免"	《神宗实录》卷426
万历三十四年十二月	南京	"妖人刘天绪谋反"，聚众千余人	《神宗实录》卷428
万历三十五年（1607）二月	四川	"四川叙州府（富顺、双流二县）儒童鼓噪"	《神宗实录》卷430

续表

时　　间	地　点	规模与内容	出　　处
万历三十六年（1608）四至六月	辽东	前屯、松山、广宁、山海关、锦州先后五次兵变民变，反税监高淮。前屯男妇数千人"歃血摆塘，誓杀高淮"。关内外"军民怨恨高淮，聚众数千围攻"	《神宗实录》445、446、448；《明史》卷305
万历三十六年七月	湖广	"郴州封闭矿峒，忽有群盗千余，肆行劫取"	《神宗实录》卷448
万历三十六年	陕西山西	河津、稷山、芮城等县回民起义	《神宗实录》卷445、446、449、460
万历三十七年（1609）七月	湖广	黄梅县"知县张维翰激变小民"	《神宗实录》卷460
万历三十七年九月	湖州	"湖州民施敏……聚众行劫杀官	《神宗实录》卷462
万历三十七年十二月	徐州	"吴家庄盗劫杀如皋之任知县张藩"	《神宗实录》卷465
万历三十八年（1010）十月	山东	"金妖精、王麻子、高承惠以妖言惑众"	《神宗实录》卷476
万历三十九年（1611）正月	河间	"地方强贼啸聚至八千余人，逼近京畿"	《神宗实录》卷479
万历三十九年九月	陕西山西	"陕西回贼潜渡黄河，屡于山西平阳一带州县劫夺村堡"	《神宗实录》卷487
万历四十年（1612）七月	陕西	回民马自宾等起义	《神宗实录》卷497
万历四十二年（1614）四月	福建	反税监高寀，"万众汹汹欲杀寀"。高寀率甲士二百余人，杀伤多人，又放火烧毁民房，逃入巡抚衙门。最后，明帝将高寀召回	《明史》卷305《神宗实录》卷520

为了看出民变的规模，我们不妨列举几起典型事件。

反陈奉。陈奉是万历二十七年到湖广的，由于他"恣行威虐"，当年即激起民变，"商民恨刺骨，伺奉自武昌抵荆州，聚数千人噪于涂，竞掷瓦石击之"。二十八年十二月，武昌"士民公愤，万余人甘与奉同死"，由于抚按三司等地方官"护之数日"，陈奉才得以幸免。后来，陈奉派人到谷城勒索，也"为县所逐"。陈奉诬陷清官武昌兵备佥事冯应京，"民切齿恨，复相聚围奉署，誓必杀奉"。陈奉逃匿楚王府，"众乃投奉党耿文登等十六人于江"。又因为巡抚支可大保护陈奉，愤怒的群众遂焚烧了巡抚的辕门。据大学士沈一贯言，陈奉在湖广两年，"始而武昌一变，继之汉口、黄州、襄阳、武昌、宝庆、德安、湘潭等处，变经十起"。前赴后继的民变斗争，迫使明神宗将陈奉召回，并且罢了多次保护陈奉的巡抚支可大的官①。但是，人民的怨恨并未消除，当万历二十九年六月新任巡抚赵可怀入荆州时，本地人民还"拥车诉陈奉之恶，哭声如雷"。赵可怀事后在奏疏中承认，"方数万众汹汹时，臣亦惶悚流汗云"②。可见人民斗争的声势是多么巨大，力量是多么惊人。

反高淮。高淮在万历二十七年四月入辽，六月就激起了开原民变，"比至开原，严刑激变"③。九月，又激起金州、复州地方民夫沙景元领导的抗拒开矿的民变。二十八年六月，其委官廖国泰，又"激变土民"④。到后来，高淮更是骄横跋扈，克掊百端，恶贯满盈，辽东军民反矿税的斗争因而也更激烈。高淮在辽东的最后半年，即万历三十六年上半年，反矿税斗争进入高潮。这年四月，首先爆发了有名的前屯卫兵变。其经过是，"高淮散马催价，索骑操马，拷打号头"，激怒了已经濒于绝路的前屯卫军民。在走投无路的情况下，他们"歃血齐盟，欲挈家北投虏地"。但高淮"尚稔恶不悛"，用特务手段"密访各军姓名于汪政"。愤怒到极点的军民，决定不再北走，而要用暴力来回答高淮的压迫。他们打死了汪政以后，再一次"歃血摆塘，誓杀高淮而后已"。参加这一斗争的是前屯卫"合营男妇数千人"，有军有民，有男有女，规模相当广泛⑤。在前屯军民的带动下，反矿税斗争便在全辽东迅猛铺开，九死一生的辽东军民与高淮展开了生死搏斗，高淮走到哪里，哪里就奋起攻之。五月，大学士朱赓在叙述当时的形势时说："夫激变之事，不数月间，一见于前屯，再见于松山，三见于广宁，四见于山海关，愈猖愈近。"⑥ 除了朱赓所述这四次外，当时还有一次锦州兵变⑦。

---

① 以上皆见《明史》卷305《陈奉传》。
② 《明神宗实录》卷360，万历二十九年六月丙子。
③ 《明神宗实录》卷336，万历二十七年六月辛巳。
④ 《明神宗实录》卷348，万历二十八年六月辛巳。
⑤ 《明神宗实录》卷445，万历三十六年四月丁丑、乙酉。
⑥ 《明神宗实录》卷446，万历三十六年五月甲寅。
⑦ 见《明史》卷305《高淮传》。

因此，那时有"横挡高淮，五番激变"①之说。在人民的反抗声中，猖狂十年的高淮不得不滚出辽东。当其最后逃离山海关时，关内外军民"聚众数千攻围。高淮窘急，率领夷丁劫挟管关主事、通判，护送逃回"②。真是惶惶如丧家之犬，狼狈到了极点。

反梁永。梁永非常残暴，他到陕西后，整死不少地方官，如富平知县王正志，"瘐死诏狱中"；渭南知县徐斗牛，"愤恨自缢死"；县丞郑思颜、指挥刘应聘、诸生李洪远等，都被他"杖死"。至于一般吏卒、百姓被他箠毙的更不在少数。他"搜摸金玉，旁行劫掠"，"税额外增耗数倍"③。陕西人民对他极端仇恨，"思食其肉"，万历三十四年三月，他们"聚众数万，约日起手，尽杀永等"④。在这种情况下，明帝不得不撤回梁永。

反杨荣。杨荣在云南恣行威虐，欺压汉人和少数民族。各族人民对他恨之入骨。万历三十年三月，腾越民变，焚毁税厂，烧死税监委官张安民⑤。杨荣不但不加收敛，反而对人民实行了更残酷地镇压，"杖毙数千人"。人民对杨荣的回答则是更猛烈地反抗，万历三十四年三月，"指挥贺世勋、韩光大等率冤民万人焚荣第，杀之，投火中，并杀其党三百余人"。明帝听说太监被杀，虽然不快，"不食者数日"⑥，但面对已经奋起的人民大众，他的淫威也只得收敛起来。

反孙隆。苏杭织造太监兼管税务的孙隆，在一开始实行新税时，苏州市民就"罢市"反对。万历二十九年五月，其参随黄彦节勾结苏州棍徒汤莘、徐成等十二家，"擅自加征，又妄议每机一张税银三钱"。于是，人情汹汹，机户们"皆杜门罢织"，织工们"皆自分饿死"。在葛贤的带领下，人们"一呼响应，毙黄彦节于乱石之下，付汤莘等家于烈焰之中"，并"缚税官六、七人，投之于河，且焚官家之蓄税棍者"。孙隆吓得急忙逃往杭州。起义人民光明正大，纪律严明，"不挟寸刃，不掠一物，预告乡里，防其延烧。殴死窃取之人，抛弃买免之财"。这是一次有组织的民变，直到官府将棍徒汤莘等逮捕"枷示"，斗争取得胜利，变民才有秩序地散去⑦。

---

① 《明神宗实录》卷448，万历三十六年七月己酉，王邦才奏辩。
② 《明神宗实录》卷446，万历三十六年五月甲寅。
③ 以上见《明史》卷305《梁永传》。
④ 《明神宗实录》卷419，万历三十四年三月己巳。
⑤ 见《明神宗实录》卷370，万历三十年三月甲申。
⑥ 以上见《明史》卷305《杨荣传》。
⑦ 见《明神宗实录》卷360，万历二十九年六月壬申；卷361，七月丁未。

其他，如万历二十七年临清民变，驱逐税监马堂，参加者一万余人，"纵火焚堂署，毙其党三十七人"①。江西浮梁景德镇民变，焚烧厂房，驱赶矿监潘相。潘相又到上饶，邑人拒绝供应他食物，"相竟日饥渴，惫而归"②。福建民变，反税监高寀，"万众汹汹欲杀寀"，高寀吓得钻入巡抚署中，最后被明帝召回③。可以说当时是民变遍国中，哪里有税监，哪里就有民变，这种情况连京畿重地也不例外。万历三十一年，北京西山爆发民变，反对"采煤内监"王朝。参加者有挖煤的窑工、运煤的脚夫、烧煤的人家。他们联合起来，冲向北京街头。"鬃面短衣之人，填街塞路，持揭呼冤"，一时间"萧墙之祸四起……倾动畿甸"④。皇帝的眼皮底下出现这种严重情况，迫使明帝不得不撤回王朝，改派别人。这就是邓拓同志在《燕山夜话》里高度赞誉的北京劳动群众最早的游行。

纵观这些民变斗争，可以看出有如下一些特点：面广，遍及全国各地；持续久，几与矿税相始终，多数有组织有准备，包括利用宗教迷信；规模大，有的多至几千几万人参加，地方官往往是默许的，有的甚至还直接参与。其局限性是：基本上都是自发的斗争，只反对一件事、一个人，并没有触动明政权，取得一点让步，斗争便告结束；斗争的形式多数停留在"鼓噪"阶段，有时虽激化为流血事件，但真正的武装斗争还很少，由于革命危机还未形成，革命力量还很分散、弱小，因而斗争基本上是旋起旋灭，没有一次民变能坚持和发展下去。

但是，风起云涌的群众斗争，在当时还是产生了巨大的作用。首先，它直接打击了矿税太监的威风，在一定程度上制止了矿税太监暴行的恶性发展。其次，它迫使明帝撤换了一些人民最痛恨的税使。如以陈永寿换回王朝，以张晔换回高淮等，这虽然是"以暴易暴"，但毕竟是明封建政府对民变群众的一个让步。最后，它最终制止了明帝的矿税虐政。这个胜利是通过不断的斗争一点一点取得的，万历三十三年，"始诏罢采矿，以税务归有司，而税使不撤"；四十二年，"减天下税额三之一，免近京畸零小税"；四十八年，神宗死，"始尽蠲天下额外税，撤回税监"⑤。这时，明神宗与他

---

① 《明史》卷305《宦官二》。
② 《明史》卷305《宦官二》。
③ 《明史》卷305《宦官二》。
④ 《明神宗实录》卷380，万历三十一年正月丙寅。
⑤ 《明史》卷81《食货五》。

的矿税苛政，才一起被人民的斗争埋葬。此外，这些民变斗争，还为明末农民大起义、明王朝的最后崩溃，起了铺垫和准备的作用。

还值得一书的是，在历次的民变斗争中，涌现了不少人民英雄。如临清民变之后，株连甚众，有一个"织筐手"① 王朝佐，"素仗义，慨然出曰：'首难者，我也。'临刑，神色不变。……临清民立祠以祀"②。苏州民变后，民变领袖"苏州民"葛贤"挺身诣府自首，愿即常刑，不以累众"③。这种为了大众，牺牲自己的高贵品质，大义凛然、视死如归的英雄气概，充分表现了中华民族的光荣斗争传统，永远值得我们继承和发扬。

从万历年间的"矿税之祸"，我们可以得出以下五点结论。

第一，明帝朱翊钧是个极端专制、贪婪、反动的昏君。矿税之祸国殃民，众所公认，群臣苦谏，民变纷起，社会动荡，朱家王朝摇摇欲坠，这些，朱翊钧不是不知，但他却因贪恋每年矿税数百万之巨财，坚决拒谏，骂谏臣，罪言官，强制推行。这充分表明了此时君权之大，专制之甚，也充分暴露了朱翊钧贪婪、昏庸的反动面目。

第二，矿税之祸表明了统治阶级内部矛盾的尖锐和激化。历代封建王朝，统治阶级内部都存在着尖锐的矛盾，有各派系之争，有宦官与文武群臣之争，而更多的是君权与相权、君之私利与王朝"公利"之争。矿税之祸，就是以明帝为首及矿税太监的一小撮，欲图攫取更多的民脂国赋入私囊而产生的。它危害了整个明王朝的利益，侵犯了地主阶级的利益，削弱了官僚的权力，因而激起群臣谏阻的浪潮，内部矛盾异常尖锐和激烈。

第三，明王朝已腐朽至极，即将崩溃。矿税虐政施行之时，正是明廷多事之秋，万历二十四年，努尔哈齐已自称女真国王子、"聪睿汗"，统一了建州女真，势力蓬勃发展；日本也正侵略朝鲜，明廷出兵援朝，前后八年，所费浩繁；万历二十五年，播州杨应龙起兵，明廷又组织力量围剿多年，国用大匮。在这种生死攸关的严重关头，明帝却施行天怒人怨的矿税虐政，勒索民财国赋入私囊，并坚持推行多年，这充分显示了此时明王朝统治集团的腐朽，预示其亡期不远。《明史》指出："识者以为明亡盖兆于此"④ 是符合历史实际的。

---

① 《临清县志》卷8。
② 《明史》卷305《马堂传》。
③ 《明神宗实录》卷361，万历二十九年七月丁未。
④ 《明史》卷81《食货五》。

第四，民变是取消矿税之祸的决定力量。群臣的谏阻，并未能说服朱翊钧罢免矿税，反而使"诏狱"中增加了若干名新的犯官。只有规模浩大、风起云涌的民变，才教训了这个利令智昏、残暴成性的吸血鬼和迫害狂，迫使他一点一点地做出让步，撤换税使，罢开采，直至全部招回税监，完全废止额外矿税。这一事实再次有力地证明了，在封建社会中，劳动人民反对封建剥削的阶级斗争，才是推动历史前进的主要动力。

第五，人民不是群氓，多数人反对的事物一定不是好事物，命运一定不会长久。独夫民贼朱翊钧施行矿税虐政，不管他讲出多么冠冕堂皇的"理由"，打着多么漂亮的旗号，也不管他给他那一小撮亲信太监多大的权力，给群臣和人民带来多大的压力，也不管他本人是个怎样不可侵犯的庞然大物，但终究眯不着人们的眼睛，压不服人们的反抗。尽管朱翊钧仗凭个人的帝王之权和任用群小，将这种矿税苛政坚持二十多年，但到头来这种苛政还是和他一起进入了历史棺材。"尔曹身与名俱灭，不废江河万古流"。朱翊钧和矿税苛政在当代就被否定，究其原因，就是因为他和他所实施的政策不是好的事物，人民不是群氓，人民的选择是无情的。

明代女真与汉族的关系*
——明代辽东档案研究之四

明代辽东档案载录了明代辽东地区政治、经济、军事、文化、民族关系等方面的情况，也详细记述了开原、抚顺马市的具体情形。现据此档，结合有关文献，对明代女真与汉族之间关系的若干问题做些探讨。

一

明代女真大体上分为海西、建州、"野人"女真三大系统，其下又各分为许多小部。女真从其先世肃慎起，就与中原发生了联系。到明代，这种联系空前地发展起来。自洪武以来，女真不断"归附"。洪武十四年（1381）十一月，"故元遗民六十九人自纳儿崖来归于女真千户所，诏以衣粮给之，遣归复州"①。这是《明实录》中关于女真的最早记载，说明早在洪武十四年十一月以前，明政府已经设立了女真千户所。此后，来归的女真不绝于书，有的女真酋长来了还表示，"愿往谕其民，使之来归"②。另一方面，明王朝也主动地加强了对东北女真地区的统治。永乐元年（1403）十一月，设建州卫军民指挥使司，以阿哈出为指挥使。永乐二年二月，置奴儿干卫，以把剌答哈等四人为指挥同知。永乐七年，设奴儿干都指挥使司。自此以后，这种直属于中央政府管辖的女真卫所，在松花江、嫩江、黑龙江、乌苏里江流域等广大东北地区普遍建立起来，多达三百八十余卫所，女真各部酋长基本上都成为明朝政府的地方官员，这就大大增加了女真同内地的联系。

联系增多的一个标志，是众多人员的频繁往来。这首先表现为入京朝贡

---

* 与中国社会科学院历史所周远廉研究员合写，原载《中央民族学院学报》1981年第2期。
① 《明太祖实录》卷140。
② 《明太祖实录》卷142。

的女真人很多，朝贡次数频繁。明初规定，女真岁贡人数，"建州五百，海西一千，共一千五百人"①。"野人女真"因离京师太远，朝贡无常，尚不包括在内。这在明代各个少数民族中是人数最多、次数最频繁的。当时，畏兀、乌思藏等皆数年一贡，每次进京仅一二名或十余名，远远不能与女真相比。实际上，入贡的女真人还要大大超过规定的数字。明成祖朱棣在永乐五年二月曾敕镇守辽东保定侯孟春："缘边鞑靼、女直、野人来朝及互市者，悉听其便。"② 这就是说没有什么限制了。据《明实录》的记载，在万历九年便有十四批女真卫所酋长来朝，其中载明人数的五起，就有698人，可见女真入京朝贡的人数之多。

这种频繁的交往，还表现在有些女真酋长，在短短的几个月内竟能两次赴京。例如，毛怜卫指挥猛哥不花，永乐十九年十月曾进京朝贡，第二年四月又率子弟部属至京。

著名的女真－满族首领努尔哈齐及其兄弟、先祖，入京朝贡的次数也是很多的。据《明实录》和《朝鲜实录》的记载，努尔哈齐的六世祖猛哥帖木儿，除多次派人进京朝贡外，他还曾在永乐元年、十一年、十四年、十五年、十八年、二十年（该年二次）、二十二年、洪熙元年、宣德八年共十次亲自入京进贡。由于他同内地联系密切，忠于明政府，明帝封他为建州左卫都督佥事右都督等职。

努尔哈齐也屡次遣派属下进京叩拜，他自己于万历十八年、二十年、二十一年、二十五年、二十六年、二十九年、三十六年、三十九年八次亲自入京朝贡。明帝初封他为建州左卫都指挥使，继晋都督佥事，后升龙虎将军。其弟速儿哈齐亦曾在万历二十三年、二十五年、三十六年三次入京朝拜明帝。

联系的增多，还表现为马市活动的频繁，进入马市的人非常多。永乐初年，为了便利缘边鞑靼、女真与内地汉族的贸易，曾在辽东的开原、广宁开设两处马市。后来又增设了抚顺马市。由于来者众多，应接不暇，到万历时，更于清河、叆阳、宽甸设市，以扩大这种交流。根据明代辽东档案（以下简称《明档》）的记载，马市基本上是三日一次，有时甚至是隔日一市，每次都有大批女真人来。比如，《明档》乙类107号，便详细记载了万历十二年

---

① 杨道宾：《东夷并贡宜筹西戎领赏有例乞酌定入京留边之数以怀远安内事》，《明经世文编》卷453。

② 《明太宗实录》卷64。

（1584）海西叶赫部仰加奴、逞加奴及哈达部猛骨孛罗、歹商等进入开原马市的情形。他们每次都是几百人一起进入马市，最多的一次达1180人。据现存残缺不全的档案统计，在半年中叶赫、哈达部女真进入马市的"买卖夷人"有31起，共13564人。此外，到马市的还有"传事夷人"、"送汉人夷人"、"京回夷人"、"朝京夷人"等，人数也不少。

《明档》乙类105号，记载了万历六年四至七月抚顺马市的情况。它载明，努尔哈齐的祖父"叫场"（即觉昌安）三次率领女真进入抚顺马市，第一次率45名，第二次23名，第三次带21人。这期间，共有23起累计为1915名建州女真人到马市买卖货物，还有25起共781名"买卖夷人"、"接京回夷人"、"看守河木夷人"到马市领"抚赏"物品。

进京朝贡和到马市贸易，主要是由封授都督、都指挥、指挥之类官衔的女真头人率领进行的。例如，《明档》乙类105号载明，建州女真都督松塔、来留柱、都指挥傅羊古等多次率人进京朝贡。《明档》乙类107、108号中，可以肯定是都督、都指挥的有十三次，即仰加奴二次、逞加奴二次、卜寨四次、猛骨孛罗四次、住金奴一次。

二

由于来往的人数众多，次数频繁，所以女真与汉族之间的贸易是很兴旺的，商品种类多，交换数量大。

从经济关系来说，入京朝贡是一种传统的贸易方式。马是主要贡物之一。按规定，入贡的女真，每人要贡马一匹。比如，万历七年三月，"海西泥河等卫女直夷人都指挥等官台失等二百八十八员，备马二百八十八匹，赴京朝贡"①；四月，"海西弗秃等卫夷人都指挥等官住吉奴等一百五十员，备马一百五十匹，赴京朝贡"②；九月，"建州左等卫女直夷人都督等官大疼克等共一百二十六员，备马一百二十六匹，赴京朝贡"③。明初规定，每年女真进京入贡之人为1500名，即是说，每年女真至少要贡马1500匹。除马之外，贡品多是貂皮、人参等方物。有些特别富有的女真头人，还有贡"金银器皿"的。对

---

① 《明神宗实录》卷85。
② 《明神宗实录》卷86。
③ 《明神宗实录》卷91。

于朝贡的女真人，明廷都赐予宴筵和厚赏。明政府的用意是，"于厚往薄来之中，默寓招夷来远之道"。因此，明初海西、建州每岁1500人入朝，"每次赏赉供应之费以钜万计"。仅万历三十六年十一月辛卯，即命兵部发银27000两，"给赏海、建补贡夷人"，可见赏赐之多。因此，入贡与赏赐，除了表明女真卫所隶属明政府的政治关系外，实际上还包含着官方贸易的内容。当时就有人说，海西、建州女真是"借贡兴贩，显以规利"。①

入贡女真还可以在会同馆与民商买卖。他们每次赴京，行李都"多至千柜，少亦数百"，进行巨量交易，置买"布绢瓷器"之类的生活必需品，甚至"恣买违禁货物"，因而常常"迁延旬月不回"。②

明代前期，为了"怀绥远人"，对于入贡的女真人比较优待，沿途都由州县供给廪馈。这也鼓励了女真人入贡的热情。

女真与汉族之间更大量的、更经常的贸易，是在辽东沿边各马市进行的。《明档》对这种马市贸易有详细的记载。现举数例以兹证明。

二十八日，一起。镇北关进入买卖夷人都督逞加奴等九百九十五名到市，与买卖［残］易换皮张等物，共抽银五十五［两］［残］［入］市货物抽银二十七两五分一厘。［残］袄子七件，抽银一两五钱。缎子十四，抽银一两。羊皮三［残］羊皮袄二百四十五件，抽银二两四钱五分。水靴三十七双，抽银［残］牛八十二只，抽银二十两五钱。铧子四十七件，抽银二钱三分。羊十七只，抽银三钱四分。锅二十一口，抽银六钱三分。驴一头，抽银［残］一、易换货物抽银二十八两八分一厘。马二十四匹，抽银十六两八钱。参六百九十五斤，抽银六两九钱五［分］。貂皮八十二张，抽银二两五钱。木耳八十斤，抽银八分。榛子一斗，抽银［残］狍皮五张，抽银二分五厘。鹿皮二张半，描银五分。珠子六颗，抽银［残］蘑菇七百五十斤，抽银五钱。狐皮十八张，抽银一钱八分。松子八斗［残］水獭皮二张，抽银四分。狼皮四张，抽银八分。③

这是海西女真叶赫部一次到开原马市交易的情况。

二十二日，一起。广顺关进入夷人都督猛骨孛罗、歹商等一千一百

---

① 《明神宗实录》卷495。
② 《明神宗实录》卷495。
③ 《明代辽东档案》（以下简称《明档》，辽宁省档案馆藏），乙类107号。

名到市，与买卖［残］……换貂皮等物，共抽银九十八两三钱［残］……物，抽银四十二两一分五厘。［残］四十九只，抽银一十二两二钱五分。驴一头，抽银一钱。水靴四十八双，抽银九钱六分。绢两匹，抽银二分。一、易换货物抽银五十六两二钱九分七厘。貂皮一千八百三张，抽银四十五两七分五厘。羊皮一百五十三张，抽银三钱。豹皮一张，抽银一钱。狍皮一百六十八张，抽银八钱四分。鹿皮八张，抽银一［残］狐皮一百八十六张，抽银一两八钱六分。马八匹，抽银五两六钱。蜡五斤，抽银五［残］［人］参一百六十九斤，抽银一两六钱九分。牛皮三张，抽银六分。木耳七十斤，抽银七［残］蘑菇二百一十斤，抽银一钱四分。松子一石五斗，抽银四分五厘。珠子一颗，抽［残］木锨一百二十一把，抽银一钱二分一厘。水獭皮一张，抽银二分。蜜十六斤［残］。①

这是海西女真哈达部一次到开原马市交易的情况。

二十三日，夷人张海等一百三十名到市，与买卖人吴七等交易，行使猪、牛等物，换过麻布、粮食、马匹等货，一号起四十五号止，共抽银一十四两九钱一分五厘。二十六日，夷人张乃奇等一百五十名到市，与买卖人李文主等交易，行使猪、牛等物，换过麻布、人参等货，一号起四十［残］号止，共抽税银九两四钱七分五厘。②

这是建州女真两次到抚顺马市进行贸易的情况。

对《明档》乙类105、107、108号进行综合研究，我们可以看出马市贸易兴旺发达的概貌。第一，进行交易的货物，品种甚多，数量很大。在开原镇北关、广顺关的交易档册中，记有万历十一年（1583）七至九月和十二年一至三月这六个月内换货的次数、数量和品种，计有：铧子，19次，4848件；牛，18次，497头；锅，16次，354口；袄子，15次，234件；羊皮袄，9次，397件；羊，13次，213只；驴，10次，23头；猪，4次，11只；水靴，14次，203双；缎子，10次，58匹；绢，4次，6匹；人参，18次，3619斤；马，18次，175匹；貂皮，18次，4734张；狐皮，18次，577张；狍皮，16次，761张；珠子，8次，32颗；蜜，7次，1460斤；蘑菇，14次，3740斤；

---

① 《明档》，乙类107号。
② 《明档》，乙类105号。

木耳，12次，762斤；羊皮，13次，1743张。还有鹿皮、豹皮、木锨、榛子等物。

抚顺马市的交易，虽无具体品种和数量的记载，但一般都是建州女真以人参、马匹、粮食、麻布和汉族易换猪、羊等物。在万历六年四至七月的八十天中，抚顺关抽税银268两（不包括档册残缺不清的交易次数），而上述开原镇北关、广顺关那样大量的交易，才抽税银612两，仅是抚顺关的2.3倍，由此也可推知，抚顺关交易的货物，数量也是很大的。

第二，女真人得到大量铁铧、铁锅、耕牛、食盐、衣、布等生产工具和生活必需品。有些女真人进入马市，一次就买铧子1134件、牛97头。在上述六个月中，海西女真买进铧子4848件、牛497头、锅345口、袄子（包括羊皮袄）631件。万历六年四至七月，建州女真在抚顺马市与汉族进行了大量贸易，也买进了许多猪羊和其他货物。

这里还应对马市上的"抚赏"情形加以补充说明。明廷出于"我以不战为上兵，羁縻为奇计"，对于女真的"朝贡互市，皆有抚赏外，又有沿边报事及近边住牧、换盐米、讨酒食夷人旧规，守堡官量处抚待"①。"抚赏"的对象是很多的，据《明档》乙类105、107号所载，有"买卖夷人"、"看守河木夷人"、"接京回夷人"、"朝京回夷人"、"传事夷人"、"送汉人夷人"、"朝京夷人"等。每次抚赏的人数也多，物品很丰富，并且都是女真必需的用品。例如：

> 初十日，一起。镇北关进入买卖夷人卜寨差易八里等四百八十名，抚赏过桌［残］分三厘八毫。桌面三张，折猪肉十斤十四两，连酒用银一钱七分五厘二毫。下程猪肉四十斤，用银五钱七分二厘。酒四十壶，用银二钱六分六厘六毫。平花缎三匹，用银一两八钱。铧子三件，用银一钱二分。许纸二百张，用银一钱。官锅三十八口，官盐二百斤。②
>
> 十二日，抚赏买卖夷人叫场等二十一名，牛一只，［残］……三只，价银三钱七分。兀剌一双，价银七分。红布四匹，价银四钱八分。盐二百七十斤，价银一两八分，共用银二两二钱八分。③

---

① 《辽东志》卷3。
② 《明档》，乙类107号。
③ 《明档》，乙类105号。

仅万历十一年七至九月和万历十二年一至三月的半年中,海西女真便得到抚赏的布 1055 匹、锅 1669 口、盐 3230 斤。在万历六年七月至八月二十二日的 52 天中,建州女真得到抚赏的布 1010 匹、锅 1189 口、盐 4529 斤。

第三,女真人卖出大批人参、珍珠、皮张,获银上万两。在镇北、广顺二关的交易中,海西女真买进的主要货物铧子、牛、羊、猪、缎、袄等,按时价计,约折银 850 余两。而卖出货物,仅人参一项,照低价每斤九两银计算,3619 斤参当值银 32000 多两。至于貂皮 4700 多张、狐皮 500 多张,又可售得大量银两。

对于马市交易的热闹景象与双方的相互得益,正德年间的辽东巡抚李贡目睹后,以诗的形式进行了生动描写:"累累椎髻捆载多,拗辘车声急如传。胡儿胡妇亦提携,异装异服徒惊眴。朝廷待夷旧有规,近城廿里开官廛。夷货既入华货随,译使相通作行眩。华得夷货更生殖,夷得华货即欢忭。"①

三

女真与汉族的密切联系,还表现为广泛地杂居共处、不断地相互融合与同化。

汉族地区高度发展的物质文化和精神文化,自古就强有力地吸引着当时还处于比较落后状态的女真族。自明初以来,女真人申请进入汉区居住的数量相当可观。

早在洪武十八年(1385),女真高那日、捌秃、秃鲁不花就到辽东都司申请说:"辽东乐土也,愿居之。"② 明廷对女真的内向,采取了鼓励的方针,积极进行安置。对于愿意居住内地的女真,除赏赐外,还划出一定的区域,让他们居住。辽东的东宁卫设立之前,那里就安置了不少来归的女真官民,明廷视他们与辽民一样,"每五丁以一丁编为军",立了一个女真千户所。到洪武十九年,这个女真千户所与汉军中所等五个所,正式组建为辽东都司的东宁卫③。东宁卫是女真与汉族杂居共处的一个重要地方,明廷"嘉其内附,概许免差"。在这个较好的环境里,他们世代繁衍,"生日益增,丁日益多"④,

---

① 《全辽志》卷 6《艺文下》。
② 《明太祖实录》卷 175。
③ 《明太祖实录》卷 178。
④ 《明神宗实录》卷 458。

得到了很大的发展。

三万卫是另一个女真与汉族杂居的重要地方,洪武二十年十二月置(三个月后徙置于开原),第一任指挥使即是女真人侯史家奴①。这里的不少女真人,在洪武二十八年又服从明帝之令,迁到广宁西边屯种②。到永乐六年(1408),因来自边远的女真朝贡者多愿留居内地,明太宗"特命于开原置快活、自在二城居之"③。后改为自在、安乐二州,自在州又徙于辽阳。

明廷对于愿居内地的女真头人特别优待。《太宗实录》永乐六年四月戊子载称:"兀者右等卫指挥、千百户贾你等奏,愿居辽东三万等卫,从之,赐钞币、袭衣、鞍马,其居室什器,薪米、牛、羊,命所在官司给之。自后愿居辽卫者,赐予准此例。"自此以后,要求留居辽东的女真更多了,仅《太宗实录》的记载,十六年中便有十八批。海西哈达部酋长王忠、王台的不少后裔,"居中国附塞上",且"袭冠带者为多"。

除辽东外,北京更是女真人向往的定居地方,《太宗实录》中有五处女真留居京师的记载。

永乐以后,这种要求到内地居住的势头一直未减,如洪熙元年(1425),"弗提等卫指挥同知察罕帖木儿等,率妻子五百七十二人来归,奏愿居京自效,赐以苎丝、绸、绢、袭衣有差,仍命有司给房屋器物如例"④。甚至还有居辽东仍不满足,进而又居北京的。例如,"奴儿干吉列迷千户速只哈奴,自辽东来贡马,奏愿留京自效,赐钞、苎丝、袭衣、彩币及布,仍命有司给房屋、器皿、牛、羊,月支薪米。初,速只哈奴以招抚至京,授千户,愿居辽东三万卫,至是复愿居京,故有是赐"⑤。

宣德年间,一些很有名的女真首领也为这种内向潮流所动。像建州卫都指挥佥事李满住,就"遣人奏请入朝充侍卫"。明廷因他在边疆能发挥更大的作用,才谕之曰:"部曲之众,须有统属,姑留抚下,未可轻来。"⑥但有时也不得不采取折中的办法,让他们本人回卫掌事,而允其家属留京,掌毛怜卫事的都督同知猛哥不花,即属于这种情况。当然,这在明廷来说,别含有

---

① 《明太祖实录》卷187。
② 《明太祖实录》卷239。
③ 《明太宗实录》卷78。
④ 《明宣宗实录》卷12。
⑤ 《明宣宗实录》卷3。
⑥ 《明宣宗实录》卷52。

"以系其心"的一面。①

进入汉族地区的女真首领，一般都被明朝封授官职，有的还委以重任，同汉官一样管理内地的军政事务，像"鞑官李丑驴为辽东都指挥佥事"②，麻子帖木儿（王麒）任至后军都督。③

这些到内地居住的女真人，有来去的自由，若思乡土，若省亲戚，只要向镇守官说明，便可离去④。明廷虽然严禁官军和汉民出境交易，但"若安乐、自在等州女直野人、鞑靼，欲出境交易，不在此例"。⑤

女真人进入内地，还有一种特殊情况，这就是由于"饥寒交迫"，"多以幼男女易米于辽东者"。这些女真儿童，辽东官军多有收养，后明廷下令，"凡夷人有鬻男女者，官给与直，男女悉送京师育之"。⑥

另一方面，流寓女真地区的汉人也不少。早在洪武年间，《太祖实录》中就有"辽东遗民流寓女真境内者二十五户，男女凡一百一十六人来归"的记载⑦，说明早有汉人进入女真地区。宣德时，由于军户制、军屯制的残酷和腐败，军卒"畏避屯戍，潜奔虏营"⑧ 的事件多次发生。有些军卒竟"逃往海西二十余年"⑨。最大的一次逃亡事件是松花江造船军卒的逃走。宣德三年（1428），明帝遣内官亦失哈等，携带大批物资，往奴儿干等地赐劳女真头人。为了使这次使命成行，特命都指挥刘清督军于松花江造船。后因"造船不易"，"所费良重"，于宣德四年召回亦失哈，五年末正式"罢松花江造船之役"。在造船期间，逃匿女真地区的造船军卒很多，明廷虽多次勒令海西、"野人"女真酋长协助寻找，但直到七年五月，还有"未还者五百余人"⑩。这五百多人并非是被女真抢去的，而是自动逃去的，九月的《宣宗实录》就明确地写着："造船逃军五百余人"。⑪

有些女真酋长为了表示对明廷的忠诚，常将逃去的汉人送回来。例如，

---

① 《明宣宗实录》卷27。
② 《明太宗实录》卷46。
③ 《明太宗实录》卷105。
④ 《明太宗实录》卷78。
⑤ 《明太宗实录》卷204。
⑥ 《明宣宗实录》卷114。
⑦ 《明太祖实录》卷230。
⑧ 《明宣宗实录》卷49。
⑨ 《明宣宗实录》卷90。
⑩ 《明宣宗实录》卷90。
⑪ 《明宣宗实录》卷95。

在宣德十年三月至正统元年闰六月的十五个月中，建州卫都指挥李满住就曾两次送回"逃居各寨人口"、"逃移人四十八口"①。这也可证明汉人不断移居女真地区，数量不少。

明代后期，由于政治黑暗，差役繁多，赋税沉重，官将贪暴，民不聊生，汉族兵民更是大量流入建州、海西女真境内，在环围宽甸等六城堡外的八百里新开地区，就聚集了许多逃去的汉族军民。万历三十四年（1606），辽东巡抚赵辑、总兵官李成梁撤新区，强迫这些人迁回内地，但被赶回的"仅系老幼孤贫六七万人"，其他"强壮之人，大半逃往建州"②。三年后，入京朝贡的建州女真大哈等，上书还提及此事："辽兵六万余人，因避差役繁重，逃在彼境，久假不归"③。此时，史籍中出现了"夷属汉人"的提法④。这说明汉人在女真地区已不是孤立的个别现象，他们已成为女真地域的正式居民了。

汉人投奔女真，还有发生在内地的。这就是常常有不少汉人，私投在已经迁入内地长期居住的女真官员名下。这是因为，女真官员"例得免差"，故苦于赋役重担的"辽东军人，多有畏卫所苦累，私投东宁卫土官者"。⑤

可以看出，生产力高度发展的汉族，无论是移居到生产力低下的女真地区，还是在内地投靠女真官员名下，这种"倒逆"性的交流现象，完全是明廷的反动政治、官吏的残暴压迫逼出来的。但客观上，这也不失为一种民族之间的交流。

四

女真与汉族的友好关系难以取得更进一步的发展，甚至在某些时候遭到削弱和破坏，其主要原因在明政府方面。明廷对女真的方针、政策基本上是"分而治之"，既要利用女真的力量牵制蒙古，又要使其内部互为雄长，不使壮大，不令统一；在羁縻分治中以求保边安境，兼取女真的马匹、人参、东珠等土产。这在明朝的一些官方文书中，有着明确的记载。例如，万历三十六年礼部奏称："女直内附，我文皇帝即设奴儿干都司以羁縻之，事同（蒙古

---

① 《明英宗实录》卷3、卷19。
② 海滨野史辑《建州私志》卷上（见《清初史料四种》，1933北平图书馆刊印，下同）。
③ 《明神宗实录》卷455。
④ 《明神宗实录》卷173。
⑤ 《明神宗实录》卷458。

兀良哈等）三卫，均资扞蔽者，盖以金元世仇，欲其蛮夷自攻也。然必分女直为三，析卫所地站为二百六十二，各有雄长，不使归一者，盖以犬羊异类，欲其犬牙相制也。"① 每年之所以令女真入贡，允女真互市，并对女真头领抚赏，其目的也还是"以消其侵轶于彼也"②。不难看出，明廷对女真的种种友好表示，其动机并不是完全友好的。这种分而治之的反动政策，在女真与汉族的关系中，必然会产生隔阂、猜疑、阻碍和破坏作用。至于在错误方针指导下，明廷动辄对女真进行征剿，诛杀其干将名酋（如成化年间杀董山、征李满住），给广大女真带来的灾难，给女真与汉族的关系带来消极的影响，更是显而易见的了。

明朝官将对女真人的贱视和残杀，在与女真交往中所表现的贪暴和苛刻，是影响女真与汉族加强关系的另一个原因。例如，宣德年间，太监阮尧民、都指挥刘清领兵于松花江造船，"因与女直市，辄杀伤其人"③。成化十五年（1479）的"征建州"，也是明显的例证。当时辽东巡抚陈钺与太监汪直为了邀功，通同作弊，"虚张边警"而出师，抓来郎秃等六十余名无辜的进贡头人当"俘虏"，"或杀或系，献俘升赏"。陈钺因此而晋为右都御史，但带来的后果是，"建人以复仇为词，深入辽阳，杀男女，皆支解之，或碓舂火蒸，以雪怨。边将不敢与战，辽地骚然"④。

在朝贡、互市中，明朝官将贪暴刁横，常常启衅。成化二年（1466），整饬边备左都御史李秉就指出这种情形严重存在："建州、毛怜、海西诸部落野人女直来朝贡，边臣以……貂皮纯黑，马肥大者，始令入贡，否者拒之。"⑤除了挑剔刁难，边将还常常乘机勒索。成化十四年，海西兀者前卫都指挥散赤哈就曾上书告状："开原验贡，勒受珍珠、豹皮"⑥。有时互市，买卖未毕，边将即粗暴地驱赶，实是变相的掠夺，"胡人所赍几尽遗失"⑦。

沿边还有一些奸诈的汉人，每当女真来马市交易的时候，"或以酒食衣服等物邀于中途，或诈张事势巧为诱胁，甚沮远人向化之心"⑧。这些虽系雕虫

---

① 《明神宗实录》卷444。
② 杨道宾：《海建二酋逾期违贡疏》，《明经世文编》卷453。
③ 《明英宗实录》卷4。
④ 《建州私志》卷上《东夷考略》。
⑤ 《明宪宗实录》卷35。
⑥ 《东夷考略》。
⑦ 〔朝〕李民寏：《建州闻见录》。
⑧ 《明宣宗实录》卷113。

小技，但也有损于民族之间的友好往来。

在女真方面，上层人物的贪婪抢掠，也是影响民族关系发展的一个重要原因。当时，女真社会发展还处于较低级阶段，生产力水平低下，其上层统治者常把抢掠当作谋取财富的重要手段。他们零窃大犯，岁无虚日。成化时，曾"一岁间入寇者九十七，杀掳人口十万余"①。建州酋长王杲更是经常掠边为盗，嘉靖四十一年（1562），曾深入到辽阳，诱杀副总兵黑春。万历二年（1574），他又六次犯边，屠戮抚顺游击裴承祖等人②。在一次又一次的抢掠中，女真酋长掳取了大批汉民，迫使他们为奴作婢。仅据《朝鲜世宗实录》的记载，自永乐二十二年至宣德八年的十年间，汉奴从建州女真处逃到朝鲜送回辽东都司的，就有 566 人③。从宣德八年至景泰三年的二十年中，朝鲜送回的人口为 1003 人，明廷从建州讨还的被掳汉奴也有 566 人。④

总之，两族的统治阶级所采取的错误政策和行动，给两族人民都带来了严重的灾难，危害了民族之间的正常关系。

五

尽管有上述的消极因素，但从总的来看，交往的频繁，贸易的兴旺，人口的杂居，促进了女真和汉族的共同发展，产生了积极的深远的影响。

对女真的影响，可以说是十分巨大的。首先，它促进了女真生产力的发展。明初，女真的生产力水平很低，许多部落依靠渔猎、采集和牧畜为生，少数部落虽较好一点，也是耕、牧、渔、采并重，灾荒频仍，经常缺粮，前往明和朝鲜"讨食"。打猎的重要武器——箭矢，尚是以石、骨制作。经过长期的交往和贸易，耕牛和铁制农具等先进的生产资料大量输入，到十六世纪初，建州、海西女真的大部分已过渡到以农为主，海西女真"俗尚耕稼"，建州女真"乐住种，善缉纺，饮食服用，皆如华人"⑤。《明档》乙类 105 号，九次记载了抚顺马市上建州女真以粮食易换货物，可见，他们已能生产出超过维持劳动力本身所必需的物品，粮食已有可能自给，甚至可以运到市场出售

---

① 《辽东志》卷 7。
② 《东夷考略》。
③ 《朝鲜世宗实录》卷 60。
④ 《朝鲜世宗实录》卷 61。
⑤ 卢琼：《东戍闻见录》。

一部分了。这时的箭,也已改用铁矢。牧畜、狩猎和采集等行业也都有了较大的发展。生产力水平的大大提高,促进了女真社会由低级向高级阶段发展。在这段时间里,由于汉族人口通过不同的形式(自愿和被掠)移住女真地区,通婚过继,增加了女真族的人口,提高了女真族的生产力和文化,终于形成了满族这个新的民族共同体,完成了从原始社会末期向奴隶社会的过渡。

对汉族的影响也是不可忽视的。由于与女真进行贸易,女真地区的土特产,如滋补名药人参,高级貂、狐等皮裘,马匹,等等,大量运入内地,丰富了内地的市场,在一定程度上满足了汉族的某些需要。另外,由于女真定居辽东、北京的人很多,年长日久,他们与汉族同居共处,交往密切,联姻婚娶,逐渐融合。汉族吸收了新的血液,进一步得到了发展。

女真与汉族的友好相处,使辽东和东北地区得到了进一步的开发。《建州私志》指出,由于"因贡为市,交易不绝",边疆出现了"延袤千里无烟火,近疆屯田垦治如内地,岁省粮储无算"的局面。嘉靖年间辽东巡抚任洛写的登间山诗说:"处处不传塞上火,家家喜种雨余田"①。这是对民族友好环境下出现和平劳动的一首赞歌。正是由于"华人十七,高丽土著、归附女真野人十三"在一起耕种牧放,才使原来"以猎为业,农作次之"的辽东地区变成了农、工、商业相当发达的"沃壤"②。与辽东一样,女真人居住的其他广大东北地区,也不同程度地得到了开发。建州女真"乐住种",海西女真"俗尚耕稼",便是这些地区得到开发的最好注脚。

---

① 《辽东志》卷1。
② 《明太祖实录》卷144;《辽东志》卷7。

明代灶户的分化[*]

封建社会后期，手工业劳动者的分化，是资本主义生产关系萌芽及其发展的重要条件。在讨论明清的资本主义萌芽时，虽然一些文章对此有所涉及，但比较简略，至今尚无专文阐述。本文拟以明代的灶户为例，对这一重要问题做初步探索。

一　明初的"灶户制"

明初，盐的生产由官府直接经营。生产与经销盐的收入，占明廷财政收入的一半[①]，对保证边防粮饷、战马之需，以及河工、赈灾等紧急费用，起着重大的作用。因此，明廷对盐的控制特别严，坚决反对变官营为民营的要求。

官营制盐业赖以存在的基础是"灶户制"。只有实行灶户制，命令灶户缴纳本色额盐，并对余盐实行官收，把盐全部收为国有，使盐的生产成为官营，才有官营制盐手工业。这种制度始创于唐代，宋元继承下来，明初更有所发展。

灶户的来源，主要是佥民充任。《古今鹾略》称："国初制，沿海灶丁俱以附近有丁产者充任。"嘉靖《两淮盐法志》、《天下郡国利病书》、天启《福建鹾政全书》都有佥派良民充灶的记载。灶户的补充，也是多从良民中拨补。《明会典》卷三四规定："其事故灶丁，勘实，以附近田粮丁力相应人户拨补。"此外，也利用军户、囚犯煎盐[②]；在浙东一带还实行"赡盐田"

---

[*] 与中国社会科学院历史所周远廉研究员合写，原载《明史论丛》第 2 辑，江苏人民出版社，1983。
[①] 李汝华：《户部题行十议疏》载："其半则取给于盐策。"《明经世文编》卷 474。
[②] 《明史》卷 80《食货志》载，"辽东盐场……以军余煎办"。《明律集解附例》卷 1 载，"国初徒罪，俱发盐场、铁冶。"

制度，按土地多少而办盐。一旦沦为灶户，就要世代为灶。

金民充灶后，明廷按丁分拨草荡卤地，发给煎盐盘铁，免去灶户的杂徭。《明史·食货志》明确记载："明初仍宋元旧制……给草场以供樵采，……仍免其杂徭。又给工本米，引一石。……寻定钞数，淮、浙引二贯五百文。"官给煮盐器具的材料，在《明太祖实录》、《天下郡国利病书》、《古今鹾略》和明崇祯刻《盐法奏议》等书中，也都有载。

灶户应尽的义务是，第一，缴纳额盐，办纳入官，世充，见丁服役，计丁办盐。洪武二十三年（1390）规定，两淮、两浙灶户"计丁煎办……各场灶户每丁岁办小引盐十六引，每引重二百斤"①。"凡军、匠、灶户，役皆永充"②。第二，纳完正课以外的余盐不能私卖，必须官收。"正统二年（1437）……令两淮、两浙贫难灶丁……其有余盐者不许私卖，俱收贮本场……每小引官给米麦二斗"③。第三，灶户有田的要照样纳粮和服里甲正役，并有临时的苛派，如代办逃灶遗下来的额盐等等。

明廷还制定了极严厉的"团煎法"，禁止灶户私煎、私贩、逃亡和典卖草荡。"国初聚团公煎之制，每团四围高加墙垣，前后共开二门，后门运盐沙进场，前门运净盐进廒。每门拨保伍长数人稽查出入。团内盘舍官钱公造，其有团外另置盘舍，毋论果否卖与真商，俱治以私盐商灶各罪"④。若有"将煎到余盐夹带出场及私煎货卖者，绞"；若"逃灶窝隐豪民之家三月不出者，豪民发充灶丁，灶户问罪"⑤。对灶户的管制是极为严酷的。

在灶户承担的义务中，缴纳额盐是最主要的。明代大臣霍韬曾指出："国初以两淮卤地授民煎盐，岁收课盐有差，亦犹授民以田而收其赋也。"⑥所以额盐实质上是一种封建地租，是体现草荡卤地封建土地国有制的经济形式；同时它又不仅仅是封建地租，它还包含了灶户自有土地中应对明廷提供的杂泛徭役。

额盐不是一般的封建地租，灶户当然也不能与一般农户类比。由于明初制盐生产力水平低下，灶户又是计丁煎盐，在户无空丁、没人帮贴的情

---

① 《明太祖实录》卷199。
② 《明史》卷78《食货志》。
③ 《明会典》卷34。
④ 《盐法奏议》下卷，崇祯刊本，第36页。
⑤ 《明会典》卷34。
⑥ 霍韬：《盐政疏》，《明经世文编》卷187。

况下,灶户每年要用绝大部分劳动时间去生产额盐,根本无法从田地耕种上获得足够的生活资料。因而明廷发给工本钞,以此来补充灶户生活资料的来源,使灶户能够维持盐的生产,巩固官营制盐手工业。所以,灶户实质上只是官营制盐手工业中工役制下的劳动力,而不是一般农户或自由的小商品生产者。

灶户制,也即官营制盐手工业制度,是保证明廷统治的强有力的工具。在这个制度下,灶户对明廷的封建依附程度比农民更厉害,社会地位更低下。他们生产上受到更严格的管制,且要世代为灶户,毫无转换职业的希望。他们不仅受盐官蹂躏,而且还受势豪欺凌、盐商敲诈。明廷对这样卑贱的灶户有极大的支配权。除不能买卖外,灶户基本上类似农奴,终年进行着农奴似的劳动。这种制度,不仅加深了灶户的灾难,也阻碍了盐业生产的发展。

二 制盐生产力的提高和灶户的分化

灶户制虽然阻碍了盐业生产的发展,但随着日推月移,制盐生产力毕竟有了缓慢的提高。明代制盐技术高于过去,表现在三个方面:一是煎盐工具的改进,先进的锅𬬻逐渐取代了笨重的盘铁。明初,在最重要的产盐区两淮运司,煎盐的工具还是盘铁。盘铁笨重昂贵,铸一角盘铁三千斤,连工价需银二十六两,约合米五十石。一般灶户根本无力自办,只好二三十家轮流煎卤,这就保证了反动的"团煎法"得以实行,严重地妨碍了私煎和扩大生产。后来出现的新工具锅𬬻,形状像釜,轻便实用,铸一口只需银六两,成本不及盘铁的四分之一。但它煎的盐成色好,效率也高。一角盘铁一昼夜煎盐六百斤,四只锅𬬻则能煎八百斤。当时人曾对锅𬬻和盘铁做了比较:"盘铁重大而难于修补,锅𬬻轻省而便于制造,且盘煎之盐青而锱,锅𬬻之盐白而洁,商人有取舍焉。"① 因此,到明中叶,锅𬬻已盛行了。嘉靖时,盘铁已由额设二千七百一十五角减少为一千九百二十六角,而锅𬬻则已发展到三千一百一十八口。这还只是官方规定的数字,实际上私置锅撇𬬻的数目也是很大的。到清初,各场已多用锅𬬻煎盐,很少使用盘铁了。

二是晒盐法的普遍推广。晒盐,可省去煎盐所需的柴草,盐的成本大大下降,因而比煎盐要先进得多。明代福建已全部实行晒盐法,"上里场盐

---

① 庞尚鹏:《清理盐法疏》,《明经世文编》卷357。

课司，……初盐由煎煮而成，后盐由曝晒而成"，"今则只用晒法"①。后来经过福建人的指教，这种先进的制盐法也推广到了长芦运司。到嘉靖元年（1522），海丰、海盈二场已有滩地"四百二十七，度通计每年所得盐利十万余引"。②

三是四川凿井法已很精细完备。宋代曾发明了竹筒井，比用牛皮为囊的大井轻便得多，而且还易于掩藏私煎。但这种井宋时还不多。到了明代，竹筒井已占了主要地位，形成了"蜀古井百一，竹井十九"③的生产形势。

制盐技术的改进，生产力的提高，对灶户的分化具有重大意义。首先，盐的产量增多了，为私盐的出现和增多做了物质准备。嘉靖七年左右，两淮每年已产盐三百七十万引，为额盐七十万引的五倍多④，每年可有三百万引余盐，这就是明代私盐特别多的物质基础。其次，由于煎盐工具的小型化、便宜化，灶户有可能自备煎盐工具了。不仅富灶能私置锅𬬻，连一般灶户也能私置。据记载，早在弘治元年（1488），就已"间有自铸锅盘"者，正德时"豪灶有私立十数灶者，七八灶者，私煎私贩，各无忌惮"⑤。明廷虽再三下令严禁，但毫无作用，到嘉靖末、隆庆初，两淮已是"擅置私𬬻者，明目张胆而为之，纵横络绎，荡然而莫之禁矣"⑥。最后，必然加剧灶户的分化。贫灶无力私置锅𬬻，用盘铁煎出的盐质量又不好，不易销售，家境更加恶化，难以维持盐的生产。而富灶却能家置十数灶，广贩私盐，因而更加富足，更想扩大煎盐规模。

在各盐区，灶户的分化是普遍的，而且分化的程度都相当严重。以重要的盐区两浙一带来说，这种分化早在弘治年间（1488～1505）就比较明显了。过去，每遇旺煎时月，是各灶户轮流使用盘铁、锅𬬻等煎盐工具。此时，由于富灶实力增强，贫灶无力与其抗衡，这些煎盐工具就"多被富豪久占，贫灶不得"。甚至连贫灶原来占有的另一种必要的生产资料草荡，也"有被豪强总催恃强占种者"，以致"各场灶户多无灰场，往往入租于人，始得摊晒"⑦。当时，曾有人将两浙贫灶的艰难处境描绘成一组图画，

---

① 周昌晋：《福建鹾政全书》卷上，明天启七年本。
② 《明世宗实录》卷21。
③ 《（光绪）四川盐法志》卷4。
④ 霍韬：《盐政疏》，《明经世文编》卷187。
⑤ 《（嘉靖）两淮盐法志》卷上。
⑥ 庞尚鹏：《清理盐法疏》，《明经世文编》卷357。
⑦ 《（嘉庆）两浙盐法志》卷27。

进呈明廷，在献图序中说：贫灶"粮食不充，未免预借他人。所得课余，悉还债主，艰苦难以尽言。"同时也指出，"又有豪强灶户，田亩千余"①。在另一重要盐区两淮一带，情况与两浙差不多。富灶资财雄厚，"有私立十数灶者、七八灶者"。而贫灶则"无计聊生，因而逃窜。或躲避邻近州县，投托大户之家佣工者有之；或将掮出幼男，卖与豪民作义男者有之；或潜往别场，雇与富灶盐作者有之。此等逃窜，总以三十场大约计之，不下万数"②。当时两淮全部灶丁才三万有奇，这就是说，已有三分之一的人破产了。

这种两极分化的情况，到以后的嘉靖、隆庆时期（1522～1572），就更为严重了。当时两淮的灶户之中，已是"富者十无一二，贫者十常八九"③。富灶"家置三五锅者有之，家置十锅者有之"。他们"累资千万，交结场官，串通总催，大开囤鹜之门，坐收垄断之利"，甚至兼营商业，"巨船兴贩，岁无虚日"。而贫灶则"为之佣工，草荡因而被占"，穷得"无立锥之地，不过自食其力耳"④，即只能靠出卖劳动力来维持生活了。两浙的情况也有发展，"其豪富者……专滩荡巨利，私置竹盘，任力煎煮，任情给卖，而于一切有利处所，或占为田，或占为庄，此富者所以日富也。其贫弱灶户，业无片田，荡无寸沙，既无别项规利，不免照丁纳课，催征之急，不至卖鬻逃亡未已也"⑤。如果回顾明初灶户一般都有土地草荡，就可想见此时贫富分化之剧烈。

明代灶户的激烈分化，产生了重大的后果。一方面，贫灶因失去生产资料，不能办齐额盐，只有逋课、逃亡，为富灶作佣工，并竭力设法私煎、私贩，以保证最低的生活。另一方面，由于生产工具能够而且实际上已成为灶户私有，草荡的兼并、典卖也已无法禁止，富灶又必然对产品分配的形式要求进行根本的变化，即更加反对纳盐入官制度，力图折色和扩大私煎、私贩，要求自由出售。因此，明代无论富灶或贫灶，反对官营制的斗争，都比历代更坚决、更有力。由于明代整个社会经济发展程度和全国人民反封建斗争的高涨，也就促进了灶户斗争的胜利。

---

① 张萱：《西园闻见录》卷35。
② 《（嘉靖）两淮盐法志》卷上。
③ 《（嘉靖）两淮盐法志》卷下。
④ 庞尚鹏：《题为厘宿弊以均赋役事》，《明经世文编》卷357。
⑤ 庞尚鹏：《清理盐法疏》，《明经世文编》卷357。

三　明代灶户反对官营制盐业的斗争

自有官营制起，灶户就展开了反官营的斗争。唐、宋、元都不断有私盐的材料，黄巢、张士诚便是由私盐徒出身的。但历代灶户反官营斗争都不及明代灶户斗争力量大，这是由各阶段封建社会发展程度决定的。这里只介绍明代灶户反官营斗争的情况。

明代灶户斗争的形式是多种多样的，主要是私煎、私贩、典卖草荡、逋课和逃亡等。这些斗争形式，在明初即同时出现，并交错运用，只是越往后斗争的规模越大罢了。

先看私煎私贩的情况。早在洪武三年（1370），《明实录》中就有"民有贩私盐者"①的记载。但从文字上看，这还是偶然发生的个别现象。过了二十六年，即洪武二十九年，《明实录》的记载就发生了很大的变化："各处盐池，常以私盐侵鬻，故官盐沮遏不行。"②"各处"说明了私盐的普遍性，"常"字表明了经常性，私煎私贩的结果是，打击了官营制盐业，官盐沮遏不行。到明代中叶，灶户反抗官营制的斗争更激烈，私煎私贩的情况更严重。当时两淮一带是，富灶"有私立十数灶者，七八灶者，私煎私贩，各无忌惮"③。福建的情况是，"福、兴、漳、泉四府一州，频年买卖俱是私盐，以致盐法不通"④。江浙广大地区是，"滨江滨海盐徒，兴贩无忌，私盐船只多至数百，往来大江，张打旗号……今江南各府民间所食，多是私盐，官盐阻塞"⑤。全国各盐区的情况大致相同。此阶段，私盐虽然在数量上已超过了官盐，但官营制还在拼命挣扎，私盐与官盐对峙。等到明代后期，随着灶户反官营制的最后冲击，私盐在数量上取得了压倒官盐的优势。万历末年，户部在整理两淮盐法的报告中指明："如今日两淮盐法，才行五分之一，而私贩实夺其五分之四。……鹾政终难与理耳。"⑥ 这时，官营制已是奄奄一息了。

---

① 《明太祖实录》卷59。
② 《明太祖实录》卷274。
③ 《（嘉靖）两淮盐法志》卷下。
④ 《（天启）福建鹾政全书》卷上。
⑤ 《（嘉靖）两淮盐法志》卷下。
⑥ 袁世振：《两淮盐政编·盐法议八》，《明经世文编》卷476。

特别值得提出的是，在私煎私贩过程中，灶户运用了武装斗争这种高级形式，武装斗争的规模也越来越大。早在正统年间，就有灶户和"盐徒""恃兵驾舡兴贩私盐"①，"官兵巡捕反被伤害"②的记载。天顺年间，一些武装已发展到成百上千人，如"盐徒刘奋子聚众二千余人，朱革、熊能聚众三百余人，李景初、田宗等各聚众五百余人，驾驶船只，往来江湖，兴贩私盐"③。到了嘉靖的时候，贩卖私盐的武装力量进一步发展壮大，明廷已无可奈何。霍韬在向明廷的报告中，列举淮安、山东等地武装贩运私盐的情况之后，曾连连用了几处"官司不敢诃问"、"官兵敢远望而不敢近诘"、"州邑官兵不敢谁何矣"④，就是这种情况的真实写照。

逋课与私煎私贩一样，在明初即已发生，以后与日俱增。明成祖即位之初，就曾下过一道诏令，蠲免"山东运司累岁所亏盐课"⑤。永乐二年（1404），又曾宥免福建盐场官吏的罪过，因为以前"福建累岁亏折盐课"，这些盐官都被定了死罪⑥。这些记载说明，在洪武的时候，各盐场灶户就已经连年进行逋课斗争了，但逋的数目还不是很大的。从永乐到正统，过了三十几年，逋课的数目就很可观了。例如，正统元年（1436），单两淮运司一个盐区，就"逋负盐课七十万引有奇"⑦，而两淮运司每年全部额盐才七十多万引。再如华亭、上海二县灶丁，到正统三年（1438），也竟"计负盐课六十三万二千余引"⑧。到了明代中叶，随着灶丁反官营制斗争的激烈开展，逋课斗争更坚决了。弘治九年（1496），李嗣就淮、浙一带的情况曾向上报告说："各场灶丁往往夹带余盐及私煎货卖，事发，……向发本场照徒煎盐。……此等囚徒，不下数千，并无一人完纳。"⑨ 弘治十二年（1499），两淮巡盐御史史载德也上奏说："商非冒支则私贩，灶非拖课则隐丁，而鞭扑罔顾。"⑩ 这说明灶丁们不顾鞭扑，不惧治罪，硬是拒绝完纳盐课。明朝后期，上缴的盐课越来越少，户部就两淮的情况曾报告说："三十场额课年

---

① 《明宣宗实录》卷82。
② 《明宣宗实录》卷17。
③ 《明宣宗实录》卷338。
④ 霍韬：《盐政疏》，《明经世文编》卷187。
⑤ 《明成祖实录》卷25。
⑥ 《明成祖实录》卷71。
⑦ 《明英宗实录》卷21。
⑧ 《明英宗实录》卷47。
⑨ 《（嘉靖）两淮盐法志》卷下。
⑩ 《（嘉靖）两淮盐法志》卷下。

年报完，报则有盐，支则无盐，……盖场官也，总催也，灶户也，吏胥也，尽以场盐鬻之私贩，无一登于廪者。"① 实际上灶户拒绝缴纳额盐入仓，官营制再也维持不下去了。

逃亡，是灶户反官营制斗争的一种特殊形式。它虽然不是积极的方式，但同样起到瓦解官营制的作用。从正统年间开始，关于灶户逃亡的记载就多了起来。如：正统八年（1443），"山东石河场盐课司逃亡灶户三百八十三户……高家港盐课司逃亡灶户三百七十九户，遗下盐课三万五千引有余"②。"山东水利场盐课司奏：灶户……挈家逃移"③。正统十二年（1447），"山东新镇等场盐课司各奏，本司灶户逃故数多，遗下盐课二万二千余引"④。就其逃亡数量来说，也是相当惊人的，如两浙运司的松江分司，原来"有丁将三万人"，但到成化五年（1469），"在灶亲煎者才三千一百七十五人"⑤，十成只剩了一成。两淮三十场全部灶丁共三万多，弘治时逃亡之数已"不下万数"，接近三分之一。明廷尽管严令清查逃亡灶丁，甚至运用"佥民补灶"的手段，但仍有许多灶丁"逃移相继，或雇直为人佣工，或乞养为人男仆，或往煎盐场分为人煎办，如高邮、通、泰等州，如兴化、如皋、海门、盐城等县，如富安、东台、梁垛、何垛等场，固逃灶之渊薮窟宅也"。因此到嘉靖时，两淮灶丁始终不能增加，"见在灶丁仅二万三千一百有奇"⑥，逃灶仍占三分之一。

应该指出，到明代后期，"佥民补灶"已行不通了。嘉靖时，两淮都转运盐使郑漳曾向明廷悲哀地诉说：虽奏准照旧例"于高邮、通、泰、如皋等州县及浮居寄住之民……有犯私盐徒罪以上者补充灶丁"，但"而今勘合到司已经六个月之上，文移之行如石投水，并无一名回报，乃知各州县各子其民，断不肯以民充灶，……由是观之，以民充灶，其势甚难"⑦。不是州县官不愿佥民补灶，而是在当时全国人民反封建斗争高潮下，州县官不能佥民补灶。同样用军户充灶也行不通了，因为当时军户也纷纷逃亡，军户制也已开始瓦解，并且对灶户的管辖、监督，没有对军户那样严密，因

---

① 袁世振：《两淮盐政编·盐法议四》，《明经世文编》卷474。
② 《明英宗实录》卷102。
③ 《明英宗实录》卷106。
④ 《明英宗实录》卷161。
⑤ 《（嘉庆）两浙盐法志》卷27。
⑥ 《（嘉靖）两淮盐法志》卷下。
⑦ 《（嘉靖）两淮盐法志》卷下。

此军户一旦充当灶户，就更容易逃亡。

一方面是灶户的不断逃亡，另一方面又找不到劳动力来补充，这就从根本上破坏了官营制。嘉靖十一年（1532），两淮巡盐御史周相就曾恐惧地指出了灶丁逃亡的严重性："臣到两淮，各场总催人等复引前例，朦朦告称灶户逃亡，乞将额盐分豁，召商买补，……看得两淮盐课三次开豁二十六万引，原额七十万有奇，已减为四十二万有奇矣。若又有今年比例开除，明年比例分豁，四十二万次第减之，又不知有几。年复一年，两淮盐课渐至无征，其势必尽至于召商买补而后已，尽至于买补，是为无丁之盐矣，是以私盐作正课矣。"① 都御史王璟也上奏说："夫灶丁者盐课之本也，今灶丁既逃，则是伐其盐课之根本，根本既伐，则官课亏兑，官课既亏，边储从何接济？此臣所以痛念而深忧也。"② 这就是说，灶户的逃亡，不但破坏了官营制盐业存在的基础，也严重威胁着明政权的安全。

灶户反对官营制盐业的斗争，不是孤立的，很多农民、市民直接参加了这一斗争。如："淮安顽民数千万家，荒弃农亩，专贩私盐，挟兵负弩，官司不敢诃问"；"在两淮通、泰、宝、应州县，民厌农耕，惟射盐利，故山阳之民十五以上，俱习武勇……几致大变"③。农民、市民的积极参加，是对灶户斗争的有力配合与支持。

四　明代官营制盐业的衰亡及明末民营制的确立

在灶户们顽强地、持久地、沉重的冲击下，明代官营制盐业一天天衰落，民营制一天天生长起来。盐业中的这种变化过程，若以体现这种变化的法令为依据，大体上可分成三个阶段：从洪武起到成化十九年（1368～1483）为第一阶段，从成化二十年到嘉靖七年（1484～1528）为第二阶段，从嘉靖八年到万历四十五年（1529～1617）为第三阶段。

在第一阶段，由于灶户的斗争，官营制开始被冲开缺口，民营经济因素开始萌芽。这主要表现为，在一些盐场开了盐课折色之例和允许盐商收买灶户的余盐以补官引。

---

① 《（嘉靖）两淮盐法志》卷下。
② 《（嘉靖）两淮盐法志》卷下。
③ 霍韬：《盐政疏》，《明经世文编》卷187。

因为山东运司的灶户在永乐时就展开了尖锐的斗争，累岁逋课；又由于山东的信阳、官台等十一场位置不好，舟楫难通，商贩不至，所以这些地方积盐较多，不能销售。这样，明廷在宣德五年（1430）不得不批准，于"信阳等场，……自今盐课每引折收阔绵布一匹"①，第一次开了盐课折色之例。当时，折色是以盐场为单位，折色后即停煎，更不许私煎；需要时再开办，再迫令灶户煎盐。不过，允许盐课折色，仍不失为制盐业中的一个变化，具有重要意义。虽然这几个盐场的灶户还不能自由煎盐，自由出售，没有达到变官营为私营的目的，但官营制在这几个盐场已实际取消了。这一方面减少了明廷控制的盐的数目，另一方面又刺激了其他盐场的灶户也要求折色，使整个官营制受到影响。果然，到天顺年间，在灶户的压力下，明廷又不得不允许在山东官台场和福建浔美、洲、梧州等场实行折色。此后，实行折色的盐场更多了。

比缴纳折色更前进一步的是，在两浙运司允许了"水乡灶户"的存在。所谓"水乡灶户"是名虽在灶籍，但早已不煎盐而另谋生计的"徙业者"。他们"以卤地草荡卖之人，生息抵课，而家于水乡"，因此得名。天顺时明廷迫于既成事实，"姑顺人情，免水乡之煎办，而令其代出钞米"②，给仍在煎盐的灶户，替其代纳盐课。这就是说，明廷承认这些灶户"徙业"是合法的了。与折色不同的是，这不是以盐场而是以户为单位，而且在折色之后，这些户可以永远不再服煎盐这种特别徭役了。到成化二十一年（1485），明廷最终允许了水乡灶户落籍为民③，这部分灶户终于争得了人身解放。这是灶户斗争的一个胜利，是灶户制、官营制缺口扩大的又一表现。

这一阶段，最重大的变化发生于成化十九年（1483）。当时私盐盛行，官盐沮滞，特别是两浙一带，盐课缺商报中。两浙运司每年全部额盐才四十多万小引，可是从成化二年到成化二十年，这里"犹剩小引盐二百七十六万余引"④，即是说在十八年中竟差不多积压了七年之多的额盐。因此，在成化十九年明廷不得不改变做法，采取两项补救办法：一是规定两浙盐课俱折银送太仓，"候余盐支尽，仍纳本色"⑤。次年又规定两浙

---

① 《明宣宗实录》卷70。
② 《（嘉庆）两浙盐法志》卷28。
③ 《（嘉庆）两浙盐法志》卷28。
④ 《（嘉庆）两浙盐法志》卷27。
⑤ 《古今鲞略》。

盐课今后一半改为折色。二是规定"各商派定场分……若无见盐，止许于本场买补"。①

成化十九年的变化，是盐业变化过程中重要的里程碑。

允许两浙这样较重要的产盐区纳银代盐，即缴纳封建货币地租，是和以往折色不同的。过去的额盐折色，只是以米、布等上纳，都还是实物地租。以银代盐，对灶户的分化，对减弱灶户对明廷的封建依附关系，无疑会起到更大的作用。

允许盐商收买灶户余盐以补官引，更是盐业上的巨大变化，有重大意义。首先，它第一次在法律上正式地、公开地承认了部分余盐属于灶户私有，承认了灶户生产中含有部分民营经济因素。过去虽也有私盐，但法律上并不允许，而且余盐官收实际上是余盐国有，灶户无私有权。现在灶户生产的盐既有额盐，又有为己私有的余盐。尽管根据法令的规定，灶户出卖余盐的可能性还很小，只是"补"而不是任意出卖。但一方面，这规定出现的本身，就表明了"无见盐"而必须买余盐补官引之多；另一方面，从上述灶户大量逃亡、盐课累年亏欠的情况看，也说明买余盐补官引的行为是很多的。也即是说，灶户出卖余盐的可能性还是很大的。其次，它第一次公开宣告了"余盐官收"政策的破产，加快了官营制瓦解的速度。最后，它在实际执行中，更促进了灶户的分化。有了这项规定，灶户就千方百计增加余盐，以扩大民营成分。这就会推动灶户特别是富灶去尽快改进生产技术，进而又促进了灶户的分化。在当时工本钞名存实亡的条件下，出售余盐和私盐才是决定灶户命运的主要因素，出售越多就越富裕。只有富灶的余盐才特别多，它一方面藉合法余盐的出售而夹带私盐，同时又可从出售合法余盐中获得大量收入，富灶更加富足，并且更加要求扩大生产，改进生产工具，增加草荡卤地数目。因而富灶一方面私置锅鐎，把持轮煎，另一方面就竭力兼并贫灶草荡。于是富灶愈富，贫灶愈贫。同时还须指出，即使部分贫灶有余盐出售，其数目也很小。总之，"买余盐补官引"的规定是灶户斗争的结果，是官营制趋向危机的一个表现，它刺激了灶户扩大生产的要求，加速了生产技术的改进，促进了灶户的分化。

在盐业变化的第二阶段，官营制大大遭到破坏，民营经济成分开始取得优势，其主要标志是嘉靖七年（1528）"余盐法"的推行。

---

① 《明会典》卷34。

明代灶户的分化

　　这时期生产力已相当发展，仅两淮地区一年即能产盐三百七十万引。灶户的分化也相当剧烈，灶户反官营斗争力量大大增强，官府对私盐已无可奈何。同时，明廷财政上比前期困难，也企图从盐上来扩大收入。因此，一些官员纷纷提出向灶户斗争让步的建议。如霍韬主张允许两淮灶户大量出卖余盐，胡世宁、周用等更建议完全取消官营制，允许灶户自由生产、销售，他们一致痛斥禁灶出卖余盐的主张。当然，这时候完全取消官营制的时机还未成熟，明廷还不愿完全采纳这样的主张。而允许灶户在规定的条件下大量出卖余盐，倒还可以扩大明廷收入，减少财政困难。因而经过修改后，基本上采纳了霍韬的建议，于嘉靖七年（1528）正式规定："两淮……商人……在边中正盐一引，许带中余盐二引，……给与引目，令其自行买补。"①

　　"余盐法"的规定，是灶户反官营斗争的巨大胜利。过去"买余盐补官引"的规定，只不过承认了灶户极小部分余盐出售的合法性，如果本运司本盐场的额盐都缴齐了，那么，灶户的余盐就不能出售，因此灶户出售余盐的可能性还是不稳定的。现在，正式规定一引正盐许夹带二引余盐，实际上是承认了灶户生产中超过额盐数目的相当大一部分余盐可以自由出售，承认了民营经济成分的优势地位，承认了官营制遭到更大破坏的现实。当然，这种自由出售还是限制在明廷允许的范围内，只能与有引商人买卖，不能卖与无引的人，但这毕竟比过去前进了一步。不仅如此。"余盐法"更增加了私煎私贩，更促进了灶户的分化。富灶可借口置办余盐而公开私煎，也可利用带中余盐而夹带私盐。另外，逃灶遗留下来的额盐同样开中，也需向富灶收买。这样，一些灶户，特别是富灶所生产的余盐，可以说已能全部自由出售了，官营经济成分在他们生产中只占极小比重了，因而富灶愈富。而贫灶产盐不多，额盐一引只领银五分，并且由于私盐盛行，官盐沮滞，常常领不到。即使卖余盐，也常是"预挪商价糊口，盐未出锅，而商人已守而索之矣"②。因此，灶户的分化更加剧烈了。

　　这一阶段明廷对灶户的让步，还表现在允许一些盐场额盐折色，并将两浙盐课中折色解京部分照样"开中"，听商收买余盐以充官引。

　　到嘉靖七年止，共允许下列盐场额盐折色：两浙盐课一半折银解京，

---

① 《明会典》卷32。
② 《（嘉庆）两浙盐法志》卷27。

山东运司涛洛、富国、高家港三场盐课折银，西由等八场由折布改为折粮，福建惠安场折银，广东靖康等二十三场全部折银，四川盐课折银（但未成定例，有时又纳本色），云南安宁井盐课提举司折银。[①]

这里需要分析的是两浙折银解京部分的额盐于嘉靖六年（1527）正式"开中"的意义。原来成化二十年两浙滨海灶户额盐一半折银，解送京师，这部分盐就不再开中，灶户并不能出售缴纳了折色的额盐。也即是说，虽然官营制并未控制这部分盐，但这部分盐也不是民营制。现在，既然开中，允许商人与灶户自相买卖以作官引，就等于承认了这部分盐是民营成分，明廷只能征收折色银及商人缴纳的税，不是明廷出卖这部分盐了。如果再加上允许灶户出卖的余盐数目，两浙灶户生产中已有相当大部分盐被承认为民营成分，再加上私盐，那么民营成分比重更大，官营比重就更小。可见，官营制在两浙已腐朽无力。

第三阶段，是民营制取得全面胜利，官营制全面崩溃的时期。这中间，明廷被迫做出巨大让步，允许更多的盐场折色，推广余盐法，废除工本盐，实行"票盐"，等等。

首先，介绍折色情况。到万历三年（1575），除山东运司八个盐场、长芦运司七个盐场与两淮大部分盐场缴纳本色额盐外，其他盐场已全部缴纳折色，而且绝大部分是纳银代盐。不仅如此，折色后灶户还可以出卖折色的额盐。换句话说，官营制已在这些盐场取消了，民营制已代替了官营制的地位。

其次，余盐法得到了广泛推广。到嘉靖十四年（1535），两淮、两浙、山东、长芦、福建、广东都实行了余盐法。一般是正盐一引带余盐一引，这是就整个盐场而言。对单个灶户来说，只要商人有"引"，灶户就可以出售自己的盐。例如，一个灶户的额盐数目为五引，加上应带的余盐，他只能合法地卖出十引盐；但如果他生产了四十引盐，又有商人带着四十引的"引目"来买盐，他可以全部出售，也不算犯法。因此，只要有"引"，就可以进行买卖。"引"已变成证明商人缴纳了封建赋税的文件，凭这个文件就可以买盐，而不是凭引支盐了。"引"的性质、作用的变化，表示官营制的废止，民营制的确立。明廷这时只有出卖引的权力，没有卖盐的权力，虽然名义上仍是明廷在"开中"卖盐，但真正卖盐的主人却是灶户。

---

① 以上均见《明会典》卷32、卷33。

明代灶户的分化

再次，废除"工本盐"。"工本盐"制度，是明廷为了扩大收入，于嘉靖三十二年（1553）在两淮实行的，即以每引银二钱的低价，官收三十五万引余盐，再"开中"卖与盐商。这实际是一次复旧，是"余盐官收"的复活。灶户若直接卖盐与盐商，每引至少得六、七钱银。如果不取消它，不仅灶户受到更重的剥削，而且减少了民营成分。所以灶户坚决反对，迫使明廷放弃了"官收"方式，又于嘉靖四十四年（1565）正式"将工本盐三十五万引尽行革去"。[①]

最后，将"票盐"制度简单介绍一下。"票盐"最初于两浙长亭、黄岩、杜渎三场实行，后来山东官台等十一场也实行了[②]。其内容是灶户缴纳额盐折色银后，再缴一笔税，明廷发给票，规定卖盐地区，灶户凭票就可以在规定区域内自由出售。这是在法律上承认了灶户自由支配自己全部产盐的权力，灶户比以前更自由了。

从上述分析看，到万历三年为止，灶户反官营斗争已基本取得胜利，在全国范围内，官营制已基本上垮台，民营制已基本确立。虽然明廷在两淮、长芦、山东部分盐场还保持着官营制，但就在这些盐场，灶户生产中民营成分也占极大比重。以两淮运司而论，嘉靖十一年（1532）官办入仓盐四十二万引，这是官营成分；而每年开中七十多万引，每引正盐又许带同样数目的余盐，即两淮每年开中一百四十多万引，大多是民营成分。因此，就是在这些盐场，官营制也已摇摇欲坠了。但明廷仍企图苟延残喘，不许两淮额盐折色。

由于灶户继续反抗，拒绝缴纳额盐入仓，明廷引目卖不掉，收入大减。到万历四十四年（1616），两淮官引已壅达八百多万引，盐课盐粮收入亏欠七百多万两[③]，官营制再也维持不下去了。因此，明廷批准户部建议，于万历四十五年（1617）将两淮盐课全部折色，并且不久更把灶户折色银直接解京，不再让盐商支领折色银。这就公开宣布，听灶商买卖，明廷连形式上都不能成为卖盐的主人了。明廷除了每年向灶户征收一笔封建地租（折色银）和向盐商征收一笔封建赋税外，只能规定各运司应该生产和出卖盐的数目，并不直接干涉灶户的生产和买卖，灶户取得了自由生产和卖盐的

---

① 《明会典》卷32。
② 《明会典》卷32。
③ 李汝华：《户部题行十议疏》，《明经世文编》卷474，两淮运司全年收入才112万两。

权利。官营制被彻底取消了，民营制在法令上于全国确立了自己的统治。

从上述明代灶户的分化及其引起的后果，我们可以归纳出以下几点意见。

第一，在封建社会的后期，灶户的分化是不可避免的，而且随着商品经济的发展和民营制因素的增多，这种分化更加激烈，任何政治权力也不能制止这种趋势，也无法扭转它的方向。哪怕是至高无上的明朝皇帝，富有四海，统率百万大军，握有生杀予夺大权，言出令行，也不能使大多数灶户免于破产，不能止住草荡的兼并和富灶私立锅鐎，无法改变灶户之中"富者十无一二，贫者十常八九"两极分化的局面，不能恢复各灶皆有草荡轮流盘煎的古老传统。

第二，灶户的激烈分化，是促进反官营制斗争的强大动力。广大贫灶丧失生产资料，不能交足额盐，只有逋课、逃亡和佣工；富灶则私置锅鐎，扩大私煎私贩，竭力要求自由出售，猛烈反对纳盐入官的封建制度。因而掀起了空前的、持久的、规模浩大的反官营制斗争，终于摧垮了官营制盐业，确立了民营制的合法地位。

第三，民营制的确立，进一步促进了灶户的分化，大量贫灶沦为出卖劳动力的"盐工"，为富灶扩大生产、盐商建立商亭提供了劳动人手，准备了十分有利的条件。清代两淮运司商亭、商池的迅速发展，以及小海、草堰二场的商亭具有了资本主义萌芽性质，有力地说明了在一定的条件之下，灶户的分化必然导致盐业中资本主义萌芽的出现。

明末农民战争与满洲的崛起*

——兼论中国封建社会农民战争对民族关系的宏观影响

农民战争是中国历史上经常发生、并对历史发展起重要推动作用的一种社会现象；少数民族与中原王朝的战争、自身的发展壮大以及与汉族的融合，也是中国历史上经常发生并对历史发展起重大影响的一种社会现象。这两大历史现象是各自孤立地进行，还是有某种内在的联系？相互间又有什么影响？目前尚无专文论述。笔者拟以明末农民战争为中心，旁及秦汉以来规模较大的农民战争，对此进行初步探讨，以期引起争鸣，得出有益的结论来。

一 满洲崛起对农民战争的影响

明末的农民起义与东北之满洲崛起进关，在性质上是截然不同的，但它们在打击腐朽的明王朝上，作用是一致的，同样扮演着掘墓者的角色。双方虽然没有组织上的任何联系，都是各自孤立地进行，但在客观上，又往往彼此呼应，形同于盟军。

明朝统治阶级中的多数人，清楚地感觉到了这种内在联系，在议论朝政安危时，总是十分自然地把二者联系在一起。崇祯九年（1636）春，当农民起义队伍不断发展壮大的时候，吏科都给事中颜继祖在题本内就讲到了二者的关系，说："灭奴（指努尔哈齐）先灭寇。逆奴负固，义在必讨。但以寇较之，奴尚隔藩篱，寇直逼堂奥矣；奴犹疥癣之疾，寇则膏肓之祟矣。"① 说明二者同是明朝的大患，只是主次不同罢了。第二年，兵部尚书杨嗣昌在奏疏中，也着重与崇祯帝辩论了农民起义与满洲入犯的关系，他说："蒙恩破格起

---

* 原载《中央民族学院学报》1988 年第 5 期；又载《张献忠与李自成——第二次全国明末农民战争史学术讨论会论文集》，四川人民出版社，1989。

① 郑天挺等编《明末农民起义史料》，中华书局，1954，第 120 页。

用，叠奉明旨星趋，首以安边荡寇勉臣料理。似乎安边第一，荡寇次之。微臣乃言必安内方可攘外。何也？窃以天下大势譬之人身，京师之首也，宣蓟诸边肩臂也，黄河以南、大江以北，中原之腹心也。人之一身，无首为重。边烽讧肩臂之外，乘之甚急；流寇祸腹心之内，中之甚深。急者诚不可缓图，而深者尤不可忽视也。诚使腹心义安，脏腑无恙，则内输精血，外运肢骸，以仰戴元首而护卫风寒于肩臂之外，夫复何忧？今腹心流毒，脏腑溃痈，精血日就枯干，肢骸徒有肤革，于以戴元首而卫肩臂，岂不可为慄慄危惧也哉！以故臣言必安内方可攘外，必足食然后足兵，必保民斯能荡寇，此实今日证治之切，根本之图。非敢缓言攘外也，求攘外之至急，不得不先安内耳。"①尽管杨嗣昌极言安内为主，攘外次之，但同样将二者视为大患，相提并论。直到农民军攻占北京的前三天，这两个问题仍然困扰着明廷，崇祯帝在召对考选诸臣时，仍然是以抵御满洲内犯和农民军为题，让诸臣献计献策。

  回过头来，从明末农民起义的起因看，原因固然很多，但其中之一与满洲的兴起直接关联。明末，朝政本已腐败，民不聊生，明廷为扼制满洲的发展，更是大加征敛，自万历四十六年始，骤增辽饷，三年中每亩加派九厘，遂成定例。年增赋520万，把人民逼到了不能生存的地步。且明清之间的第一次全面较量，即万历四十七年（1619）萨尔浒大战，明廷催调宣、大、山西、延、宁、甘、固、蓟、山东等兵，合辽兵约10万之众，结果以明朝的惨败为结局。正是在这种背景下，轰轰烈烈的明末农民起义终于爆发。崇祯初年，在农民最早起义地区任职的陕西三边总督杨鹤，回顾农民起义的最早经过时曾说："内地流贼起于万历、天启年间。援辽兵丁陆续逃回，不敢归伍，因而结聚抢掠，以渐蔓延。不幸边地亢旱四载，颗粒无收，京、民二运转输不继，饥军饥民强半从贼，遂难收拾。"②崇祯十年，杨鹤之子杨嗣昌又进一步讲："流贼之祸，起于万历己未（万历四十七年，1619）。辽东四路进兵，三路大溃，于是杜松、王宣、赵梦麟部下之卒相率西逃。其时河南抚臣张我续、道臣王景邀击之于孟津，斩首20余级，飞捷上闻，于是不入潼关，而走山西以至延绥，不敢归伍而落草。庙堂之上，初因辽事孔棘，精神全注东方，将谓陕西一隅，不足深虑。不期调援不止，逃溃转多。饥馑荐臻，胁从弥众。星

---

① 《杨文弱先生集》卷9《敬陈安内第一要务疏》。
② 《孤儿吁天录》卷末《先大父抚贼之谤》。

星之火，至今十九年。"① 杨氏父子的回忆，至少说明农民起义有两点与满洲崛起相关联：一是这些最初的"落草"者，都是征调到辽东而又败退下来者；二是因朝廷"精神全注东方"，西北的农民起义才成"遂难收拾"的局面。后来，戴笠和吴殳在记述这段历史时，更明确指出明末农民起义军由边兵和饥民两部分组成，并且都与"东事"有关："陕西兵于万历己未四路出师，败后西归，河南巡抚张我续截之孟津，斩30余级。余不敢归，为劫于山西、陕西边境。其后调援频仍，逃溃相次，边兵为贼由此而始。天启辛酉（天启元年，1621），延安、庆阳、平凉旱，岁大饥，东事孔棘，有司惟愿军兴，征督如故。民不能供，道殣相望，或群取富者粟。惧捕诛，始聚为盗。盗起，饥益甚，连年赤地，斗米千钱不能得，人相食，从乱如归。饥民为贼由此而始。"② 当时人的这些记载说明，明末农民大起义，固然与明廷政治腐败、天灾这些因素有关，但最直接的一个原因，就是由与满洲贵族的矛盾而激发的。起义军的来源之一，是在辽东前线与满洲贵族进行生死搏斗而相次溃逃回来的边兵，明廷没有妥善的安置政策，造成了这部分人铤而走险。起义军的另一来源，是被有司为"东事"而一味征督的饥民，民不能供，也只得铤而走险。起义军两个组成部分的出现，都是由阶级矛盾和民族矛盾直接造成的。

社会是一个有机的系统，此一部分发生重大的变化，必然给彼一部分带来深刻影响。明末社会，民族关系的起伏，民族战争的张弛，同样给阶级关系、农民战争的发展，带来了显而易见的影响。可以认为，在一定的时期内，民族战争的发展，直接推动着农民战争的发展。请看下面几个实例。

满洲军第一次入关对农民军的影响：后金与明的战争，从万历四十六年（1618）夺取抚顺开始，以后大的战役有万历四十七年的萨尔浒大战，攻克开原、铁岭之战，天启元年（1621）攻克沈阳、辽阳之战，天启二年攻克辽西广宁、义州之战，天启五年攻克旅顺之战，天启六年努尔哈齐亲与袁崇焕的辽西宁远之战，天启七年皇太极发动的宁远、锦州之战。后金军不断发展壮大，明军受到很大的削弱。这样，明清战争便发展到一个新的阶段。崇祯二年（1629）十月，皇太极亲统5万后金军，终于第一次从喜峰口打入关内，突袭北京，纵掠良乡、固安等，连下迁安、滦州、永平、遵化四城，大败明军，阵杀明大将赵率教、满桂等。并行反间计，使崇祯帝朱由检轻信逃回的

---

① 杨嗣昌：《杨文弱先生集》卷10。
② 《怀陵流寇始终录》卷1。

宦官之言，将辽东督师袁崇焕逮捕下狱（后被处死）。后金军这次入关，长达六七个月，直到次年四月方撤。

　　后金军的这次入关，对明廷、对农民军，影响都是相当大的。为了挽救京师危机，明廷下令各地督抚火速勤王。从镇压农民起义第一线奉调勤王的，有山西、陕西、甘肃、延绥等地的官军。这些官军也多是明军的精锐，他们撤出镇压农民军的战场，当然会大大减轻农民军的压力，减少农民军的活动、发展阻力。另一方面，随着明朝镇压农民军的力量分散、削弱，力不从心，明廷在这期间对农民军不得不改变策略，由单纯的镇压改为镇压兼招抚。力主招抚的就是陕西三边总督杨鹤。后来，杨嗣昌回顾当时的形势时，很清楚地指出了明朝当时的困难处境："臣父未任以前，业已蔓延猖獗。然沿边四抚五镇未有他故，犹可弹压撑持。不幸臣父受事，延、甘、陕抚连换八人，勤王五帅并发，精锐尽付东行。缓急无一可恃，而贼党始构庆阳之围，杜文焕、贺虎臣方溃保安，谁与剿贼？"接着又指出，在这种万不得已的情况下才实行招抚："臣父提卒三百，抚定神一魁数万众而散遣之，非得已也！"① 农民起义军真正甘心受抚的只是少数，多数起义军则利用这个机会，壮大了队伍，而在陕西的大批义军乘机跨过了黄河，又向山西方面发展蔓延开去。

　　与这一阶段形成鲜明对照的是，在满洲兵撤出畿辅之后，明廷渐渐腾出手来，主战派逐渐抬头，又开始了对农民军的残酷屠杀。满洲军是崇祯三年四月撤出的，八月，陕西巡抚李应朝、延绥巡抚洪承畴和总兵杜文焕，便对已经受抚的农民军扬起了屠刀，设计歼杀了王左挂、苗登云的这股部队。崇祯四年四月，洪承畴又伏杀了另一支受抚的农民军②。七月，点灯子赵胜所部义军被迫从陕西转到山西，洪承畴和部将曹文诏、艾万年又追过黄河。赵胜旋即被杀，义军受到挫折。九月，崇祯帝正式下令，罢了主抚派杨鹤的官，而提升主战派洪承畴为陕西三边总督，明廷的策略又变为以剿为主。这以后的一年多，陕西的义军损失十分严重，有名的首领如王嘉胤、神一魁、黄友才、不沾泥（张存孟）、刘民悦、混天猴、可天飞、一座城、薛红旗、一字王（拓先灵）、郝临庵、独行狼等，都相继牺牲。

　　满洲军第五次入关对农民军的影响：继崇祯二年满洲军第一次入关之后，清军又多次破长城而入，对农民军的发展无一不产生影响，影响最大的一次，

---

① 《杨文弱先生集》卷4。
② 《绥寇纪略》卷1。

是第五次,即定都北京前的最后一次。这一次的时间是崇祯十五年十月至十六年四月(1642~1643),长达7个月之久。清军以阿巴泰为将,率10万余人,从界岭口、黄崖口入长城,经北京、河北地区,直入山东,连败明朝各路兵39次,生擒明总兵5员、兵道5员、郎中1员、科臣1员,副将5员、参将8员、游击4员,并全部处死。其余总兵、副将、参将、游击等官被擒被杀无数。明鲁王自杀,乐陵王等4王皆死。共攻克兖州、顺德、河间3府、18州、67个县、88座城镇。归顺者1州5县。俘获36.9万人,牲畜32万余头,财物无数。牵扯并调动明援军19.5万人①。特别值得注意的是,在这次清军临出征之时,皇太极向阿巴泰面授机宜,第一次明确了争取拉拢农民军、利用农民军,共同伐明的策略思想。他说:"如遇流寇,宜云尔等见明政紊乱,激而成变,我国来征,亦正为此。以善言抚谕之。申戒士卒,勿误杀彼一二人,致与交恶。如彼欲遣使见朕,即携其使来,或有奏朕之书,尔等即许转达,赍书来奏。"②受这一思想约束,清军就避免了在明朝灭亡之前过早地同农民军交锋。

清军这次征明,给明朝以沉重打击的同时,又牵扯了几十万明朝军队,大大减少了农民军正面的敌兵,使明廷围剿农民军的计划根本无法推行。例如,崇祯十六年三月,崇祯帝命大学士吴甡督师,南下进剿农民军。吴甡非要3万精兵不可。3万精兵在平时并不难凑,但当时正值清军在山东、畿辅抢掠,吴甡请调的唐通等部,正在与清军周旋,根本无法抽身。吴甡无军可调,成了光杆督师,故而迟到五月也无法南下。明廷只好眼看着农民军在南方迅速发展壮大。

在清军遍袭山东的时候,农民军利用这一机会,迅速发展到了一个新阶段。崇祯十五年底,李自成领导的起义军已牢固地占领河南各地,并开始在河南设立地方官,着手尝试政权建设。十二月,占领湖北襄阳。崇祯十六年正月,攻克汉阳府。不久,在襄阳建立了中央机构。与此同时,张献忠领导的起义军,在此期间也得到了顺利的发展。十六年春,张献忠部从安徽西入湖广。四月,改麻城为常顺州,任命了知州,也开始进行地方政权建设。五月,攻克武昌府,正式建立大西政权后,又在江西、湖南进一步发展。

清军的牵制,对农民起义军最终攻占北京的影响:李自成领导的农民起

---

① 参见孙文良等《明清战争史略》第10章,辽宁人民出版社,1986。
② 《清太宗实录》卷63,崇德七年七月壬子。

义军，于崇祯十六年（1643）十月初，在陕西潼关最终歼灭了孙传庭统率的陕西三边官军。该军队是明朝用来对付农民军的一张王牌。此后，起义军发展迅速，相继收取三边，在西安建国，东渡黄河，兵分两路，从南北两个方向，对北京实行大包抄，其势不可阻挡。这时，明廷能够指望抽调来勤王的兵力已屈指可数，除了抽调驻守宁远防备清兵的辽东总兵吴三桂部以外，实在没有其他兵力了。明帝权衡轻重缓急的结果，终于在崇祯十七年（1644）正月十九日，做出调吴三桂部进关，拱卫京师的决定。调吴三桂入关，无异等于放弃宁远，把关外山河拱手让给满洲贵族。明帝为了开脱自己，并说服反对派执行这一决定，甚至被逼得做了带检讨性的说明：调吴三桂入关，可"收守关之效，成荡寇之功。虽属下策，诚亦不得已之思。"① 虽然明帝把话已说得如此明白，但真正落实并不容易，因为满洲的存在是个巨大的威胁，放弃宁远，涉及封疆之安危，民族之危亡，实在关系重大，首辅陈寅等大臣多不愿做此尝试，因而从中百般拖延。吴三桂入关之事，反复商议到二月末，仍未议定。直到农民军逼近京畿，在北京陷落前半个月，三月初四，明廷才诏封吴三桂为平西伯，命吴三桂率部入卫京师。但这已经是来不及了，三月十九日，北京终于被李自成领导的农民军占领了，明王朝终于被推翻了。当然，即使在明帝正月十九日最初做出决定之时，吴三桂即行入关，也是螳臂挡车，同样避免不了明朝覆灭的命运。但在这十万火急的时候，吴三桂之所以迟迟抽不出来，当然还是因为有一个强大的满洲在那里制约着，是满洲"帮"了农民军的忙。

二 农民战争对满洲的影响

反过来看，明末农民起义军对明朝一次次的致命打击，在客观上又有利于满洲的发展壮大。后来，由于李自成的大顺政府在若干政策、策略上的失误，加速了北方汉族地主阶级向满洲贵族靠拢的过程，客观上为满洲贵族入主中原减少了民族障碍。

在明末农民大起义以前，明王朝已经腐朽衰落了，万历四十七年（1619）明军在萨尔浒被后金军打得大败就是个明证。但自农民起义军兴起并发展以后，更加削弱了明朝统治的力量，使清（后金）在与明的斗争中处于更有利

---

① 蒋德璟：《悫书》卷11。

的地位，除了天启六年（1626）、七年（1627）在宁远、锦州受到明朝著名将领袁崇焕等人的坚决抵抗，稍稍受挫之外，其他历次战争，几乎无不取得胜利。而且其胜利程度，差不多是一次比一次大，这和农民起义军的逐步壮大，是成正比的。农民起义军的蓬勃发展是满洲顺利崛起的一个大背景。有了这个大背景，满洲贵族才取得了下面这一系列的军事成功。

天启元年（1621），后金军走出世世代代居住的辽东山区，开始向辽东腹地进军。该年春，先占领沈阳，阵杀明总兵贺世贤、尤世功等，歼灭明军7万人。接着，又攻占明朝辽东的政治中心辽阳，明经略袁应泰死，明军又被歼数万。

天启二年（1622），后金军攻辽西，歼灭明军3万余人，占领重镇广宁及义州，广宁周围的数十堡皆降。广宁巡抚王化贞弃城逃跑。

崇祯二至三年（1629～1630），皇太极亲率5万大军，第一次突破长城封锁，纵掠于京畿良乡、固安等地，并攻占迁安、滦州、永平、遵化四城。此役，大败明军，阵斩明大将赵率教、满桂等，并设计除掉了屡挫满洲的劲敌袁崇焕。

崇祯七年（1634），皇太极亲率9万大军，绕道蒙古，第二次突破明长城防线，在宣府、大同地区袭扰数月，掳掠无算。

崇祯九年（1636），以阿济格为将，率8万余众，第三次突破明长城防线，遍袭京畿之延庆、昌平、良乡、安州、雄县、密云、平谷等地，掳掠人畜18万而归。

崇祯十一至十二年（1638～1639），以多尔衮、豪格、阿巴泰、岳托为将，兵分二路，第四次突破长城，直下河北南部，转掠山东，攻陷济南1府、3州、55县，掳掠人畜46万以还。

崇祯十四至十五年（1641～1642）春，明清大战于辽西之松山、锦州。明廷调在镇压农民军中以死硬派著称的洪承畴为主帅，调8总兵官，集13万之众，奔赴锦州郊外，力图解锦州之围。皇太极针锋相对，也倾国中的兵力，赶来增援。形成你包围我，我又包围你的阵地会战局面，结果明军覆没，洪承畴被俘。锦州粮尽援绝，守将祖大寿最终献城投降。

崇祯十五年秋至十六年（1642～1643）春，以阿巴泰为将，率10余万大军，第五次，也是最后一次突破长城，入关与明作战。这次经过畿南，再次转入山东，破80余城，斩杀明朝官兵无算，开明藩王被杀的先例，掳掠人口369万、牲畜32万、财物无算。

明王朝这棵腐朽衰老的大树，经过农民军与满洲两种势力一次次地从不同方面的砍伐，终于倒下了。满洲则经过一次次的饱掠，终于在东北这块基地上发展壮大起来。

农民军虽然在反明斗争中经受了锻炼，得到了很大发展，并最终推翻了朱明王朝的统治。但应该看到，在明末三种力量的角逐中，农民军的发展壮大不如满洲。这是因为，第一，自农民军兴起之日起，就一直与明朝统治阶级在进行流动作战，生死搏斗，没有像满洲那样，有个后方基地，有过间歇、休整。第二，三种力量角逐的主战场在中原，中原社会经过连年兵燹及天灾，已经凋敝不堪，社会经济已到了崩溃的地步。明廷固然是油枯灯尽，取胜的农民军与明廷比，与自己过去比，是强大了；但与新兴的满洲比，可以说已是强弩之末了。明与农民军是一亡一伤，满洲则占据地利，成为得利之渔翁。

李自成的农民军在攻下北京后，又有两点明显的失策，极大地帮助了满洲贵族。

一个失策是，李自成对明朝投降的官吏安置不当，没有争取到地主阶级对新建立的大顺政权的支持。这种不当又表现在两个方面：一方面，攻占北京以后，对明朝的大批降官，未能积极择优录用，尤其未注意选拔那些自己急需的有政治远见、能献定邦兴国之策的文臣。这使大批的降官感到失望，产生离心力，所以这些人在机会到来之时，便一下子积极地投入了满洲的旗下。另一方面，不加区别地普遍对明朝的官僚实行追赃助饷，这就扩大了打击面，使这些人在以后轻易地倒向了满洲方面。对比之下，满洲贵族在与明、与农民军建立的大顺政权争天下时，很注意拉拢汉族地主阶级，尤其注意网罗汉官，如对范文程、洪承畴等能够运筹帷幄之士，更是求贤若渴，倍加重用。对普通的降官降将，也都赏赐有加，遑论追赃！当然，对大顺政权实行的农民革命政策，我们不能指责。我们只是指出，李自成等没有注意到虎视眈眈的满洲的威胁，没有根据形势调整策略，结果是为渊驱鱼，反帮了满洲的忙。

另一个失策是，李自成等大顺政权的领导人，在摧毁明王朝后，忘乎所以，骄傲轻敌，对吴三桂和满洲贵族的危险性，完全丧失警惕。这表现为大顺政权在招降吴三桂后，没有派大将、调重兵去山海关加强防御满洲，而是只派了刚投降的明将唐通的8千人马去接管。在吴三桂带部众去北京朝见新主的途中，又发生了大顺政权触犯他家属的事情。这就促使了吴三桂倒戈夺关，投降满洲。满洲兵过去虽然五次破长城到内地蹂躏，但始终未能越山海关雷池一步。这次满洲兵意想不到地轻而易举地得到山海关,并又不费吹灰之力地进入北京,完全是大顺政权对满洲掉以轻心、一错再错而铸成的。与此形成对照的是,满洲统治者则早就把农民起义军当成了对手。在清内院大学士范文程上书多尔衮中已经提到:"盖明之劲敌,惟在我国,而流寇复蹂躏中原。正如秦失其鹿,楚汉逐之,我国虽与明争天下,实与流寇角也。"① 明确指出明廷已不配做清的对手,争天下的真正对手是农民军。当多尔衮确切得到农民军占领北京、明朝已亡的情况后,当机立断,"男丁七十以下,十岁以上,无不从军",抱着"成败之判,在此一举"的信念,倾国出动了②。可以看出,清统治集团对形势的分析,显然比大顺农民军要来得深刻和高明。预则立,不预则废,满洲统治者和农民军自然得到了不同的结果。

由于农民军的失误,使得以满洲为统治民族的清王朝最终取得了统治全中国的地位。这是中国历史上第二个由少数民族建立的中央封建王朝。它总结了历代汉族和少数民族统治者治国的经验教训,较好地调整了满、汉、蒙、藏等国内各民族的关系,使我们这个统一的多民族的国家,较之元代、明代又有了进一步的巩固和发展,并最终奠定了我国的疆域。从历史的角度看,这种积极的影响,远远超过清入关之初推行剃发、圈地、投充等民族高压政策所造成的消极影响。

三 历史轨迹的回顾

明末大规模的农民战争虽然推翻了明王朝,但是北方的满洲乘机得到发展,并入主中原。从直观看,这似乎是农民军策略失误造成的,是历史的偶然。其实,只要认真回顾一下中国封建社会的历史,就会看到它有一定的历史轨迹可循,并不偶然。

规模巨大的农民战争给周边的少数民族提供了发展、壮大的机会。历史的事实是,当封建王朝政治腐败到极点的时候,几乎都要引起规模巨大的农民起义(也包括封建军阀混战)。在这个过程中,不可避免地会使当时的社会生产力受到严重破坏,地主阶级和农民阶级也同时受到削弱和损失。这时,中央王朝的统治者,再也没有余力去压迫周边的少数民族。这些少数民族便

---

① 《清世祖实录》卷4,顺治元年四月辛酉。
② 吴晗辑《朝鲜李朝实录中的中国史料》上编,卷58,中华出局,1980。

乘机发展壮大起来。在当时，这些少数民族的社会生产力都比中原的汉族落后，这些少数民族的人民群众，出于对中原汉族文明的向往；其上层奴隶主阶级，还出于奴隶主阶级的掠夺本性，很自然地，在其强大之后，必然要乘虚而入，向中原地区移动、扩张、掠夺，甚至在中原地区建立政权。这几乎是每次大规模的农民战争所带来的最直接后果之一。

自秦汉以后，几乎每一次农民大起义之后，都出现过北方少数民族南进的事实。秦末，爆发了陈胜、吴广领导的中国第一次农民大起义，至刘邦正式即皇帝位，在中原地区尚未恢复元气的时候，匈奴已经强大起来，冒顿单于东灭东胡，西逐月氏，南并楼烦，北服丁零等，又尽收复秦时蒙恬所夺匈奴地，并进入今甘肃、陕西、内蒙古西南部、山西，甚至迫近长安。公元前200年，冒顿率精骑30万，围刘邦于平城白登（大同附近）。此后六十余年，汉朝一直被迫对匈奴采取"和亲"政策，先后于高帝、惠帝、文帝、景帝时，四次以宗室女为公主嫁于单于。

西汉末年，经过公元17～27年的赤眉、绿林农民大起义，汉朝的国力再一次下降。起义虽遭到刘秀镇压，出现了所谓东汉"光武"中兴，但地主阶级和农民阶级也已是两败俱伤。原来遭西汉武帝进攻而一度削弱的匈奴，又一次强大起来，再次入侵内地。刘秀被迫继续实行西汉末期的防御方针。

东汉末年，爆发了著名的黄巾农民大起义，继之，出现群雄割据，并形成魏、蜀、吴三国长期混战的局面，社会基础变得很脆弱。南匈奴在中原的这种大动荡中相机行事，有时反对汉朝，有时又出兵卫护汉天子，一些部落还乘机移入塞内。曹操曾以南匈奴"既在内地，人众猥多，惧必为寇，始分其众为五部，立其中贵者为帅，选汉人为司马以监督之。未几，复改帅为都尉"①。到西晋，南匈奴占据了山西的绝大部分地区。此时，东北的鲜卑族等，也逐渐南移到今辽宁、河北东部、山西雁门关以北一带。西北的氐羌等族，则移居甘肃、陕西一带。造成"西北诸郡，皆为戎居，内及京兆"②、"关中之人百余万……戎狄居半"的局面③。西晋末，民族矛盾日趋尖锐，内迁各少数民族统治者乘"八王之乱"，纷纷起兵反晋，迫使晋室南迁，并先后在内地建立政权。在史称"十六国"时期，以匈奴为主的有汉（前赵）、夏、北凉；

---

① 《文献通考》卷341《四裔考十八》。
② 《资治通鉴》卷81《晋纪三》。
③ 《晋书》卷56《江统传》。

以鲜卑为主的有前燕、后燕、南燕、西秦、南凉；以羯为主的有后赵；以氐为主的有前秦、后凉；以羌为主的有后秦；以巴氐为主的有成（后改为汉）；以卢水胡为主的有北凉。此外，不计在十六国内的，尚有鲜卑建立的代、西燕，丁零建立的翟魏，等等。进入北朝时期，北魏、北齐、北周，也都是以鲜卑族为统治民族。从东汉末年公元184年黄巾大起义，到581年杨坚建立隋朝，统一中国，整整经历了四百年。这四个世纪，是我国历史上第二次民族大迁徙、大融合时期。各民族间既有战争冲突的消极面，又有和好交往的积极面，汉族与各少数民族的关系，在相互斗争又相互结合中更为紧密；同时，中原大批汉族南迁，与南方各少数民族共同开发了江南，使中国的经济重心逐渐南移，对中国历史的发展产生了始料不及的影响。

隋末农民战争使东突厥一跃而称雄北方，形成"控弦百万，戎狄之盛，近代未有"的局势①。以致北方农民起义领袖和割据势力，欲借其力，纷纷向其称臣。突厥成了影响中原局势的重要因素。

唐末王仙芝、黄巢领导的农民大起义，沉重打击了腐败的唐王朝。中原的汉族封建地主阶级再一次受到极其沉重的打击，长期内集中不了力量，建立不起来统一的中央政权，使我国又进入五代十国的分裂时期。农民阶级也在这次大搏斗中受到削弱，建立政权的冲刺也归于失败。而北方的少数民族，又乘机成长起来。突厥人的沙陀部，此时进入了中原，先后建立了后唐、后晋、后汉、北汉政权。其后相继是契丹族统一北方，建立辽朝；女真族统一北方，建立金朝；最后，蒙古族在局部统一的基础上，终于再一次统一全国，建立元朝。从唐朝灭亡的907年，到以明代元的1368年，共约四个半世纪。这四个半世纪，是中原汉族的阶级矛盾、阶级搏斗，巨大的影响和推动着民族矛盾，使民族运动发展到了一个历史新阶段，终于使少数民族发展壮大到可以统治全国的半壁河山和统一天下，也由此实现了中国民族的第三次大迁徙、大融合。

农民战争和民族战争的互相运动，推动着中国历史的发展。当然，在漫长的中国封建社会里，农民战争爆发过许多次，民族战争也发生过许多次，它们的爆发均有其独自的原因，它们之间的关系并不是每次都具有因果关系，这是应该说明的。但是，中国社会作为一个整体，一个系统，农民战争和民族战争作为这个整体、系统的两个组成部分，彼此间又不可能不发生联系，

---

① 杜佑：《通典》卷197《边防十三》。

不可能不产生相互影响，这一点，也是应该肯定的。

少数民族大规模内迁，乃至入主中原，对中国历史产生的影响，是积极方面大，还是消极方面大？我们不妨从社会生产力能否获得发展和民族能否获得发展这两个方面加以探讨。

首先，从社会生产力能否获得发展的角度看：以往的论者，往往认为民族战争、少数民族进入中原，使中原的生产力受到破坏，而加以否定。我认为，这种看法值得商榷。由于农民战争和民族战争，中原地区的生产力会受到暂时的破坏，这是应该承认的。但是也应看到，在新的社会秩序建立之后，在生产关系得到调整之后，中原地区的生产力会获得新的发展。还应该特别指出，从多民族国家的角度看问题，我们在观察生产力是否有所发展的时候，除了看汉族之外，还应该看看少数民族的生产力是不是发展了。我认为，在一些民族战争中，特别是在少数民族取得胜利，进驻中原之后，少数民族的社会生产力，一般说来，都能够得到飞跃性的发展。少数民族社会生产力的发展问题，以往常常是被忽视或遗忘了，这是很不公平的；同时，作为论述整个中国社会生产力问题，也是很不全面的。汉族和少数民族的社会生产力，都得到了发展，才是中国的社会生产力真正的、整体的发展。

其次，从民族发展的角度看：少数民族进入中原之后，由于受到较发达的汉族文化的影响，其民族素质无疑会得到提高。另一方面，汉族也会从少数民族身上学到很多东西。虽然少数民族落后于汉族，但不是所有方面都落后。每个民族都有自己的优秀文化，随着少数民族进入中原，必然会将其某些优秀文化带到中原，传给汉族，甚至影响一部分汉人发生"夷化"。当然，由于其生产力不如汉族先进，又处于汉族的汪洋大海之中，常常是出现民族融合或汉化。于是，使汉族不断地输入了新的血液，得到了不断地发展和壮大。由是观之，在少数民族进入中原的过程中，少数民族和汉族，即中华民族的总体都得到了发展。

因此，可以认为，少数民族大规模内迁，对中国社会生产力的发展，对中华民族的发展，从总体上看，积极影响是大于消极影响的。

从明末农民战争和满洲入关，再回溯到秦汉以来的农民战争和少数民族内迁及民族融合，可以得出这样一种认识：在中国漫长的封建社会中，生产力的发展、生产力与生产关系的矛盾，推动着社会前进，其主要表现形式是持续不断的农民战争和民族战争间的互相影响，两者共同构成中国历史的重要内容，共同推动着中国历史的发展。只看重农民战争在中原汉族地区的历史作用，孤立地谈论这个作用，忽视它对民族关系的影响，以及由此引起的民族关系对中国社会发展的巨大影响，是很不全面的，实际上是将农民战争的宏观影响缩小了。

总之，中国历史上的农民战争和民族战争，是中国封建社会里的两大运动，这两大运动彼此影响，虽然都伴随着不同程度的破坏作用，但又最终推动着中华民族的发展，推动着中华民族文化的发展，推动着中国社会历史的发展，这个历史的脉络、轨迹或规律，应该说还是比较清楚的。

第二篇

清史研究

清代前期的实物分租制*

实物分租制,是每一个从旧中国过来的人都曾经耳闻甚至接触过的问题。但在清代,它究竟在哪些地区流行?它有什么样的具体形态?有哪些因素影响分成的比例?是什么原因使得它长期延续?它具有什么样的性质?它有些什么影响?这些问题尚未见专文论述。最近我们研究乾隆朝的土地债务类刑科题本,小有收获,特撰此短文,以就教于各位专家学者。

一

实物分成租是我国封建社会地租比较原始的形态,大约起源于战国时期。在我国封建社会的漫长岁月里,它一直是居主导地位的地租形态。虽然在明代中叶以后,定额租制有了一定程度的发展,但直到清代前期,实物分成租制并未退出历史舞台,它仍然流行于全国各省,仍然是一种重要的地租形态。

过去,一般都认为,北方因为生产力较低下,实行的是实物分租制,这是没有多大分歧的。需要稍作补充的是,在清朝"龙兴"之地的东北广大地区,也有实行分成制。例如,乾隆五十三年的刑科题本记载,奉天府兴京厅,佃农王世广、郑凤来"分种姚可顺地亩",自出工本,"秋收后,姚可顺得四分粮食","王世广和郑凤来每人得三分",共计六分①。这就是主佃按四六比例的分成制。

过去一般还认为,南方因为生产力发展水平较高,因而实行的是定额租制。这种看法与历史实际出入较大。南方各省的情况并非如此,云、贵、川等边远地区自不必说,即如最先进的江苏、浙江,以及广东等部分生产力较

---

* 与中国社会科学院历史研究所周远廉研究员合写,原载《清史论丛》第五辑,中华书局,1984。

① 中国第一历史档案馆藏(下同)刑科题本,乾隆五十三年二月初十日,奉天府尹奇臣题。

高的地区，也普遍流行实物分租制。例如，广东清远县，佃农熊奇毓租种朱朝相"土名龙潭、调石二处税田六亩"，"议明收割时对半均分"①。广西藤县，李柱积租种林尚炽家的公共祭田，"议定每年到田分割"，"向来是一总割倒，数分禾把"②。湖南兴宁县，"禁恶佃占田示"曾说该县是，"或临田均分，或认纳租谷"③，说明分成制是该县的主要地租形式之一。江西崇义县，何乾州垦殖佃管刘佐廷山场一处，"将杉木二十株卖与黄达上，得钱一千四百文"，"欲照乡例二八抽分之数，许给刘佐廷租钱二百八十文"④。福建南靖县，吕亦林在雍正九年租佃陈时敏山场一片，"栽种杉苗，立约俟长大时，与陈时敏对半分卖"⑤。安徽霍邱县，刘传"佃种雍如成继父雍建圩田种十三石，每年租谷议定平分"⑥。浙江萧山县，孔思有佃种孔圣章田三亩，"议明稻谷成熟，与他对分"⑦。

在当时农业最发达的江苏省，分成制的比重也是相当大的。下述三条材料，很能说明实物分租制在当地流行的情况。一条说的是苏北的徐州地区，"徐州府属通例：收成所获，业佃均分"⑧。一条说的是南京周围的上元等二十八州厅县卫，该地是"业户出田"，"出种子庄房，佃出牛力人工，岁收租子各半均分"⑨。一条是说江北扬州府属的甘泉县，陈可立佃种林正资田地，"历年都是……看稻分租"⑩。这些材料表明，在江苏省江南江北大片地区，分成制仍然是很盛行的。

在南方各省，分成制的这种广泛性还表现为，在同一地区内，它几乎都是与定额租制同时并存的。例如，在广东清远县，存在着定额租制，在乾隆刑科题本档案里，有田主罗连富的一份供词，其中写到："因父遗土名蜡坑等处税田二十六亩八分八厘八毫零，乾隆十四年间，江永隆同他侄子江裔均、江亚端向小的批佃耕种，交过批头银三十三两，说定每年纳租谷三十五石，

---

① 刑科题本，乾隆四十九年三月十八日，广东巡抚孙士毅题。
② 刑科题本，乾隆五十九年五月十九日，管理刑部事务阿桂题。
③ 陈昭谋：《（嘉庆）郴州总志》卷终《附考》。
④ 刑科题本，乾隆十三年六月十三日，刑部尚书达尔党阿题。
⑤ 刑科题本，乾隆二十七年五月初七日，刑部尚书鄂弥达题。
⑥ 刑科题本，乾隆四十八年三月十五日，管理刑部事务英廉题。
⑦ 刑科题本，乾隆十八年十二月十九日，刑部尚书阿克敦题。
⑧ 中国第一历史档案馆藏"刑科题本"目录，乾隆二年六月十七日。
⑨ 李程儒辑《江苏山阳收租全案》，附《江南征租原案·规条》。
⑩ 刑科题本，乾隆十七年四月二十三日，江宁巡抚庄有恭题。

写的批帖，交给永隆们承种"①。这每年纳租三十五石，就是定额租制。但这里同时也实行分成制地租，前引熊奇毓承耕朱朝相的税田，"议明收割时对半均分"，就属于分成制。福建南安县，也同时存在着定额租制和分成租制，该县民"蒋表有田一段，向系马全堂弟马愈佃耕，年纳租谷二石"②。这属定额租制。而该县民"傅疑似有田一丘．向给许燕族弟许丙耕种"，以后又"把田转给何远代耕，六月十八日，何远因早稻成熟，来叫业主同去分收"，并且"向来收租都是主佃对分"③。这又属分成租制。安徽霍邱县，该县民谈习五佃种"张乐彩家十石种的田，讲明每年给他三十石租谷"④。这是定额租制。而田主李珍岊有庄田一分，"招佃孙敬修揽种，其租四六估分"⑤。这又是分成租制。湖南华容县，胡志成有田二十六亩，佃与严准南耕种，"每年议纳租谷二十六石五斗"⑥。这是定额租制。而何必爵"借严开富一丘田种麦"，自出种子，收获时何必爵"得七分，严开富得三分"⑦。这又是分成租制。

甚至既实行定额租制，又实行折租制的地方，还同时流行分成租制。例如，广东惠州府河源县有定额租制，谢维谟祖上佃种温锦文家田一十九亩，一直是"每年交田主额租三十八石"，直到乾隆元年转顶为止⑧。也有折租制，吴赖生有尝田种三石零，向批与曾南纪耕种，"议定每年租谷分早晚两季，照时价折钱交收"⑨。但就在这一地租形态发展变化较大的地区，分成制也并没有衰退到从属地位，该县民唐宗文于乾隆三年，"将古甫岭磨刀坑田种一斗二升批与（曾）文华耕种，递年各半分收谷石"⑩。直到乾隆十八年衅起，该地一直是分成制。

更为有趣的是，还有同一主佃，同一地块，先实行定额租制，而后又改为分成租制。湖北随州就有这样的事例，乾隆六年，佃农朱又堂"讨刘正坤两石田种"，"说定每年八石租课。后来小的（朱又堂）妇人死了，种不得这些田地，……把田退还了正坤，止种他不上一亩的旱地。原说收了一石麦子，

---

① 刑科题本，乾隆二十三年三月初二日，刑部尚书鄂弥达题。
② 刑科题本，乾隆二十一年二月初二日，管理刑部事务阿里衮题。
③ 刑科题本，乾隆十二年十一月十七日，福建巡抚陈大受题。
④ 刑科题本，乾隆三十一年二月初二日，管理刑部事务刘统勋题。
⑤ 刑科题本，乾隆二十年五月二十一日，管理刑部事务阿里衮题。
⑥ 刑科题本，乾隆四十六年七月三十日，湖南巡抚刘墉题。
⑦ 刑科题本，乾隆三十五年八月二十九日，湖南巡抚德福题。
⑧ 刑科题本，乾隆九年六月十二日，广东巡抚策楞题。
⑨ 刑科题本，乾隆五十八年十二月二十二日，广东巡抚郭世勋题。
⑩ 刑科题本，乾隆十八年十月初五日，广东巡抚苏昌题。

小的与他四六分的,他得四分,小的得六分"①。也有同一主佃,在这一块地上实行定额租制,而在另一块地上实行分成租制,广东乐昌县,薛章瑜兄弟佃耕邓承四等田二亩,"递年备纳租谷九斗六升",这属于定额租制;又看管邓家山场一块,"议定树木长大公同砍伐卖银分用"②,这属于分成租制。上述这些材料,大概是分成制在南方各省历久不衰的绝好证明。

对于分成租制与定额租制的流行概况,乾隆时翰林叶一栋曾做了这样的概括:"北方佃户计谷均分,南方计亩征租。"乾隆四年,两江总督那苏图也做了类似的估计:"北方佃户计谷均分,南省江北各属亦多如此。大江以南,则多系计亩收租"③。直隶总督孙嘉淦也说:"直隶业主佃户之制,亦与江南不同。江南业主自有租额,其农具、籽种,皆佃户自备,而业主坐收其租;直隶则耕牛、籽粒多取于业主,秋成之后,视其所收而均分之。④"这三个人都断言,我国北方实行的是分成租制,南方实行的是定额租制。但研究刑科题本所记的大量材料之后,我们认为,这些人的看法不无偏颇,而较为符合实际情况的估计应该是:实物分租制在清代前期仍遍布于全国各省,既盛行于北方广大地区,也在南方各省占有相当大的比重,并没有退到从属的地位。

二

关于实物分成租制的具体情况,两江总督那苏图在乾隆四年对比南方北方的主佃关系时,曾做了这样的概括:"北方佃户计谷均分。……盖北方佃户,居住业主之庄屋,其牛、犁、谷种间亦仰资于业主,故一经退佃,不特无田可耕,并亦无屋可住,故佃户畏惧业主,而业主得奴视而役使之"⑤。对这段话,可做如下理解:北方实行的分成租制都是"均分"制,总产量由主佃平均分配。佃户都没有自己的房产,佃种某业主的土地,就住某业主的庄屋。在一般情况下,佃户有自己的耕牛、农具、种子等生产资料,但也有佃户缺少这些必要的生产资料,而需靠业主供给。一旦业主退佃,佃户即无田可耕,无屋可住,无法生活下去。因此,业主才可能把佃农当作农奴看待,

---

① 刑科题本,乾隆八年五月二十七日,刑部尚书来保题。
② 刑科题本,乾隆十八年十一月二十九日,广东巡抚苏昌题。
③ 均见《朱批奏折》,乾隆四年八月初六日两江总督那苏图奏。
④ 孙嘉淦:《孙文定公奏疏》卷8《蠲免事宜疏》。
⑤ 《朱批奏折》,乾隆四年八月初六日两江总督那苏图奏。

任意驱使、欺压。即是说，分成租制下的佃农，至少是北方的佃农，都是住地主的房屋，有的还要靠地主供给牛具、种子等，地主必然能够"奴视"佃户、役使佃户，必然要指挥生产、干预生产，佃户便必然是农奴了。

然而，那苏图的这个概括毕竟太简单了，历史实际要复杂得多。各地并非都是对分制。即使是同一地区，因主佃对生产资料提供程度的不同以及其他因素，在分租比例上也会存在着相应的差异。至于佃户的住房，所用牛具、种子的来源，以及地主"奴视"、"役使"佃户的程度，就更不是千篇一律的了。

关于分成租制的基本情况及其特点，我们根据档案的记载，结合有关文献进行分析，初步得出了如下一些认识。

第一，分成租制的比例，在各地很不一致，对分制在全国占有较大比重。地主决定分成比例的根本原则是，充分利用手中掌握的土地和其他生产资料，最大限度地压低产品中归佃农所有的部分，同时最大限度地提高归自己所有的地租部分。当然，佃农也力求扩大归自己所得的部分，而千方百计地对地主进行反抗。所以，剥削率不仅由占有生产资料的多少来确定，它最终还要通过阶级斗争来确定。正是由于这种复杂的阶级力量对比所决定，分成租制就不可能在任何时候、任何地区、任何条件下都保持一个确定的比例，维持一个一成不变的剥削率，因而也不可能都是对分制。从档案看，乾隆时期分成租的剥削率高低不等，低者为收获量的百分之十五，高者甚至达到收获量的百分之八十。兹略分为如下十种形态：

主一五佃八五。属于福建管辖的台湾曾有这样一条记载：李裕昌祖孙三代"向业主徐正芳承垦田园五丘，每年业主照台湾乡例加一五抽分，如佃户收粟一百石，业主抽得十五石"①。"加一五抽分"是什么含义？一种理解是，业主先"抽"去收获量的百分之十五，剩余部分再由业主与佃户均"分"。所谓"加一五"，只是将抽出的"一五"加到了业主分里。这样，业主所得部分就是六点五成，剥削率也就是收获量的百分之六十五。另一种理解是，强调"佃户收粟一百石，业主抽得十五石"，即是业主一五、佃户八五分租，剥削率只占收获量的百分之十五。我们认为，后一种理解比较符合台湾的实际。因为这件档案反映的是李裕昌祖孙三代的情况，从档案形成的乾隆三十二年往上推算三代，大约可到康熙中后期。此时清朝统一台湾还为时不久，台湾

---

① 刑科题本，乾隆三十二年七月二十四日，管理刑部事务刘统勋题。

地广人稀，地价便宜，地租量不可能太高。另外，此田是李裕昌祖上从大陆诏安县迁台后的垦荒地，其"祖父在日，费了工本"，所以地租量当然就更低了。

主二佃八。例如，在北方的山西归化城，张廷桂租种圪什圪图地三顷，"议明每年秋后主二佃八分粮"①。在南方的江西崇义县，前引的何乾州垦殖佃管刘佐廷的山场，也是"照乡例二八抽分之数"，业主分二分，佃户分八分。

主三佃七。如北方山西的托克托城，"张青奇子佃种额磷亲多尔济地五十亩，讲定获粟一石，额磷亲多尔济分得三斗，张青奇子分得七斗"②。南方福建的寿宁县，监生郭必铎"把自己山场批与詹士千栽插杉木，议约主三佃七均分，监生只得三分"，佃户得七分③。

主一佃二。如直隶宣化府怀来县，周贵满和王文义伙种张惠地亩，在地主家住宿，"那地里用的籽种，讲定是三股出的，收来的粮，也是按三股均分"④。这种"三股分"的分租形态，实是业主分得一分，佃户分得二分，其剥削率为收获量的三点三成多。

主四佃六。如东北盛京奉天府兴京厅，前引王世广、郑风来佃种姚可顺地亩，业主得四分粮食，佃农每人得三分粮食，二人合起来即为六分。西南的云南鲁甸厅，"汉例四六分租"，"佃户收六分，田主收四分"⑤。

对分制。这种地租形态，剥削率为收获量的百分之五十，在全国各地都很普遍。在北方，山东沂州府郯城县吴家庄，马永公"佃种吴鈗家的地，每年收的粮食，除籽种，主家与佃户对分，籽种是按年主佃轮出的"⑥。河南永城县回城集，杨赐板佃种杨世经地亩，当时言明，以后"均分"⑦。直隶张家口外小道沟，王达佃种刘忠孝六十亩地，"每人出一只牛，合伙使用，五天一替"，"每年秋后二人分粮"⑧。陕西西安府同官县，范文好"把十几亩已种麦子的地同一只牛，给石三耕种，讲定每年收割后均分粮食。若是石三不愿耕

---

① 刑科题本，乾隆五十四年二月初八日，管理刑部事务阿桂题。
② 刑科题本，乾隆五十九年二月十四日，管理刑部事务阿桂题。
③ 刑科题本，乾隆三十二年十月十二日，福建巡抚崔应阶题。
④ 刑科题本，乾隆四十四年六月初六日，管理刑部事务英廉题。
⑤ 刑科题本，乾隆五十八年七月二十五日，管理刑部事务徐本题。
⑥ 刑科题本，乾隆十七年正月二十四日，山东巡抚鄂容安题。
⑦ 刑科题本，乾隆二十七年五月初八日，刑部尚书鄂弥达题。
⑧ 刑科题本，乾隆三十九年四月十四日，刑部尚书舒赫德题。

种了,仍旧种上麦子,把地同原牛交还"①。在南方,广西梧州苍梧县,"宁德璇向耕陈沛立田亩,议定每年禾熟,到田均分租谷"②。在东南海疆的台湾府台湾县,王一山有荒地一片,招李探兄弟搭寮垦种,"原议成熟之日对半均分"③。在西南少数民族地区的贵州清江厅,苗民吴陇通承佃土地,每年主佃各半分租④。

这种对分制,并不是零星的现象,档案材料曾有:"徐州府属通例,收成所获,业佃均分"⑤。四川泸州地方,"俗例主佃均平"分租⑥,等等。江南布政司的粘单也曾概括了江苏四府二十八个州、县、卫的情况:"江宁府属上、句、溧、浦、六、高六县,淮安府属盐、清、桃、安、山、阜六县及淮安、大河二卫,扬州府属高、仪、兴、东四州县及扬州卫,徐州府属铜、沛、萧、砀、丰、邳、宿、睢八州、县,海州所属之赣榆县,据称均系业户出田,佃户出力,所得租子各半分收。"⑦可见,分成租制中的对分制,在全国各地是很盛行的。

主六佃四。如山西保德州河曲县,张洪才佃种张兴海地亩,田主"出籽种、工本,张洪才止出人力。俟收获时,扣除工本,四六分粮",田主分六成,佃户分四成⑧。安徽宿州,胡振佃种刘从义田四十七亩,田主出耕牛、工本,佃户出力,讲定收割庄稼,田主得六分,佃户得四分⑨。这种主六佃四的分组形态,俗称"倒四六",其剥削率为收获量的百分之六十。

主二佃一。如山西太原府岢岚州,吴应强揽种阎待用七十多坰地亩,并搬到阎待用的北院正房居住,没有房租,讲定收获粮粟,田主分两股,佃户分一股⑩。这种主二佃一的分租形态,剥削率达到收获量的百分之六十六以上。

主七佃三。如河南商邱县,苏文礼佃种宋胜颎家三亩地,住宋胜颎的庄房,并且"牛具籽种都是宋胜颎的",议定收获之后,地主分得七分,佃农分

---

① 刑科题本,乾隆五十六年五月二十五日,陕西巡抚秦承恩题。
② 刑科题本,乾隆五十一年七月二十九日,刑部尚书喀宁阿题。
③ 刑科题本,乾隆五十年十二月二十一日,闽浙总督兼署福建巡抚雅德题。
④ 刑科题本目录,乾隆十七年八月二十九日。
⑤ 刑科题本目录,乾隆二年六月二十七日。
⑥ 刑科题本,乾隆二十六年六月五日,刑部尚书鄂弥达题。
⑦ 李程儒辑《江苏山阳收租全案》,附《江南征租原案·粘单》。
⑧ 刑科题本,乾隆五十一年五月十七日,刑部尚书喀宁阿题。
⑨ 刑科题本,乾隆五十七年十月十七日,安徽巡抚朱珪题。
⑩ 刑科题本,乾隆五十八年十二月十七日,山西巡抚蒋兆奎题。

得三分①。山西岚县，李京、梁治基、王忠成、梁德齐四人，揽种地主温尧士五顷多地，籽种、粪土并牲口都是地主承担，佃农"只出力耕种"，收获后，地主分七分，佃农李京等"四个人共分三分"②。这种主七佃三的分租形态，俗你"倒三七"，其剥削率达收获量的百分之七十。

主八佃二。福建延平府顺昌县，"肖廷超有田二段，向给肖廷谋承耕，每年租谷议定主佃二八均分"。乾隆五十八年，"共通收谷二十五石四斗，肖廷超分谷二十石"，佃户分谷五石。尚剩四斗，佃户坚持也要二八分开③。这种主八佃二的分租形态，俗称"倒二八"，其剥削率达收获量的百分之八十。

在这十种分租形态中，剥削率超过收获量一半的，竟有四种之多。其中剥削最重的是"倒三七"与"倒二八"。佃农辛勤劳作一年，收获的七成、八成被地主占去，自己还能剩余多少？前举河南商丘苏文礼佃种宋胜颎地亩，因只分得三成，"到十一月里"就"没吃的"了，等到次年"四月二十一日"，麦子才成熟，这中间几乎长达半年，佃农怎样在饥饿中挣扎是可想而知了。当然，在分成制地租诸形式中，这种"倒三七"、"倒二八"的超重剥削与剥削较轻的"二八"、"三七"分租一样，所占的比重都不算多。最常见的，还是主佃对分，其次是"四六"和"倒四六"。

第二，一部分佃户没有房产，另一部分佃户则有房屋，并不是所有佃户都住地主的房子，也并非由此而决定主佃分成之比例。中国的佃农，尽管十分贫苦，但多数都有自己的房产。南方，由于气候温暖，栖身容易，住房条件要求不是很高，因而有自己住房的佃户比较多。北方，虽然冬季严寒，房屋的保温程度要求高，盖房似乎不易，但由于北方降雨量比南方少得多，四季都比较干燥，这又为盖简易房舍提供了有利条件。西北的农民，多就土坡开挖窑洞；东北的农民，多就地面堆筑土平房，成本都不高。中国农民的这些房屋虽然非常简陋，但毕竟是农民自己的"家"。

清人曾估计，南方佃户都有自己的住房。从刑科题本反映的情况看，南方佃户确实是很多人都有自己的住房，这里不用重复。需要指出的是，清人对南方佃户的状况估计得过高了。事实上，无房的佃户，或仰赖于业主庄屋，或寄人篱下。例如，湖北孝感李家垣，有个叫李锦如的佃农，佃种陈家佛堂

---

① 刑科题本，乾隆二十三年五月二十一日，刑部尚书鄂弥达题。
② 刑科题本，乾隆十七年十月十四日，山西巡抚阿思哈题。
③ 刑科题本，乾隆五十九年十月十一日，管理刑部事务阿桂题。

庙宇住持澄源的二斗田，自己"并无房屋"，也未住澄源处，而是先"租屋"居住，后又"依住兄弟李明志家"①。再如，贵阳州遵义县，佃农钟泮原种阎璋家的地，住的就是阎璋的房子，"每年秋收临田分租"。后来地主嫌钟泮"耕田不甚勤力，所分租谷较之昔年数目短少"，而"另招罗顺佃田，钟泮已应允，乾隆三十三年十二月二十四日，罗顺携眷上庄，阎璋向催钟泮出屋。钟泮以时值岁暮，不肯搬移"，竟被地主打死②。这段材料说明，这个佃农不但无自己的房屋，而且连一个可以临时借住的地方也没有，不然何以至死不搬？可见，南方的佃农也有房子之忧。

北方的佃农，是不是像那苏图说的那样，住房都要仰赖于业主呢？回答也是否定的。北方的很多佃农，同样有自己的住房，有自己的家。直隶、山东、山西、河南等广大地区，无不如此。例如，前引河南永城县回城集的佃农杨赐板，曾有这样一段供词："族孙杨振替小的家帮忙收麦，小的给了他一壶酒，在后院喝。小的们在前面乘凉"③。说明这个佃农不仅有房舍，还有院落。再如，直隶张家口外小道沟的佃农王达，租种刘忠孝六十亩地，自己有牛、有家，业主还时常到他家来拉牛使用④。山东有这样的记载，沂州府郯城县佃农马永公，佃种吴钺家地亩，"种了半亩稷子，收了一斗，……送五升给吴钺家去"⑤。显然，这个佃农并未住地主家，而是另有自己的住处，不然就不会"送"到地主家去了。山西朔平府朔州北邵庄，有一户非常穷苦的佃农王苟汉，"乾隆十七年十月十二日，王苟汉将谷碾下"，因"风小没扬，就往石都庄探亲去了"。可是地主卢守素与债主任亮、樊大录、任齐征却迫不及待，将谷代扬。"共扬得谷一石六斗，守素应分八斗"，所余不足偿还债主，争抢中樊大录将任齐征打死。王苟汉"至晚回家"⑥，方知一年的劳动果实全部被地主、债主们瓜分了，还死了人。这条材料说明，即使贫穷到如此地步的佃农，也还是有自己的家。由此可见，有自己住房的北方佃农，也不会很少。当然，北方无房的佃户，需要借住地主庄屋的，其数量要比南方为多，这在那苏图的奏议里，已经有了估计，这里无须详加论述了。

---

① 刑科题本，乾隆十三年十月十三日，湖北巡抚彭树葵题。
② 刑科题本，（年月残）贵州巡抚良卿题。
③ 刑科题本，乾隆二十七年闰五月八日，刑部尚书鄂弥达题。
④ 刑科题本，乾隆三十九年四月十四日，刑部尚书舒赫德题。
⑤ 刑科题本，乾隆十七年正月二十四日，山东巡抚鄂容安题。
⑥ 刑科题本，乾隆十九年二月二十三日，刑部尚书阿克敦题。

佃农是否拥有房产，对地租的分成比例有一定的影响，但并不起决定性作用。如上面提到的，无论是南方佃户，还是北方佃户，无论是有自己的房产，还是无房产，都是对半分租，便是有力的证明。

佃农有无房产，不仅对对分制没有决定性的影响，就是对其他形式的分成制，也没有多少制约作用。例如，前述直隶宣化府怀来县，周贵满与王文义伙种张惠地亩，到种地的时候，这两个佃农就住在地主家里。"地里用的籽种，讲定是三股出的，收来的粮，也是按三股均分"①。这是按主一佃二的比例分租的，地主提供了住房，反而分租少；佃户住在地主家里，分得的粮食反倒占收获量的百分之六十六以上。而上引山西托克托城的佃农张青奇子，租种额磷亲多尔济地亩，他虽住在自己家里，但并未因此提高他的分成比例，也仅按主三佃七之例，分得百分之七十的谷物，比周贵满、王文义只多分了百分之三多一点。更奇怪的是，有的佃农住自己的房子，而分租的比例反而很低，在福建延平府顺昌县，佃农萧廷谋住自己的房子，承种萧廷超田亩，就是主八佃二分租。这些材料绝好的证明了住房的有无不是地租分成比例的决定因素。

第三，牛具、籽种、肥料等生产资料，在决定地租的分成比例上有很大的影响，但有些时候也不起什么作用。封建社会的农民与奴隶不同，他们不仅是半自由的依附者，并且还拥有一定数量的生产工具。但有时候地主也要出一部分农具和籽种，以作为上述典型关系的补充。虽然自明清以来，在我国封建社会内部已孕育着资本主义萌芽，但清代地主提供的生产资料并不具备资本主义经营的性质。因为这部分生产资料不是独立于土地关系之外的社会物质条件，而仍然是土地的附属物，所以对这一部分生产资料所提供的剩余劳动，不是利润，而是追加地租。这一部分生产资料也就成了地主剥削佃农的补充物质手段。

生产资料占有的多少，直接影响着地租额的高低。如果佃农的经济条件较好，自己拥有耕牛、农具、籽种等生产资料，那么在分配收获量的时候，自己留的分数就会多一些，交给地主的地租额就会少一些；反之，则佃农所得就要少些，地主所得就会多些。如档案所载，河南商邱县佃农苏文礼，几乎一无所有，"给宋胜颈佃种地亩，就在他庄房里住，……牛具、籽种都是宋胜颈的"，因此在分配时，苏文礼只"分得三分"，地主"分得七分"。山西岚

---

① 刑科题本，乾隆四十四年六月初六日，管理刑部事务英廉题。

县李京等四户农民,共同揽种温尧土地亩,"籽种、粪土并牲口"等生产资料均由地主供给,"他们只出耕力"。虽然他们都有房屋,不必到地主家寄宿,但在分配时,情况与上例完全相同,地主"分七分,他们四个人共分三分"。可见,在决定分租比例时,房屋不起决定作用,起更多作用的是牛具、籽种、粪土等生产资料。"倒四六"的分租形态,也是由于地主不仅投入了土地这一固定的生产资料,而且还投入了较多的"籽种、工本"等可变"资本"的结果。如山西保德州河曲县,张洪才佃种张兴海地亩,张洪才只"出人力",地主"出籽种工本","送来钱一千五百文、白布两匹",叫张洪才"做资本",所以分租时佃户得四分,地主得六分。

而正四六、正三七的分租形态,则是佃农拥有部分生产资料的结果。例如在湖北随州,朱又堂佃种刘正坤地亩,"牛工种子俱是"朱又堂出,所以佃农得六分,地主得四分。在湖南华容县,何必爵佃种严开富地亩,佃农"出籽种",所以佃农得七分,地主得三分。

在对分制中,也可以看出籽种、牛具、粪土的影响作用。在江苏徐州府邳州,有这样的乡间俗例:"凡业主与佃户对出籽种者,所收租籽,各半均分。如系佃户自种,应令业主算还籽种外,再为分派"①。这说明只有支付同等数量的籽种,才能分得同等数量的收获量。在直隶张家口地区,有主佃"每人出一只牛,合伙使用,五天一替",秋后均分的事例②。说明出的牛力相等,也可以分得相等的收获量。在直隶宣化府怀来县,地主张惠与佃农周贵满、王文义"三股均分"的例子,最能说明有时候籽种和粪肥在分配中的这种决定作用。虽然这两个佃农都住地主之房,但因为"那地里用的籽仲,讲定是三股出的,将来的粮食,也是按三股均分"。此条材料还说,种地的时候,地主替这两个佃农"垫用过一百驮土粪,共值六百大钱,他们每人应出二百大钱"。这段话虽没有直接将粪肥与分配联系起来,但也能够清楚地看出粪肥比例与分配比例的关联:粪肥按三股均摊,收获就按三股均分。

上述情况说明,拥有和投放生产资料的多寡与分配地租的多少,大体上成正比例。投放的生产资料多,分配给自己的部分就多。所谓大体上成正比例,就是说并非投放的生产资料增加多少,就一定得相应地增加多少收入。同样出籽种工本,有的是四六分成,有的是三七分成,就是一个明证。

---

① 刑科题本,乾隆三十九年十二月二十一日,江宁巡抚萨载题。
② 刑科题本,乾隆三十九年四月十四日,刑部尚书舒赫德题。

但也有例外的情形，有时候牛具、籽种、肥料等项，在确定地租的分配比例上并不起什么作用。在对分制中，既有佃农出工本、耕牛的，也有地主出籽种、耕牛的，不管是佃农还是地主，多投入了这些生产资料，也都没有因此而多分成。例如，浙江金华府武义县，"陈清文出人力工本耕牛"，佃种陶子奇地亩，议明稻熟"均分"①，佃农并没有多分。陕西西安府同官县，地主范文好"把十几亩已种麦子的地同一只牛，给石三耕种，讲定每年收割后均分粮食。若是石三不愿耕种了，仍旧种上麦子，把地同原牛交还"。这里讲的籽种，第一年是地主垫支的，中间年份似是佃农承担，而耕牛始终是地主的。籽种与牛力相比，牛力的价值当然要大一些，然而这个地主也许未因此而多分得地租。由此可见，牛具、籽种、粪肥等项生产资料，在产品分配中的影响也是有一定限度的，而不是像土地那样，有绝对的决定力量。

第四，临田监分是常见的方式，但也有好些佃户和地主并不采用此种方式，而是由佃农自行收割。地租是封建土地所有权的经济体现，地租问题是封建生产关系的关键所在。封建地主的主要经济职能就是占取地租。所以，尽管地主们平日不组织生产，而到了庄稼成熟、分配产品的时节，他们便纷纷然"往庄收刈"②，亲自临田监收。有些另有他业，久居城镇而不便亲临的地主，也总是要委派代理人去临时监收。

无论在南方，还是在北方，地主临田监分都是普遍存在的现象。在北方，如河南彰德府汤阴县，焦州佃种王铨地亩，收割的时候，王铨亲自到田监视。在谷子分毕，各自拿回家以后，地主的监视还没有结束，佃农的儿子"焦三扫了一斗秕谷"，地主的侄子王万钟也看在眼里，坚持"要分"，以至"用小刀把焦三腿上扎伤"，不久身死③。可见地主临田监分的严厉程度和彻底的程度。陕西三水的张万相佃种张自宁地亩，乾隆五十六年麦禾成熟之日，地主恰没在家，佃农"怕麦籽干落，就把田禾收割，堆放一处，等他回来再分"。次日地主回来之后，竟对佃农"乱嚷"，甚至"拿木骨朵打了"佃农④。地主不在，不能分，也不能割，"麦籽干落"也在所不惜，可见地主临田监分的权力的不可动摇性。

---

① 刑科题本，乾隆十九年五月三十日，刑部尚书阿克敦题。
② 《太平广记》卷133《毋乾昭》。
③ 刑科题本，乾隆四十三年四月十日，护理河南巡抚荣柱题。
④ 刑科题本，乾隆五十七年四月七日，管理刑部事务阿桂题。

清代前期的实物分租制

在南方，由于人多地少，生产力水平高，土地的丰度和产量也相应地高，因而地主对临田监分的权力就愈加重视，几乎无省不是临田监分。例如安徽，每年收获，田主"到田监割"①。江苏，历年都是地主"看稻分租"②。广西，"每年禾熟，到田均分租谷"③。贵州，"每年秋收临田均分"④。福建，收割时均须"往邀业主"⑤，等等。佃农如果稍有违反，地主就要加倍地给予报复，甚至借饥寻衅，严惩佃农。浙江绍兴府萧山县佃农孔思有，"因家里没有米吃，急欲救饥，往田内去割了一把稻子"。地主孔圣章知道后，马上进行报复，"叫了工人施文魁到田割稻"，大有"割尽"之势⑥。广东清远县佃农熊奇毓，"见禾稻成熟，赴田收割"，并"就近挑回"本村场地堆放，然后才去通知地主均分，地主便"斥骂"他"想要隐瞒"，并"举拳相打"⑦。

由于各地有不同的习惯，地主监分的形式也是多种多样的，有到场监分的，也有到田监分的。江苏省扬州府甘泉县的例子，大概可以看作到场监分的典型，该县佃农陈可立佃种林正资的田，历年都是林九顶代地主看稻分租。乾隆十六年九月初一日，林九顶到佃农家"看了场上堆的稻子，估有六石，用了灰印，说是第二日他来看打了"，再与佃农"均分"。这段材料表明，在收割时，地主还未监视，作物入场之后，地主对佃农的监视才严密起来。这种监视大体可分为四个环节：首先要估产，一般都往高估。其次要做出记号，以防佃农擅自私打。再次要看打，即地主要自始至终监视打场的全过程。最后要按照监视下的实际产量，平均分配。这几个环节的执行非常严格，佃农不得走样。由于陈可立在林九顶走后私自打了场，便惹下一场横祸，以致最后家破人亡⑧。

到田监分的花样也不少，就档案材料来看，大体有三种。一是按禾束明分的。如湖南华容县，何必爵佃种严开富麦田一丘，收获时，"严开富到

---

① 刑科题本，乾隆五十九年四月二十九日，管理刑部事务阿桂题。
② 刑科题本，乾隆十七年四月二十三日，江宁巡抚庄有恭题。
③ 刑科题本，乾隆五十一年七月二十九日，刑部尚书喀宁阿题。
④ 刑科题本，（年月残）贵州巡抚良卿题。
⑤ 刑科题本，乾隆三十二年七月二十四日，管理刑部事务刘统勋题。
⑥ 刑科题本，乾隆十八年十二月十九日，刑部尚书阿克敦题。
⑦ 刑科题本，乾隆四十九年三月十八日，广东巡抚孙士毅题。
⑧ 刑科题本，乾隆十七年四月二十三日，江宁巡抚庄有恭题。

田要分麦子",佃农"只肯每百束分给严开富十八束"①。广西藤县,"向来是一总割倒,数分禾把"②。二是在对分制的情况下,把禾束分好后,抓阄分的。如安徽凤阳府定远县,张和佃种李洪业田地,历年监割,乾隆五十八年七月二十日,将收割的秋秸,"捆成一百一十二束,各分五十六束",并"当下阄定"所属③。三是逐丘分割。如广西藤县,李柱积佃种林尚炽地亩,林尚炽到田监割时,"见田内稻禾各丘肥瘦不一,要将稻禾好的田丘先割,逐丘均分"。佃农则坚持"一总割倒,数分禾把"。双方打得头破血流④。争斗得这么激烈,一方面说明监分的方式与主佃双方的切身利益有直接的关系,另一方面也表明这个地区肯定有"逐丘均分"的先例。

虽然封建地主的主要经济职能是收取地租,多数地主十分重视监分这一环节,但任何事物都不是绝对的,档案的记录表明,有不少佃农是在自行收割,地主既不临田监割,也不临场看打。山东沂州府郯城县,佃农马永公在某年收了一斗稷子,本应出种二升,下剩八升内分给地主四升,可是因去年地主"吴铽没有计论,今年也不好计论,所以不扣除稷种,六月二十八日送五升给吴铽家去"⑤。这表明地主在收割、打场的时候均未在场,佃农只是靠传统的"信"的观念支配,如实的交租罢了。河南永城县则是,佃农先"把麦子收割了一半,剩下一半"听凭地主去收⑥。河南陈州府淮宁县,也是"分地收割"⑦。这种按面积分配,也就无需监割监分了。安徽霍邱县的一则材料,也表明不存在监分的现象。该县刘传佃种雍建圻田亩。"每年租谷议定平分,从不少欠"。乾隆四十六年应分谷五十石,刘传"先交四十五石,尚少五石",后来由地主派人前去索讨⑧。如果是监分的话,不管总产多少,当场就可分配利索,不会出现"尚少五石"的问题,地主也不会日后再派人去索租。

---

① 刑科题本,乾隆三十五年八月二十九日,湖南巡抚德福题。
② 刑科题本,乾隆五十九年五月十九日,管理刑部事务阿桂题。
③ 刑科题本,乾隆五十九年四月二十九日,管理刑部事务阿桂题。
④ 刑科题本,乾隆五十九年五月二十九日,管理刑部事务阿桂题。
⑤ 刑科题本,乾隆十七年正月二十四日,山东巡抚鄂容安题。
⑥ 刑科题本,乾隆二十七年闰五月八日,刑部尚书鄂弥达题。
⑦ 刑科题本,乾隆五十八年二月初一日,河南巡抚穆和兰题。
⑧ 刑科题本,乾隆四十八年三月十五日,管理刑部事务英廉题。

三

实物分成制既是地租比较原始的形态,那么何以能延续两千多年,到清代仍然盛行?我们认为,农业生产力水平低下,产量不高不稳定是实物分成租制长期延续的主要原因。

虽然地主阶级的基本原则是要最大限量的榨取佃农的剩余劳动,尽可能多的取得地租,但因为农业是受自然条件影响最严重的生产部门,自然灾害在古代又带有很大的偶然性,并无多少规律可循,所以要硬性规定一个一成不变的地租量是很困难的。如果地租量定得很高、很死,一遇灾年,农业减产,佃农很难完成额定的地租。即使勉强完成了地租,也无力维持再生产。结果是佃农破产,引发佃农斗争,这对地主阶级的长远利益不利。如果地租量定得低,又与地主阶级眼前的利益冲突。在这种情况下,自然就出现了既能保持一定的剥削率,又能随着年成的丰歉而上下浮动剥削量,既是比较原始的,又是基本的地租形态——实物分成制。这种地租形态,既能在丰年通行,又能在灾年通行,既能为地主接受,又能为佃农同意。正是由于它有这种应变的弹性和主佃都能接受的公允性,它才没有被后来出现的实物定额租制完全排除,而得以长期延续下来。

从清代的情况看,分成租制的延续,还有下述几种偶然的、具体的因素:一是因为佃农垦种业主之荒地,须实行分成租制。这是由于荒地的产量不高不稳定,变化幅度大,难以实行定额租制。还因为荒地在向熟地演变的过程中,佃农要投入较多的工本,所以一般都实行地租量较低的分成租制,而不实行地租量较高的定额租制。例如浙江金华府武义县,陶子奇"买了荒田六亩",因为需要投入的工本太多,收效又慢,"没人讲种"。后来"陈清文出人力工本耕牛"承种下来,条件就是"稻熟均分"[①]。福建台湾县,李探弟兄垦种王一山家荒地,条件也是"成熟之日对半均分"。经过佃农几年的辛勤耕耘,荒地变良田。地主"见地土肥美,……遂悔前言,屡逼李探们搬移退地"[②]。这表明,土地荒芜的时候,地主可以接受分成租制;土地肥美以后,地主会随之要求全部占有佃农的剩余劳动,要求追加

---

① 刑科题本,乾隆十九年五月三十日,刑部尚书阿克敦题。
② 刑科题本,乾隆五十年十二月二十一日,闽浙总督兼署福建巡抚雅德题。

地租，而不再眷恋这种比较原始的地租形态了。二是在旱地水田同时存在的情况下，旱地上往往实行分成租制。例如在湖北随州，原先朱又堂佃种刘正坤两石种水田，是定额租制，"每年八石租课"。后来退了水田，只租旱地，地租形式就相应地改成了"四六派分"，地主得四分，佃农得六分①。这是因为，旱地受气候制约的程度比水田大，产量难以预定，为了避免在地主与佃农之间出现畸轻畸重的弊端，因而也就实行了业佃双方都能接受的分成租制。三是定额租制的地租量大，剥削率高，佃农要求实行分成租制。乾隆十一年，福建上杭县乡民罗日光等千余人，"鼓众勒令业佃四六分租"，为比还和官府发生了武装对抗②。这场斗争虽然被封建政权镇压了，但它反映了定额租制不是在所有的场合都比分成租制先进，也不是在任何时候都对佃农有利。当租额过高的时候，佃农是宁愿选择分成制的。四是地主阶级为了缓和佃农的减租抗租斗争，有时也有意延续分成租制。在定额租制盛行的南方，在江淮流域的上元等州县，还较多的延续着"岁收租子各半均分"的地租形态，就是因为封建官府和地主阶级认为，这种分成租制"不至有顶首吞租之患"③，而着力加以维持的结果。五是因灾害歉收，也可由定额地租改为分成地租。如山东连年遭荒，农业歉收，山东学政李因培便于乾隆十四年提出建议："请于将届麦秋，特颁谕旨，令抚臣广行劝谕有田者，将本年粮粒与佃民平分"④。由于乾隆皇帝予以批驳，此议未能执行，但实际生活中肯定会有这种事例。乾隆二十四年，江苏遇灾，江苏巡抚陈弘谋为了软化农民的抗租斗争，曾批檄各州县，除依减产成数减少定额租的租额外，如果主佃争较不清，还可"就田间所收各半均分"⑤。六为种地未满一年而退地者，俗例要采取分成制。如河南固始县，"乡间俗例，若田六种一年，将地退还，两家各半均分"⑥。

实物分成租制延续了两千多年。在封建社会初期，分成租制曾起到了改善佃农经济地位，促进生产力发展的积极作用，具有进步意义。因为在奴隶制分配方式下，奴隶们既没有自己的私有经济，也没有归自己所有的

---

① 刑科题本，乾隆八年五月二十七日，刑部尚书来保题。
② 同治重刊《（乾隆）上杭县志》卷12《杂志》。
③ 李程儒辑《江苏山阳收租全案》，附《江南征租原案·规条》。
④ 杨士骧：《（光绪）山东通志》卷首《训典二》。
⑤ 陈弘谋：《培远堂偶存稿》，《文檄》卷45。
⑥ 刑科题本，乾隆十七年十一月初七日，刑部尚书阿克敦题。

生产工具，没有丝毫的独立性，生产的丰歉与他们的自身利益几乎毫无关系，所以他们对于生产技术的改进也毫无兴趣。自分成制的封建租佃关系出现以后，佃农毕竟能或多或少的分到一部分产品，形成佃农的私有经济。佃农私有经济的壮大与缩小，固然与分成比例有直接关系，但生产的增加与减少，也能影响佃农的私有经济。为了使自己在增产中得到好处，佃农必然会积极改进生产工具，改善生产条件，努力去提高劳动生产率。

分成租制的这种作用，就是到了清代，仍能体现出来。一方面，佃农可以利用分成制，尤其是利用地主不临田监割的条件，预先私收粮谷，实际上少交了地租，扩大了佃农私有经济成分。例如，浙江萧山县佃农孔思有，就没有通知地主，自己"往田内去割了一担稻子"①。广西苍梧县佃农宁德璇，也没有遵守"到田均分"的惯例，"私将稻禾割去数把"②。就是其他物产，佃农们也是尽可能地私自收取。江西崇义县佃农何乾州，在佃管刘佐廷山场的时候，就"私将杉木二十株卖与黄达上，得钱一千四百文"③。江西瑞金县佃农骆尊三，佃管郭衍柏山场，原议"其树日后长大，每百根内抽分二十五根"作为"山租"，可骆尊三"并不通知"山主，就将山上松树砍卖与人，"当得现银六两，并不通知郭姓抽分"④。在乾隆刑科题本里，类似这样的案件很多。由于这种情况比较普遍，其他私人记载和官方文书也多有反映。乾隆年间，江南布政司粘单上就清楚写道："查江淮各属内上元等州县，……间有不守本分之佃，或收分不均，或私行偷割……此等恶习，亦不可不明立章程"⑤。江苏巡抚陈弘谋针对佃农隐瞒谷物的问题，曾下了一道严厉的命令："不得将所收之谷瞒昧，以多为少，不得藏匿寄当，将有作无。凡有控告抗租者，地方官就近速准审追……尽法惩处"⑥。命令中既称"恶习"，说明此类事情有久远的历史，不是偶然性的；达到官府"明立章程"严禁的程度，说明"私行偷割"等现象在广大地区都有，不是个别性的。通过"私割"、"藏匿"，既可以解决佃农的某些燃眉之急，又可以补充佃农的私有经济。另一方面，某些形式的分成制，如佃六主四、

---

① 刑科题本，乾隆十八年十二月十九日，刑部尚书阿克敦题。
② 刑科题本，乾隆五十一年闰七月二十九日，刑部尚书喀宁阿题。
③ 刑科题本，乾隆十三年六月十三日，刑部尚书达尔党阿题。
④ 刑科题本，乾隆十三年七月十七日，江西巡抚开泰题。
⑤ 李程儒辑《江苏山阳收租全案》，附《江南征租原案·规条》。
⑥ 陈弘谋：《培远堂偶存稿》，《文檄》卷45。

佃七主三、佃八主二的分成制，其本身对佃农就比较有利。在这些分租形态下，佃农能够从增产的部分中，得到更多的产品，明显地增加收入。这无疑会刺激比较富裕的佃农改进生产工具，改变生产条件，努力提高产量。例如，台湾县地主王一山出租荒地，条件虽然是"对半均分"，比起佃六主四等分成法，佃农将少收入一些，但是李添恩、李探兄弟仍积极"搭寮垦种"。从乾隆四十六年到五十年，仅用四年时间，使用汗水把这片"荒土"浇灌成了"肥美"的良田①。可想而知，在佃六主四、佃七主三、佃八主二的分租形态下，佃农生产的热情会进一步高涨起来。当然，只有富裕佃农才有能力扩大生产，而在中国封建社会，富裕佃农与贫困佃农相比，则犹如茫茫大海中的几个孤岛。因此，这种扩大生产的情况并不多见。

实物分成租制还有压抑佃农生产积极性的一面。在剥削率固定不变，即分成比例相对稳定的情况下，不管增加多少产量，佃农也不得全部归自己所有，而必须按照原来的分成比例，在增加的产量中划出一部分送交地主。从而形成了佃农多生产，地主就多分租的规律。另外，地主为了多分地租，也常常干预、监督佃农的生产，或者嫌产量不高、分租不多，而逐佃另佃。这些都必然会压抑、挫伤佃农的生产积极性，对发展生产不利。不仅如此，若是在分成比例偏重于地主的时候，比如在佃四主六、佃三主七、佃二主八的情况下，随着剥削率的提高，佃农在增产中得到的好处与地主在增产中得到的好处相比，反而会按比例下降。假设增产一百斤谷物，在上述三种分成比例下，佃农得到的好处只能是四十斤、三十斤、二十斤，呈下降趋势；地主得到的好处则是六十斤、七十斤、八十斤，呈上升趋势。因而，佃农的生产积极性就必然与剥削率的提高成反比例而降低。不难看出，实物分成制既是地主阶级驱赶佃农努力生产的一根棍子，又是掠夺佃农生产成果的一条口袋。它加速了佃农的贫困化，加深了佃农的苦难，它的封建地租的性质是明显不过的。

在实行分成制的情况下，佃农对地主有较多的人身依附，地主对佃农的虐待比较严重。首先，由于生产的好坏，产量的高低，直接关系到地租的多寡，所以不少地主想对生产过程进行监督和控制。有干预佃农种植计划的，直隶鸡泽县地主田根子，"令乔有智仲植烟叶，乔有智不允，田根子

---

① 刑科题本，乾隆五十年十二月二十一日，闽浙总督兼署福建巡抚雅德题。

遂不愿佃给"①。有干预佃农施肥多少的，湖南东安县某蓝姓地主，因佃农袁世礼"种田不加粪草"，极为不满，遂起田另佃②。有催逼佃农锄田的，山西保德州河曲县地主张兴海，催佃农张洪才锄地，张洪才欲晚几天锄，就遭到地主斥骂和毒打，以致身亡③。也有掌握收割的，陕西三水地主张自宁，因其外出的时候麦子已成熟，佃农"怕麦籽干落，就把田禾收割，堆放一处"，等他回来再分，也竟遭他"乱嚷"乱打④。可以看出，在生产的各个环节，地主的监督都是很严格的。其次，地主往往利用占有土地的权利，对佃农进行额外勒索。例如，河南陈州府淮宁县地主杨恺父子，就常常"分租不公"。本来与佃农是"分地收割"，"草应随地分得"，可是他还硬要佃农"分收地内的谷草"⑤。再次，地主常常利用佃农对地主的依附关系，强迫佃农服无偿劳役。任何解脱了实际劳动的阶级、管理了社会事务的阶级，为了自身的利益，永远不会错过机会，把愈来愈沉重的劳动负担加到劳动群众的肩上。地主阶级当然也不会例外。广东清远县地主朱朝相，就非逼着佃农把禾稻"挑回他村内堆放"不可⑥。在安徽定远县，张和佃种李洪业田地，收获后向来都由佃农"挑送"地主家内。乾隆五十八年收分完毕，没有先送地主家的一份，便遭到地主的斥骂，佃农的妻子刘氏并被打伤致死⑦。由于这种无偿劳役屡见不鲜，那苏图才得出了对分成制下的佃户，"业主得奴视而役使之"的结论。但归根结底，这种无偿劳役是和所有制相连带的封建特权的产物。最后，地主还利用占有土地的有利地位，经常用起田另佃的手段，敲诈佃农、攫取高额地租。贵州遵义县，地主阎璋以佃农钟泮"耕田不甚勤力，所分租谷较之昔年数目短少"为由，于乾隆三十三年另招罗顺佃种⑧。山东东平县地主展大牡，也以佃农张仪"并不用心种地，收获甚少"为由，"叫他把地退出"⑨。直隶景州地主张尚青，因佃农孟五"将麦带青收割"，即"斥责其非"，最终以"分粮减少．嘱令撵逐

---

① 刑科题本，乾隆五十四年六月三十日，管理刑部事务阿桂题。
② 刑科题本，乾隆二十二年二月十二日，湖南巡抚杨锡绂题。
③ 刑科题本，乾隆五十一年五月十七日，刑部尚书喀宁阿题。
④ 刑科题本，乾隆五十七年四月初七日，管理刑部事务阿桂题。
⑤ 刑科题本，乾隆五十八年二月初一日，河南巡抚穆和兰题。
⑥ 刑科题本，乾隆四十九年三月十八日，广东巡抚孙士毅题。
⑦ 刑科题本，乾隆五十九年四月二十九日，管理刑部事务阿桂题。
⑧ 刑科题本，（年代残）贵州巡抚良卿题。
⑨ 刑科题本，乾隆二十二年十二月二十日，山东巡抚白钟山题。

佃户"①。

在实行分成租制的情况下,佃农因受剥削受压迫而日益贫困化,不少佃农家破人亡。这种状况,无论在南方还是在北方都是普遍存在的。在北方,河南南阳府邓州的佃农周朝,佃种周庭一顷地十多年,不仅没有富裕起来,还因"家里穷苦,没有工料,以致收成歉薄",陆续借欠周庭家六千九百钱。到乾隆三十六年麦收时,地主便将周朝"应分的小麦集石一石一斗扣抵欠账,一粒不给"。尽管周朝"再四恳留几斗吃用",地主也不应允,并"立逼"周朝"退地",要"另行招佃"。周朝因"全赖佃地度活,应分的麦子已被周庭扣去,地亩又被周庭逼退,明明要饿死小的一家,心里气忿"。六月初二日晚上,周朝从地主门首走过,"见周庭在沟边槐树下睡着,想起被他逼勒退地的事,将来总要饿死,不如把他杀死,出了小的气",遂将地主杀死。这是佃农在走投无路时的绝望反抗。由于这一行动,周朝也被官府处以死刑,最终家破人亡②。在南方,湖北随州佃农朱又堂,原租种刘正坤两石水田,后来妻子死了,失去了一个辅助劳动力,便无力种这些田了,只好将这些水田退给地主。这说明佃农的私有经济是很脆弱的,经不起一点意外打击。后来朱又堂只种刘正坤不到一亩旱地,说定是主四佃六分成。乾隆七年夏收,只收了四斗麦子,本应只交租一斗六升。但是地主贪得无厌,要与平分。当地主收了二斗租子之后,"仍欲增加",仗势硬要五斗,并且屡屡逼租。对于地主的这种蛮横做法,连中人也看不过去,指责地主说:"原说与你四六分课,就是你要他的全课,也不过是这四斗麦子。你已收两斗了,如何还要麦子呢?"佃农朱又堂在被逼无奈的情况下,打死了地主刘正坤,逃到外地做佣工,最后还是被官府处死③。地主敲诈勒索,明抢暗夺,遇到佃农的反抗后,又将佃农打死的,在档案中也比比皆是。江苏甘泉县,陈可立佃种林正资地亩,议定均分。乾隆十六年明明只打了四石七斗,地主管庄林九顶硬要按六石分租。佃农与他理论,竟被他用刷驴刨子打死④。有的地主为了增加地租,往往夺田另佃,挑动新佃与旧佃冲突,自己坐收渔利,其结果,往往是新佃旧佃两败俱伤,双双家破人亡。安徽宿州地主刘从义有田四十七亩,自乾隆四十七年起,都是胡振佃

---

① 刑科题本,乾隆二十一年(月日残),刑部尚书鄂弥达题。
② 刑科题本,乾隆三十七年四月十六日,管理刑部事务刘统勋题。
③ 刑科题本,乾隆八年五月二十七日,刑部尚书来保题。
④ 刑科题本,乾隆十七年四月二十三日,江宁巡抚庄有恭题。

种，已有十年之久。到乾隆五十六年，地主见胡振"时常生病，不能多种"，即不能为他提供更多的剩余劳动，便将三十四亩田夺了出来，"另交蒋安种麦"。胡振怀疑蒋安谋种，去蒋家争吵，被蒋安打死。旧佃胡振固然是立刻变得家破人亡，新佃蒋安事后也被官府处死，成了人亡家破。①

综上所述，产生于封建社会的实物分成租制，虽然在刺激佃农的生产积极性，推动生产力的发展方面，在历史上有过一定的进步作用，但是，随着时间的推移，它扼杀佃农生产积极性、阻碍生产力发展的一面，就变得愈来愈明显了。它是地主阶级残酷剥削佃农的有力工具。它的封建属性是不言而喻的。

---

① 刑科题本，乾隆五十七年十月十七日，安徽巡抚朱珪题。

清代实物定额租制的发展变化[*]

封建地租是封建土地所有制的经济实现，是封建社会剩余劳动的主要表现形式。对清代地租问题进行探讨，有助于加深对中国封建社会晚期生产关系、社会结构的认识。本文将着重考察实物定额租制在清代的传布及其呈现出的诸种形态。

一

实物定额租制，是从实物分成租制发展来的，分成租制在早期曾推动了社会生产力的发展，但愈到后来，它压抑佃农生产积极性的一面就愈显露出来。在分成比例相对稳定的情况下，即在剥削率固定不变的时候，佃农为了增加收入，壮大自己的私有经济，就要自动地追加劳动时间和劳动强度，投入更多的成本。不论增加多少产品，佃农也不能全部归为己有，必须按照原来的分成比例，在增产的产品中划出一部分送交地主。若是在分成比例偏重于地主的时候，比如在佃四主六、佃三主七、佃二主八分成的情况下，随着剥削率的提高，佃农在增产中得到的好处，与地主在增产中得到的好处相比，反而会按比例下降。不仅如此，地主为了多分地租，甚至会干预、监督佃农的生产活动，或者因为嫌地租量不高而逐佃另佃。这就必然挫伤佃农的生产积极性和阻碍农业经济的发展。这样，一来由于佃农反对地主干预生产和增租夺佃斗争的发展，二来由于地主所分租谷较往昔短少，不得不改变剥削方式，于是，便应运而生了一种新的租佃形态，即实物定额租制。

实物定额租制是按耕地面积规定地租量，佃户要向土地占有者交纳约

---

[*] 原载《文史哲》1984 年第 3 期。

定数量的实物地租。"其租额之多寡，系各视其田之肥瘠及彼处斛、秤之大小斟酌而定，亦属历来相沿之旧额。虽更换业主，佃户总照旧额，立约输纳，其额亦人所共知"①。它最迟是在唐初就已经出现了②，经过宋元，到明清时期才有了较大的发展。

在清代，实物定额租制究竟在多大范围内流行，其发展程度如何？对这一问题的估计，以往都是偏低的。乾隆时，翰林叶一栋曾说："北方佃户计谷均分，南方计亩征租。"两江总督那苏图也说："北方佃户计谷均分，南省江北各属亦多如此。大江以南，则多系计亩收租"③。他们二人的看法是完全相同的，都认为北方实行的是分成租制，只有江南才实行定额租制。因为他们一个身在中央，统观全局，一个身在地方，了解实情，所以他们的看法一开始便具有权威性，几乎成为定论。但是，我们通过对乾隆刑科题本（土地债务类）的研究，觉得这一估计是过于保守了。

在乾隆刑科题本里我们发现，当时实物定额租制已广泛流行于全国各个地方，既在南方流行，也在北方流行，只不过南方更盛行罢了。它既见于民地，也见于旗地，只是民地上更多些而已。现按省举例如下。

江苏如皋县，佃农陈光祖于乾隆三十四年"租种许文进沙田三亩五厘，每年还租米二石一升三合"④。

浙江仙居县，王士南于乾隆二十八年，向举人彭炳龙家"租得高椅湾垄田十亩，议定每年还租谷二十石、麦租一石"⑤。

福建长泰县，林果于乾隆三十五年，"向唐芽佃种得本村芹菜池田三斗三分种，每年纳租谷七石一斗"⑥。

广东连平州，何云陇于乾隆四十四年，"批佃何为秀粮田二亩耕种，言

---

① 中国第一历史档案馆藏：朱批奏折，乾隆四年八月六日，两江总督那苏图奏。
② 在新疆吐鲁番地区发掘的唐代墓葬中，有一件《贞观十七年赵怀满耕田契》，上面载明租价是"一亩与夏价小麦二百升□"。见 1960 年第 6 期《文物》，新疆维吾尔自治区博物馆撰文：《新疆吐鲁番阿斯塔那北区墓葬发掘简报》。又《敦煌资料》第一辑载《乙亥年索黑奴等租地契》也写道："其地断作价值，每亩一硕二斗。"说明租佃制在唐代的西北地区已不是孤立的现象。
③ 均见朱批奏折，乾隆四年八月六日，两江总督那苏图奏。
④ 刑科题本（中国第一历史档案馆藏，下同），乾隆三十七年五月十四日，管理刑部事务刘统勋题。
⑤ 刑科题本，乾隆三十七年九月二十八日，浙江巡抚熊学鹏题。
⑥ 刑科题本，乾隆四十年二月二十一日，刑部尚书舒赫德题。

定每年纳租谷四石八斗"①。

广西宣化县,僮族佃农樊国耀的祖父,"佃种田主何君宅租田一分","每年额收租谷一石四斗"②。

江西会昌县,生员周尧万"家有公堂祭田八十石,于乾隆三十四年给于杨其琏承耕,每年议定清明前先交钱八千文,秋收纳租谷二十一石,如欠租以钱扣抵。租谷清楚,将钱退还"③。

湖南华容县,胡志成有田二十六亩,于乾隆四十五年批给严准南佃种,"每年议纳租谷二十六石五斗"④。

以上这些,均在大江以南,都是农业经济比较发达的地区。这些地方实行实物定额租制,和清人叶一栋、那苏图的说法是完全一致的,毋庸赘述。

比较偏远的西南地区,在人们的观念中,历来都不属于"江南"的范畴。可是,在这些地方,清初也存在着实物定额租制。

四川宜宾县,佃农应绍仁于乾隆三十七年,"佃种王德容田地,立有佃约,议定每年租谷十二石"⑤。

贵州古州厅,"吴老四佃种吴今昌水田,岁议租谷一石"⑥。

云南建水县,杨林的田地被地主张子云兼并之后,仍由杨林承种,"该租二石三斗",杨林以"历年欠租"的方式进行斗争,以图减少租额。地主不但不减,反而强行夺佃⑦。

在大江以北,乃至更北的华北、西北广大地区,实物定额租制也广泛流行。

安徽望江县,位于长江北岸。据这里的佃农陈以太供:"小的家向佃金甲黄家三石五斗田种,每年交租二十八石。上年(乾隆四十五年)四月里,金甲黄把田卖与周芳如,要小的交租三十石,小的没有依,仍交二十八石。十一月里,周芳如又把田卖与刘光丰家执业。刘光丰要照乡间每田种一石交谷十石之例,要小的交谷三十五石,……小的没有依他。后来……刘光

---

① 刑科题本,乾隆五十二年八月十七日,广东巡抚图萨布题。
② 刑科题本,乾隆十九年六月十一日,广西巡抚李锡秦题。
③ 刑科题本,乾隆三十七年三月二十六日,管理刑部事务刘统勋题。
④ 刑科题本,乾隆四十六年七月三十日,湖南巡抚刘墉题。
⑤ 刑科题本,乾隆四十一年七月十四日,刑部尚书舒赫德题。
⑥ 刑科题本,乾隆四十七年八月十八日,贵州巡抚觉罗图思德题。
⑦ 刑科题本,乾隆十七年二月十六日,刑部尚书阿克敦题。

丰……还要照老契年年交租三十二石。……那时哥子在旁闻说：这田我家佃种多年，历来只交租谷二十八石，刘光丰家何得要三十二石，断不肯依。"① 可以看出，不管地主怎样更换，也不管地主怎样想抬高地租，地租的实物性和定额性是始终不变的。尽管地主增租不多，佃农也"断不肯依"，坚持要照原来的低额交租。同时，这里还形成了一定面积的田地要交一定数量的地租的"乡例"。由此可见，实物定额租制在当地农民的头脑中，早已有着根深蒂固的观念。

湖北黄冈县，也在大江以北。这里的佃农王绍昌，于乾隆十四年佃种孙孟周一斗二升五合种田，"每年承纳租谷三石"；十六年又种孙孟周一斗五升种田，每年租谷"承纳四石五斗"。两块田合起来，租额也是一定的，"每年共议租七石五斗"②。合起来也好，分开算也好，不管哪一块田，也都是实行实物定额租制。

在地处中原的河南，卢氏县佃农钟和于乾隆三十七年"佃高及武的地段，约载每年麦秋共交稞租八斗，永不加稞"③。这是十分典型的实物定额租制。

在滨临大海的山东，原来孔府的佃户多是交实物定额地租，后来孔府"以岁有丰歉，恐地户或因薄收而不纳"，遂于乾隆十二年二月，宣布"改为按亩分收"。但泗水县佃农王怀玺等七人表示反对，他们"首先连名具禀，情愿照常输租，不肯分种分收"。孔府也只好被迫同意，仍然实行定额租制④。

在畿辅的直隶，宣化府保安州的佃农申玉，租种"董禄家四十亩五分地，议定每年交租粮两石五斗"⑤。这是发生在民地上的租佃关系。承德府六沟汛正黄旗包衣观音布管领下人范玉功，租种其无服叔祖"范纯一顷六十亩地，讲定每年租粮六石五斗"⑥。这是发生在旗地上的租佃关系。可见，民地也好，旗地也好，都是存在着实物定额租制的。

山西浮山县，属于华北地区，该县民唐学安"向租金吉庞地五亩，每

---

① 刑科题本，乾隆四十六年九月二十八日，安徽巡抚农起题。
② 刑科题本，乾隆十八年五月十日，刑部尚书阿克敦题。
③ 刑科题本，乾隆四十二年五月三日，管理刑部事务英廉题。
④ 孔府档案，乾隆十三年八月，孔府移兖州府。
⑤ 刑科题本，乾隆十八年十月二十四日，直隶总督方观承题。
⑥ 刑科题本，乾隆四十七年八月二十五日，直隶总督郑大进题。

年租谷一石六斗"①。

属于西北地区的陕西，在八百里秦川的旬阳县，佃农赵仲、陈理与王加珍，"都租种王加德山地，每年各纳租谷一石二斗"②。

在大西北的甘肃，距丝绸之路不远的灵州撒三佃种撒著明沙田一亩，"每年与他交租粮四升"③。

以上这几处地方，也都是很典型的实物定额租制。虽然这些地方的生产力远较大江以南落后，但是中国历史上最早的实物定额租记载，就是在这里发现的。因此，这些地方在清代普遍存在着实物定额制地租，是完全合乎逻辑的。

特别值得提出的是，在清廷封禁很严的所谓"龙兴之地"的东北广大地区，自从关内的流民进入之后，地主经济的诸种经营方式，当然也包括实物定额租制的方式，便迅速地在满族的旗地上流行开来。

在盛京奉天府兴京城，民人刘之富开垦旗人隗色克图的荒地，约定"开的地五年头才交地租，有一日地是四斗粮。头一年只交四日地租，往后每年加征四日地租"④。有一日地就交四斗租，当然是定额租了。

在更为边远的吉林三姓城地方，民人石从德"租舒勒赫屯正红旗穆克登保佐领下披甲兴得保房二间、地四十响，每年给粮十一石"⑤，也是很典型的实物定额租制。

综上所述，有充分理由认为，实物定额租制不仅仅局限于江南地区，在当时全国的各个省区，包括大江南北，长城内外，也包括云贵高原和松辽平原，既有汉族，也有一些少数民族，都在实行着实物定额租制。根据乾隆刑科题本中土地债务类的八百八十八件材料统计，实物定额租有五百三十一件，约占总数的百分之六十，从数量说，也是居于各种租佃方式的主导地位。对此，我们应该有足够的估计。

二

实物定额租制流行的地区广泛，各地在实行的过程中，根据各自的传

---

① 刑科题本，乾隆九年三月三日，山西巡抚阿里衮题。
② 刑科题本，乾隆五十六年二月二十日，陕西巡抚秦承恩题。
③ 刑科题本，乾隆二十七年闰五月二十日，刑部尚书舒赫德题。
④ 刑科题本，乾隆四十四年九月十三日，盛京刑部侍郎穆精阿题。
⑤ 刑科题本，乾隆五十九年八月二十日，管理刑部事务阿桂题。

统、习惯，都或多或少地对其加以变易、改造，以使它适应当地的情况。因而，实物定额租制的具体内容相当丰富，形式也多种多样。有的是按亩征租，有的是计种收谷；一次交足者有之，分早晚两季交清者也有之，甚至还有预先交租然后种地的。

顾名思义，实物定额租制要有固定的租额，这可以看成是它的基本内容。它的最典型的形式，就是所谓的"铁板租"，即业主与佃户议定租额之后，不管年成好坏，一概要照约征租，也就是"丰年不加，灾年不减"。例如，广西柳州府融县，何均经于乾隆二十六年佃种郑应太鹤田一坵，线田砖田五坵，"言明每年纳禾五百八十斤。丰年不加，旱年不减，立有租约为凭，历年从未少租"①。这就是最明显的铁板租。浙江吴兴地方，有虚租、实租之分，"有予议折实米数，不论水旱者，曰实租"②。这种实租，不论旱涝，都要按照事先议定的米数交租，当然也是铁板租了。再如福建海澄县，"林逸与胞兄林仍佃耕郭荣一石八斗种之田，应纳租谷二十七石"。乾隆二十四年因"收成稍薄，只可还谷十五石。郭荣不允，气忿而回"。其子"郭昔欲将林仍埕内将收之谷尽行清还，即扭住林仍较闹"，以致酿成人命③。既有定额，就不许减租，闹出人命也毫无顾忌，可见也是铁板租无疑了。上述这些铁板租，就是典型意义上的实物定额地租。

在实物定额租制里，还有一种照原额折成交租的情况。如一块田额定地租是十石谷，但事先业佃双方议明，执行中可照八折交租，实际上每年只交租谷八石。江西乐安县就有这样的情况：业主杨天爵"有土名草子坪租田二斗，计额租十石，雍正八年，周瑞生佃耕，每年议交租谷八石，历年交清"。乾隆十三年，周瑞生又承耕杨天爵"盐枯岭米田一石二斗，计额租六十石"，"议定每年交租四十八石"④。这两处田的实际地租，每年都是一定的，因此是定额租制，但又都是变化了的定额租制，即实际的租额照历史上规定的租额都打了折扣，前者与后者都是八折。这种折扣，都是"议定"的结果，也就是说，是佃农力争的结果。

定额租制的另一种情况是，虽有一定的租额，却要按照收成的分数交租。比如有某一块田，预先确定了租额，如果该年是十成收获，则佃农就

---

① 刑科题本，乾隆四十一年四月十八日，刑部尚书舒赫德题。
② 《（乾隆）乌青镇志》卷2《农桑》，页4。
③ 刑科题本，乾隆二十五年四月二十八日，刑部尚书鄂弥达题。
④ 刑科题本，乾隆十八年十月六日，刑部尚书李元亮题。

要按照确定的租额交租。如果该年是九成收获，则佃农就可按照租额的九折交租。以此类推，八成收获就按八折交租，七成收获就按七折交租，等等。这种绝对值可以变动的地租，与典型意义上的定额租即铁板租，有着明显的差别，铁板租是"丰年不加，灾年不减"，这种地租是视收成的丰歉为盈缩。单从这一点来看，它与分成制地租有相通的地方，因为分成制地租的一个显著特点，就是地租的多寡要随着收成的好坏而变动。但是，这种地租毕竟与分成制地租不同，它仍然属于定额制地租，因为它的租额有不变的内涵。这就是，第一，它预先有一个确定的租额，即一个恒数为参照值，分成制地租则完全不需要这个供参照的恒数。第二，尽管每年租额的绝对值有变化，但因为它是根据减收的成数，按相应的比例来削减那个恒数的，所以不管是几折租，其租额的绝对值也都是有定数的。每年作物成熟的时候，是几成收，就是几折租，租额的具体数字都是一清二楚的。而这一点，分成租制是无论如何也做不到的。

这种随着收成分数浮动租额的定额租制，在江苏、浙江、广东等南方省份较常见。广东保昌县，曾从方佃耕陈文华尝田二亩二分，"每年租谷五石，议定按照收成分数交租"。乾隆二十二年该县是八分收成，租谷本应为四石，但是地主"陈文华欲多得谷价，捏作九分收成，折算租谷四石五斗"。而佃农曾从方坚持按乡例办事，"止肯交谷四石。"最后官方的决断是："陈文华多开租数卖钱，酿成人命，合依不应重律杖八十，折责三十板"①。可见这种地租形式，是得到官方保护的。江苏崇明县，长期以来"各业主亦系按照丰歉交收，相安已久"②。浙江吴兴地方，"其赁田以耕之佃户，向时人尚谨愿，除实租外，视丰歉为盈缩"③。这两个地方"按照丰歉交收"或"视丰歉为盈缩"，也都是按照收成分数交租的意思。流行于江南各省的这种地租形态，乾隆初年的两江总督那苏图，在奏疏中曾有过明确的说明，"大江以南，则多系计亩收租。其租额之多寡，系各视其田之肥瘠及彼处斛、秤之大小斟酌而定，亦属历来相沿之旧额。虽更换业主，佃户总照旧额，立约输纳，其额亦人所共知。故田价虽昔贱今贵，而租额不能增加；昔贵今贱，而租额不能减少，此征租原有定额，从无租随价增之

---

① 刑科题本，乾隆二十四年十一月六日，刑部尚书鄂弥达题。
② 军机处录副奏折，乾隆六年十月，苏州巡抚陈大受奏。
③ 《（乾隆）乌青镇志》卷2《农桑》，页4。

事。盖价可以因时贵贱，而田中所出之米谷，止有此数，安能随价而增。且江南民例，凡十分收成之年，则照额完租，九分收成者，只完九分八分之租，其余以次递减"。①

还有一种情况是，由于灾害造成歉收，定额制地租可以改成为主佃均分的形态。在四川泸州伏尤乡地方，胡洪林佃施金墨的田耕种，原议定每年租谷六石，到乾隆二十五年，"因春水缺少，没有栽种得全，只收得四石九斗谷子"，连六石租谷之数都不够，佃农胡洪林就"要照俗例主佃均分"。地主"施金墨不依，说原讲定是六石的，竟分去谷子二石九斗"，并说佃农隐瞒了谷子，屡次逼佃农"退田搬移"②。这段材料说明，在遇灾减产的情况下，乡间有改定额租制为主佃均分的"俗例"，但是要做到这一点很不容易，必须通过佃农与地主的反复争较。因为地主阶级的本性决定了他不能与佃农"共患难"，为了自身的利益，他要竭力维持定额租制这种较高的地租额，而千方百计地抵制均分。此例总产量只有四石九斗，地主虽无法得到原定的租额六石，但也不甘心与佃农均分。施金墨最后得去谷子二石九斗，多于平均数四斗五升，还不罢休，还要进一步逼迫佃农退佃。这充分说明了在因灾减产的情况下，定额制地租改成均分制地租，使地主阶级做出哪怕是一点点让步，其斗争也是异常激烈。但二石九斗连定额租的一半也不到，和收获量的一半相差不多，虽不能算严格意义上的"主佃均分"，但大体上还属于"主佃均分"，这是佃农斗争的结果。

由于受灾，定额租制改为主佃均分制的情况，是比较普遍的现象，它得到了官方的认可，在清代的官府文告里曾有所体现。乾隆二十四年九月，江苏地方发生虫害和风灾，江苏巡抚陈弘谋所出之《业佃公平收租示》云："今岁苏、松、常、太等处，田禾极其茂盛，可望十分丰稔，忽因生虫遇风，以致损伤田禾，究系零星闲杂，并非一概无收，亦非一律减薄也。本部院虑及业佃收租，易滋争执业已批檄各州县官，凡报虫伤者，务即履亩亲勘禾苗，在田勘明收成分数，传谕业佃人等，按照所收分数完租。如因分数多少争较者，即就田内所收各半均分，等因，饬遵在案。各属业佃，有按分数还租者，有将田中所收一半还业主者，亦有在田与业主各半分稻

---

① 朱批奏折，乾隆四年八月六日，两江总督那苏图奏。
② 刑科题本，乾隆二十六年六月五日，刑部尚书鄂弥达题。

者，亦有田主量情饶让、佃户如数完交者，如此均平，尽可相安。"① "业佃收租，易滋争执"，"因分数多少争较"，反映了佃农的斗争；陈弘谋令"即就田内所收各半均分"，说明佃农斗争取得了成果。

实物定额租制的最后一种变态是歉收的时候可以减租。减租的幅度，并没有统一的标准，完全视受灾的程度和佃农斗争的程度而定。例如在江苏昆山县，"刘太同兄刘常、弟刘鉴佃种季永和田十六亩五分，每年额租十五石五斗。乾隆二十四年收成稍歉，已言明止还半租，计该七石七斗五升。刘常等还过米六石二斗，又银二两作米一石，尚少五斗五升。……"② 此是遇灾后，经过业佃双方"言明"，即一般的讨价还价，允许减去额租的一半，"止还半租"，每亩平均租米约四斗七升。在浙江的嘉兴，情况又有不同，"康熙三十四年，浙西大水，嘉属幸不成灾，高乡车戽易退，每每大熟。而各邑佃户以水借口，无论高下，每亩止吐二三斗，而佃（田）主因不成灾，无有蠲减"③。这里灾害不大，但因"各邑佃户以水借口"，进行集体抵制，因此这里减租的幅度就比较大，每亩只交租二三斗，仅占产量的九分之一左右。

上述的几种形态说明，虽然是定额租制，虽然地主阶级极力想保持丰歉不管的铁板租，但是在实际生活中，在很多情况下，定额租制的"定额"并不是固定不变的，并不都是典型意义上的铁板租。遇到自然灾害，特别是遭到佃农反抗的情况下，高额的定额地租总是会或多或少的减少一些。当然，地主阶级并不是完全被动的，它时时刻刻都想增加地租，特别是遇到佃农争佃的时候，地主会毫不犹豫地抬高地租。因此，实物定额租制的变化，也有增加地租的一面。

三

实物定额地租的数量，是受生产力水平、土地丰度、土地价格、产量高低、人口密度以及阶级斗争形势等多种因素制约的。因此，即使是同等面积的田地，各地的租额数量也会出现很大的差异。

---

① 陈弘谋：《培远堂偶存稿》，《文檄》卷45，页25。
② 刑科题本，乾隆二十六年四月九日，刑部尚书鄂弥达题。
③ 徐庆辑《信征录》，"刁佃赖租之报"条，据《说铃》第15册，页34。

租额少者，有每亩仅纳租几升的。如甘肃灵州，撒三承种撒著明沙田一亩，"每年与他交租粮四升"①。甘肃地处偏远，地广人稀，生产力水平低下，土地价格也低，此田又是沙田，其丰度和产量当然不高，因此，其租额的绝对值与全国其他地方比起来，可以说是最低的了（当然，这并不是说它的剥削率是最低的）②。直隶北部一些地方的租额也不算高，这里宣化府保安州佃农申玉，佃种"董禄家四十亩五分地，议定每年交租粮两石五斗"③，每亩平均约六升租粮。宣化的自然条件远不及南方，但要优于甘肃，因此，这里的租额稍稍高于甘肃，又远远低于南方。北方的地租，从绝对值上看虽低于南方，但因北方产量也低，所以从相对值来说，北方的地租也是很重的。北方佃农受剥削的程度，并不比南方轻，这是应该明确的。

较为通行的数量，南方是每亩租谷为一石左右。这类材料较多，例如湖南桂阳县，僧人冰洁有三亩田，于雍正八年租与肖六保的继父，每年纳租三石三斗，平均每亩地租为一石一斗。虽然冰洁的徒孙慧南屡要加租，肖六保并不依允。到乾隆十一年九月，慧南虽把田另佃与曾秀文，但地租仍未加上去，依然是三石三斗，每亩一石一斗④。广东潮阳地方，"马君宗有田二亩五分，于雍正五年间批与彭其御耕种，每年租谷二石五斗"⑤，每亩正好合一石租谷。广东乐昌地方，每亩的地租略略低于一石，该县"邓承四与侄邓庚婢、邓罗婢有祖遗土名和尚冲田二亩，批与薛章瑜兄弟佃耕，递年各纳租谷九斗六升"⑥。也就是每亩租谷为九斗六升。江苏昆山县部分地区也是每亩略低于一石之数，该县佃农"刘太同兄刘常、弟刘鉴佃种季永和田十六亩五分，每年额租十五石五斗"⑦。平均计算，每亩租额约为九斗四升。

与每亩交地租一石相仿的是，在南方许多地方，一斗种的田也交租谷一石左右。因为多少种子可以播种多大的面积，都是有定数的，所以南方各省除以亩计算耕地面积外，也还有以种子的斗数、秤数来代指耕地面积

---

① 刑科题本，乾隆二十七年五月二十日，刑部尚书舒赫德题。
② 判断剥削率的高低，不仅要看地租的数目，还要看田地的产量，对于这个比较复杂的问题，留待以后另行叙述。
③ 刑科题本，乾隆十八年十月二十四日，直隶总督方观承题。
④ 刑科题本，乾隆十三年二月十六日，刑部尚书阿克教题。
⑤ 刑科题本，乾隆二年七月二十四日，刑部尚书徐本题。
⑥ 刑科题本，乾隆十八年十一月二十九日，广东巡抚苏昌题。
⑦ 刑科题本，乾隆二十六年四月九日，刑部尚书鄂弥达题。

的。佃种一斗种子的田，交一石左右租子的地方是很多的，如广东博白县，"俗例每种一斗，还租一石二斗"①。广东平远县，"雍正十三年正月内，（林）若恭将种田五斗五升批与（颜）惟全耕种，议定每年租谷五石五斗"②，正好是每斗种的田收租一石。在安徽望江县地方，这里原有"乡间俗例，每种一石收谷十石"，即一斗种田要交租一石。在实际生活中，虽然有一定的变动，但仍和这种俗例相去不远。如佃农陈以太"向佃金甲黄家三石五斗田种，每年交租二十八石"，平均一斗种合交租谷八斗。后来金甲黄把田卖与周芳如，以后周芳如又把该田卖与刘光丰，虽然地主们与这户佃农讨价还价很激烈，但一斗种的田还是围绕着一石租谷打转转③。福建海澄县的地租，比上述地方稍微高一些，该县佃农"林逸与胞兄林仍，佃耕郭荣一石八斗种之田，应纳租谷二十七石"④，平均一斗种之田是一石五斗租谷。

地租的数额较多者，南方大约每亩要交租二石左右。浙江上虞县，"朱氏有田二亩，向系（陈）惠民佃种，岁偿租谷三石八斗"⑤，平均每亩交租一石九斗，接近二石。广东南雄府保昌县，曾从方佃耕陈文华尝田二亩二分，"每年租谷五石，议定按照收成分数交租。乾隆二十八年分，县属收成八分，陈文华欲多得谷价，捏作九分收成，折算租谷四石五斗"。因为收成只有八分，"曾从方止肯交谷四石"⑥。这就是说，按原定租额，平均每亩交租二石二斗七升；由于收成稍薄，按地主的要求，每亩约交租二石零四升；照佃农的想法，每亩租谷约为一石八斗一升多，总之，都是在两石上下摆动。

还有些地方，每亩的租谷高于二石，但不足三石。广东新宁县，在乾隆五十六年，"龚元教同弟龚元惠，向赵南轩批佃土名地背、楼冈等处尝田八亩六分，言明每年纳租谷二十二石，以五年为满"⑦，平均每亩交租约二石五斗五升多。与此相类似的是，在福建海澄县，也有一斗种之田交租近三石的事例："吴乞原耕黄益水田一坵，计三斗种，年纳租谷八石，已二十

---

① 刑科题本，乾隆十八年六月十日，刑部尚书阿克敦题。
② 刑科题本，乾隆二年四月七日，刑部尚书徐本题。
③ 刑科题本，乾隆四十六年九月二十八日，安徽巡抚农起题。
④ 刑科题本，乾隆二十五年四月二十八日，刑部尚书鄂弥达题。
⑤ 刑科题本，乾隆十九年七月十五日，浙江巡抚周人骥题。
⑥ 刑科题本，乾隆二十四年十一月六日，刑部尚书鄂弥达题。
⑦ 刑科题本，乾隆六十年闰二月二十二日，管理刑部事务阿桂题。

载，从无欠租"①。平均一斗种田租谷约二石六斗六升多。

这里就出现一个问题，为什么同是海澄地方，同是一斗种之田，前面提到的林逸弟兄佃种郭荣的田，租谷是一石五斗，而吴乞佃黄益的田，租谷却为二石六斗多呢？我们知道，影响地租数量的因素是多方面的，这两块田虽同属一个县，但其自然条件、土地丰度也可能有很大的差别；佃农投入的工本，如是不是提供了耕牛、农具、种子，是不是要住地主的庄房等，也可能有很大差别。由于档案记载的不详细，我们无法指出是什么因素促成了这两块田地租数量的悬殊。但是，海澄县的两个例子恰恰说明了定额租制的数额并非定得很死，而是定得相当灵活，租额多种多样。

地主阶级并不满足于一般的剥削，除上述诸种情况外，他们还要征收高额地租。湖北黄冈县有这样一条记载，据土地持有者孙孟周供："乾隆十四年，王绍昌一契把田一斗二升五合当与小的，得价十两，每年承纳租谷三石，限五年后回赎。乾隆十六年，又一契把田一斗五升当与小的，得价一十二两，承纳租谷四石五斗，限六年后回赎。那田俱是绍昌耕种。"② 从这则材料看，王绍昌原来是一个自耕农，是小土地所有者。他接连当出赖以生存的土地，说明他已经相当贫困，或连续遇到了天灾人祸，最后不得不沦为佃农，这从一个侧面反映了农村自耕农的激烈分化。经过进一步计算，可知王绍昌前后当出的两块田，平均每斗种地当价都是八两银子，说明两处土地的丰度和其他自然条件是完全相同的；但是它们的租额数量却不相同，乾隆十四年当的一块，平均一斗种交租二石四斗，乾隆十六年当的一块，平均一斗种交租三石，两年时间，租额提高了百分之二十五。这清楚不过地说明了新的土地持有者孙孟周乘人之危，在猛敲竹杠，在不失时机地抬高地租的额数。

江西乐安县贡生杨天爵之地租额更高。他"有土名草子坪租田二斗，计额租十石，雍正八年周端生佃耕，每年议交租谷八石，历年交清。……有盐枯岭晚米田一石二斗，计额租六十石，乾隆十三年，周端生又……承耕，议定每年交租四十八石"③。草子坪田和盐枯岭田，每斗种实际上都是四石租谷，这个数额已是很高的了。若按照名义上的数额算，则每斗种田要交

---

① 刑科题本，乾隆三十一年四月二十三日，闽浙总督苏昌题。
② 刑科题本，乾隆十八年五月十日，刑部尚书阿克敦题。
③ 刑科题本，乾隆十八年十月六日，刑部尚书李元亮题。

租五石，就更高了。为什么会形成名义租额和实际租额？就是因为地主阶级要竭力抬高单位面积的地租额数，佃农又拼命反对，这就形成了要租数和给租数的差距。地主虽也明知佃农在实际上确也无力完成，但为了最大限度地剥削佃农，为了攫取高额地租，就坚持要更高的租额，为讨价还价后的实际租额留一个高的基点。所以，出现名义租额和实际租额概念的本身，就说明了租额已高达到佃农力所能及的极限：一方面，再多一点佃农也无力完成，另一方面，地主也承认了这个现实。

从乾隆朝保存下来的档案看，额租最高者，一斗种田租谷可达八石多。这是在广东吴川县，"乾隆十六年，杨振国同弟杨定国，并族侄杨世华，批耕林国藩尝田粮米一石，交过批头钱十千文，议定每年租谷八十四石"①。平均一斗种田要交租谷八石四斗。因为租额太高，到乾隆十七年，仅一年时间，杨振国等就逋欠了租谷，致使田主另佃，挑起了新旧佃农的争斗，新佃农被打死，旧佃农被官府处以绞刑，地主也依律"杖八十折责三十板"。可见，租额过高会使阶级矛盾迅速激化，会破坏相对稳定的租佃关系和封建秩序，地主阶级政权也不能不对此进行适当的干预。

地主要求佃农交纳地租的时间各不相同，但一般都在秋收季节。种一季作物的地方自不待说了，种两季作物的地方也多是如此。如《山阳县严禁恶佃架命抬诈霸田抗租碑》云："江北业治田产，均系招佃耕种，麦归佃收，业户专待秋成照揽收租。"② 这种秋成收租的惯例，恐怕是通过佃农的长期斗争形成的。就地主方面而言，其恨不得早一天攫取到农民的劳动果实。事实上，不少地主在作物一旦成熟，就要立即收租，成熟一季就收一季。比如广东潮阳县，翁阿榜佃耕郑德静"粮田三石"，"每年纳租六石八斗"，就是分早晚两造交收③。

有些地主怕佃农拖欠租谷，更是坚持要佃农在第一季收获时全数交纳。广东平远县，林若恭将五斗五升田租与颜惟全，就"议定每年租谷五石五斗，要早熟清交"。地主的担心不是无根据的，佃农颜惟全就是以拖欠租谷的方式和他展开了斗争。雍正十三年的地租，"至早熟止交租谷三石一斗五升，欠谷二石三斗五升，约俟晚熟交足。晚熟惟全拖欠，若恭屡往催讨，

---

① 刑科题本，乾隆十八年十月二十九日，刑部尚书阿克敦题。
② 李程儒辑《山阳收租全案》，页3；又见江苏省博物馆《江苏省明清以来碑刻资料选集》，页434。
③ 刑科题本，乾隆五十一年五月十二日，广东巡抚孙士毅题。

延至乾隆元年三月十三日尚无清交。若恭向惟全取田自种,惟全以已经种秧,不肯退复"①。

为了防止佃农拖欠租谷,个别地主甚至进一步采取了预支地租的办法。如山西省沁源县,常进财原佃李相山地一分,每年出租一十七石,到雍正十三年,李相就"预支粟谷三十四石,作为两年租谷"②。这种"头年交租次年种地"的预租,实际上也是地主加重对佃农剥削的一种方式。

地主收取地租的方式,也是多种多样的。最主要的方式是佃农送租到地主家,例如,江苏金匮县的季满,佃种周永臣地亩,并住周永臣的庄房,每年的田租和屋租,季满都是"送往输租"③。又如广西融县,何均经佃种龙天渭地亩,因为租谷数量多,地主逼得紧,一人无力挑送,交租的时候不得不另请一名帮手何献伦,"同送谷到水东村龙天渭家完租"④。

在特殊的情况下,即为了逼取佃农的欠租,也有地主亲自取租的。广东西宁县,佃农杨伟鸣自乾隆十三年佃种凌色钦田地后,陆续拖欠租谷十六石,屡讨未还。乾隆十八年秋收以后,地主凌色钦又亲自去讨租,并"雇人挑运回家"⑤。地主除雇人挑运外,还有亲自参加收割、搬运的,福建龙溪县地主黄元碧因佃农陈万兄弟"每年逋租不清",在乾隆十五年十月十三日,"见晚禾成熟,恐被陈万等割回,仍不清还",便偕同其弟,雇了船只,"往田割稻","搬载上船"⑥。这说明,地主们出钱雇人挑运也罢,亲自搬运也罢,都是发生在佃农历年逋欠的情况下。

还有更特殊的情况,即佃农并不欠租,而是两个地主争租,也会迫使地主早下手,亲自去抢租挑租。广东信宜县,地主宁殿玢与其堂兄宁殿璠,争着管收黎光华应纳的七石三斗地租。先是宁殿璠亲自去讨取了三石,宁殿玢便叫其子宁然芳也"带同工仆晏相、郭来复到黎光华家收谷",其子宁然芳并亲自"挑谷,先到河边,搬入船内"⑦。为了争利,地主们竟也抢着"劳动",干那本来"应该"由佃农去干的活,这不能不说是一个讽刺。

至于实物定额租制的性质、特点及其影响,将专文论述,本文不再赘言。

---

① 刑科题本,乾隆二年四月七日,刑部尚书徐本题。
② 刑科题本,乾隆六年三月十五日,刑部尚书来保题。
③ 刑科题本,乾隆十七年四月十二日,刑部尚书阿克敦题。
④ 刑科题本,乾隆四十一年四月十八日,刑部尚书舒赫德题。
⑤ 刑科题本,乾隆十九年闰四月二十四日,广东巡抚鹤年题。
⑥ 刑科题本,乾隆十六年六月三日,刑部尚书阿克敦题。
⑦ 刑科题本,乾隆三十二年七月二十九日,广东巡抚王检题。

清代实物定额租制的特点及其影响*

关于清代实物定额租制的流行范围，它的基本形态及其各种变态问题，我在《清代实物定额租制的发展变化》①中已有所论述，本文仍以清代租佃纠纷的档案材料为主，将着重剖析这一制度在清代的一些特点及其产生的社会影响，进一步揭示它的封建剥削性质。

一 高达极限的租额及不断增长的趋势

按照一般设想，实物定额租制的租额固定，佃农比较愿意多投入生产工本，由此而获得的增产部分能够全部归佃农所有，因而地租在收获总量中所占的比例会越来越低。档案材料证明，这种想法过于简单化了。

实际上，实物定额地租是由实物分成地租发展来的，其租额的确定，常常要以较高比例的分成地租为标准。从理论上说，地主阶级也总是要最大限度地榨取佃农的剩余劳动，绝大多数佃农只能维持简单再生产，很难有多余的财力、物力和劳动力进行扩大再生产。因此，单位面积产量不易提高，地租在收获量中所占的比重也很难下降。

清代实物定额地租的租额是很高的，很多地方都超过了封建官府规定的数量，往往达到或者超过佃农支付能力的极限。

就清代生产力发展水平来说，南方比较肥沃的田地，每亩产量也只是三四石而已。清廷从这种现实出发，在乾隆时规定，上等田每亩要交租三石，中等田每亩要交租二石，下等田每亩要交租一石六斗。清廷完全站在地主阶级一边，应该说规定的租额并不低。

---

* 原载《青海社会科学》1985 年第 3 期。
① 《文史哲》1984 年第 3 期。

可是，地主私下收租往往不照此规定办理，而是把租额定在最高极限之上。只有在风调雨顺的年份，佃农拼死拼活地耕作，才有可能交足地租；如果自然条件稍稍不利，则地租就不能完成。福建海澄县的林逸、林仍兄弟佃耕郭荣一石八斗种之田，应纳租谷二十七石，平均一斗种之田纳租一石五斗。在"收成稍薄"的乾隆二十四年，林仍虽然百般努力，"只可还谷十五石"，尚差十二石不能完交，几乎接近地租的一半①。可见，郭荣的地租是很高的。福建仙游县的姚招佃种林辉二亩二分田，每年纳租谷十二石，平均每亩地租为五石四斗五升，几乎等于清廷规定的上等田租额的两倍。正因为租额过高，乾隆十五年"冬成薄收"，姚招就无力完租，"欠租四石"，占全部地租的三分之一②。甚至还有更高的地租，广东吴川县，杨振国等人批耕林国藩尝田一石，"议定每年租谷八十四石"，平均一斗种田要交租八石四斗。而南方一般的土地，一斗种田通常只交一石多地租。所以，杨与林的租佃关系，只维持了一年，就再也无法继续下去了③。

在南方的许多地方，还存在一种名义租额和实际租额。例如，江西安乐县的贡生杨天爵，有地名草子坪田二斗，计额租十石，每年议交租谷八石；又有盐枯岭田一石二斗，计额租六十石，议定每年交租四十八石④。这两处田，实际租额照名义租额都打了八折，平均每斗种田租谷都是四石，这已是很高的了。为什么会形成名义上和实际上的差异？就是因为地主阶级要竭力抬高单位面积的地租额数，佃农又拼命反对，这就形成了要租数和给租数的差额。地主虽然明知佃农实际上无力完租，但为了最大限度的剥削佃农，就坚持要更高的租额，为讨价还价后的实际租额留一个高的基点。所以，出现名义租额和实际租额的本身，就说明了租额已高达到佃农的极限。

由于地主要最大限度地榨取佃农的剩余劳动，收取高额地租，绝大多数佃农已无有剩余的财力、物力和劳动力投入到生产中去。即使个别佃农还有这样的能力，对土地投入了较多的工本，改善了经营条件，获得了增产，可是，随着生产力的提高，地主阶级的贪欲也会不断高涨，他们总是千方百计地企图提高租额。

---

① 刑科题本（中国第一历史档案馆藏，下同），乾隆二十五年四月二十八日，刑部尚书鄂弥达题。
② 刑科题本，乾隆十八年三月十四日，刑部尚书阿克敦题。
③ 刑科题本，乾隆十八年十月二十九日，刑部尚书阿克敦题。
④ 刑科题本，乾隆十八年十月六日，刑部尚书李元亮题。

迫使佃农增加地租的事例，在档案中层出不穷。例如，江西崇义县的雷应天父子赁耕甘斗南家田地，经过四十来年"开荒垦种"，投入"工本"，土地肥沃之后，地主就开始加租了。这个佃农诉说："甘斗南从前告说欠租，实是他见田成熟，额外要加的，土名白水租，并不是小的们积欠下的。"① 额外要加的租已经形成专有名词"白水租"，足见额外加租是经常的和广泛的现象。又如，湖南桂阳县的佃农郭三才去世后，其养子接种，地主便以此为转机，"屡次"要"加租"②。广东保昌县，曾从方佃耕陈文华地亩，"每年租谷五石，议定按照收成分数交租"。乾隆二十二年，该县是八分收成，租谷应该折为四石。可是这个地主"欲多得谷价，捏作九分收成，折算租谷四石五斗"。而他又做鬼心虚，怕直接收租会遭到佃农诘问，便"将租卖与彭群万，得受价钱二千八百文，写立收票付执"，让买租的彭群万"持票索租"。把由其增租将要挑起的冲突转嫁到他人身上，真是唯利是图、不择手段③。有些地主更是乘人之难，明目张胆地违反乡间俗例，强行抬高地租。广西博白县的刘元礼、刘亚五、刘亚六，庞亚三等人，因"无田耕种"，于乾隆十七年四月初，共同承批地主龙天德家"观音山田种五斗，照俗例每种一斗还租一石二斗，共许租谷六石，龙天德已经应允"。可是，当这几户佃农"下了种子"，也就是说错过了向其他地主租地机会之后，地主龙天德"又要租谷七石，不肯发批"。到七月，早禾成熟，佃户们前去收割的时候，龙天德蛮横地说："我没有立批，禾是不许你们割的。"佃农们反问："若不给田种，栽插的时候就该阻止，怎么等稻禾成熟要来白占？""禾是我们种的，不许我们割，倒许你们割吗？"④ 问得何等好啊！这个地主出尔反尔，不肯发批，不许收割，只不过是硬要增租的一种手段罢了。

由于佃农的反抗斗争，地主增租的企图往往不能顺利实现。可是，地主阶级并不死心，并不因佃农的斗争而放慢向农民剥削的步伐，因而，地租增长的趋势始终未能遏止，租额常常是一增再增。比如，江西玉山县的邓贵伯原来佃种郑开章六亩地，租额为四石。雍正十一年，新地主严公欲买得该田以后，以"起田自种"相要挟，逼得佃农"两次加租一石五斗，又出小耕银

---

① 刑科题本，乾隆八年十一月六日，江西巡抚陈弘谋题。
② 刑科题本，乾隆十三年二月十六日，刑部尚书阿克敦题。
③ 刑科题本，乾隆二十四年十一月六日，刑部尚书鄂弥达题。
④ 刑科题本，乾隆十八年六月十日，刑部尚书阿克敦题。

二两五钱，仍行佃种"①。换了一个地主，地租竟增长了37.5%。地租的增长已经成了"乡间俗例"，变为普遍现象。

由此可见，定额租制的定额并不是长期固定、一成不变的，相反，在清代前期，总的趋势是地租的租额不断增加。这对社会经济和阶级关系产生了很大的影响。

二 地主夺佃的普遍性及佃权转移的频繁性

伴随着高额地租而来的，一边是地主阶级财富的巨量积累，一边是广大佃农的日益贫困化。穷苦的佃农，欠租的数量越积越多，欠租的户数也越来越多。地主为了确保地租的来源，普遍逼迫欠租的佃户退田，或更换佃户，或夺田自种，因而，佃权的转移是极为频繁的。

地主夺佃的主要借口就是佃农欠租。例如，广东平远县的地主林若恭在雍正十三年正月，将种田五斗五升批与颜惟全耕种，议定每年租谷五石五斗。该年颜惟全"欠谷二石三斗五升"，到次年春"尚无清交"。林若恭即"向惟全取田自种"。因这时佃户已经在田里种了新秧，不肯退还，地主就蛮横地"将惟全所种之秧拔弃，另种己秧"。佃农赶来争论，竟被地主打死②。

有的佃农虽然欠租不多，也不为地主所容，照样被起田。福建连城县赖石亨，历年佃种许宣声家尝田，租额每年为六十六桶谷。乾隆三十五、三十六两年，因收成稍薄，共短欠租谷十桶，仅占二年租额的十三分之一。可是，许宣声定要照原额交租。虽然原佃在田内已种了麦子，地主还是"另招"了许五郎佃种。在起田的过程中，与新佃一起将原佃赖石亨活活打死③。

有的佃农虽然是初次拖欠租谷，也不为地主所容，照样被起田。福建仙游县姚恩、姚招父子，租种林辉二亩二分田，年纳祖谷十二石。乾隆十五年冬成薄收，姚招欠租四石，地主林辉即"欲起佃"。次年春耕时节，地主"遣工人王曲牵牛往田翻犁"，粗暴地剥夺了这个佃农的佃耕权。当遭到佃农阻止的时候，这个地主又"顿起杀机"，当场将佃农砍死④。

在起田夺佃的过程中，地主亲自动手打死佃农的案例，在乾隆刑科题本

① 刑科题本，乾隆四年十二月六日，刑部题。
② 刑科题本，乾隆二年四月七日，管理刑部事务徐本题。
③ 刑科题本，乾隆三十七年七月二十五日，福建巡抚余文仪题。
④ 刑科题本，乾隆十八年三月十四日，刑部尚书阿克敦题。

中时有发现。但是,地主阶级是狡猾的,在多数情况下,他并不直接出面,而是以土地为诱饵,挑动新佃户与旧佃户争斗。在佃农欠租以后,地主往往不征得原佃的同意,就擅自把田地另租给新佃户。新佃户也许并不知道,在他刚刚租来的这块土地上,原来的佃户并未退佃;也许他知道实情,但其渴望得到耕地的心情促使他不愿退却。当耕作季节到来的时候,新佃户和旧佃户每每狭路相逢,舍命争夺耕作权。争斗的结果,不是新佃户打死旧佃户,便是旧佃户打死新佃户,而活着的一方最后也必然被封建衙门判处死刑,结果是新旧佃户两败俱伤,家破人亡,地主此时则可以毫无阻碍地挑选第三者充当自己的佃户。

当佃农不欠租的时候,地主阶级为了获取高额地租,也会找各种借口,辞退支付能力差的佃户,选择支付能力强的佃户。这是地主阶级贪婪的本性所决定的。在档案中,有地主以佃农"地不加肥"而将地另佃的①;有因佃户"纳租稍迟"而另佃的②;也有因佃户丧失劳力,怕影响将来佃租的完交,而将田另佃的③;还有因佃户死了耕牛,"怕荒了他的田"而另佃的④。

诸多材料表明,地主阶级为了追逐高额地租,总是置佃农的死活于不顾。佃农欠租,是地主起田另佃、更换佃户的经常借口;佃农不欠租,地主也会千方百计地寻找出各种借口。总之,起田另佃是地主阶级抬高租价、加紧剥削佃农的一种重要手段,是清代农村经常发生的一种社会现象。

起田另佃,转移佃权,是地主掠夺农民的一种新的手段,这是因为在实行定额租制的情况下,佃农更加关心产量,为了提高产量,农民就必然要设法改良土壤,增施肥料,提高农田的丰度和承担旱涝的程度。而在起田另佃之时,地主不但利用农民竞相争租土地而提高地租,并且把原有佃农提高土地丰度、抵御旱涝的成果,都同时据为己有,并使之转化为改佃后进一步剥削新佃农的一种资本。对于这种情况,马克思在分析爱尔兰的租佃权时曾有如下论述:"在租佃者以这种或那种形式把资本投入土地,因而改良了土壤以后(这种改良或者是直接的,如灌溉、排水、施肥,或者是间接的,如农用建筑),地主就插了进来,要租佃者出更高的租金。如果租佃者让步,结果就是他用自己的钱,而给地主利息。如果他坚持不肯,那么他就会被人不客气

---

① 刑科题本,乾隆十七年十月十六日,刑部尚书阿克敦题。
② 刑科题本,乾隆六十年闰二月二十二日,管理刑部事务阿桂题。
③ 刑科题本,乾隆二十年三月二十四日,刑部尚书阿里衮题。
④ 刑科题本,乾隆七年五月十七日,安徽巡抚张楷题。

地赶走，换上新的租佃者，新的租佃者由于接收了前一个租佃者投入的费用，于是就能够付出更高的租金了……爱尔兰的每一代农民都为改善自己和家庭的状况而作了努力和牺牲，但他们反而直接为了这个缘故而在社会阶梯上下降一级"①。中国清代的情况与十九世纪的爱尔兰当然不同，但马克思关于租佃关系的这段精辟的分析，完全可以用来剖析清代地主起田夺佃的剥削实质。

三 封建依附关系的减弱与欠租抗租斗争的高涨

在定额租制下，地主无须严密监督佃农的生产活动，就可以收到高额的租谷，因而很多地主便移居城镇，去过淫逸的寄生生活，这样，佃农对地主的隶属关系便开始松弛，主佃之间的等级差异开始缩小。这对佃农的反抗斗争无疑是有利的。

另一方面，随着定额租制的广泛流行，农民生产积极性的提高，以及农业生产量的增加，地主阶级的剥削胃口也愈来愈大。他们总是千方百计地企图增加地租，把额定的地租一再升高，以此来掠取更多佃农的血汗。这无疑又加速了佃农的反抗斗争。

清代前期，农民反抗地主阶级的斗争进入了新的阶段。农民们各自发挥聪明才智，创造了多种多样的斗争形式，形成了大小不等的斗争规模。有借灾拖欠租谷的，也有在租谷中掺水土的；有利用老年妇出面纠缠的，也有青壮年农民结盟硬抗的；有挟制县官进行干涉，达到合法减租的；也有公开与官府对抗，实行武力抗租的。这些如火如荼的抗租斗争在江南农村尤为普遍。

南方各地，拖欠租谷的佃农非常之多。这种记载在方志中比比皆是，江苏《嘉定县志》载，"若招佃之家，佃户顽梗不应，无论荒熟，总归拖欠，另欲更佃，仍同故辙"②。浙江《石门县志》亦载，"农人田亩大半佃耕，视米为宝，恒多欠租"③。佃农们都拖欠租谷，这就堵死了地主选择不欠租佃户的可能性和起田另佃的道路。

---

① 《马克思恩格斯全集》第9卷，人民出版社，1961，第177~178页。
② 《（康熙）嘉定县志》卷4《风俗》。
③ 《（光绪）石门县志》卷11《风俗》。

佃农抗租，一般都是以灾害为理由。所谓"独租米迁延日月，借口岁歉收薄冬尽，以砻头秕谷约略半偿"①。康熙二十八年至三十二年，江苏松江地区发生灾荒，地主虽索租不贷，但佃农"借口岁凶，粒米不偿"②。康熙四十六年，江苏无锡大旱，"乡民倡议……租米不还籽粒"③。即使不发生灾荒，佃农们也常常"以轻作重，捏熟作荒"④进行抗租。

为了对抗沉重的地租，农民们在交租的时候，想出了许多巧妙的应付办法。如在还租时，也是"总无嘉谷，甚且疲癃挟制"⑤。不少佃农是在"收获之后，先尽私用花销，只且存下糠秕瘪谷并着水掺和搪抵，或将低钱粗布任意准折，还未及半，竟行侵欠"⑥。有时佃农交的租谷，是"以糠秕土块掺和米麦桠交，甚至用水潮湿，辄至霉烂"⑦。浙江《南浔镇志》就曾指出，佃民所交租米多为末等之米：打稻时，"第一番所出之米谓之头铺米，筛后重上砻者谓之二铺米，并以自食及粜钱，并以偿转斗米。最后所出多零星碎杂青腰白脐之属，谓之结砻末铺，佃户完租大率皆是物也"⑧。佃农们以清腰白脐，乃至土块、水分顶租，自然就减少了真正租米的数量。

佃农们在开展减租斗争的时候，有时也借助于合法的斗争形式。乾隆六年，江苏靖江县团民徐永祥等"携带摘尽棉花枝干，纠众赴县争禀，藉词报荒，希幸减租。又崇明县亦有刁佃，因知县调办武闱，遂伙党挟制该县县丞出示减租"⑨。因为封建官府在本质上是地主阶级剥削和压迫农民阶级的工具，不可能代表农民的利益，所以农民的这种合法斗争地往往得不到预期的结果，其代表人物甚至还常常遭到封建官府的"饬拿审究"。

因而，农民的抗租斗争愈发展，就会更多地采取结盟立约、全面对抗的非法斗争形式。例如，康熙二十八年至三十二年，江苏松江地区的佃农，爆发一次规模较大的抗租斗争，他们"结党抗拒"，显示了巨大的威力，使得"官府不之禁，田主束手无策，相顾浩叹而已"⑩。康熙五十年，苏州等

---

① 《（咸丰）南浔镇志》卷 21《农桑》。
② 董含：《三冈识略》卷 10。
③ 黄卬：《锡金识小录》卷 4《祈雨》。
④ 《澄江治绩续编》卷 2《集·文告》。
⑤ 《（光绪）石门县志》卷 11《风俗》。
⑥ 《澄江治绩续编》卷 2《集·文告》，第 35 页。
⑦ 《（光绪）江阴县志》卷 9《风俗》。
⑧ 《（咸丰）南浔镇志》卷 21《农桑》。
⑨ 《清高宗实录》卷 151。
⑩ 董含：《三冈识略》卷 10。

地的佃户,"无不醵金演戏、诅盟歃结以抗田主,虽屡蒙各宪晓谕,而略不知惧"①。雍正八年,崇明县佃户"以业主催讨麦租紧急,聚集喧哗,强勒闭市"②。乾隆三年,江阴"奸佃辄敢违禁造揭,刊刻木榜,歃党倡阻"③。乾隆六年,崇明县"被灾地方,多有土棍捏灾为名,结党鼓众,不许还租"④。江苏的这几则材料,使人们清楚地看到,佃农们大规模的结盟抗租几乎没有间断过。

结盟抗租斗争的进一步发展,便演化为武装抗租起义。这种武装抗租起义,在清初南方各省时有发生,而且有时候跨州连县,规模相当可观。

早在顺治二年,江西石城县以吴万乾为首的佃农,就掀起了抗桶面租的斗争。所谓桶面租,就是地主每收一石租,还要再多收一斗作折耗。"万乾借除桶面名,纠集佃户,号田兵。凡佃为之愚弄响应。初辖除桶面,后正租止纳七八"。这场斗争后来扩展到附近的宁都、瑞金、宁化等县,田兵发展到万余人,"一岁围城六次,城外及上水乡村毁几烬,巡检署俱毁"⑤。不言而喻,田兵所毁的是地主和官僚的房舍。这场斗争前后延续了三年,直到顺治四年才被清政府镇压下去。

在石城佃农的影响下,瑞金县的广大农户于顺治三年春,在何志源、沈士昌、张胜、徐自成、范文贞等人的率领下,也"倡立田兵"、攻县城、杀官吏、夺官印、闹均田抗租,致使瑞金的"田主三年不能收租,日贫日馁。……徒有躯壳,神气已久尽矣,如行尸,如象人,一遇疾风,便已倾仆"⑥。确实伤了地主阶级的元气。

几乎在江西各地起田兵的同时,顺治三年六月,在福建的宁化、清流两县,爆发了以黄通、黄吉为首的抗租武装斗争。盖宁化量米用桶,平时买卖以十六升为一桶,而地主收租的租桶均以二十升为一桶,黄通则"创为较桶之说,……唱谕诸乡,凡纳租悉以十六升之桶为率,一切移耕、冬牲、豆粿、送仓诸例皆罢"。移耕就是批赁。冬牲、豆粿就是给地主送年鸡、鸭、糯糍等名目。取消大桶租及额外负担是农民盼望的,因而"乡民

---

① 黄中坚:《蓄斋集》卷4《征租议》。
② 《雍正朱批谕旨》第18函,第6册,第35页。
③ 《澄江治绩续编》卷2《集·文告》。
④ 《清高宗实录》卷153,乾隆六年十月。
⑤ 《(道光)石城县志》卷7《武事》。
⑥ 杨兆年:《上督府田贼始末》,《(同治)瑞金县志》卷16《兵寇》;又见《(道光)宁都直隶州志》卷14《武事志》。

欢声动地,归通惟恐后。通因连各里为长关,部署乡豪有力者为千总,乡之丁壮悉听其拨调。通有事则报千总,千总率各部,不逾日而千人集矣。通所连关,词讼不复关有司,咸取决于通,通亦批行诸千总,自取赎金而已,由此城中大户与诸乡佃丁相嫉如仇"。可以看出,黄通所建立的一套秩序,实际上就是农民政权。不仅如此,黄通还率领数千田兵围袭了宁化城①。与此同时,"其党黄吉亦率田卒千人袭清流城,七月流寇四出焚劫,乡村富人籽廪一空"②。黄通、黄吉所领导的抗租武装斗争得到了城乡人民的广泛支持,取得了很大的胜利,给地主阶级以沉重的打击。

到康熙初年,江西石城县再次爆发了吴八十与陈长生、孔昌等领导的田兵抗租斗争③。康熙二十七年,江西宁都李矮、李满、王焕英领导的田兵也一度东山再起④。农民们这种前仆后继的斗争,确实如古诗描写的那样,是"野火烧不尽,春风吹又生"。

有些抗租斗争,虽然规模和声势并不大,但由于其情节、性质的严重,其影响之深之广,曾使清朝各级官吏乃至大清皇帝深感不安。乾隆十一年,福建上杭县罗日光等聚众抗租,赶跑了下乡督租的县典史,捌伤了前去剿捕的兵丁和县役。乾隆帝对此大发感慨地说:"佃户与业主,其减与不减,应听业主酌量,即功令亦难绳以定程也。岂有任佃户自减额数,抗不交租之理?……可知民气日骄,洵属不诬,朕乃蹈所谓莫知其子之恶矣。罗日光等借减租起衅,逞凶不法,此风断不可长,著严拿从重究处,以儆刁顽"⑤。乾隆二十三年,江苏崇明县佃农姚受、施仲文倡议免租,烧毁地主草屋,并聚众拒捕,殴打差役兵丁及官吏,严重损辱了封建官吏的尊严。乾隆皇帝对此极为恼火,几次谕斥两江总督尹继善、江苏巡抚陈弘谋等,并革职了一批州县官吏⑥。这不能不说是这次抗租斗争的一个胜利。

佃农抗租斗争的普遍开展,给地主阶级以沉重的打击,地主阶级的剥削收入由比而减少许多。康熙时,一位佚名者的书信较好地概括了地主阶级所受的这种打击:一遇灾害,"顽梗不逞之佃户,据田抗租,与田主为难

---

① 同治重刊《(康熙)宁化县志》卷7《寇变》。
② 杨澜:《临汀汇考》卷3《兵寇》。
③ 《(乾隆)石城县志》卷7《兵寇》。
④ 《(道光)宁都直隶州志》卷14《武事志》。
⑤ 朱批奏折,乾隆十一年八月二日,福建陆路提督武进升奏;王先谦:《东华续录》,乾隆,卷24;《清高宗实录》卷274。
⑥ 朱批奏折,乾隆二十四年一月十五日,两江总督尹继善、苏州巡抚陈弘谋奏。

者,十家而九。田主所收不过十之五至十之七,便为全收,有名无实,粮户之空虚可知矣"①。

佃农抗租斗争的发展,还有力地挫败了地主阶级增租夺佃的企图,遏制了额租上涨的趋势,特别是破坏了定额租制的"旱年不减"的铁板租性质,使得大多数额租都得依年成的丰歉而减成征收。康熙四十九年,清廷曾宣布:"凡遇蠲免钱粮,合计分数,业主蠲免七分,佃户蠲免三分,永著为例。"② 由于地主阶级的抵制,这项政策在后来并未兑现。到乾隆十年,江苏巡抚陈大受又上奏疏:"吴中佃户抗租,久成锢习,况业户现邀恩免,顽佃尤得借词赖租。今酌议业户收租,照蠲免之银酌减分数,如业户邀免一两者,应免佃户五钱。"这比康熙时又前进了一步,佃户减免的数额又多了一些。乾隆皇帝批准了这个建议,但也预料到在今后执行中还会有各种阻力,他批道:"所议尚属留心,行之则仍在人耳。"③ 但不管怎样,这是废除铁板租的又一条法律依据,是广大农民抗租斗争的一个新胜利。

四 佃农占有生产资料的差异及佃农内部贫富分化的加剧

两江总督那苏图在谈到实物定额租制下佃农的耕作条件时,曾有这样一段概括:"南方佃户自居已屋,自备耕牛,不过借业主之块土而耕之,交租之外,两不相问,即或退佃,尽可别图,故其视业主也轻,而业主亦不能甚加凌虐。"④ 似乎除土地之外,其他生产资料佃农都应有尽有。但是,这个概括片面性较大,这只是富裕佃农的情况。实际上,无论南方还是北方,佃农对生产资料占有的程度都极其悬殊。

以房屋为例,一般来说,它属于生活资料,但它又是农民从事生产的大本营,是劳动力安身立命的场所和存放农具、饲养牲畜的所在,从这个意义说,它又是一种很重要的、很特殊的生产资料。佃农对房屋的占有,同样是很悬殊的,在北方和南方都有不少佃农没有自己的房屋,需要住在地主的房舍内。例如,在四川大邑县的余尧"佃王安谷山地一段,草房两

---

① 佚名:《答张邑侯书》,《(同治)瑞金县志》卷11《艺文志》。
② 《清圣祖实录》卷244,康熙四十九年十一月。
③ 《清高宗实录》卷245,乾隆十年七月。
④ 朱批奏折,乾隆四年八月六日,两江总督那苏图奏。

间"，议定每年还租谷二石①。此例表明，佃农住地主房屋是租赁性质的，房租包含在地租里边。在江苏金匮县，佃农也有住地主房屋的，"季满向住周永臣房屋，并承种其田，每年该完田租四石二斗、屋租一石二斗"②。此例明确提出"屋租"，这在刑科题本的众多材料中还是鲜见的。它明确无误的说明了，佃农住地主的房屋是有代价的，同样要承受地主（兼房主）的剥削。那些没有写明房租的材料，并不等于没有房租，只不过房租含在地租里，没有单列出来罢了。

有的佃农连种地的工本也很缺乏，需要地主来提供。广东信宜县，黎光华佃种宁姓地主蕉花坑的田，在种稻的时候，地主宁殿璠就"出过工本"③。由于地主投入了工本，其地租额自然要比普通的定额高。因此，缺少耕牛、农具和种子的贫苦佃农，也只得忍受下来。

在实物定额租制下，缺少这样那样生产资料的贫苦佃农，除负担高额的地租之外，同样要负担名目繁多的额外剥削，乃至要受到人身方面的种种迫害，不少人被逼得家破人亡。

每当收租之时，地主本人及其管事人员，常常肆无忌惮地搜刮佃农，进行地租以外的额外剥削，给佃农带来数不清的灾难。广西罗城地方，佃户每年要"送猪一口，酒一坛，并每家送银一钱"给地主④。江苏如皋县，有些地主的管事在收租的时候，照例勒索佃户"几只鸡（折合三斗谷），算作收租礼物"⑤。河南扶沟县，有些地主的家人借收租之机，常"向佃户讨取小礼钱文"⑥。有些在城地主，下乡之时，佃户都得宰鸡宰鸭款待⑦。如不款待，则常常被起田夺佃⑧。还有明目张胆大斗大秤收租的，广东清远县地主褐绍球，就"换了秤锤"，"谷一百斤"用"止秤得九十斤"⑨，多勒索十分之一以上的地租。

对于无力完租的佃户，地主还有更刻毒的办法，不是抢割庄稼，就是

---

① 刑科题本，乾隆五十五年六月二十八日，管理刑部事务阿桂题。
② 刑科题本，乾隆十七年四月十二日，刑部尚书阿克敦题。
③ 刑科题本，乾隆三十二年七月二十九日，广东巡抚王检题。
④ 刑科题本，乾隆三年四月十二日，刑部尚书尹继善题。
⑤ 刑科题本，乾隆四十九年十月四日，江宁巡抚闵鹗元题。
⑥ 刑科题本，乾隆四十五年十月二十日，管理刑部事务英廉题。
⑦ 刑科题本，乾隆三十年十一月十三日，管理刑部事务刘统勋题。
⑧ 刑科题本，乾隆二年六月十九日，管理刑部事务徐本题。
⑨ 刑科题本，乾隆二十五年十二月十五日，广东巡抚托恩多题。

拉牛抵欠，或者以押当租，或者加利积算，把佃户推向贫困、负债的深渊，使佃户愈挣扎愈下陷，直至破产。比如，福建罗源县的佃农于创创于乾隆四十一年冬，欠黄作器租谷五石，次年春，"黄作器见稻谷成熟"，就立即派人"到田割稻"①。浙江东阳县，地主邵某因佃农欠一石九斗五升租谷，即将佃农的牛拉去抵欠②。更有甚者，贵州毕节县的地主竟有抢人质的，佃农业勒把欠地主苏通的租谷，业勒把想"割了稻谷才送"。地主的催租人者纳"见他有个女孩，抱起就跑，叫他拿莜麦来赎"③。

有些地主，对于实在交不起地租的佃农，还常常施以超经济强制的暴力行为，甚至活活把佃农打死。一些懂得封建"文明"的地主，自己并不亲自凌虐佃农，而是通过封建国家机器，对佃农施以暴力。雍正五年曾颁布一则律令："奸顽佃户拖欠租课，欺慢田主者，杖八十，所欠之租照数追给田主。"地主常常据此引来官府差役，拘捕锁押佃农，逼讨欠租。

上述佃农的诸种遭遇，正如当时人说的："富家宦室，……凌虐穷民，小者勒其酒食，大者逼其钱财妻女，置之狱讼，……可畏哉！"④

处于这样地位的佃农生活是相当悲惨的，几乎常年衣不蔽体，食不果腹，挣扎在饥寒之中。据《江阴县志》载，贫苦农民在"青黄不接之时，室如悬磬。牟利之徒，乘其急乏，贷以米石，而故昂其值，谓之放黄米。一俟新谷登场，按月计利清偿，至有数石之谷不足偿一石之米者，贫农之苦殆不堪问"⑤。一旦借了这种高利贷，就犹如坠入深渊一般，任你怎样挣扎也无力爬上岸来。典当也只能是挖东墙补西墙，捉襟见肘，恶性循环，无济于事。当时有人曾描绘了这种循环："乡民食于田者，惟冬三月，及还租已毕，则以所余米舂臼，而置于囷，归典库以易质衣。春月则阖户纺织，以布易米食，家无余粒也。及五月田事迫，则又以衣易所质米归，谓之种田饭米。及秋稍有雨泽，则机杼声又遍村落，抢布易米以食矣。"⑥ 不难看出，佃农的生活是多么紧迫和艰窘，在生命线上奔跑的速度稍慢一步，就有可能倒毙，再也爬不起来。

---

① 刑科题本，乾隆四十三年五月二十一日，福建总督杨景素题。
② 刑科题本，乾隆二十八年二月二十三日，刑部尚书舒赫德题。
③ 刑科题本，乾隆二十四年五月二十七日，贵州巡抚周人骥题。
④ 张履祥：《杨园先生全集》卷50《补农书》卷下《总论》。
⑤ 《（光绪）江阴县志》卷9《风俗》。
⑥ 黄卬：《锡金识小录》卷1《备参上·力作之利》。

与上所述情况相反,在实物定额租制下,少数富裕佃农的个人经济则获得了一定的发展。

我们知道在租额固定的前提下,如果佃农投入农田的工本多,收获量愈高,归佃农个人所得的部分也就愈多。虽然在封建地租奇重、各种灾害频仍、小农经济极其脆弱的情况下,这种情况出现的可能性不大,但是,因为每个佃户的实际生产能力是不相同的,一些"上户"或者由于家内劳动力多、资金多,或者由于畜力强,生产工具齐全,生产条件优越,因而是可以做到收入略大于支出,每年都有一定的盈余。从而有可能将生产的规模逐步扩大,使自身的个体经济得到发展。由于存在这种可能性,客观上刺激了佃农的生产积极性。有的为了扩大经营,甚至开始雇工劳动,成了佃农中分化出来的富裕层。

在实物定额租制下,又由于地主所关心的只是每年的租额能否交清,一般不再干涉生产过程,佃农在生产、种植、经营管理等方面有了较多的自由,这也有助于提高佃农的生产积极性。有了这种自由,有些富裕佃农便不再种植粮食作物,而去种植有利可图的经济作物。如江西宁都州,谢有宜佃耕廖绍澄田亩,议定秋收交租四石。而谢有宜栽种烟芋,变卖银钱,买谷交租地主并不干涉①,使佃农有了致富的可能。

这些经济作物耕作技术要求高,费人力,成本高。比如烟草,"莳烟之耗人力数倍于谷,合一家老幼尽力于烟",农忙时仍感不足,还须临时雇工帮助莳弄②。正因为如此,这些经济作物的价值高,"种蔗栽烟,利较谷倍"③,有的"所获之利息数倍于稼墙"④。但这些厚利只有较富裕的佃农有机会得到,因为只有他们才有力量种植这些经济作物,一般的贫苦佃农人单力薄,一年的口粮尚且无着,更没有资本去获得此种厚利的。由此可知,如果说实物定额租制对佃农有利的话,也只是对少数富裕佃农发展个体经济有利。

实物定额租制对少数富裕佃农发展个体经济有利,在佃农抗租斗争的条件下表现得尤为明显。因为它不像实物分成租,地主不能临田监分,所以佃农每每在收获之后即出卖谷物,并不去交租。如福建泉州一带,"佃农

---

① 刑科题本,乾隆四十年六月九日,刑部尚书舒赫德题。
② 《(同治)新城县志》卷1《风俗·附嘉庆十年大荒公禁栽烟约》。
③ 《(雍正)永安县志》卷9《风俗》。
④ 王简庵:《临汀考言》卷6《诹访利弊八条议》。

所获，朝登陇亩，夕贸市廛，至有豫相约言，不许输租巨室者，……其尤黠者，或串通胥役以为庇护，而食租者难矣"①。能串通胥役的尤黠者，毫无疑问的是较富裕的佃农，一无所有的佃农是串通不动那些唯利是图的胥役。再如浙江嘉兴，"嘉善有一佃户，素号强梗，佃某宦田二十余亩，亩收二石五六斗，仅完租五六石，余米六十余石，载至嘉郡粜银四十余两"②。这个"素号强梗"的佃户，当然也是较富裕的佃户了，由于他进行抗租斗争，百分之九十以上的收获量卖银归了自己，他当然会用它进一步扩大生产，来提高自身的生活水平。

综上所述，实物定额制地租仍然是封建地租制度，是为地主阶级牟利的封建剥削制度。它虽是由分成制发展而来，剥削关系更简单化，超经济强制和人身依附关系也有所缓和，有利于提高佃农的生产积极性，比分成制有所进步，但是，在个体小农私有经济的基础上，每一个经济制度上的进步，都意味着农民内部的进一步分化。实物定额租制也不例外，它的出现也使佃农内部的贫富分化有了进一步发展。它带给广大佃农的苦难，即使在它刚刚出现的时候，也是极其深重的③。另一方面，对于地主阶级来说，实物定额租制虽然是剥削农民的一个新法宝，不必过问生产而可以坐享其成，但它也使得地主阶级的腐朽性有了进一步的发展。

---

① 同治重刊《（乾隆）泉州府志》卷20《风俗》。
② 徐庆辑《信征录》"刁佃赖租之报"条，载《说铃》第15册，第34页。
③ 在最早记载实物定额租的唐代，元稹论及此，曾慨叹："疲人患苦，无过于斯。"（《元氏长庆集》卷38《同州奏均田》）陆贽亦曾疾呼："官取其一，私取其十，穑人安得足食！"（《陆宣公集》卷22《均节赋税恤百姓》第6条）

清前期永佃权的性质及其影响[*]

一 永佃权的具体内容

永佃权是在宋代出现的，经过元、明两朝的发展，到清代前期便在全国范围内广泛地流行起来。

所谓永佃权就是佃农向地主支付了某种代价以后，所换取的对地主土地的"永久"佃耕的权利。它是从土地所有权当中分离出来的，因此，在许多方面和土地所有权相似。它有时价，可以买卖，买卖时要请中人立契，有的还要纳税。卖出的佃权，有可以回赎和不可回赎之分，可以找价，也可以卖绝。佃地转顶也要请中人立批，议定佃谷。在多数场合下，佃权已成为"乡例"，并且得到了官府的承认。

让我们先看一看佃权买卖的各类情况。

其一，江西安远县，蔡相叔于康熙五十六年（1717），经蔡友习为中人，以银八两五钱，买了蔡友职顶耕田十角。并立有"退帖"，帖内"无回赎字样"[①]。

其二，江西赣县，"张元吉于乾隆十七年（1752）五月内，将承耕曾、王两姓田租五石三桶，凭中游友贵等，退与钟应昆、钟国重顶耕，得价银二十二两，契载永远耕作，不得找价取赎"[②]。

这两例都是不得回赎的。

其三，江苏长洲县，康熙五十八年（1719），章茂甫用银八两，凭中人向

---

[*] 原载《社会科学辑刊》1985年第4期。
[①] 刑科题本（中国第一历史档案馆藏，下同），乾隆六年五月十八日，刑部尚书来保题。
[②] 刑科题本，乾隆十八年十二月二日，刑部尚书阿克敦题。

· 160 ·

章敬山顶租田八亩五分。到乾隆三年，章茂甫又"加绝了十两银子"，契上始载明，给予章茂甫"永远布种"。此项佃权的买卖，先后立有"正、找文契"①。此例的佃权分两次卖出，第一次并未卖绝，所以卖价较低，第二次属于绝卖，所以找价竟超过正价。

其四，江苏荆溪县，乾隆三十六年（1771），潘继正将租田三亩三分，顶与潘畏三耕种，"得去顶首银四两，没有立契"。乾隆五十七年（1792），潘继正之子潘喜大，"备价回赎"②。此项佃权的买卖没有立契，这是很少见的。回赎也不拘年限，亦属少见。

其五，广东河源县，刘谌佃耕刘、罗两姓田五分，于康熙二十四年（1685）"得价银五两八钱，退与王国玉故祖王伟。康熙二十五年，王国玉故父王尊仁得回原价，转与黄茂华故父黄兆杰承耕，退帖内俱载十年回赎"③。这是佃权出卖后，在一定年限内可以回赎的事例。

其六，安徽芜湖，宗启贵原顶佃曾凡臣家十亩屯田，乾隆十八年（1753），凭中人将田顶与宗义先佃种，得到二十一两顶首银，"议定三年回赎"。乾隆二十一年期满，宗启贵无力回赎，向宗义先家"找价"，宗义先"应允找他九两银子，连原顶首二十一两，共银三十两，另立一张杜绝顶字"，"将二十一两原顶字三面销毁"④。表明佃权卖出以后，可以限期回赎。到期若无力回赎，还可以继续找价绝卖。这与例三还是有区别的，例三并无回赎年限，另外，在立了"找契"之后，"正契"也同时保存，并未销毁。

为了详细了解佃权买卖的情况，下面再剖析两张买卖佃权的文契。

一张是前引江西安远县蔡友职于康熙五十六年将顶耕之田退与蔡相叔的"退帖"。契内原来未写回赎字样，乾隆五年（1740）蔡友职备价取赎，蔡相叔家不允，发生争较。其"退帖"开载：

> 康熙五十六年十二月内，立退帖人友职，今因无银使用，将自置田业一处，坐落土名菜子坑、大照圳下左右两处，共载老租十角整，其田要退出与人，请中向本家相叔近前承顶为业，过手耕作。当日言定，顶耕纹银八两五钱整。倘有上手租税不明，不干顶人之事。恐口无凭，立

---

① 刑科题本，乾隆十二年四月二十八日，刑部尚书阿克敦题。
② 刑科题本，乾隆五十八年六月八日，管理刑部事务阿桂题。
③ 刑科题本，乾隆十三年四月二十八日，广东巡抚岳濬题。
④ 刑科题本，乾隆二十二年十一月二十七日，安徽巡抚高晋题。

退帖为照。

帖内还写有中人蔡友习等情①。

从此文契可以看出下列一些情况：出顶佃田，须写清原因，蔡友职是无银使用才被迫将所佃之田出顶的。出顶佃田，还须写明佃田的来源，此佃田是自置产业，即是其家早年买置的。出顶佃田，也须标明地名。出顶佃田，还须写清楚"老租"之数，即每年须交地主之租额，由新佃继续完租。出顶佃田，像买卖土地一样，也要请中人作见证。顶耕之人，需要出价买佃耕权，即需要出顶耕银。契约上须写明，新承顶者对该田以前的一切租税概不承担义务。最后，佃田的买卖也须立帖，即写立契约。可以说，土地租佃权的买卖，在手续和形式上与土地所有权的买卖差不多是一样的。但是，它们之间毕竟有一个本质的差别，即土地买卖的买主（土地所有者）是要获取地租的，而佃权买卖的买主（佃农）是要向地主交纳地租的。

再一个文契是前引安徽芜湖宗启贵将佃耕曾凡臣的十亩屯田，杜顶与宗义先的。其"杜绝顶字"为：

立杜顶首人侄孙近仁（即宗启贵），因有曾姓屯田三丘十亩，奈身无力耕种，浼凭中证宗族说合，杜顶与叔祖义先名下耕种。当日议定杜顶首纹银三十两整。比日是身收讫。其田听义先永远耕种，再无异说。随田草屋三间两厦，树木塘池一应在内，与身无涉。其田日后再不得借口生端，倘有此情，听凭中证宗族执纸付公理论。今欲有凭，立此杜顶，永远存照。乾隆二十一年闰九月初四日立。杜顶首侄孙近仁。凭宗族宗时先、宗永昭、宗廷援。凭中秦尔吉、奚殿扬、刑伦先、邵天弼。以上俱押。②

因为宗义先欠银四两未清就死了，其子宗灿扬又没有银子找清，到十月十二日，又凭中人公处，将三间两厦庄屋作银四两，退与宗启贵，另立二十六两银子一张顶字，交宗灿扬收执。其内容如下。

立顶首人宗近仁，今有屯田三丘十亩，随田沟池一段，浼凭亲族出顶与灿扬叔名下耕种。当日三面言定，得受顶首银二十六两整。其银比

---

① 刑科题本，乾隆六年五月十八日，刑部尚书来保题。
② 刑科题本，乾隆二十二年十一月二十七日，安徽巡抚高晋题。

日一并受讫,并无短少。其田只许回赎,毋许争找,日后不得借口生端,倘有此情,执纸付公理论。今欲有凭,立此顶首存照。乾隆二十一年十月十二日立。顶首人宗近仁押。凭族亲宗寿年、宗廷援、秦尔吉、宗义公、奚殿扬、奚有严,俱押。①

宗启贵先后立的这两纸顶字,实际是一回事,它包括了这样一些内容:写明了田地的业主,即曾姓屯田;交代了出顶的原因,即无力耕种;注明了中人;写清了顶首银的数量;同时还说定顶耕人可以永远耕作,卖佃权的人只能出银回赎,而不得因佃权的时价上涨再往回找价,或产生其他异说。从契约规定的这些内容看,确实可以认为,佃权除交纳地租以外,在其他各方面与地权是很相似的。

佃权与土地所有权的分离在很多省份长期存在,分别形成了各地公认的"乡例"。在广东地区,土地所有权被习惯地称为"粮业",佃权被称为"佃业"或"质业"。福建地区,田地有所谓"田面"与"田根"、"田骨"与"田皮"、"大苗"与"小苗"之分,田面、田骨、大苗,都指的是土地所有权,田根、田皮、小苗则指的是佃农对土地的永久使用的权利。江西地区,土地所有权被称为"大租"、"大苗"或"田骨",佃农的永佃权被称为"小租"、"小苗"或"田皮"。浙江地区,佃权被称为"田脚"、"田脚小业"或"田皮"。

各地佃权的乡例,实际上已成了一种不成文法,具有相当强的约束力。在乡例的保护下,地主不能随意侵犯佃农经营"田皮"(或"田根"之类)的权利,只要佃农不欠地主租谷,完全有权在他承佃的土地上长期耕种,并且可以将佃地传给子孙,或者转租、典当及出卖与他人。而这一切,地主都无权过问,即使是土地所有权发生了转移,新的地主对此也无可奈何。当佃农和地主发生矛盾或斗争的时候,因为有乡例做依托,封建官府断案也不得不承认佃农的永佃权,判令佃农继续耕种,而不许地主夺耕。总之,由于乡例的存在,永佃权在社会上已取得了合法或半合法的地位。

二 永佃权的封建属性

永佃权固然可以起到保护佃农长期耕种的积极作用,但这种作用是极其

---

① 刑科题本,乾隆二十二年十一月二十七日,安徽巡抚高晋题。

有限的。就其本质而言，它仍然是地主阶级剥削农民的一种方式，是封建土地制度的补充和发展。在永佃权制度下，不少永佃农仍然避免不了贫困和破产的命运，佃权并不能永久保持。

下面，先从两件佃权转移文契分析永佃权的脆弱性。

一件是与福建闽清县永佃农罗必善有关的佃契。罗必善的父亲罗允向很早就佃种叶广文的三斗种田，并且"费有工本"。罗允向死后，罗必善接耕。后因罗必善"积欠租米"，于乾隆二十一年（1756）"将佃田内拨出半斗种，抵还租米"。业主叶广文当即将这半斗种田批给罗必和耕种，并立有文契，"载明俟罗必善清还租米之日，听其赎回。如未清还，听业自便"。后来，罗必善不但没还上旧欠，而且"仍又积欠租米"，业主叶广文就于乾隆三十一年（1766）将这半斗种田，断卖给了罗必和。这样，永佃农罗必善就丧失了半斗种田的佃权。最后，"罗必善又因积欠租米，无力清还，就把余剩二斗半种的田，一起抵还"了业主。从此，这个永佃农便完全丧失了原来的佃权。从业主叶广文两次立的文契中，可以清楚地看出这种佃权转移的原因、经过和速度。其文契如下：

> 佃契一纸，内开：立批字福城田主叶衙（即叶广文），今有根面全课田一顷，载种三斗，土名大仓尾、坑洲等处，年载租米三石。缘罗必善积欠租米甚多，内拨坑洲半斗种，载租米十斗，小寄与罗必和耕作，照额纳租，即日收垫租钱五千文。面约五年限，听田主备价赎回，不得执留。嗣后必善有力租清之田，许必善赎回。如或未清，听业自便，不得言说。立批字一纸为照。乾隆二十一年十一月日，立批字福城田主叶衙。在见林仲京、陈维成、罗必善，俱花押。

> 又断字一纸内开：立断字福城田主叶衙，于乾隆二十一年间，将根面全课田一顷，土名坑洲，受种半斗，寄在罗必和耕作，照种纳租。因旧佃罗必善积欠租粒甚多，兹又向罗必和处凑出代垫租钱二千文，其钱即日收足，其田永远耕作，照旧纳租，不得取赎。如或欠少租粒，仍听田主另召耕，不得借此字为词。今欲有凭，立断字一纸为照。乾隆三十一年十二月日，立断字田主叶衙。花押。……①

此事的经过及文契表明了以下几点：旧佃费有工本，因而得到了田面，

---

① 刑科题本，乾隆四十四年五月二十一日，闽浙总督三宝题。

即佃权。因为贫穷欠租，而将一部分佃权抵欠，但文契上还允许回赎，即佃农虽然失去了一部分佃权，但还未彻底失去。后来佃农又因为剥削太重，租谷越欠越多，而只得将全部佃权抵欠，最后成为无地可种的失业农民。

这个永佃农的悲惨遭遇，到此并未终止。他在生活无着的情况下，于乾隆四十三年（1778）欲取赎卖断之佃田，不但没有实现，反而闹出人命，被判处死刑。这种在高额地租剥削下丧失永佃权，并被夺去性命的悲剧，绝不止旧佃罗必善一家。

另一件是与浙江庆元县永佃农范兰吉有关的佃契。范兰吉原承父遗两段田皮，因为贫乏，先后全部卖出。因其幼孤，依住其叔父范礼堂身边，故此卖契由其叔父出名。

其中一处卖与了天仙神庙，其卖契为：

> 立卖田皮契人范礼堂，有水田皮一段，土名坐落外砻安著，计租一十三把正。今因缺银应用，将其田皮立出正契一纸，卖与天仙神庙为业，三面收过价银二两九钱九分整。言定递年各纳谷一十二把整，不至欠少。日后办得原钱取赎，不得执留，立卖契为照。雍正八年五月二十九日，立卖契人范礼堂押。见侄范义押。代笔范子彬押。

另一处田皮先是卖给了范礼资，但仍自己佃种，其佃约为：

> 立佃约人范礼堂等，承父手遗有水田皮一段，土名坐落砻未堀安著，计业主租七把整。今因缺银食用，将其田皮立出佃约一纸，即日佃与本族礼资弟边，银一两整，其银收讫。其田皮言定递年完纳佃主租八把整，每年不敢欠少。如若皮租有欠，听凭佃主自己易佃耕种。日后办得原钱取赎，业主不得执留，立佃约存照。雍正八年六月初八日。立佃约兄礼堂押。见佃侄义枝押。代笔吴家庆押。

这卖给范礼资的一处田皮在三十年以后，贫困至极的范兰吉不得不进行找价，将它最后卖出。其卖契为：

> 立补佃约契人范兰吉，承父手遗有水田皮一段，坐落牛未堀下段安著，计业主租七把整。其田皮前叔手佃与礼资叔边。今因缺银食用，将其田皮再立补佃约一纸与叔边，补出佃银三两正。其银即日收足讫。其田皮自补之后，听凭叔边前去耕种，立佃约为照。乾隆二十五年四月初

八日。立补佃人范兰吉押。见兄范福男押。代笔范永吉押。

这件档案还记载,因为这里"地方乡风,凡卖田皮,只要还人家租谷,原可自种",所以有一处田皮,"范兰吉卖出后,仍旧自种还租",后因年老,让族人耕种还租①。

此事及卖佃田三契表明,田皮是佃户出银顶买而来,因而可以顶卖。文契上记载的顶卖内容,包括田皮时价、应交业主租额、可以回赎、见证中人等项,这与前述福建闽清县的文契是相同的。它还突出表明了皮租问题,契约上不但载明了应交业主的租额,还载明了应交佃主的租额。虽然有卖田皮之后仍可佃种的乡例,但卖出的田皮一旦找价,佃主即有权起田使耕,即使不找价,若皮租有欠,佃主也有权起田自种或易佃耕种。所有这些都说明永佃权并不是很牢固的。

此卖契还表明,皮租的数额是很高的。卖给天仙神庙的一处,交给地主的正租是十三把,交给佃主的皮租是十二把,几乎相等。卖给范礼资的一处,交给地主的正租是七把,交给佃主的皮租是八把,皮租反超过了正租。

由于地主正租的剥削,范兰吉很早就把两处田皮卖光了,仅保留了耕种和取赎的权利,完整的佃权已大部分丧失。后来,再加上佃主皮租的剥削,范兰吉又将一处田皮找价补卖,从补佃契约看,这一处田是听凭买主前去耕种的,至此,范兰吉在这块田上连最后的一点耕种权也失去了。这个佃农在最后死去的时候一贫如洗。这是永佃农贫困破产的又一典型。

在永佃权制下,类似罗必善、范兰吉这样悲惨遭遇的佃农是数不胜数的。贫苦农民、半自耕农、弱小佃农因为天灾人祸欠租等原因,常常会以贱价将佃田出卖②,并丧失佃权。所以,永佃权制并不能使佃农摆脱封建剥削,也不能使佃农永久保持住佃权。

在永佃权制下,还有一种特殊的现象,即除了农民之外,一些地主、官僚、富商等经济上富有的人,也往往竞相购买佃权。这些人购买佃权,并不是自己去生产,而是要转租与农民,从事地租的再剥削。因为买得佃权之后,既可获得佃租,又不须纳粮应役,是极为有利可图的。这正如福建《省例》

---

① 刑科题本,乾隆三十一年十一月九日,浙江巡抚熊学鹏题。
② 如乾隆二年,福建建阳县佃农张米奴因等钱用,将"小苗田"出卖,只得价银六两。乡练们认为,"那小苗田若照时价,实在找得十两银子",可见卖价之低。见刑科题本,乾隆十九年闰四月一二日,刑部尚书阿克敦题。

所述:"田主之外又有收租而无纳粮者,谓之田皮,……田皮值价仅贵于田骨",所以"绅监土豪,贪嗜无粮无差,置买皮田,剥佃取租"①。又说:"面租(即正租)一石,根租(即佃租)数石",因"根有数倍之收",故"生监富室乐于买根,甘为佃户"②。

这些购得佃权、专门转佃给他人耕种的人,有的地方叫"赔主"或"税主"③,有的地方叫"根主"或"皮主",有的地方叫"小田主",现在的通俗说法是"二地主"。称谓虽异,本质却同,他们都是剥削佃农的寄生虫。

二地主对佃农的剥削是通过永佃权即田皮权进行的。这正如陈盛韶所说:"皮亦有不耕种者,仍将此田佃与他人,得谷租若干,并还骨主若干"④。

二地主对佃农的剥削是很残酷的,其剥削率之高是惊人的。如在江西宁都,佃户若种五十亩田,岁可获谷二百石,"则以五十石为骨租,以七十石为皮租,借耕之人自得八十石",皮租超过骨租,几乎和佃农自得部分相等。若皮租、骨租加起来则接近收获总量的三分之二⑤。在台湾,一埔田皮的"小租","率二三十石,园半之",而田骨之"大租","率八石,园租率四石",小租是大租的好几倍,佃人敢抗大租而"不敢抗小租"⑥。在地主和二地主的双重剥削下,佃农的负担是十分沉重的。

永佃权对普通农民是一种沉重的枷锁,还表现在佃田的价格很高,而且不断上涨,农民若要耕种土地,就得付出很高的代价。江苏娄县,施胜林买张南荣田亩佃田承种,竟费"顶首银四十两",每亩佃价高达十两⑦。江西瑞金县,李晋仕于雍正十年(1732)将田皮一亩六合暂卖与刘能锡,"得价银三十一两"。到乾隆十八年(1753),其子李士仁又将田皮八合,连同以前暂卖的一亩六合一并绝卖与刘能锡,又得银三十五两。计二亩四合田皮,"同价银六十六两",平均每亩二十七两半⑧,又大大高于江苏娄县的

---

① 福建《省例》卷15《禁革田皮田根不许私相买卖,佃户若不欠租,不许田主额外加增》。
② 福建《省例》卷9《报契纳税就佃》。
③ 《(嘉庆)南平县志》卷3载:"南邑之田,有苗主,有赔主,有佃户。赔主向佃收谷,苗主向赔收租。"《(嘉庆)云霄厅志》,卷4载:"云霄之田,主有三,一租主,一税主,一佃户。"
④ 陈盛韶:《问俗录》卷1《建阳县》"骨田皮田"条。
⑤ 《(道光)宁都直隶州志》卷11《风俗》。
⑥ 陈盛韶:《问俗录》卷6《鹿港》"大小租"条。
⑦ 刑科题本,乾隆四十一年八月八日,管理刑部事务舒赫德题。
⑧ 刑科题本,乾隆二十年二月二十八日,刑部尚书阿里衮题。

佃价。

从质业与粮业的价格比较中，同样可以看出佃田的价格是很高的。在广东归善县，朱天祐原有二石一斗种的田，粮、质两业都是自己的。雍正二年（1724），他将质业卖出，"得价银一十二两、钱四千文"。雍正十二年（1734），他又将粮业卖出，"得价银一十一两"。此田的质业比粮业贵出银一两又钱四千文①。再如，广东海阳县砻臂沟地方，有东西相邻两丘田地面积相等，都是二亩八分五厘。东边的一丘是陈达奇用"价银四十两"买的粮业，其质业为孙元士所有。西边一丘，原来质业也是孙元士的，粮业也为陈达奇所有。陈达奇为了使"粮、质各自归一"，情愿用东边一丘的粮业，换取孙元士西边一丘的质业，并"另找给孙元士银六十两"②。粮业价格为四十两银，与等面积的质业交换，找银六十两，则质业的价格就是一百两，质业的价格竟是粮业价格的二倍半！

佃价不但高，而且还不断上涨。在江西信丰县，康熙三十二年（1693），七桶种之田，顶价只得银六两，到康熙五十五年（1716），二斗八升种田转顶，"反得厚价"，到乾隆五年（1740），因"民多田少"，佃价较之当初更是"贵了几倍"③。在广东揭阳县，雍正元年（1723）时，六亩田的顶首银是十八两五钱，到乾隆三年（1738）此田转批时，"议定顶首银三十两"④，十六年间几乎涨了一倍。在浙江诸暨县，王汉英于乾隆三十年（1765）卖佃田四亩零，"价钱六千四百文整"。到乾隆三十四年（1769），"佃价昂贵，足值十千钱"⑤。短短四年，上涨的幅度也是很大的。

佃价高，又不断上涨，农民为获得佃田耕种，凑足佃价，往往要倾尽家中所有，甚至借债。据记载，湖南的贫苦农民，"所出进庄写田之银，多属借贷"⑥。这犹如为救一时之急而剜肉医疮。因为等租到土地之后，不但没有足够的资金用来扩大再生产，反而陷入了高利贷的深渊。所以，从根本上说，永佃权是诱使贫苦农民堕入破产陷阱的一种诱饵。另一方面，永

---

① 刑科题本，乾隆十三年十月二十四日，刑部尚书阿克敦题。
② 刑科题本，乾隆三十六年十二月二十一日，广东巡抚德保题。
③ 刑科题本，乾隆七年三月二十四日，江西巡抚陈弘谋题。
④ 刑科题本，乾隆七年五月八日，刑部尚书来保题。
⑤ 刑科题本，乾隆三十六年六月三日，浙江巡抚富勒浑题。
⑥ 《湖南省例成案》，《户津·田宅》卷5。

佃权的出现却增加了地主的收入。因为，在有佃权的地方，使地主的土地有了双重的价格——地价和佃价，地主的收入无形中便增加了一倍。

从地主阶级利益的体现者——封建官府对永佃权的态度上看，也很能说明永佃权的性质。

在福建省，官府先是考虑到佃农可以把佃权"踞为世业，公然抗欠田主租谷，田主即欲起田召佃而不可得"，对地主不利，先后于雍正八年（1730）、乾隆二十七年（1762）、二十九年（1764），三次通令全省，"禁革"田根名色①。该省闽清县令万某，监于田根之说在该地相沿已久，势难禁革，曾于乾隆四十九年（1784）禀请，要求允许佃权合法存在，因为"与叠奉禁例有悖"，而没有得到批准②。看来，清初对永佃权的禁革是很认真。但是，永佃权在流行的过程中，对剥削阶级有利的一面愈来愈显露出来，因此，后期地方官吏就不再认真禁止，而是采取默认的态度。到嘉庆时，云霄等地又有了"佃户粪土之说"③。嘉庆、道光年间，"田皮"在建阳，"田根"在古田，"小租"在台湾又渐渐盛行起来④。

在另一些省区，如江苏、江西等地，官府自始至终都承认永佃权。乾隆四年（1739），两江总督那苏图虽然在一份奏折中说永佃权制是一种"陋习"，但并不主张绳之以法，强行禁止，而主张"地方官随时劝导"，以期"潜移默化"之⑤。直到乾隆末年，江南布政司所定的《规条》中，对永佃权仍公开承认。规条在列举了各地"田面"之类的永佃权后，明确规定："每亩田面之价即以每亩租额为定"，其他"批价"、"粪系脚"等名目，也"概以一年额租为限"⑥。这是"因势利导"，而不是禁止。江西宁都州所订的规条，公开声明田皮退脚系"上流下接，非自今始，不便禁革"⑦。江西按察司于乾隆初年颁布的条例也承认永佃权，它规定，佃户抗租至三年不清者，才能将"所欠租谷照时折价抵作工本"，如累欠不清逾于工本者才"许业户起田另赁"。同时还规定，"倘佃户额租无缺，而业户额外勒加指为

---

① 福建《省例》卷9《根契纳税就佃》；卷15《禁革田皮田根不许私相买卖，佃户若不欠租，不许田主额外加增》。
② 福建《省例》卷9《根契纳税就佃》。
③ 《（嘉庆）云霄厅志》卷20《纪遗》。
④ 见道光初年陈盛韶著的《问俗录》卷1、卷2、卷6。
⑤ 朱批奏折（中国第一历史档案馆藏），乾隆四年八月六日，两江总督那苏图奏。
⑥ 李程儒辑《江苏山阳收租全案》，《附江南征租原案·规条》。
⑦ 《民商事习惯调查报告录》第1册，《江西宁都仁义乡横塘塍茶亭内碑记》，1920。

逋欠者，一并论罪"①。就是说，只要佃户不欠租，就可以永远佃耕，地主是奈何不得佃户的。

这些官府的规定，不仅是对永佃权的一般承认，简直可以说是一种保护！

综上所述，在永佃权制度下，除地价之外又有一个佃价，而且佃价很高；在正租之外，又有佃租；除地主之外又衍生了一个从事剥削的寄生阶层——二地主。这样，在永佃权制下，便形成了一田二主、一田二租、一田二价的局面。佃农仍然要交纳地租，而且须交得更多。欠租之后，地主仍然能够起田夺佃。因此，永佃权制不是对封建土地制度、封建租佃制度的冲击和背离，而是它们的补充和发展，是在佃农反抗斗争高涨的形势下，地主阶级迷惑和剥削广大贫苦佃农的一种新方式。所以归根结底，永佃权制是封建性质的。

三 永佃权制的影响和意义

永佃权制虽然在主导方面对地主有利，是封建性质，但它的影响是多方面的，在历史上也起了一定的积极作用。在一些方面，它对佃农，特别是对一些富裕佃农还是有利的。佃农可以反过来利用它，同地主做斗争。

（一）有利于佃农反抗地主阶级的斗争

清代地主阶级，经常以增加地租的方式来扩大剥削收入，如果佃户不愿增租，即以起田夺佃相威胁。"增租夺佃"对贫苦佃农的危害极大。有了永佃权，只要不欠租，对地主阶级增租夺佃的行为就有所抑制了。例如，浙江永康县，潘思永租种吴学瑞家六十把田，田皮归潘思永家（即享有永佃权），后来吴学瑞把田卖与吴国养，吴国养欲起田自种，佃农便赴县呈告。知县的断决是："查永康俗例，田主买田为田骨，佃户出银佃种为田皮。如佃户并不欠租，不许田主自种。吴国养虽买此田，向系潘思永佃种，……田仍佃潘思永种在案。"② 正是因为有永佃权的乡例，知县才做出这样的处理，使地主起田夺佃的企图没能得逞，佃农的抗争得到了胜利。

---

① 凌燽：《西江视臬纪事》卷2《详议》。
② 刑科题本，乾隆三十一年二月二十一日，浙江巡抚熊学鹏题。

此外，永佃权制还有利于佃农开展抗租霸地的斗争。这方面的记载是很多的。江苏的文献记载。因为有田面即永佃权之说，佃户得以"私相授受"佃田，"由是佃户据为已有，业户不能自主，即欲退佃另召，而顶首不清，势将无人接种，往往竟自荒废，此佃户所恃抗租之根源也"①。江西的资料记载该省"抗租霸种，业不由主之俗"是很厉害的，其原因就是"江省田亩独有田皮、田骨之分"，"转顶权自佃户，业主不得过问，若欲起佃，必须照还原费工本。……佃户辄恃不能起耕，遂逋租不清"②。赣南各县，因为田皮、田骨长期分离，"积习相沿，营皮者竟误认永佃权为所有权，自由顶退，卒使田主无由过问"③，佃户由此而达到了"霸地"的目的。福建长汀县也是因为佃户占有田皮，使得"有田之家徒存业主之名，而更换佃户不能自专，以致短租抛荒"④。就是说，这里的永佃农，同样在成功地进行着抗租霸地的斗争。

总之，永佃权既有利于佃农反对地主的增租夺佃活动，又有助于佃农抗租霸地斗争的开展。

（二）削弱了佃农对地主的封建依附关系

在永佃权制度下，卖田不卖佃，易主不易佃，这已成为包括地主在内的人人都要遵守的规条，地主对土地的经营垄断权受到了一定程度的动摇。佃农若不欠租，既可随心所欲地"虎踞"佃田，把佃田传给子孙后代，又可以随心所欲地把租地转佃他人，对此，地主是一概不能过问的。佃农通过霸佃和弃田不种（或转佃或退佃）这两种相反，实则是相辅相成的手段，便在相当大的程度上打破了地主的封建控制，削弱了对地主的人身依附关系，争取到了人身和耕作的一定自由，使佃农的自主性、独立性增多了，身份地位也就相应地提高了。

同时，在转佃的情况下的新佃农所要交的地租，一般是要由原佃转交给地主的，新佃农并不直接与地主发生关系。新佃农与地主之间的人身依附关系自然就更加微弱了。

此外，在永佃权制下，地租形式一般都是定额租制，不但劳役地租已

---

① 李程儒辑《江苏山阳收租全案》，《附江南征租原案·规条》。
② 凌燽：《西江视臬纪事》卷2《详议》。
③ 《民商事习惯调查报告录》第1册，《附录·宁都州风俗摘要》。
④ 王简庵：《临汀考言》卷6。

不复存在，就是分成租制下比较常见的那种地主对生产的干预和监割也已变成了多余的过时的事情。

  历史档案中有许多资料生动地表明了，地主对永佃农的束缚已经十分松弛。广东河源县有这样的事情，佃农刘湛原先佃耕刘、罗两姓地主土名叫半迳坑的五分田，康熙二十四年（1685），刘湛得价银五两八钱，将田转与王伟佃耕。康熙二十五年，王伟之子王尊仁又以原价出顶，将田转与黄兆杰承耕，且约以十年后再由王家赎回耕种。十二年后，王家并未赎回，黄兆杰之子黄廷美又于康熙三十七年，以九两银子的价格将此地转与黄廷华承耕，因为不再回赎，所以顶价比原来高出不少①。十多年间，刘、罗两姓地主的这块田，佃户在下边转来转去，四易其人，顶价有高有低，有约以回赎的，也有约以不回赎的。而这一切变动根本无须经过地主，地主也从不干涉。佃农若不享有永佃权，这些变动则是不可想象的。

  还有与此相反的情形，即佃户不变，而地主数易其人。江西会昌县，林佑升用价承顶沈士拨原佃刘蒂悦租田一处，每年纳刘蒂悦租谷六角。后来，刘蒂悦把这田卖与林暄普为业，林佑升就向林暄普立赁还租。再后，林暄普又将这田转卖与曾辉表，林佑升复向曾家立赁纳租②。尽管地主换了三次，而佃户一直是林佑升一家，土地旧新主人没有一个表示要更换佃户或收回自种的。并不是这些地主特别欣赏这户佃农，而是永佃权不允许他们这样做。在永佃权存在的情况下，有些佃农敢于"玩田主于掌上"，不把地主放在眼里③。愈到后来，地主阶级愈腐朽、愈没落，这种情况就愈常见。

  由于永佃权的存在，封建人身依附关系的削弱，这就使富裕的农民便于独立地发展生产，扩大自己的财产。

  这可以从两个方面来说明，一方面，佃农有了永佃权，只要能够交足每年的地租，地主就不会再来干预佃农的生产，因此，佃农可以根据自己的计划去种植作物，可以放心地精耕细作，甚至可以适当地进行一些农田基本建设，而不必担心地主攫夺这些成果了。这样做的结果是使其增产部分全部归佃农所有。佃农的财产扩大了，回过头来又会去扩大生产，如此

---

① 刑科题本，乾隆十三年四月二十八日，广东巡抚岳濬题。
② 刑科题本，乾隆三十一年四月二十九日，管理刑部事务刘统勋题。
③ 光绪重刊《（乾隆）潮州府志》卷33《宦绩》。

反复下去，富裕农民会愈来愈富有。

另一方面，如前所述，佃权是可以买的，只要买到"田根"或"质业"等名色，也便成了永佃户。或者向地主交纳了一定数量的"押租钱"或"佃规钱"等，也能取得十几年、几十年的佃耕权。一般说来，购买佃权的价码若高，以后每年的租额就会低一些；反之，购买佃权的价码若低，租额就会高一些。只有比较富裕的农民，一下子可以付得起较多的价银，而一旦付出了较多的价银，就可以长期享有低地租的待遇。从这个意义说，永佃权也只是有利于富裕农民，使他们能够年复一年地、稳定地扩大个人的财富，发展生产。

（三）促进了农业中的商品生产和资本主义萌芽

资本主义性质的商品生产，要在农业中打开缺口，必须克服封建土地所有制这个障碍。这首先就得想法把土地的经营权从土地的所有权中分离出来，使生产者得到经营土地的更多自由。而永佃权正是实现这种分离的最初形式，它定然会促进农业资本主义萌芽的产生。

永佃权还可以使农民摆脱地主的严重束缚，一方面可以鼓励较富裕的佃农种植有利可图的经济作物，发展小商品生产。而封建社会末期的小商品生产，可以冲击自给自足的自然经济，可以随时随地生长出资本主义。另一方面，获得了一定程度的人身自由的永佃农，或者由于破产，或者由于其他因素，可以随时随地涌进城市，冲击行会手工业，并为资本主义旧工场手工业提供奠基的劳动力。

有关"佃富农"和其他租地经营者（如富商等），采取雇工经营方式，大量种植经济作物，扩大商品的生产，以及农业中资本主义萌芽的具体情况，限于篇幅，这里不再论述。

总之，从本质上、从主导方面看，永佃权制是封建性的，但是，它的作用和影响是多方面的，是复杂的。它熔消极作用和积极作用于一炉，"功""过"互见，相反相成。这是它被地主和农民共同接受，得以长期存在的奥秘，这也是历史的辩证法。

从乾隆刑科题本看东北旗地的经营方式*

清代的旗地,是中国历史上特有的一种土地占有形式,它对清代的政治、军事、经济曾经产生过重大影响。考察旗地经营方式的演进,对研究满族的发展、满族与汉族的互相接近,乃至当时的中国社会,都是十分必要和有益的。本文主要依据中国第一历史档案馆藏的乾隆朝刑科题本,着重对东北旗地的经营方式进行探讨。

一

旗地是普通满族人民赖以生存的唯一依托,旗地上的生产方式如何,最能说明满族的发展状况。

不过,由于历史原因,东北的旗地与关内的旗地又有所不同。《大清会典》载:"盛京十四城旗人所种之地,及近京圈地征收旗租者,皆曰旗地。"① 指出了东北的旗地是"旗人所种之地",关内的旗地是"征收旗租"的圈地,已经注意到了两者之间的差别。

关内的旗地采取封建租佃制的经营方式,这是完全可以理解的。因为在这些圈地上,原来实行的就是封建租佃制,现在虽然变成了旗地,但仍然处于周围汉族地主经济汪洋大海的包围之中;另外,由于清初战事连绵,旗丁要长年打仗、驻防,所分旗地又比较遥远,不便前往耕作,也无法维持入关前的经营方式。"旗庄地亩俱在近京五百里内,八旗官兵人等,各有当差执事,不得不资佃耕种,收取租息。"② 其具体情况在一些方志和内务府来文、内务府呈稿、宗人府档案中有许多详细记载,鉴于情况比较明了,又不是本

---

* 与辽宁省民族研究所何溥滢研究员合写,原载《中国社会经济史研究》1985 年第 1 期。
① 《(光绪)大清会典》卷 17,页 3。
② 《清高宗实录》卷 172,乾隆七年八月乙未。

文论述的范围，这里不做进一步剖析。

关外的旗地，由于史籍记载不详，"旗人所种之地"的具体方式就须很好地研究了。我们想，虽然东北的旗人绝大多数都守家在地，经营旗地的具体方法肯定与关内不同，但除去庄园不论之外，普通旗人的旗地绝不会停留在初期诸申自由垦殖与牛录屯田的阶段上，也绝不会停留在初到辽沈时的"计丁授田"阶段上。因为满族是一个整体，东北的满族和入关的满族虽然在所处环境上有所差别，但在发展阶段上必然是大体一致的，在多数情况下，东北的旗地也一定会受到汉族地主经济的影响，采取租佃制的经营方式。

乾隆刑科题本的材料证实了这一论断。档案表明，不仅在东北较发达的辽沈地区、锦州地区，哪怕是在很偏远的地方，这种租佃制也都渗入了满族人的生活，在广阔的旗地上流行开来。

在盛京奉天府城外的大房身村，旗人"穆特布有册地一百八十亩，卖给杨文亮地一百三十二亩，剩下四十八亩"，就是"租给"民人刘杰"耕种"的[①]。距沈阳稍远一点的海城县连山屯，"这屯里原有旗人讨来的未垦荒甸，因不知地主"，被屯里刘成文、霍文进、叶成林等各自开种了几日。"乾隆四十年四月里，有广宁（县）旗人石姓到屯里说，众人开的是他讨的荒，叫给他出租。众地户应允。到四十一年四月里，又有沈阳户部何老爷来这屯认地，说……地是他要的，红册并不是石姓的，叫众人给他纳租"。后来，这位何老爷又捎信来，"每日地要三吊市钱租价"；石姓还亲自从广宁来"起地租"，"每日地要租市钱一千"[②]。仅一块荒地就招惹了两个外地旗人来争夺，这既清楚地表明了满族地主深深地尝到了租佃制的甜头，又反映出租佃制在这里实行的是何等彻底。

在离沈阳较远的比较闭塞的兴京山区，旗地上也同样实行着租佃制的经营方式。当地旗人地主隗色克图有闲荒地一片，无人耕种。乾隆三十年正月，他在"看戏的地方"遇见了一个从直隶来的流民，隗色克图为了把荒地变为财富，实现地租，便主动上前"盘话"，招来这个外地人到他"那里开垦"，并讲定"开的地五年头才交地租"[③]。

从兴京再往东去的吉林地方，旗地上也是实行的租佃制：民人杨珍、金

[①] 刑科题本，乾隆五十二年九月十九日，刑部尚书喀宁阿题。
[②] 刑科题本，题年残，管理刑部事务英廉题。
[③] 刑科题本，乾隆四十四年九月十三日，盛京刑部侍郎穆精阿题。

亮公、单有曾于乾隆五十七年正月里，合伙"租了"旗人石天起七垧地、一头牛，并且"搬到石天起家，就近耕种"①。

从吉林再往北去，在更边远的三姓（黑龙江依兰）地方，旗地上也早就有租佃制的记录：内地流民石从德与纪韦国"于乾隆五十一年至三姓地方，租舒勒赫屯正红旗穆克登保佐领下披甲兴得保房二间、地四十垧，每年给粮十一石"②。由此可见，在东北旗地上，租佃制也是广为流行的。

上引事例，地主均属旗人，佃农全是民人。这使人很自然地想起乾隆初年直隶总督孙嘉淦在《八旗公产疏》中的一段话："虽将民田圈给旗人，但仍属民人输租自种，民人自种其地，旗人坐取其租，一地两养。"③ 似乎所有旗人都是地主了。这种认识在理论上是违背马克思主义的阶级分析方法的，在实际上也是与历史事实不符合的。

事实上，无论是在关内，还是在东北，在旗人当中，自耕农有之，佃农也有之，甚至佣工也有之。例如，刑科题本记载，在沈阳附近，正红旗满洲罗卜桑拉西佐领下的杨文亮于乾隆五十一年十二月里，"买了穆特布册地二十二日"。"五十二年二月二十三日下晚时"，他认为"该种地了，到地里瞧看"。结果和民人刘杰争较地垅，被刘杰打死④。这个杨文亮，一方面买了地，一方面又操劳耕种，显然既不是佃户，又不是"坐食其租"的地主，而只能是一个自耕农。在海城县对子峪，在简亲王门下当差的镶蓝旗汉军僧保佐领下的金玉昆，在乾隆初曾与当地民人刘朝富换了一块地，共是三日地，每年都是自家耕种，已达二十余年⑤。兴京管下的汪清门地方，正白旗满洲鄂山佐领下兵隗五十四故后，留有红册地六日，"自乾隆十一年展边时"，他家"又自开地亩十三日"，并向官府交纳钱粮，"有交纳国仓出领执照为证"。到乾隆三十年，因"家内贫寒，无计所奈"，"始将身地租与民人刘之富名下耕种"⑥。在这之前，隗五十四家是典型的自耕农。再有，刑科题本中还记载了兴京旗人赵金成的一段供词："小的是旗人，种地度日。乾隆五十七年正月间，有这翟海到小的家讨乞，看他人还健壮，问是山东人，留在家里管喂牲口。"⑦ 家里

---

① 刑科题本，乾隆五十八年三月十三日，武英殿大学士阿桂题。
② 刑科题本，乾隆五十九年八月二十日，武英殿大学士阿桂题。
③ 《孙文定公奏疏》第一函，卷4，页33。
④ 刑科题本，乾隆五十二年九月十九日，刑部尚书喀宁阿题。
⑤ 刑科题本，乾隆三十三年六月二十六日，盛京刑部侍郎朝铨题。
⑥ 刑科题本，乾隆四十四年九月十三日，盛京刑部侍郎穆精阿题。
⑦ 刑科题本，乾隆五十九年三月二十六日，武英殿大学士阿桂题。

养牲口、种地度日，显然原来也是一个自耕农。

至于贫穷沦为佃农的，在档案中也不乏记载。在邻近东北地区的热河道承德府，有正黄旗包衣观音布管领下的"正身旗人"范纯与侄孙范玉信两家，范玉信家由于逐渐败落，后来不得不"租种范纯一顷六十亩地，讲定每年租粮六石五斗"。从而沦为其叔祖的佃户，开始受其叔祖的剥削。后来范纯"因粮食不好"，要"每年改给他五千大钱"，主佃发生争执，范玉信竟被范纯打死①。经济利益和阶级关系轻易地撕掉了民族的和宗族的面纱。在锦州附近的广宁县，旗人木得"租了巴得木库两日地，每日地租市钱五吊。"作为佃户的木得一家，终日劳作而少有休息，农忙时，其妻子还得把午饭送到地里。即使这样拼命劳动，仍然是还不上地租②。除自身贫困的原因外，还有一些偶然因素，迫使旗人突然沦为佃户。例如，在奉天府海城县牛庄界林家峪，原有一片荒甸，共七十六日零，于乾隆初年由当地的旗人金玉昆、丁世平、丁世信等开垦。至乾隆二十七年，被盛京户部查知，"叫把这项偷开黑地入官，每日作给价银六钱，分卖给兵丁"。当由胡什布、富常阿、乌明等披甲"递呈认买"，"仍旧是原开地的金玉昆、丁世平、丁世信……他们承租耕种"③。自耕农一下子变成了佃户。

最贫穷的旗人，虽然也占有几亩旗地，但其社会地位、生活状况往往连佃农也不如，不得不常年做佣工。例如，广宁县白旗堡正红旗窝兴额佐领下小丹卜，父亲失明，家里贫穷，虽然有二日旗地，也无力耕种，只好租与他人耕种，而自己则常年"雇给何姓家佣工"④。类似这种情况的，岂止这一户旗人。

二

关于旗地上的租佃形态，以往历史文献记载的大都是货币地租。乾隆二十八年八月初九日的上谕曾提到："佃户输租业主，往往因循拖欠，或银色低潮，未能按期清楚。……所有每年租银，应如何解交，及偶遇水旱，如何酌

---

① 刑科题本，乾隆四十七年八月二十五日，直隶总督郑大进题。
② 刑科题本，乾隆五十四年二月十一日，武英殿大学士阿桂题。
③ 刑科题本，乾隆三十三年六月二十六日，盛京刑部侍郎朝铨题。
④ 刑科题本，乾隆五十四年二月十一日，武英殿大学士阿桂题。

量分数分别蠲免，统令会同熟筹妥议。"① 可以看出，佃户输租，每年交纳的都是银子。乾隆五十六年十二月，户部的奏折也说："查圈占之初，地广人稀，租种者少，是以每亩议租三五分至一二钱不等，……近年以来，生齿日繁，每亩现值银五钱至七八钱不等。"② 从开初到后来，数额虽有变化，但以银交租是始终不变的。这些当然都指的是关内旗地。

在东北，货币地租同样是广为实行的。例如，前引海城连山屯的旗地，何老爷"每日地要三吊市钱租价"，石姓"每日地要租市钱一千"；海城牛庄界林通峪的旗地，原开地的金玉昆等佃户，都是"每日地给两千五百租钱"；广宁旗人巴得木库的两日地，"每日地租市钱五吊"等，均是货币地租。

然而，货币地租虽是当时旗地上最主要的地租形态，但绝不是唯一的形态。在汉族地区流行的其他租佃形态，在旗地上都曾出现过。这在东北的旗地上尤为突出。

由于东北多数的旗地离旗人住所很近，所以实物地租占有相当比重。其中分成租制和定额租制在档案中都曾出现过。在奉天府兴京地方，旗人赵进玉在杨树屯有讨垦地亩，于乾隆五十六年二月，招山西流民王忠禹佃种，"讲明收成后交粮"③。旗人赵金成在兴京南山坡有讨垦官地，于乾隆五十七，招翟海垦种。"翟海在这里盖了一间窝铺存住，刨种二十亩地，秋收分粮"④。这种收成后交粮、秋收分粮的提法，说明事先没有固定的租额，而只有一个相对的比例，地主和佃农各分多少，要到收获以后才知道。无疑，这些都是分成制地租。

前边曾提到的承德府的旗人范玉信，租其无服叔祖范纯的一顷六十亩地，在没有改成货币地租以前，一直是"每年租粮六石五斗"。兴京旗人隗色克图将闲荒租与刘之富耕种，讲定"开的地五年头才交地租，有一日地是四斗粮。头一年只交四日地租，往后每年加征四日地租"。刘之富从乾隆三十年开始开荒，乾隆三十五年第一次交租，到四十一年，他"共交了四十石八斗租粮"，正好是"每年每日地租粮四斗"。石从德租三姓旗人兴得保房二间、地四十垧，"每年给粮十一石"。所有租额都是相当固定的，体现了实物定额租制丰年不加，灾年不减的特点。

---

① 《清高宗实录》卷692，乾隆二十八年八月癸巳。
② 《八旗通志》卷65《土田志四》。
③ 刑科题本，乾隆五十七年五月二十七日，盛京户部侍郎宜兴题。
④ 刑科题本，乾隆五十九年三月二十六日，武英殿大学士阿桂题。

从乾隆刑科题本看东北旗地的经营方式

上述旗地上的租佃形态并不是一成不变的。旗人地主总是想方设法增加地租，引起租佃形态发生变化。前引范纯"因粮食不好"，为确保高额利润，要佃户范玉信"每年改给他五千大钱"，这就是企图将实物地租，改变为货币地租。

旗人地主为了增加利润，或者出于别的原因，还采取了预收地租的办法，提前收取一年、两年甚至几年的地租，这就在旗地上出现了"预租"。兴京地户刘之富租种隗色克图旗地三十日，原来是收获之后交当年之租。到乾隆四十二年，镶黄旗领催哈什太查出该地系"兵的随缺地"，从隗家收回后，仍"把地交给刘之富种"，但却随之改为预租的形式，要提前两年收租，刘之富"当众人交过二年租银十七两五钱"①。很明显，预租加重了对佃农的剥削。

在清代东北的旗地上，还出现了原始富农的经济关系的经营方式。乾隆以来，对于旗地的诸多限制，已经在实际上放松，旗地已几乎像民地一样可以转佃，可以租来租去。这样，旗地上不仅出现了地主，还出现了雇工耕种的原始富农。例如，在兴京杨树屯，王忠禹佃种旗人赵进玉的讨垦旗地，先后雇了王盛和李天祥两名劳力。王盛"只是出力，到收成后给市钱五千"；李天祥是"只给饭食，不给工钱，许他自采蘑菇、木耳卖钱"②。王忠禹对雇工的剥削是非常明显的，旗地上采用富农经营方式也是毫无疑问的。王忠禹虽不是旗人，但他这样做，前提条件是得到旗人的首肯。这种前提，在兴京的另一例中，有清楚记载：旗人赵金成"有讨垦官地坐落在兴京南山坡前，先前仅招翟海佃种。后来翟海又因自己一人种地，照管不到"，翟海又雇了山东来的同乡戴六"作帮手，许他收成分粮"。翟海雇工经营，事先报请过旗人赵金成，在赵金成问明情况，"许他留下"的前提下，他才这样做的③。

即使在偏远的三姓地方，旗地上也出现了原始富农经济的萌芽。乾隆五十一年，石从德、纪韦国二人合伙佃种舒勒赫屯兴得保旗地。到乾隆五十八年二月，石、纪二人"雇民人袁得星做活，言明十个月，共给工钱四十二千文。后又雇民人高忠、李维周等做活十个月，各给工钱三十五千。说定之时，当下给袁得星钱五千文使，给别的做活的钱二千、三千不等，

---

① 刑科题本，乾隆四十四年九月十三日，盛京刑部侍郎穆精阿题。
② 刑科题本，乾隆五十七年五月二十七日，盛京户部侍郎宜兴题。
③ 刑科题本，乾隆五十九年三月二十六日，武英殿大学士阿桂题。

剩余工钱俟十个月工满日全给。说定做活计账"。石、纪二人同这些雇工"都在一处同坐吃饭，一炕睡觉"①。可以看出，在舒勒赫屯的这段旗地上，在乾隆五十一年至五十七年期间，只存在地主与佃农的租佃关系。乾隆五十八年以后，这段旗地上的经济关系就变得复杂了。石、纪二人既是旗人地主兴得保的佃户，又是凭借土地的垄断权和经营权，以及凭借早年积累的资本，从事剥削的原始富农。既然这块偏远的旗地上萌发了原始富农经济的幼芽，那么这种原始富农的经济关系，当然也就闯进了这边远地区的旗人的社会生活中。

三

众所周知，在努尔哈齐进入辽沈以前，除去奴隶主的"拖克索"庄园不论外，一般诸申（即后来所谓旗人主要成分），除以牛录屯田的方式，向奴隶主专政的国家缴纳赋谷之外，其自己耕种的土地（即后来所谓的"旗人所种之地"）是可以自由耕牧，"不纳所猎"的，即不剥削别人，也不受别人剥削。为什么仅仅经过一个世纪，到乾隆时，旗地上的经营方式就发生了天翻地覆般的变化呢？从刑科题本看，我们觉得下述两点原因是很突出的。

第一，满族崛起后，大批汉人通过被俘为奴、联姻过继、抱养子嗣的形式，以及八旗汉军的形式，加入了满族社会，成为满族族体中不可分割的组成部分。例如，沈阳的民人刘杰，其"两姨舅舅"穆特布就是旗人②。海城县民人刘朝富，其"姑舅叔叔"金玉昆也是旗人③。这都是由于旗、民通婚而结成的亲戚关系。虽然按常例民人之子不应过继给旗人为嗣，但过继之事也时有发生。由于种种原因，满族人口由皇太极时期的百万左右，迅速发展到康雍乾时期的三百五十万左右④。这里边具有汉族血统的满族人，比重一定不小。这些人必然会将汉族先进的生产方式应用到旗地上。

第二，康熙以后，汉人冲破封禁，大批流入东北，打破了满族原来相对独立的生存地域。东北的流民多半是因战乱、因圈地、因其他种种天灾

---

① 刑科题本，乾隆五十九年八月二十日，武英殿大学士阿桂题。
② 刑科题本，乾隆五十七年九月十九日，刑部尚书喀宁阿题。
③ 刑科题本，乾隆三十三年六月二十六日，盛京刑部侍郎朝铨题。
④ 王钟翰：《"国语骑射"与满族的发展》，《故宫博物院院刊》1982年第2期。

人祸而丧失了土地的关内汉族农民。从刑科题本看，山东的流民最多，他们分散到东北各地，如"程惠亮籍隶山东"，流寓到朝阳县"种地度日"①。山东济南府德平县人刘成文流寓到海城县"种地度日"②。籍隶山东的张信和刘马大均流寓海城"放蚕营生"③。山东民人蓝月新，"在汪清边门佣工年久"④。山东莱州府掖县民石从德，流寓三姓地方，"合伙种地"⑤。山东沂州府莒县民翟海"早年出关，在各处佣工，乞丐度日"，后来流寓兴京种地为生⑥。其次是直隶的流民，如直隶滦州民刘之富，早年"带着女人和儿子到了兴京长台地方，租了黄姓的六日地耕种"⑦。直隶卢龙县民杨珍早年来吉林，娶妻陈氏，生了一个儿子，与别人搭伙耕种⑧。此外，关内很多省份，都有流民到东北来，甚至连最南方的广东省，也有流民过来，在三姓地方同石从德"合伙种地"的纪韦国，就"系广州府人……从家里出来二十多年了"⑨。

　　流民一般都是从人口密度大的地方流向密度小的地方，所以当奉天周围的人口稠密之后，这里的汉民又开始往东移动。如金亮公、单有"都是奉天府辽阳州人，来吉林在这双顶屯一带地方卖工度日的"⑩。复州的王悦宽和宁远州的张国荣等也都是因为当地人多地少才迁移到兴京地方的⑪。

　　流民之多，来势之猛，已使柳条边形同虚设，"离边墙稍远者，多成坦途"⑫。迫使统治者束手无策，不得不"密谕放行"⑬。

　　数量可观的流民，必然带来汉族的先进生产方式，形成对满族落后的生产方式的包围。以满族的发祥地兴京和聚居区凤凰城为例，都出现了汉人先进的土地经营方式。据刑科题本载：兴京厅有王世广、郑凤来二人

---

① 刑科题本，乾隆四十七年八月二十五日，题残。
② 刑科题本，题年残，管理刑部事务英廉题。
③ 刑科题本，乾隆十八年九月一日，奉天府尹鄂宝题。
④ 刑科题本，乾隆三年十二月四日，盛京刑部侍郎觉罗吴拜题。
⑤ 刑科题本，乾隆五十九年八月二十日，武英殿大学士阿桂题。
⑥ 刑科题本，乾隆五十九年三月二十六日，武英殿大学士阿桂题。
⑦ 刑科题本，乾隆四十四年九月十三日，盛京刑部侍郎穆精阿题。
⑧ 刑科题本，乾隆五十八年三月十三日，武英殿大学士阿桂题。
⑨ 刑科题本，乾隆五十九年八月二十日，武英殿大学士阿桂题。
⑩ 刑科题本，乾隆五十八年三月十三日，武英殿大学士阿桂题。
⑪ 刑科题本，乾隆四十四年九月十三日，盛京刑部侍郎穆精阿题。
⑫ 贺长龄编《皇朝经世文编》卷35，页1。
⑬ 吴希庸：《近代东北移民史略》，《咸同间之弛禁》，载《东北集刊》第2期，东北大学东北史地经济研究室编，民国三十年十月。

"分种姚可顺地亩",自出种子、肥料、牛具等,"秋收后,姚可顺得四分粮食","王世广和郑凤来每人得三分"①。凤凰城宁富保,"揽种王有的地亩",并向王有借"市钱五十三千,按月三分行息"②。这两例表明,流居东北的汉人不仅带来了租佃制的土地经营方式,而且把高利贷的剥削方式也带来了。这对东北旗地的经营无疑会产生巨大的影响。

总之,东北旗地经营方式的迅速地主经济化,是受生产力和生产关系的矛盾和斗争这一决定社会发展的总规律支配的。发展水平较高的民族一定会通过种种方式影响发展水平较低的民族。落后的民族,虽然可以凭一时的武力征服先进的民族,但终将被处在先进发展阶段的民族所同化。这正如恩格斯说的:"比较野蛮的征服者,在绝大多数情况下,都不得不适应征服后存在比较高的'经济情况'。"③ 也正如马克思所说的:"野蛮的征服者总是被那些他们所征服的民族的较高文明所征服,这是一条永恒的历史规律。"④

---

① 刑科题本,乾隆五十三年二月十日,奉天府尹奇臣题。
② 刑科题本,乾隆五十九年四月七日,奉天府尹宜兴题。
③ 恩格斯:《反杜林论》,人民出版社,1970,第180页。
④ 马克思:《不列颠在印度统治的未来结果》,《马克思恩格斯全集》第9卷,人民出版社,1961,第247页。

清代的佃农[*]

清代的佃农正处在封建社会晚期，由于当时商品经济有了一定程度的发展，资本主义业已萌芽，所以呈现出与封建社会早期和中期显著不同的特点：人身依附关系松弛；自身分化加快。但他们仍然受到沉重的封建剥削，仍然是地主阶级的对立阶级，是反封建的主力，这个本质没有变化。本文主要根据档案资料，结合方志、笔记杂录等文献，对清代佃农阶级的状况及其历史地位，做一简要的分析。

一　佃农所受的正租剥削

清代的实物分成租制、实物定额租制、货币租制已在全国并行。以山东孔府为例，在当时9个地区52处私田田庄中，有31处采用分成租制。在82处私田、官庄、小厂中，有32处实行货币地租，货币租约为总数的五分之二①。而劳役地租，除在边远的少数民族地区保留外，在内地地主经济制度下已基本不存在了，它的残余形式，我们将在下文叙述。这里，我们着重分析清代佃农所受的实物分成租制、实物定额租制、货币租制的地租剥削。

1. **实物分成租制的剥削情况**

实物分成租制就是佃户租种土地占有者的田地，要按当年生产粮食产品的一个固定的比例数交纳地租。在分成租制下，地主充分利用手中掌握的土地和其他生产资料，最大限度地压低产品中归佃农所有部分，尽可能地提高归自己所有的地租。而佃农也为扩大自己所得的部分，千方百计地对地主进行反抗。所以，剥削率不仅是由占有生产资料的多少来确定，它最终还要通

---

* 与辽宁省民族研究所何溥滢研究员合写，原载《社会科学辑刊》1991年第1期。
① 本文有关孔府资料，均转引自齐武《孔氏地主庄园》，中国社会科学出版社，1982。

过阶级斗争来确定。正是由于这种复杂的阶级力量对比所起的作用，分成租制在不同时期、不同地区、不同条件下的剥削率也不同。从档案资料看，低者仅为收获量的百分之十五，高者甚至达到收获量的百分之八十，具体说来，有以下十种情况：地主一五佃农八五分，主二佃八分、主三佃七分、主一佃二分，主四佃六分，对分，主六佃四分（俗称"倒四六"），主二佃一分，主七佃三分（"倒三七"），主八佃二分（"倒二八"）。其中，剥削率超过收获量一半的竟有四种之多，剥削最重的是"倒三七"和"倒二八"。佃农辛勤劳作一年，收获的七成、八成被地主占有，自己还能剩余多少！如福建延平府顺昌县的肖廷超有田二段，一向由肖廷谋佃种，"每年议定主佃二八均分"。乾隆五十八年九月二十日，晚稻成熟，佃农邀地主到田分租。共收谷二十五石四斗，地主分谷二十石，佃农分谷五石，余剩四斗，地主想一并收回，佃农仍坚持按二八比例，分净为止①。当然在分成租制这十种情况中，"倒三七"、"倒三八"的超重剥削，与剥削较轻的"二八"、"三七"分租所占的比重都不大。最常见的还是主佃对分，其次是正"四六"和"倒四六"。

决定这种分租比例的，除土地占有这个最重要的因素外，其他生产资料的占有与否，以及占有程度的多少，也起着重要的作用。因为虽然在清代已孕育着资本主义萌芽，但清代地主提供的生产资料，并不是独立于土地关系之外的社会物质条件，而仍然是土地的附属物，是地主剥削佃农的补充物质手段，因而对于这一部分生产资料所提供的剩余劳动不是利润，乃是追加地租。从佃农的角度说，如果佃农的经济条件好，自己拥有耕牛、农具、籽种等生产资料，那么在分配收获量时，交给地主的地租往往就少一点，自己留的份数就会多一些。如果佃农的经济条件差，缺少耕牛、农具、籽种等生产资料，完全或大部分靠地主提供，那么在分配收获量时，地主得的地租就会多。如河南商丘佃农苏文礼几乎一无所有，佃种宋胜颈的田地，"就在他庄房里住，……牛具、籽种都是宋胜颈的"。在分配的时候，佃农只得三分，地主分得七分②。相反，湖北德安府随州，朱又堂佃种刘正坤的地亩，因为"牛工种子俱是"朱又堂承担，所以讲定收了麦子佃农朱又堂得六分，地主得四分③。可见，拥有和投放生产资料的多寡，与分配地租的多少，大体上成正比

---

① 刑科题本，乾隆五十九年十月十一日，管理刑部事务阿桂题。
② 刑科题本，乾隆二十三年五月二十一日，刑部尚书阿弥题。
③ 刑科题本，乾隆八年五月二十七日，刑部尚书来保题。

例。当然,牛具、籽种、粪肥等项生产资料,在产品与分配中的影响,是有一定限度的,而不是像土地那样,有绝对的决定力量。

2. 实物定额租制的剥削情况

实物定额租制是按耕地面积规定地租量,佃户要向土地占有者交纳约定数量的实物地租,这是它的基本内容。但是,它也有多种多样的形式。有所谓"铁板租"或"万年租"就是业主与佃户议定租额之后,不管年成好坏,一概要照约征租,"丰年不加,灾年不减"。还有一种照原额折成交租的情况,如江西乐安县地主杨天爵,"有土名草子坪租田二斗,计额租十石。雍正八年,周瑞生佃耕,每年议交租谷八石"。乾隆十三年,周瑞生又承种杨天爵"盐枯岭晚米田一石二斗,计额租六十石"、"议定每年交租四十八石"[①]。这两处田的实际地租都是照原额打了八折,但也均有固定的数量,因而还是定额租。还有一种情况是,虽有一定的租额,却要按照收成的分数交租,有的地方叫做"议租"。比如有某一块田,预先确定了租额,如果该年是十成收,佃农就要按照原定的租额交租;如果是九成收则可按照原定租额的九折交租,依此类推。

实物定额租的数量,受生产力水平、土地丰度、土地价格、产量高低、人口密度以及阶级斗争形势等多种因素制约,各地很不相同。但一般来说,租额都比较高。乾隆时清廷根据土质情况曾做出规定,上等田每亩交租三石,中等田每亩交租二石,下等田每亩交租一石六斗。就当时生产力发展水平来说,南方比较肥沃的田地,每亩产量也不过三四石而已。所以规定的这些租额是不低的。可是,地主私下收租往往不照此规定办理,而比规定高出不少。从档案记载看,有一亩收租四五石者,最高者甚至达八石之多。如福建仙游县,佃农姚招向林辉租种二亩二分田。年纳租谷十二石[②],平均每亩地租为五石四斗五升,几乎等于清廷规定的上等田租的二倍。广东吴川县的杨振国等在乾隆十六年,"批耕林国藩尝田粮米一石,交过批头钱十千文,议定每年租谷八十四石"[③],一斗田约相当于一亩,平均要交租谷八石四斗,几乎等于清廷规定的上等田租的三倍。因为租额太高,仅一年时间,佃农就逋欠了租谷。再从北方看,以山东汶上县孔府私田为例,乾隆年间,每大亩约收租"收斗"

---

① 刑科题本,乾隆十八年十月六日,刑部尚书李元亮题。
② 刑科题本,乾隆十八年三月十四日,刑部尚书阿克敦题。
③ 刑科题本,乾隆十八年十月二十九日,刑部尚书阿克敦题。

一石，当时每大亩中地产量约为900斤，"收斗"一石为640斤，地租约为收获量的七成。

按一般设想，实物定额租制的租额固定，佃农愿意多投入工本，以使获得的增产部分归自己所有，因而地租在收获总量中所占比例会越来越低。实际上，地主总是要最大艰度的榨取佃农的剩余劳动，绝大多数佃农只能维持简单再生产，很难有多余的财力、物力去扩大再生产。因此，单位面积产量不易提高，地租在收获量中所占比重也很难下降。据孔府齐王庄庄园档案记载，它的产量和租额从清初到1948年基本上没有变动，就是一个证明。

3. 货币租制的剥削情况

货币地租的数额，因地区不同而有所差别。如山西阳曲县，张天文于乾隆三十二年佃种张全地二亩，每年租钱一千六百文，平均每亩八百文①。广东东莞的胡成大于乾隆初年批耕温日宣尝田七十亩，年收租银七十两，平均每亩一两②。江苏通州，范遂林于乾隆四十七年出"批价"三十余千，批种康顺卿四十余亩地，每年租钱四千八百文。平均每亩约一百二十文③。再如北方旗地上的租银，也是"每亩一二钱至三四钱不等"④。

就是同一地区，因为土质不同，划分等级的标准不统一，其租额也有很大差别。以山东孔府周围地区为例，兖州花园庄私田，上地每亩四钱，中地每亩二钱三分，下地每亩一钱六七分。滕县池头集私田，上地每亩一钱六分，中地一钱三分，下地及新垦荒地八分。

上述各种租额只能看出各地的差别，还不能说明货币地租的剥削率，因为我们还不知道它们每亩收获物折银多少。为了准确计算货币租制的剥削率，我们不妨再分析几例完整的档案材料。台湾凤山县的林峦于乾隆四十八年佃种林舍园地，栽种芝麻，讲定租价番银六元。成熟后，佃农将园内芝麻卖给陈兜采取，估定价值番银九元⑤。地租占收获物的三分之二。归化附近的吴廷臣同郭兴泰伙种蒙古扳旦什一顷多地，每年是六两租银。乾隆十二年共收获糜谷、麻籽二十石，变卖了八两五钱银子和七千二百文钱，按八百文折银一两，七千二百文折银九两，合计共卖银十七两五钱。此外，还有谷草，若以

---

① 刑科题本，乾隆三十六年五月初二日，山西巡抚鄂宝题。
② 刑科题本，乾隆十八年五月二十九日，广东巡抚苏昌题。
③ 刑科题本，乾隆五十年十二月初七日，管理刑部事务阿桂题。
④ 《清文献通考》卷5。
⑤ 刑科题本，乾隆四十八年十二月初三日，福建巡抚雅德题。

亩收草一束，可收一百多束。一束草，价银一二分。还可变卖银一二两。总收获约为银二十两，地租六两，仅占收获物的三分之一①。福建南靖县，邱双租种戴状园一丘，种甘蔗，年纳园租银二两四钱。乾隆二十年十月蔗熟，统卖与戴辅砍卖，议定番银十七元。当时番银与白银比价一般是十元折银八两左右，十七元折银十三四两。地租仅占收获物总价的百分之十七②。

可以看出，货币地租的剥削率也很悬殊。但总的说来，有些佃农因为资金充足，产量高，租额就相对降低，交纳地租后，还有较多的剩余，有可能发家致富。

二 佃农所受的附加地租及额外剥削

前面所讲的是佃农所受的正租剥削的情况。除正租外，佃农还承担了一些附加地租和许多的难以统计的额外剥削。

押租是一种很重要的附加地租。所谓押租就是农民向地主租地的时候，要交付一定数量的保证金，以后一旦欠租，地主便以此扣抵；佃农退佃，地主则要如数清还。押租的数额，没有定例可循，要多要少完全根据地主的意愿和佃农的支付能力而定。但一般来说，它与租地数量和土地丰度成正比，正如一些县志所说，它是视田亩多寡为率，视岁租多寡为率。其数额往往很大，有的接近一年的正租，有的大大地超过一年的正租几乎接近于地价。例如，广东罗县的洪任贤于康熙四十五年，用顶手银（即押租）八两六钱，顶耕八亩二分地。二十九年后，即雍正十三年，田主将此田卖出，才得地价银十三两。当初的押租是后来地价的百分之七十③。一般说来，随着人口的增长，土地价格会越来越贵，此田二十九年前的地价大概和押租很接近。再看押租与正租的比例，如四川宜宾县的王德容于乾隆三十七年，将田租与应绍仁耕种，收取押租二十二千文，议定每年租谷十二石。第二年，佃农没有交租，王德容按时价将十二石租谷折钱十五千文④。此田的押租几乎为正租的一倍半。湖北宜城县，乾隆二十五年，杨国点将山田二分租与张起洪，议定押

---

① 刑科题本，乾隆十三年十一月二十一日，山西巡抚阿里衮题。
② 刑科题本，乾隆二十一年四月二十八日，福建巡抚钟音题。
③ 刑科题本，乾隆十三年十一月十八日，刑部尚书阿克敦题。
④ 刑科题本，乾隆四十一年七月十四日，刑部尚书舒赫德题。

课钱一百千,课租四十三千①。此田的押租为正租的二点三倍多。据有的档案记载,押租还有为正租二十多倍、七十多倍的,不过这是极少数。一般押租都为正租的一倍或两倍多。

押租不仅对地租有保证的作用,而且也为地主提供了增加剥削的机会。地主们常常拿着农民交来的押租钱,以高利贷形式,转借出去,从中牟利。所以,收取押租就等于增加了地租。前引四川宜宾的应绍仁佃耕王德容地亩的案例,押租钱是二十二千文,每年租谷十二石折钱十五千文,乾隆三十八年租钱十五千文没交,第二年"加利息三千文",这样算来,年利率为百分之二十,押租二十二千文,每年可收入四千四百文利息,等于十五千文正租的百分之三十。实际上,这在当时还是比较低的利率。据记载,乾隆年间的江西,"每年入息三分"②,这应当是当时通行的利率。按照三分利息计算,押租的剥削性质就更明显了。浙江新城县,王思胜于乾隆二十五年,租种十二亩地,"议定佃本银(即押租)四十五两,每年仍还租银十五两"③。四十五两押租银,每年可收入利息十三两五钱,即每年实际地租收入为二十八两五钱,正租等于增加了百分之八十。不难看出,尽管押租名为保租,佃农在不欠租而退佃的时候可以收回,似是公平,但它的实质是一种附加地租,它大大地加重了对佃农的剥削。

还有一种"预租"也含有附加地租的性质。所谓预租,就是在议定佃地时,佃农要先交一年或若干年的租钱,然后才能种地。它不是押租。从档案记载看,这种预租,有先交一年的,也有先交二三年的,甚至有预交十年的。这种预交有保租的一面,防止佃农拖欠租银。另一方面,它也是地主加租,剥削佃农的一种重要方式。兹举例加以说明,甘肃陈宏康于乾隆六年十一月租种卢廷吉三石种子的地,"契载三年,每年租银一十八两,先交两年租银,共三十六两"④。两年租额三十六两,看似没有加租,而实际上增加不少。因为当时银钱借贷都有利息。姑且按官方规定的"月利息不过三分",按一年为一周期计算,这三十六两预租到乾隆七年十月,利银当为十二两九钱六分,加上本银三十六两,应为四十八两九钱六分。再至乾隆八年十月,利银又得十七两六钱二分五厘,加上本银四十八两九钱六分,应为六十六两五钱八分。

---

① 刑科题本,乾隆三十年五月十一日,管理刑部事务刘统勋题。
② 《民商事习惯调查录》,第424页。
③ 刑科题本,乾隆四十三年八月三日,浙江巡抚王亶望题。
④ 刑科题本,乾隆九年三月十四日,刑部尚书来保题。

清代的佃农

这就是说，陈宏康交的租银不是每年十八两，而是每年三十三两多，将近增加了一倍。这种预交的租钱，时间越长，增加的租子就越多。陕西阳县赵库佃种宋恕山地两段，每年议定佃钱一千零四十文，预交六年租钱共六千二百四十文①。若仍按月利三分计算，这些预租到第六年底，本利合计共达三万九千四百七十九文。这样看来，这个佃农实际多交了三万三千二百三十九文，或者说每年的租钱实际变成了六千五百七十文，比原定租额增加了五倍多！

除押租、预租外，佃农所受的额外剥削还很多。

有一种剥削叫"批礼银"。在一些地方批赁时，地主必索佃户批礼银。佃种年限到期，退田时，批礼银不再退给佃农。

有不少地方，公开用大斗大秤收租。江西石城，"每租一石收耗折一斗，名为'桶面'"②。福建宁化、清流、长汀等县，"以二十升为一桶，曰租桶；及粜则桶十六升，曰衙桶，沿为例"③。租桶比标准桶大四分之一。上杭等地的地主也是"欲于常额之外，巧计多取，乃制大斗取租，每斗外加四五升不等"④。广东，"租斗有较官斗加一二者，亦有加四加五者"⑤。山东孔府将多出标准斗的部分叫"斗尖"、"地皮"。按孔府的要求，收租过斗时，必须上尖下流，上尖的部分叫"斗尖"，流到地下的部分叫"地皮"，二者合称"合子'或"合子粮"。这些额外的剥削在数量上也有明确的规定："每斗二升尖，一升皮"。有时"斗外之米往往多于斗内"。孔府在收租草时，也曾单方面提高标准，"向纳草十五斤一个者，近秤三十斤一个。"

佃农承受的其他额外剥削，还有江西崇明县"佃民向例夏冬二季交纳业主田租之外，尚有轿钱、折饭、家人杂费等项"⑥。所谓轿钱就是佃农要负担地主下乡收租时乘轿的费用。折饭就是佃农给地主或地主差人下乡收租时的"伙食费"。家人杂费是佃农除供应收租人吃喝外，另付给收租人的"小费"。江苏如皋地方，以"礼鸡"代替家人杂费。在河南，这种家人杂费叫"小礼钱"。在江西、福建一带，佃农受的这些额外苛索叫作移耕、冬牲、豆粿、送仓、白水谷、行路使费等。所谓移耕，就是佃农批赁田地之时，给地主礼银、

---

① 刑科题本，乾隆四十六年二月初八日，管理刑部事务英廉题。
② 《（道光）石城县志》卷7。
③ 《（道光）宁都直隶州志》卷14。
④ 王简庵：《临汀考言》卷18。
⑤ 《（光绪）清远县志》卷首。
⑥ 《（雍正）朱批谕旨》第13函，第5册，第5页。

酒食之类的代称。所谓冬牲、豆粿，就是佃户于出新时，或年节时，送给地主的年肉、鸡鸭、糍团、新米、粢糯等。所谓白水谷，"即批田也，佃户初至，或不能即办批田银，田主许之宽假，计银若干，岁入息三分，统俟冬收交纳，是为白水"。所谓行路使费，"盖田主未必皆至田所，委次丁收获，凡出入车辆，率是仆之任。或佃有顽欠，催取额加，屑屑道路，佃户量与酬劳，原未尝有多寡定额也"，因而也叫"草鞋费"①。

此外，佃农还要遭受各色各样的差遣役使。从档案反映的情况看，佃农有替地主背米赶街巣卖的，有在地主家内做杂活的，有替地主轮流巡夜的，有为地主看守山林、湖泊的，等等。应该说明，这些人身奴役不是佃农应当承担的劳役地租，而纯粹是地主在原来确定的地租剥削之外的一种额外榨取。然而，有些地主硬是逼迫佃农将正租之外的这些额外榨取，也写进了赁约，以体现其合法性。兹举江西会昌县一例：

> 立赁佃人罗士共兄弟，今来赁到田东吴玉书手内田业一处，坐落地名密坑，土名大湾子、下禾塘及梅子湾等处。计载正租税桶五角二斗，正外碗子脚谷每角二升，春牲每年一只，冬银每角六厘，外又纳顶耕花利三角三斗正。其田今年赁到，耕种还租，其租递年秋日精打过车，尖桶送门交收。自赁之后，大小丰熟各无添减。左右前后，栾林竹木，俱要看管，不得抛荒失界。婚姻喜庆，人工柴薪答应。其田批十作九。另行再批。恐口无凭，立赁为照。康熙壬寅六十一年正月日立。赁耕人罗士共（花押）。代笔人吴皇宣（花押）。见人陈士玉蒂佐（花押）、吴其茂（花押）②。

这张赁约除正租外，对其他剥削的内容和数量也都作了规定，既有批礼银之类的顶耕花利，又有碗子脚谷、春牲、冬银等苛索，既有大桶收租的要求，又有多种多样的差遣役使。这户佃农该怎样忍受啊！

清代，佃农人身依附虽然有了松弛，但佃农受役使的现象在全国仍较普遍。一个在河南任过职的官员曾这样概括："卑职前任豫省，见田主如主人，而佃户如奴仆，有事服役不敢辞劳。"③ 两江总督那苏图进而论说整个北方的

---

① 《（道光）石城县志》卷7。
② 刑科题本，乾隆九年六月十一日，江西巡抚塞楞额题。
③ 《湖南省例成案》，《工律河防》卷1。

佃户也都是"业主得奴视而役使之"。其实，贵州等南方一些偏远地区，档案上也有这样的记载："凡是佃种田主田地写有佃约，就同工人一般，听凭田主差唤。"① 但总的说来，这种差遣役使在清代并不严重，它只是往昔劳役地租制的残余影响罢了。

三 佃农的经济状况及其分化

封建社会晚期，地主阶级越来越腐朽没落，因而也越贪婪、越残酷，对佃农的剥削越来越重。所以清代的多数佃农生活都非常贫困，甚至连必需的生产资料、生活资料都没有，属于自己的只有可供出卖的劳动力。

佃农缺少或没有住房的情况，无论从南方看，还是从北方看，都不是个别的。两江总督那苏图只看到北方佃户居住业主之屋，这是片面的。就档案资料看，南方的佃农仰赖于业主庄屋，寄住于他人篱下的也不乏其人。如湖北孝感李家垣有个李锦如的佃农，佃种陈家佛堂庙宇住持澄源的二斗田，自己"并无房屋"，而是"租屋"居住，后来又"依住兄弟李明志家"②。贵州遵义县佃农钟泮原来佃种阎璋田地，住的就是阎璋的房子。后来地主嫌钟泮耕田不勤，所分租谷较往年短少，而另招罗顺佃种。于乾隆三十三年十二月二十四日，临近年关之时，"阎璋向催钟泮出屋。钟泮以时值岁暮，不肯搬移"，竟被地主打死③。这说明这户佃农不但无自己的房子，而且连一个可以临时借住的地方也没有，不然何以至死不搬？江苏金匮县，佃农季满，"向住周永臣房屋，并承种其田，每年该完田租四石二斗，屋租一石二斗"④。类似的记载还有不少。可见，无论北方南方，都有缺房、无房的佃农。房子是人们生活的必需设施，是安身立命之所，连房子都没有的佃农，其他生产资料和财产就更无从谈起了。这类佃农属于最贫苦的。当然，无论是南方还是北方，有房屋的佃农还是多数，虽然他们的房屋是最简陋的，连风雨也难以遮挡的窝棚式的或马架式的，但毕竟有个栖身之所。

不少佃农缺少牛具、籽种、肥料等必要的生产资料。封建社会的农民与奴隶不同，一般都拥有一定数量的生产工具等，但破产和半破产的佃农则常

---

① 刑科题本，乾隆二十八年五月十七日，刑部尚书舒赫德题。
② 刑科题本，乾隆十三年十月十三日，湖北巡抚彭树葵题。
③ 刑科题本，题年残缺，贵州巡抚良卿题。
④ 刑科题本，乾隆十七年四月十二日，刑部尚书阿克敦题。

常是一无所有，不得不依靠地主提供。依靠地主提供这类生产资料的佃农，所受的剥削常常是最重的。山西岚县佃农李京等四人，共同揽种地主温尧士田地，这几户佃农均无籽种、粪土与牲口，这些生产资料均靠地主供给，"他们只出耕力"，在分配时，地主"分七分，他们四人共分三分"①。山西保德州河曲县佃农张洪才租种张兴海田地，这户佃农也是一无所有，只能"出人力"靠地主"出籽种工本"，分配的时候，佃农得四分，地主得六分②。安徽宿州佃农胡振缺少全部生产资料，租种刘从义地亩，刘从义"自出牛本"，分配之时，也是地主得六分，佃农得四分③。可以看出，"倒四六"、"倒三七"、"倒二八"这种不利于佃农的分租形式，常常都是由于佃农缺少必要的生产资料所造成的。这几种分租形式的普遍存在，说明当时的赤贫佃农数量是不少的。

所以，当时的一般佃农生活相当悲惨，几乎常年是衣不蔽体、食不饱腹，挣扎在饥寒交迫之中。不少地方志对此都有记载，如台湾《彰化县志》载："饮食，……贫者食粥及地瓜。""居处，……贫民结茅为居。""农事，耕获有早晚二季，耰锄力作，冒雨耕犁，耘籽勤劳，戴星出入。地有圹土，民无惰农，所以力穑有秋也。暇日则牵牛以服贾，残冬则操斧斤以入山。场功既毕，或锉蔗为糖，至三四月乃止。"④《江阴县志》载："青黄不接之时，室如悬磬，牟利之徒，乘其急乏，贷以米石，而故昂其值，谓之放黄米。一俟新谷登场，按月计利清偿，至有数石之谷不足偿一石之米者，贫农之苦殆不堪问。"⑤一旦借了这种高利贷，就犹如坠入深渊，任你怎样挣扎，也无力爬上岸来。当时曾有人描绘了这种挣扎："乡民食于田者，惟冬三月，及还租已毕，则以所余米舂臼、而置于囷，归典库以易质衣。春月则阖户纺织，以布易米食，家无余粒也。及五月田事迫，则又以衣易所质米归，谓之种田饭米。及秋稍有雨泽，则机杼声又遍村落，抢布易米以食矣。"⑥不难看出，佃农的生活是多么紧迫和艰窘，在生命线上奔跑的速度稍慢一步，就有可能倒毙下去，再也爬不起来。

---

① 刑科题本，乾隆十七年十月二十四日，山西巡抚阿思哈题。
② 刑科题本，乾隆五十一年五月十七日，刑部尚书喀宁阿题。
③ 刑科题本，乾隆五十七年十月十七日，安徽巡抚朱珪题。
④ 李廷璧等《彰化县志》卷9。
⑤ 《（光绪）江阴县志》卷9。
⑥ 黄印：《锡金识小录》卷1。

清代的佃农

随着佃农的日益贫困化，交不起地租的佃农越来越多。这类佃农常常被地主抢割庄稼、拉牛抵欠，甚至抢人作质、起田夺佃，逼得家破人亡。浙江东阳县佃农邵亨铖因欠租，地主便将他的耕牛拉走①。山西右玉县地主郭元因佃户欠租，也"叫人抢其牛只"作抵②。更有甚者，贵州毕节县地主竟有抢人质的，佃农业勒把欠地主苏通租谷，地主的催租人者纳，"见他有个女孩，抱起就跑，叫他拿荍麦来赎"③。广东平远县颜惟全于雍正十三年佃种林若恭田地，该年仅欠租谷二石多。第二年春天，地主就要取田自种，将佃农已播之秧拔弃，佃农赶来争论，竟被地主打死④。福建连城县赖石亨佃种许宣声地亩，额租每年六十六桶谷。乾隆三十五、三十六两年共欠十桶谷，仅占两年租额的十三分之一。虽然佃农又已在田内种了麦子，可是地主仍要起田另佃，在起田过程中将佃农活活打死⑤。湖南茶陵州钟乔先于乾隆七年佃耕陈丙南八亩多地，议定年交租十六石五斗，当年薄收只交五石租子，地主逼佃农退田，并且打死了佃农⑥。在起田夺佃过程中，地主直接打死佃农的事例在档案中时有发现。但在多数情况下，地主并不直接出面，而是以土地为诱饵，挑动新佃农与旧佃农争斗。佃农欠租后，地主往往不征得原佃的同意，就把田地另租他人。为争夺耕作权，新老佃户往往舍命争斗，闹出命案，而活着的一方最后也必然被封建官府判处死刑。结果是新旧佃户两败俱伤，双双家破人亡。

由于上述种种原因，经常迫使多数农民破产，转化为雇工。这些雇工有三个出路：一是为原来意义上的地主所雇佣；二是为新出现的经营地主所雇佣；三是涌进城市冲击城市的行会手工业，迫使封建行会解体，并为工场手工业提供大量的劳动力，促使标志资本主义萌芽的新型工场手工业应运而生。清代志书及有关笔记杂录中，有关雇工的材料时有记载，这里不做详述。

另一方面，少数佃农，特别是生产条件较好的佃农可以利用租佃制的某些规定，运用各种手段来增加土地的收益，扩大租地范围，甚至购买土地、扩展经营范围，逐步发展自己的经济，走上致富之路，进而发展成为富农、经营地主。

---

① 刑科题本，乾隆二十八年二月二十三日，刑部尚书舒赫德题。
② 刑科题本，乾隆十三年十二月十二日，刑部尚书阿克敦题。
③ 刑科题本，乾隆二十四年五月二十七日，贵州巡抚周人骥题。
④ 刑科题本，乾隆二年四月七日，管理刑部事务徐本题。
⑤ 刑科题本，乾隆三十七年七月二十五日，福建巡抚余文仪题。
⑥ 刑科题本，乾隆八年七月三日，湖南巡抚蒋溥题。

在分成租制下，如果佃农经济条件较好，投入较多的工本就可以实行主四佃六、主三佃七、主二佃八的比例分成。按照这些比例分租，佃农能够从增产的部分中得到更多的产品，明显地增加收入。

在实物定额租制和货币租制下，如果佃农投入农田的工本多，收获量愈高，佃农个人所得也就愈多。一些佃农或者由于家内劳动力多、资金多，或者由于畜力强，生产工具齐全，生产条件优越，因而可以做到收入略大于支出，每年都有一定的盈余，从而也就可能将生产的规模逐步扩大，使自身的个体经济得到发展。由于存在这种可能性，就刺激了佃农的生产积极性。有的为了扩大经营，甚至开始雇工劳动成了佃农中分化出来的富裕层。

另外，由于在实物定额租和货币租下，地主所关心的只是每年的租额能否交清，一般不再干涉生产过程，佃农在生产、种植、经营管理等方面有了较多的自由，这也有助于提高佃农的生产积极性。有些富裕佃农便不再种植粮食作物，而去种植有利可图的经济作物。例如，福建政和县佃农江新发佃种魏加生稻田一丘，每年须纳租谷三箩。而江新发不种稻谷，改种席草，因为投入了较多工本，席草茂盛，获得了增产①。再如江西宁都州谢有宜佃耕一处田亩，议定秋收交租四石。而谢有宜栽种烟、芋，变卖银钱，买谷交租，地主并不干涉，使佃农有了致富的可能②。

在押租制下，在土地面积和单位面积产量相同的情况下，若押租增高，则地租一般都要相应地有所减少，所以，收取数额较高的押租，对那些富裕佃农较为有利。因为只要有能力一次付出数额较大的支出，就可以每年换来较多的收入。如果不欠租，这种契约关系会长期延续下去，不至于发生起田夺佃，时间愈久，佃农从中得到的利益愈多。当然，这种"利益"，贫苦佃农因凑不足那么多押租，只能是可望而不可即。押租增多，地租减少的事实是存在的，安徽霍丘的材料，为我们深入分析这一问题提供了依据。乾隆二十七年春，谈习五佃种张乐彩家十石种的田，给地主寄庄钱（押租）三十千，讲明每年三十石租谷③。在没有实行押租的地方，按照乡例，每一斗种之田，租谷一般是一石或一石二斗；没有乡例的地方，地租又稍高一些，约为一石五斗至二石多。姑且都从低计算，一斗种田按照租谷一石计，谈习五的十石

---

① 刑科题本，乾隆三十九年四月十六日，管理刑部事务刘统勋题。
② 刑科题本，乾隆四十年六月九日，刑部尚书舒赫德题。
③ 刑科题本，乾隆三十一年二月二日，管理刑部事务刘统勋题。

种田，则应交租谷一百石。而现在按照契约正租仅交三十石，不及通常地租的三分之一。我们再把押租的利息加上，按年利三分算，三十千押租的年利约为十千文。以当时一千文一石谷的比价折算，押租的年利可折谷十石。这样，谈习五每年交正租与附加地租总额也仅仅四十石，仍然比一般地租要轻。所以，押租制对富裕佃农的经济发展是有利的。此外，押租的出现，促进了永佃权的发展。只要佃农不欠租，地主就不能随意侵犯佃农经营"田皮"的权利，佃农可以长期耕种，或者转佃他人，甚至可以将佃权典当及出卖与他人。这种土地所有权与经营权的分离，无疑会促使资本主义萌芽的产生，这是英国和其他所有的资本主义国家的经历所证明过的。

从对佃农经济状况的分析看，清代佃农的分化是很严重的。一方面，很多佃农已经破产，被迫抛开使用地主土地而变为完全出卖劳动力的雇工阶级；另一方面，少数佃农已发展成为可以雇工经营的富农或经营地主。就这样不断地分化为两个截然对立的阶级。列宁在《俄国资本主义的发展》一书中曾指出："资本主义生产的国内市场构成的基础，是小耕作者之分化为农业企业者与工人的过程。"我国清代佃农的分化，正是从这两个方面为资本主义萌芽提供了相应的阶级准备。

四 佃农的反抗斗争及其地位的变化

清代佃农，继承了历代佃农反封建斗争的传统和成果，对地主阶级进行了更广泛、更深刻的斗争。其斗争形式的多变、斗争规模的宏大，都大大超过了前代。

为了反抗沉重的地租剥削，佃农常常不得不采取流亡的办法，背井离乡，到外地谋生。清初人口的流动很严重，许多地区的破产农民"携男挈女，千百成群"，"竟无所归"[1]。康乾之时，虽称"盛世"，佃农的这种流亡趋势，一点也没有减弱。如康熙四十六年，清帝巡行边外，"见各处皆有山东人，或行商，或力田，至数十万人之多"[2]。康熙末年，湖广、陕西人流入四川的也很多。乾隆时，虽大清律例严禁农民私出外境，但流亡人数越来越多。从档案看，有在各省内部流动的，有广东到广西的，湖广到陕西的，湖南到贵州

---

[1] 龚鼎孳：《龚鼎毅公奏疏》卷3。
[2] 《清圣祖实录》卷230，康熙四十六年七月戊寅。

的，贵州到云南的。仅从东北的流民看，除来自山东居多外，还有来自河北、山西甚至广东的。清代佃农的流动具有很大的普遍性，这既是农民被剥夺历史过程的一部分，也是农民进行消极斗争历史的一部分。

地租是体现封建土地所有权的经济形式，拖欠地租或抗租不交，是佃农反对封建地主的一种最普遍的方式。

佃农抗租，常常以灾害为理由，一遇灾荒，虽不甚严重，佃农也总是"借口岁凶，粒米不偿"①。即使没发生灾荒，佃农们也常常"以轻作重，捏熟作荒"②，而进行欠租抗租。这样的结果就出现了有些县志记载的这种局面："佃户顽梗不应，无论荒熟，总归拖欠。另欲更佃，仍同故辙。"③"农人田亩大半佃耕，视米为宝，恒多欠租。"④ 欠租的佃户非常普遍，使地主挑选和更换佃户就很难了。

佃农们在开展抗租斗争、反对额外榨取的时候也很注意策略，常常借助合法的形式。封建官府是维护地主阶级利益的工具，但它总是打着正大光明、为民做主的招牌，因此农民在与地主作斗争时，也就常常利用它这一面。如在乾隆时，江苏靖江县民抗租，"携带摘尽棉花枝干，纠众赴县争禀，借词报荒，希幸减租"。又有崇明县佃农也借知县调办武闱之机，"遂伙党挟制该县县丞出示减租"⑤。嘉庆时，山东泗水县魏庄孔府的佃户，"积惯抗欠，不服管束"，孔府派去执事官督催，竟发生了"杖责"佃户的恶行。魏庄佃户抓住这一违法事件，除到泗水县告状外，并把各种农具抛掷村头，要求全村"退佃"。泗水知县怕激起众怒，事态扩大，不得不移文孔府，指斥催租的执事官"收租多方挑剔"，"擅用刑杖"，有背理法，建议对他"严行申饬"，并"另选妥人经理"。以后，孔府也未能将积欠租粮追交上来，魏庄的佃户取得了一定胜利。

农民抗租斗争的发展，会将一家一户的分散斗争联合起来，会愈来愈多地采取结盟立约的全面对抗的斗争形式。例如，康熙中期，江苏松江地区，佃农"结党抗拒"，使得"官府不之禁，田主束手无策，相顾浩叹而已"⑥，

---

① 董含：《三冈识略》卷10。
② 《澄江治绩续编》卷2。
③ 《（康熙）嘉定县志》卷4。
④ 《（光绪）石门县志》卷11。
⑤ 《清高宗实录》卷151，乾隆六年九月。
⑥ 董含：《三冈识略》卷10。

清代的佃农

显示了巨大的威力。康熙中后期，无锡佃农互相串联，"倡议""不还籽粒"①。苏州等地佃农，"诅盟歃结，以抗田主，虽屡蒙各宪晓谕，而略不知惧"②。雍正年间，崇明县佃户"以业主催讨麦租紧急，聚众喧哗，强勒闭市"③。乾隆初年，江阴地方，"奸佃辄敢违禁造揭，刊刻木榜，歃党倡阻"，不肯完租④。崇明县"被灾地方，多有土棍捏灾为名，结党鼓众不许还租"⑤。这些记载使人们清楚看到，在康乾盛世这百年间，江苏省佃农们结盟抗租，一直没有停止过。前边提到的山东泗水县魏庄佃户们联合斗争更具有典型性。孔府档案记载，魏庄佃农的联合抗租斗争，从乾隆初年一直延续到道光末年，达一百余年。"每岁抗欠租粮，年复一年"，几乎没有中断，而且组织相当严密。其斗争高潮就是嘉庆十一年（1806），围攻那个在收租中作威作福的执事官：佃农们"将魏庄四庙大钟连声恶撞，纠集众人，不知其数，围定官宅，万般辱骂"。"且言俺们抗住的庄子，公府已不敢来催，你如何恃能，竟敢来催，今日定要结果你全家性命！一片喧骂，首从不辨。外边围困，水泄不通。至天明，闻外边吩咐，那几牌人去吃早饭，那几牌人守困，更番替换，不许乱了规矩"。全村团结，组织严密，最后取得了反执事官的胜利。并且该庄佃农一直联合抗租。孔府疲于应付，只好在道光时把该庄土地变卖。

佃农抗租斗争的进一步发展，就会激化为武装抗租起义。这种斗争有时候会跨州连县声势相当大。顺治二年（1645），江西石城县佃农吴万乾，号召佃户抗桶面租，发展到万余人，被称作田兵，波及周围数县，延续三年之久⑥。乾隆时，江苏、福建等地也不时发生农民抗租的武装斗争。嘉庆道光以后，全国更接连不断地爆发了大规模的天理教起义、太平天国起义、捻军起义、白莲教起义等，各地的广大佃农更是踊跃参加，同地主阶级展开了生死搏斗。

佃农们所进行的前赴后继的反封建斗争，给地主阶级以沉重的打击，有力地挫败了地主阶级增租夺佃的企图，遏制了地租上涨的趋势。特别是破坏了定额租制的"灾年不减"的铁板租，使得大多数额租都依年成的丰歉而减

---

① 黄卬：《祈雨》，《锡金识小录》卷4。
② 黄中坚：《征租议》，《蓄斋集》卷4。
③ 《（雍正）朱批谕旨》第18函，第6册，第35页。
④ 《澄江治绩续编》卷2。
⑤ 《清高宗实录》卷153，乾隆六年十月。
⑥ 《（道光）石城县志》卷7。

成征收。

佃农的长期反抗，给封建统治阶级以沉重的打击，使阶级力量的对比不断发生变化。这种变化也体现在赋役制度的改变上。如康熙五十一年（1712）清廷诏令全国，以康熙五十年全国人丁户口数字为准，以后"滋生人丁，永不加赋"。不再增加人头税，劳动人民的负担相对减轻。

佃农持续不断的反封建斗争，使佃农的人身地位得到了明显的改善。清初，一些有见识的官员从维护统治阶级的根本利益出发，不断提出禁止地主对佃农人身奴役的建议，清朝中央政府也相应做出了立法反应。雍正五年（1727）的规定如下：

> 凡不法绅衿私置板棍，擅责佃户者，乡绅照违制律议处，衿监吏员革去衣顶职衔，杖八十。地方官失察，交部议处。如将妇女占为婢妾者，绞监候。地方官失察徇纵及该管上司不行揭参者，均交部分别议处。至有奸顽佃户拖欠租课，欺慢田主者，杖八十，所欠之租照数追给田主。①

这是清朝政府第一个明确规定主佃关系的法律，影响很大，十分重要。它虽然规定了佃农必须交租，不能抗租，但它还规定，不许地主拷打佃户，不许奸污佃户妇女，违者，不管是乡绅地主，还是衿监地主，均要依律议处。地方官如果失察，也将交部议处。这就从法律上限制了地主对佃户的人身压迫，为佃农减少对地主的封建依附提供了一定的保障。

雍正以后的刑科档案每每出现地主与佃农"彼此平等相称，素无主仆名分"的记载，正是佃农地位提高的社会变革的反映。

清代佃农对封建地主人身依附关系的松弛，身份地位的提高，是中国历史上的一个重大变化，它预示着中国漫长的封建社会已经到了尽头。

---

① 《清文献通考》197 卷。

关于汉文旧档《各项稿簿》*

沈阳故宫长期收藏的皇太极时期的汉文旧档共有三部五册，即《各项稿簿》一册、《奏疏稿》一册、《朝鲜国王来书簿》三册，均为当时往来文书的誊写本。1905 年，日本内藤湖南氏在沈阳故宫曾对该三部档案逐页晒蓝复印。1924 年，罗振玉编《史料丛刊初编》曾选录该档案的若干部分。此后，史学界均称该档案不知所终①。

1994 年末，笔者在日本京都大学人文科学研究所研读了内藤氏当年的晒蓝本，始对这批旧档的全貌有所了解。1995 年末，笔者又在大连市图书馆，有幸查到一函《朝鲜国王来书稿》写本一册，附《各项稿簿》写本一册。经与内藤氏的晒蓝本比较，笔者认定，大连馆藏本即是史学界寻觅半个多世纪的沈阳故宫原藏本，但已经严重残缺。现仅对《各项稿簿》做一概述。

一 大连馆藏《各项稿簿》与内藤氏晒蓝本之异同、优劣

二者的唯一差别在于封面，晒蓝本在左上方书名《各项稿簿》下，尚写有"共五十七页"五个小字，而大连本无；晒蓝本在封面正中还竖写一

---

* 原载《文献》2000 年第 2 期。
① 〔日〕原觉天："汉文旧档三种，现在已经没有了，不知什么时代被人拿走了，下落不明。"（《奉天古典资料考》，1940 年出版）。郑玉英："罗振玉编《史料丛刊初编》时，仅将《奏疏簿》（谢按：应为《奏疏稿》）一册收入丛刊，定名为《天聪朝臣工奏议》。我们这次编辑《清初史料丛刊》时，拟将《各项稿簿》一册、《朝鲜国来书簿》三册也一并编入。经多方查询，……至今下落不明，现已无法排印。"（1980 年辽宁大学历史系编《清初史料丛刊》第四种，《天聪朝臣工奏议》前言。）佟永功、关嘉禄："珍贵的汉文旧档后来竟不知去向，甚属可惜。"（《明清档案与沈阳故宫》，载《沈阳故宫文集》，南开大学出版社，1992。）

行小字，为"天聪二年九月初一日立"，而大连本则是两行，为"天聪二年九月初一日起至五年十二月"。晒蓝本是照原书晒图，纸呈蓝色，字呈白色，当为原貌，大连本的封面显然是后人所写。

二者在四个方面则完全吻合：（1）长宽吻合，均为32厘米长、18.4厘米宽；（2）每页纸的纹路吻合，大连本为竹纸，每页有横纹31道，晒蓝本照出的横纹也为31道；（3）每页行数、每行字数吻合。由于当时尚属清朝的草创阶段，制度尚不完备严格，故每页行数不等，少则6行、多则10行。每行字数也不等，少则几字，多则30余字，但一般为30字左右。虽每页行数、每行字数不同，但晒蓝本与大连本在相应之页上，行数和字数是完全一致的；（4）字迹吻合。《各项稿簿》为当时往来文书的录副，誊写人不一，字迹也各异，但晒蓝本与大连本在每个字上都完全吻合。据此断定，1905年内藤氏在沈阳故宫晒蓝之底本，即为今大连市图书馆所藏之本。

内藤氏晒蓝本与大连现存本各有长短。晒蓝本基本上是完整的，其封面注明"共五十七页"、右下角标为"一"，正文首页标为"二"，最后一页标为"五八"，中间缺三〇、五〇、五一，这样算来，晒蓝本连封面共为55页，封面背面有文字，"五八"页背面无文字，实有文字者为109面。中间虽缺3页，但"二九"页背面刚好为一件文书的结尾，"三一"页正面正好是天聪五年的开始，所缺之"三〇"页并不影响前后文书。"四九"页背面也刚好是一件文书的结尾，"五二"页正面刚好是《岛中刘府来书》的开头，所缺之"五〇"、"五一"两页，也不影响前后之文书。这是晒蓝本优长之处。

晒蓝本的不足之处是，由于当时晒蓝景照技术水平所限，加之又时过90年之久，致使不少字迹已模糊不清，难以辨认。虽经日本学者辨识，在旁以朱笔标注，由于有臆测之成分，有些标注反倒与原字原义相违。仅举几例以为说明。其一，第45页下面倒数第1行，原文为"土蛮、哈喇勤"，"勤"字景照模糊，朱笔将其误标为"勒"字。其二，第46页上面第6行，原文为"自撞晚钟将毕，城门、关门俱要封锁"，"毕"字与城门的"门"字景照不清，朱笔将其误标为"军"和"闩"，成为"自撞晚钟将军，城闩关门俱要封锁"。这都是由于对中国的历史、民族部族、制度等不够熟悉，只从字形臆断所造成的错误。其三，第49页下面第8行，原文为"前定例多不过二十七器"，朱笔将"过"字误标为"通"字。其四，第53页上第5行，原文为"姑待明春"，朱笔将"待"字误标为"得"字。这都是因为对汉语还有隔膜，只从字形臆断而造成文义不通。其五，第53页下面第五行，原文为"秉心归正"，朱笔将"秉"字误标为"诚"字。这是从文义上顺下来的，但也与原文有违。类似性质的误标是不少的。

大连现存本虽距今已有360余年，纸已变黄变暗，但墨迹依然清晰，晒蓝本的模糊问题、误标问题，它是不存在的。但是，大连现存本残缺严重，除缺三〇、五〇、五一这3页外，还缺以下五处：（1）自十八页上面第2行起，包括十八页下面，至十九页上面第1行，大连本全无，而是将十九页的第2行紧贴于18页第1行之后。（2）第二三页上面。（3）第三三页上面。（4）第三九页上面。（5）自五七页上面第3行起，包括五七页下面，至五八页上面。这当然要脱漏不少内容，这是大连现存本的最大缺憾。

二 大连本的收藏经过及残缺原因

原藏沈阳故宫的《各项稿簿》同其他两部汉文旧档一样，在清入关后，曾被移送北京，以资编修《太宗实录》，这已为《太宗实录》采用三部汉文旧档的部分记载所证明。其后，三部汉文旧档又被送回沈阳故宫保存，这更为1905年内藤氏在沈阳故宫晒蓝景照所证明。

笔者以为，1905年以后，1911年以前，三种汉文旧档曾被再次移送北京内阁大库。证据之一是，1921年，北平历史博物馆"清理内阁大库档案，得抄本清太宗朝与高丽往来诏谕书表一册，自崇德元年五月起至崇德六年八月止"[①]。其中朝鲜国王来书只能抄自旧档之一的《朝鲜国王来书簿》，这很有可能是1905～1911年所抄，当然也不排除是三种旧档在清初第一次移送北京时所抄。如果说这一证据还不足以说明三种旧档第二次移送内阁大库，那么证据之二便具有不可怀疑性。这就是在1922年2月，罗振玉曾用巨款，从北京西单大街同懋增纸店买回了上年末被历史博物馆处理掉的原内阁大库的一批档案[②]，又特建"库书

---

① 《满清入关前与高丽交涉史料》小引，载国学文库。
② 据1922年参加故宫明清档案整理工作的郑天挺《自传》，罗氏用12000元买回80麻袋档案，见《郑天挺纪念论文集》，中华书局，1990。又，《史料丛刊初编》载王国维《库书楼记》云，罗氏当年以13000元，购得7千麻袋档案，约15万斤。

楼"存放，并于1924年从这批档案中选编了《史料丛刊初编》，其第一册中的《太宗文皇帝致朝鲜国书》、《太宗文皇帝招抚皮岛诸将谕帖》就是从《各项稿簿》中辑出的。这是罗振玉对文化事业的一大功绩。1928年，罗振玉将这批档案带到大连，后来才被大连市图书馆收藏①。由于这批档案残缺不全，又整理迟缓，因而长期被埋没，至有"下落不明"之说。

大连现存本严重残缺，可能有两个原因。一是清末内阁大库失修渗漏，档案屡经迁移。民国初年又移于国子监，1916年又移于午门，1921年这部分又被卖给同懋增纸店。同懋增纸店库房不大，又打算将其送定兴县纸坊重造粗纸，当然不会善加保存。这种残缺就是在这多次转移中造成的，这是主要原因。二是罗振玉主持编辑《史料丛刊初编》事出突然，又缺少足够的熟练的专业人员，1922年初购得档案，1924年初就筛选、整理、编辑、刊刻出22种，难免不出现纰漏，包括移花接木、丢失页数的失误。

三　《各项稿簿》的价值

《各项稿簿》收录天聪二年九月至五年十二月后金各类往来文书86件，涉及当时的政治、经济、军事、文化、宗教、外交、民族等许多重要问题，是研究当时历史的珍贵的第一手文献。

可惜此书并未在社会上刊布流传。顺治初年，修《太宗实录》，虽参考了此书，但据笔者统计，仅选用本书11件资料。罗振玉虽依本书编了《太宗文皇帝致朝鲜国书》、《太宗文皇帝招抚皮岛诸将谕帖》两个专题资料，选用资料达46件，但其他内容广泛的40件资料却无法入选刊印。《各项稿簿》正可以补充《太宗实录》、《史料丛刊初编》的缺项。现将《各项稿簿》的各件与《实录》、《初编》对照如下（见表1）。

---

① 关于该档的收藏情况，在1996年9月沈阳故宫建博物院70周年学术会间，日本中见立夫先生告余：30年代该档仍藏于沈阳故宫，缘"九一八"事变后，东洋文库曾托金梁在沈抄写一套，其流入满铁大连图书馆当在40年代。此为一说，谨录于此。然此说余有不解之处：东洋文库抄本在后，为何反倒较为完整？罗的印本在前，为何残缺严重？而且又和现在大连藏本在残缺地方一致？希识者教之。

关于汉文旧档《各项稿簿》

表1 《各项稿簿》与《太宗实录》、《史料丛刊初编》对照

序号	《各项稿簿》内容	《太宗实录》	《史料丛刊初编》
1	天聪二年九月初三日，金国汗致朝鲜国王书	失载	编入
2	天聪二年十月二十一日，金国汗致明毛大将军书	失载	编入
3	天聪二年十月二十七日，送原拿获来人二十名名单	失载	未编入
4	天聪二年十一月一日，送原拿获来人五名名单	失载	未编入
5	天聪二年十一月二日，送原拿获来人十一名名单	失载	未编入
6	天聪二年十一月八日，金国汗致朝鲜国王书	失载	编入
7	天聪二年十二月八日，送原来人十三名名单	失载	未编入
8	天聪三年元月九日，送原抢来台军七名名单	失载	未编入
9	天聪三年正月十五日，敕谕八固山贝勒	失载	未编入
10	天聪三年二月十日，八旗大臣等祷告天地誓状	载	未编入
11	天聪三年二月三十日，金国汗致朝鲜国王书	失载	编入
12	天聪三年三月七日，敕谕各汉官	失载	未编入
13	天聪三年三月二十三日，传谕金汉蒙古军民人等	失载	未编入
14	天聪三年六月十一日，敕谕官生军民人等	载	未编入
15	天聪三年七月六日，敕谕岛中明将	失载	未编入
16	天聪三年八月二十三日，敕谕各城屯堡秀才	载	未编入
17	天聪三年九月二十三日，致朝鲜国王书	失载	编入
18	天聪四年三月八日，致朝鲜国王书	失载	编入
19	天聪四年五月十六日，致朝鲜国王书	失载	编入
20	天聪四年三月八日，与刘三弟兄谕帖	失载	编入
21	天聪四年二月十四日，发各岛谕帖	失载	编入
22	刘兴贤家信	失载	编入
23	刘兴贤家信	失载	编入
24	刘兴贤家信	失载	编入
25	天聪四年四月，金国汗致朝鲜国王书	失载	编入
26	天聪四年四月二十八日，金国汗与刘府列位弟兄书	失载	编入
27	天聪四年五月十六日，金国汗致朝鲜国王书	失载	编入
28	天聪四年五月十八日金国汗与刘府弟兄书	失载	编入
29	金国汗与刘府弟兄书	失载	编入
30	刘兴贤家信	失载	编入
31	天聪四年六月二十日，敕谕静安堡刘千总	失载	编入
32	天聪四年七月十一日，金国汗与执政众王盟誓	失载	未编入

· 203 ·

续表

序号	《各项稿簿》内容	《太宗实录》	《史料丛刊初编》
33	天聪四年七月二十五日，敕谕游击李献箴	失载	未编入
34	天聪四年八月，金国汗与刘府弟兄书	失载	编入
35	天聪四年八月六日，金国汗致朝鲜国王书	失载	编入
36	金国汗致朝鲜国王书	失载	编入
37	金国汗致朝鲜国王书	失载	编入
38	金国汗致朝鲜国王书	失载	编入
39	天聪四年八月，敕谕永平迁滦等处军民	失载	未编入
40	天聪四年九月一日，金国汗与岛中刘府列位书	失载	编入
41	刘兴贤家信	失载	编入
42	天聪四年十月三日，金国汗致朝鲜国王书	失载	编入
43	天聪四年十月十三日，敕谕各官	载	未编入
44	天聪四年十月二十八日，金国汗与刘府列位书	失载	编入
45	天聪四年十一月二日，敕谕黄旗下旗鼓该官人民	失载	未编入
46	天聪四年十一月二十三日，敕谕各堡官民	失载	未编入
47	天聪四年十一月二十八日，敕谕查僧尼官	失载	未编入
48	天聪四年十一月二十九日，敕谕各寺僧众	失载	未编入
49	天聪四年十二月六日，敕谕城守官祝参将	失载	未编入
50	天聪五年正月四日，金国汗与岛中刘家兄弟书	失载	编入
51	刘兴贤家信	失载	编入
52	天聪五年正月二十日，敕谕国中汉人	失载	未编入
53	天聪五年正月二十一日，敕谕驸马总兵佟养性	载	未编入
54	天聪五年正月二十一日，敕谕众将官	载	未编入
55	天聪五年正月二十三日，金国汗致朝鲜国王书	失载	未编入
56	天聪五年正月二十三日，敕谕僧录司	失载	未编入
57	天聪五年正月二十三日，敕谕八僧纲司	失载	未编入
58	天聪五年二月五日，金国汗与刘府列位兄弟书	失载	编入
59	刘兴贤家信	失载	编入
60	天聪五年二月十六日，金国汗致朝鲜国王书	失载	编入
61	天聪五年三月一日，敕谕靖安堡民孟安邦	失载	未编入
62	天聪五年四月二十三日，与朝鲜会宁府书	失载	未编入
63	天聪五年五月二日，敕谕道录司	失载	未编入

续表

序号	《各项稿簿》内容	《太宗实录》	《史料丛刊初编》
64	天聪五年五月二十七日，金国汗致朝鲜国王书	载	编入
65	天聪五年七月二十一日，敕谕金汉官民人等	载	未编入
66	天聪五年七月二十五日，敕谕诸将领	载	未编入
67	天聪五年闰十一月一日，敕谕金汉蒙古官员	载	未编入
68	天聪五年闰十一月二日，金国汗致朝鲜国王书	仅提及	编入
69	天聪五年闰十一月八日，敕谕礼部	载	未编入
70	天聪五年闰十一月十一日，敕谕兵部	失载	未编入
71	天聪五年闰十一月十一日，敕谕者家堡人民	失载	未编入
72	天聪五年闰十一月十一日，敕谕新城所堡人	失载	未编入
73	天聪五年闰十一月十三日，祖大老爷谕明朝归顺金国兵丁	失载	未编入
74	天聪五年闰十一月二十四日，金国汗致祖大将军书	失载	编入
75	天聪五年闰十一月二十四日，祖家弟兄三人及魏相公禀稿	失载	编入
76	天聪五年闰十一月二十四日，祖大寿之原副参游击禀稿	失载	编入
77	天聪五年十二月九日，金国汗致朝鲜国王书	失载	编入
78	天聪五年十二月二十日，敕谕礼部	失载	未编入
79	天聪五年十二月二十日，敕谕礼部	失载	未编入
80	天聪四年七月二十三日，刘兴治等与金国汗等盟书	失载	编入
81	天聪四年八月，刘兴治等禀金国汗书	失载	编入
82	天聪四年九月，刘兴治等禀金国汗书	失载	编入
83	天聪四年十月，刘兴治等禀金国汗书	失载	编入
84	天聪四年十二月，刘兴治等禀金国汗书	失载	编入
85	天聪五年正月，刘兴治等禀金国汗书	失载	编入
86	天聪五年二月，刘兴治等禀金国汗书	失载	编入

还应指明的是，《各项稿簿》的行文基本是当时的口语，《太宗实录》虽录用其11件，但已改为文言，不免失去其古朴原貌。

《各项稿簿》的另一价值是能够纠正流传甚广的《史料丛刊初编》的讹误。经笔者粗略校勘，《太宗文皇帝致朝鲜国书》有十多处错误；《太宗文皇帝招抚皮岛诸将谕帖》有大小错误近二十处。仅举数例：如《太宗文皇帝致朝鲜国王书》"其八"，罗本标注为"四年五月十八日差李世武同来人何尽孝赍去"。对照《各项稿簿》，这封给朝鲜国王的书信，其标注为"天聪四年五月十六日与原来官宣若海同差金官东南明赍去，内带前祝参将未发去一书、黑貂十张、紫貂百张"。罗本标注的时间错了，所差人错了，对象也错了，五月十八日李世武、何尽孝实际是去皮岛送信给刘府兄弟。又如《太宗文皇帝致朝鲜国王书》"其十三"，时间是天聪五年二月十六日，罗本在信后又附上12行文字，为"又带去一帖　庆兴弥玉家男人一　彦长家女人二……"验证《各项稿簿》，罗氏附加的这12行文字，乃是四月二十三日与朝鲜会宁府之帖。再如《太宗文皇帝致朝鲜国王书》"其十五"，罗本标注为"四年闰十一月初二日，差库叉大人赍去"。对照《各项稿簿》，时间应是天聪五年，原注为"差库儿叉大人等赍去朝鲜国王书礼"。像闰月在四年还是在五年的问题，查阅万年历是可以弄清的。设若没有《各项稿簿》，前述张冠李戴、移花接木式的错误是永远也不会发现和纠正的，可见《各项稿簿》是多么珍贵了。

第三篇

明清与朝鲜关系研究

鲜初的中国流人与朝鲜的应对之策*

李氏朝鲜建国初期,正是中国社会发生剧烈动荡的年代,中国边民、边军大量地流亡朝鲜境内。如何处置中国的流人,将直接影响立国不久的朝鲜社会的稳定与发展,影响朝鲜与明朝的关系。本文仅对鲜初三代四王期间(太祖元年至世宗三十二年,1392~1450),中国人流入朝鲜的原因和流人成分,以及朝鲜当局应对的主导思想与措施,试做分析。

一 中国人流入朝鲜的原因及其成分

李朝初期,不断有中国人流入朝鲜。这是因为,当时朱元璋建立的明朝虽然已基本统一了中国,但中国改朝换代带来的动乱并未结束。第一,元朝虽然被推翻了,但其残余势力仍然比较强大,在北方时常与明发生冲突。明成祖曾亲自率兵五次北征。到正统年间,瓦剌部在也先率领下多次东进和南犯,土木堡之变时,连明英宗也被掳去了,沿途劫掠杀掳农民男妇达数十万众。辽东之人为避这些战乱,多有逃往朝鲜者。正如太祖时一位逃军所说:"蒙古军向辽东,……辽王引兵将行,予亦充军而行,中路逃来"[1]。这种局面一直很严重,朝鲜世宗初年,"鞑靼兵四十万屯于沈阳路,辽东城门昼不开"[2]。"鞑靼布满辽东、广宁、山海卫等处,掠夺不已"[3]。"时中国边民避鞑靼,络绎至平安道境上"[4]。第二,明太祖死后,嫡孙允炆即帝位,决定削藩。其叔父燕王朱棣则以入京诛奸臣为名,向南京进兵。

---

* 原载韩国《中韩人文科学研究》第3辑,1998。
[1] 《朝鲜王朝实录》,太祖七年六月甲寅。
[2] 《朝鲜王朝实录》,世宗三年十二月辛丑。
[3] 《朝鲜王朝实录》,世宗四年五月辛巳。
[4] 《朝鲜王朝实录》,世宗四年四月甲辰。

明统治集团内部的争权斗争演变为武装冲突，战争持续四年之久，波及全国许多地方。不少百姓，甚至军人都逃往朝鲜。定宗二年（明建文二年，1400），朝鲜开始正式记载此类逃人："定辽卫人十二名逃来。人乃言王室大乱"①。此后，这种记载多起来，仅太宗二年（明建文四年，1402）三月，《朝鲜实录》就有四处记载：己丑，"燕兵势强，乘胜远斗，帝兵虽多，势弱，战则必败。又有鞑靼兵乘间侵掠燕辽之间，中国骚然。"丙申，"辽东军朱景等逃至义州，言二月十八日征燕军马逃散，不知其数，侵掠民居，故逃还本土。"丁酉，"初，辽东人男女九十名逃来义州，又民一百五十户乘桴越江到泥城，云燕军大兴，卫军杨大人弃城降于燕，故畏而逃来。"己酉，"中国漫散军二千余人到江界。"可见，因明室内乱，逃往朝鲜的人是比较多的。第三，明朝实行专制主义统治，特别是军户军屯制度，强迫在军籍的人户，既要生产自给，又要上纳赋税，还要服工役兵役，对人民的剥削压迫极为苛重。辽东军民，尤其是原籍朝鲜者，此时多逃回朝鲜，此类记载也很多。如："军一人自辽东逃来，本国人也。属东宁卫，以辽东役烦逃还"②。"本国人民逃入辽阳者，近因饥荒征役，携其妻子还，渡江者络绎于路"③。第四，明初东北的女真人，尚处在奴隶制度社会阶段，经常掳掠辽东汉人充当奴婢。这些人一旦逃跑，多数是逃往与明朝关系密切、文化接近、道路相近的朝鲜。第五，明初，倭寇经常侵扰中国，被倭寇掳去的汉人一旦逃跑，朝鲜也是逃回中国最好的跳板。第六，由于政治原因，在丽末鲜初，一些元朝后裔和元末义军领袖人物的后裔被明廷流放到了朝鲜。

  这些流人的成分，大体上可划分为以下几种人：①一般中国平民百姓；②军户，包括军人及其家属；③被女真和倭寇掳去为奴之人；④政治上的失势者。而一般平民，又有无文化和有文化之别；军户有汉人和内附的女真人、高丽人之属；政治失势者也有蒙古人和汉人之分。例如，在明洪武五年（高丽恭愍王二十一年，1371）流放陈友谅子理、明玉珍子升于高丽。陈友谅与明玉珍都是元末起兵割据者。陈据湖湘，建国曰大汉；明据川蜀，建国曰夏。死后，其子皆降明。陈理授爵归德侯，明升授爵归义侯。"然揆

---

① 《朝鲜王朝实录》，定宗二年九月丁丑。
② 《朝鲜王朝实录》，定宗元年三月乙亥。
③ 《朝鲜王朝实录》，太宗二年二月丁巳。

之以理. 不可使之处京师"。明太祖给高丽国王的圣旨说:"就将那陈皇帝老少、夏皇帝老少去王京,不做军,做民,闲住。他自过活。"① 遂流"陈理、明升等男妇共二十七人"②。被流放的元帝后裔不止一批,洪武十五年(1382),"帝平定云南,发遣梁王家属,安置济州"③。明太祖二十一年、二十二年,又流放到高丽一批,约八十余户。当时给高丽的圣旨云:"其耽罗之岛,昔元世祖牧马之场。今元子孙来归者甚众,朕必不绝元嗣,措诸王于岛上,……使元子孙复优游于海中,岂不然乎!"④ "征北归来的达达亲王等八十余户,都要教他耽罗去住。恁去高丽说知,教差那里净便去处打落了房儿,一同来回报"。于是在济州修葺新旧可居房舍八十五所。⑤

二 朝鲜对流人的应对之策

一批批接踵而来成分复杂的难民、流亡者,极有可能成为朝鲜的社会问题和政治包袱。如何妥善处置这些流人,朝鲜当局颇费心思,并进行了多次讨论。是留置,是遣返,主张虽不同,但其出发点都是看是否有利于朝鲜的安全,是否有利于朝鲜生产和文化的发展,是否有利于加强与明朝的关系。

(1) 对于被明朝流放来的元室后裔和割据称王者的后裔,朝鲜都能妥善安置。这些人一来都是应明帝之命放逐来这里的,二来前朝高丽已做了妥善的安置,三来这类人数量不是很多,所以朝鲜承袭高丽的政策一直对这类人善加周恤。对陈理一家的照顾是这方面的典型体现。陈理,朝鲜"国人谓之陈王",刚流放到高丽时仅二十二岁,到朝鲜太宗元年(明建文三年,1401)已五十二岁,太宗"闻陈王计活艰甚,命议政府议周恤之宜。政府请给田,从之"⑥。此后,这种周恤一直不断:太宗六年六月,"赐陈理米豆四石,酒十瓶"。太宗八年(明永乐六年,1408)六月,陈理卒,朝鲜"赙米豆五十石,纸百卷,赐棺椁",给予礼遇,对其妻和子明善继续给予

---

① 《高丽史》,恭愍王世家,二十一年五月癸亥。
② 《高丽史》,恭愍王世家,二十一年五月乙丑。
③ 《高丽史》,辛禑世家,八年七月。
④ 《高丽史》,辛禑世家,十四年五月辛亥。
⑤ 《高丽史》,辛禑世家,十四年十二月。
⑥ 《朝鲜王朝实录》,太宗元年闰三月丁未。

照顾。太宗九年闰四月,"赐陈理妻米十石"。十一年二月,又赐其妻李氏米十石。十二年八月,又赐米。十七年正月,"命户曹给顺德侯陈理之妻李氏造家之地"。太宗同时表示:"诸侯失国,托于诸侯,礼也。陈王之妻累年寡居,诚为可惜。其给造家之地,且免各年所贷米豆,每年趁节周乏。"太宗十八年(明永乐十六年,1418)八月,禅位于三子,即世宗。世宗对陈理遗属又有优厚,即位次月即赐奴婢于李氏。李氏为此上言:"妾以寡妇,久蒙圣恩,又赐奴婢,俾免负汲之劳。然本无奴婢,无以存活子孙。乞所赐奴婢特许永传子孙。"世宗答应了她的请求。世宗三年(1421),李氏的女婿李天卿做了井邑县监,李氏以身边没有其他子婿奉养为由,要求将李天卿移任京畿,世宗又答应了。此后,几乎是年年赏赐她十石米豆。世宗十二年(1430)李氏去世时,又"赠米豆并四十石、纸一百卷。又赐棺椁"。由于朝鲜的妥善安置,像陈理这样被流放来的人,都平安地在朝鲜度过了一生。他们的后人也都较顺利地融入了朝鲜社会。

(2)对从倭寇处逃来的被掳汉人,朝鲜当局也继承了高丽时的政策,一般都能发给他们衣食,并派专人将他们就近解送辽东当局,满足他们回乡与家人团聚的愿望。朝鲜处理此类人员最早见于太祖元年十一月,其时,有被倭寇劫掠的温州人李顺等三人,逃脱后来到朝鲜,太祖让给他们衣粮,并派人管送他们到明朝京师①。此后,这样的事例很多,几乎年年都有,有时候甚至月月都有。兹举世宗元年(明永乐十七年,1419)《实录》记载的事例如下:正月戊午,倭贼所掳逃回汉人金得观等二名到朝鲜。己巳,遣司译院注簿赵崟,押金得观驰赴辽东。又有汉人彭亚瑾等一十六名自倭岛节次逃回,遣司译院判官吴义押解辽东。二月丁亥,管押被倭掳掠逃回汉人贾三等男妇共六名,解送辽东。三月,押解被倭掳逃回汉人孙孙等四人于辽东。五月,甲寅,解送自倭逃回汉人李西立等二名于辽东。壬戌,被掳汉人宋舍佛自倭船逃回,遣译者金希福押解辽东。六月,以所捕倭贼内有汉人胡鉴清等二名,遣通事史周卿押事解辽东。七月甲子,世宗命令东征对马岛所获汉人凡百三十余名,依被掳逃回人例,给衣笠鞋布,解送辽东。八月己卯,以东征所获辽东、浙江、广东等处男妇共一百四十二名赴辽东。丁酉,被掳汉人杜隆等五名自对马岛逃回,遣通事押解辽东。十月,被掳汉人曾亚椒等五人自倭逃回,遣译者全义解赴辽东。可以看出,这一

---

① 《朝鲜王朝实录》,太祖元年十一月丙戌。

年几乎月月都有从倭处逃来的汉人。需要说明的是，朝鲜东征倭寇时所获的汉人是"依被掳逃回人例"对待的，因为他们肯定是把朝鲜军队视为解救自己的人，而主动乘机逃到朝鲜军中的。

还应指出的是，朝鲜并不是把所有从倭寇处逃回的人都解送中国。对少量的人，朝鲜在本国做了安置。太宗时，曾"置唐人徐亚端、邓亚添、黄起生等于原州。亚端等来自日本贼中。礼曹启：'乞置外方。且前来唐人叶官生、元之豆等，皆以礼宾寺婢为妻，亦宜率妻居于外方。'上许之"①。朝鲜为何要留这些自倭处逃来的人，这里没讲原因。但世宗朝有几起事例，透露了个中原委。前引世宗元年逃回之金得观例，朝鲜大臣中就有主张留下的，说："得观若还，则朝廷必知我国与倭岛地近交通，不如留之。"② 同年朝鲜大臣还进言："左军节制使朴实对马岛败军时所获汉人宋官童等十一名，备知我师见败之状，不可解送中国，以见我国之弱。"③ 世宗五年，被掳唐人张清等男女共十二人，窃倭船渡海逃来，冀还本土，世宗欲解送。大臣等以清被掳七载，止之曰："日本僭拟名号，不臣中国，且侵边境。今清之来也，见我国回礼使于岛中。清还，朝廷必闻我与日本交通之状。不如留之，厚与资廪，给其奴婢，因而聚妻授职，久居我国，则渐忘怀土之情。"得到世宗的赞同。张清寓馆中，写思归诗和请还笺给礼曹，都没有同意。后来怕明朝使臣来时张清往见，乃居张清于全罗道全州，又分置同来十一名男女于忠清道、全罗道。赐清鞍马衣被及奴、婢各三口，令本州择良家女妻之，优给田庄什器，优待有加。但张清痛哭不肯行，说："吾等之来，本欲生还故乡。纵贵国遗以千金，思亲之念，何日而已！"但朝鲜丝毫不为所动，仍然"逼使发程"④。可见，对逃来人的遣返和留置，完全以朝鲜的国家利益为前提。若有可能泄漏国家秘密，则坚决不遣返。

（3）对自女真处逃来的汉人，朝鲜当局一般也都能及时遣返辽东，为此，朝鲜当局有时还要给女真奴隶主一定的补偿。但对个别人，朝鲜也有留置的。朝鲜处理从女真处逃来的中国人的基本方针，从世宗时处理猛哥帖木儿的逃人问题上，可以充分体现出来。猛哥帖木儿居朝鲜东北部与

---

① 《朝鲜王朝实录》，太宗十四年五月辛卯。
② 《朝鲜王朝实录》，世宗元年正月庚申。
③ 《朝鲜王朝实录》，世宗元年七月乙丑。
④ 《朝鲜王朝实录》，世宗五年十二月壬申；六年正月壬寅，二月戊午。

明交界处，为朝鲜防止倭寇入侵、防止其他女真骚扰，起到了重要的"藩篱"作用，朝鲜对他极为器重，先后封他为万户、上将军等职。他又是明永乐帝的亲戚，此时他还是明建州左卫的都督佥事。即使这样，他"管下人新买汉人逃入朝鲜境内，皆被送回中国"，他声言，"如不归还，将入境掳掠。"世宗召政府、六曹、都镇抚议之，皆曰："古今天下之事，当以大义处之。今逃来人皆中国付籍之人也，今若还给（猛哥帖木儿），则犹助桀为虐，事大之诚安在！莫若一则固其防御，一则待之以厚，而其逋逃亡人，随即押解于京可也。"① 因此，对逃来之人，基本都及时解送到辽东。比后，猛哥帖木儿的弟弟凡察，也因朝鲜把他的逃人"悉还中国"，使他"无使唤之人"，而威胁要掠朝鲜人"为奴使唤"。他还向朝鲜争辩，说明帝圣旨只是要刷还杨木答兀所掳的汉人，并没有要刷还他买的汉人。

有鉴于此，在世宗十六年（明宣德九年，1434），朝鲜的政策有所修正，"自今逃来唐人实是凡察所买者，勿受送还"②。但这并不适用于其他女真部落。

对从其他女真部落逃来的汉人，朝鲜照旧解送辽东。即使女真奴隶主追来，认出逃人，朝鲜也不让步。世宗十八年，有徐庆守者，带家小逃来。女真指挥佟木哈追来，言其自辽东买来有年的家奴小徐，偷了他家世传指挥诰命及杂物逃来，要求朝鲜还人。礼曹让徐立在一群汉人中，使木哈辨认。木哈望见徐某便怒骂，徐某辞色稍屈。尽管木哈所言属实，朝鲜仅让徐某还了所偷之物，仍将他和其他逃来的汉人解送于辽东，而没将他交给木哈③。朝鲜为什么要这样做？朝鲜君臣后来有一番议论，说明了原委。"上议于政府曰：议者云唐人之被掳野人者，我国皆优馆谷，随即解送上国。今野人辄持券来示边将曰：某本我所买奴也，久役于我，今何夺之，送中国乎？我等当掳尔国人以为奴。意恐此亦野人构衅之端也。我国至诚事大，不可不还于上国。然又闻野人持券以奏于帝，请还赐与，帝亦可之。以此见之，唐人之逃来我国者，考其文券有无，如有可证，宜还与之，以息边警。或云：朝廷每当使臣之行，必称朝鲜至诚事大。且被虏唐

---

① 《朝鲜王朝实录》，世宗八年六月丁丑。
② 《朝鲜王朝实录》，世宗十六年八月癸亥。
③ 《朝鲜王朝实录》，世宗十八年三月壬辰。

人送还上国,其来已久。野人亦谓此朝鲜常事也,无他愤怨之心。今若遽尔不送上国,则朝廷必谓我事大之诚,不逮于古。依旧送还,甚合于理。如此议者不一,卿等以谓何如?皆曰:前者被虏唐人逃来者,不论文券有无,悉还上国。今若以文券有无或送或否,则上以得罪于朝廷,下以示弱于野人。莫如仍旧随即遣还。上曰:善"①。

但为了不生边衅,有时候朝鲜还要给女真人一些变相的补偿。一次,自骨看处逃来唐人舍吾将等三人,朝鲜将三人解送明朝的同时,还以每人正布二十匹、棉布四匹、盐三石之数给骨看,但又不让其知道是计价而给,只讲是矜恤骨看,才有这样的赐予②。朝鲜为了遣还此类逃人给明朝,要与女真人周旋,颇费苦心。

对于从女真处逃来的一些有技术、有文化的,对朝鲜有用的人才,朝鲜则是留为己用,不欲遣送明朝。从女真处逃来的金玺,"性巧百工之事,会炼金银,做朱红、轻粉、荷叶绿等。国家爱其才,欲留之,乃妻以妓,厚待之"。后来"以其随从人族亲犹居于东宁卫,终不可灭迹"。怕瞒不过明朝,留了一段时间仍然解送于辽东③。被脱轮卫女真掠去为奴的李相,逃到朝鲜后,朝鲜以他"粗识文字,汉音纯正",并且还稍懂医术,因而留用,令吏文生徒每日随他读书,承文院官员也轮次向他质问吏文。为留李相,朝鲜还专门上奏明廷。准请之后,朝鲜让他"兼承文院博士,赐衣服、笠、靴、帽、带、鞍马、奴婢、家舍,使娶司译院注簿张俊女",备受重用与优待④。同在开原乡学读书的张显、徐士英,同时被猛哥帖木儿掠到阿木河为奴使唤,先后逃到朝鲜,都被司译院留用为汉语训导。几年之后,又都加差司正⑤。连乡学的生徒都受到如此重用,说明朝鲜是多么求贤若渴。

朝鲜前三代一共向明朝解送多少自倭寇、女真处逃回的人,无法做精确的统计,《实录》上多数时候只笼统地写"被虏人",并不注明是女真掳还是倭掳。但有几处数字可资参考。世宗十五年给明的奏本上说:"斡木河、婆猪江等处地面,散处野人等类,与叛人杨木答兀,结为群党,掳

---

① 《朝鲜王朝实录》,世宗十九年二月庚寅。
② 《朝鲜王朝实录》,世宗二十八年八月辛丑。
③ 《朝鲜王朝实录》,世宗十九年七月甲午。
④ 《朝鲜王朝实录》,世宗二十三年十月乙酉,十一月己亥;二十四年二月辛酉。
⑤ 《朝鲜王朝实录》,世宗九年四月甲戌,六月丙寅;十六年正月壬午。

掠辽东、开元等处军民男妇及本国边民为奴使唤……自永乐二十一年以后，连续逃来本国，共计五百八十名口。审问根脚，委系上国军民，节次差官解送五百六十六名口，内有本国人口，仍令安业"①。十九年，政府大臣云："前此被掳唐人自北方逃来者，随即解送中国，今已千余人矣。"② 前者说的是部分女真地区，后者则统指女真整体。时间分别是十年和十四年，都只是一段时间。世宗二十四年，"奏历次解回中国被野人及倭贼所虏汉人一千二百七十五名，并无容留"③。看来，如果这五年解送被女真掳夺的人口没有增加，那么，所解被倭掳者，最多也不过二百多人。而这最后一次奏本，下限向后延了五年，上限也并不限于永乐二十一年（世宗五年）以后。这些数字肯定是不完全的。

（4）对于直接从明朝逃来的人，朝鲜处理起来要复杂得多。因为，明朝对这部分人的态度与前三节所述之人截然不同。明朝决定流放的，朝鲜安置以后，明朝自然就不再过问了。被倭寇掳去者，明既平服不了倭寇，又远隔大海，也只能望洋兴叹了。被女真掳去者，因女真所处偏远，当时与明的矛盾还不突出，明为了羁縻女真腾出力量对付蒙古，所以对这部分人，也无心追究。被倭、女真所掳的逃人，朝鲜遣返不遣返，遣返多少，都是朝鲜的自觉行为。直接从明朝逃出来的人，明朝认为是叛明的，即使流亡在国外，也是触犯明律的，所以明朝一定要朝鲜刷还逃去之人。此外，这类逃人中有军有民。就民族成分言，除汉人外，还有附籍辽东的朝鲜人和女真人，有些女真人早先也是在朝鲜北部居住过的。朝鲜处置此类逃人，要面对明朝的压力，要背负人道主义和民族感情的负担。受这些因素的影响，朝鲜对待这类逃人的政策，不可避免地会出现波动，一会儿安置逃人，一会儿遣返逃人，还伴随着向明朝辩解，向明朝讨价还价。但总的来说，一些棘手问题最终也都解决了。

朝鲜太祖李成桂，大概对明太祖朱元璋的严苛有深刻的认识，曾对左右大臣说："帝以兵甲众多，政刑严峻，遂有天下。然以杀戮过当，元勋硕辅，多不保全。而乃屡责我小邦……吾且卑辞谨事之。"④ 因此，对辽东逃来之人，都能以帝命遣返。他在上明帝表中表示："臣以谓虽其本系

---

① 《朝鲜王朝实录》，世宗十五年四月乙酉。
② 《朝鲜王朝实录》，世宗十九年七月甲午。
③ 《朝鲜王朝实录》，世宗二十四年六月戊午。
④ 《朝鲜王朝实录》，太祖二年五月己巳。

出于小邦之民,然其姓名载于官军之籍,不宜容置,曾已发还。其逃来未获者,不知女真、高丽,既系逃军,不行出首,未审潜隐去处。今为差人遍行搜捕,随即起解。"① 这就表明了朝鲜当时解送逃人的政策界限:不管是汉人、女真人、高丽人,只要载于辽东军籍,都要送还。而当时辽东不设州县,全是卫所,辽东之人全在军籍。因此,凡辽东逃来之人,都在解送之列,连连被解向辽东。太祖二年五月,推刷泥城、江界等处来投女真人物②。八月,差人于西北面各府、州、郡、县缉捕到年月不等逃来原系本国人朴龙等一百二十二户并家小三百八十八名,枷杻赴辽东都司交割③。三年二月,差人捉获到小旗李闲你等并妻子二十三名,起解辽东都司④。四年正月,人有辽东来者,命中郎将郑安止管押发还⑤。二月,遣通事金乙祥管送辽东逃军金不改等二十五名⑥。五年十月,遣殿中卿郭敬仪管送辽东逃军楼近道等二十五名⑦。

朝鲜定宗仅在位二年,定宗及太宗初期,由于明王室大乱,及蒙古势力的死灰复燃,屡屡南侵,辽东军民深受其害,逃往朝鲜的数量骤然增加,成批成群,且多为武装团体,这种情况与太祖时期有显著的不同。逃军本身的力量已构成对朝鲜安全的威胁,朝鲜已不可能,也无力一下子将这些武装团体押解辽东。同时,逃军里有许多人是朝鲜族,朝鲜当局对他们又不无同情之心。怎么对待这些人,朝鲜当局一时颇感为难,意见纷纷。一派强调义与原则,认为:"招纳亡叛春秋所贬。今辽沈之民,托以饥馑,亡命来附。此辈虽是本朝之民,曩又既叛于我,今又背于彼,其反复难信可知也。且今臣事大国而复纳叛,有乖事大之义。顾自今逃躯来附者,即令捉拿还遣,勿许入境。"另一派则相反,强调情和实际,认为:"今不许纳,饥饿所迫,必致为害。虽不为害,皆饥死矣。"太宗采纳了后一派的意见,决定接纳和安置这些逃人⑧。太宗并进一步阐述他这样决定的道理,说:"予非欲与中国抗衡也。人自水火中出来求生活,其可忍

---

① 《朝鲜王朝实录》,太祖二年六月乙亥。
② 《朝鲜王朝实录》,太祖二年五月己巳。
③ 《朝鲜王朝实录》,太祖二年八月壬寅。
④ 《朝鲜王朝实录》,太祖三年二月己丑。
⑤ 《朝鲜王朝实录》,太祖四年正月甲寅。
⑥ 《朝鲜王朝实录》,太祖四年二月丙戌。
⑦ 《朝鲜王朝实录》,太祖五年十月壬寅。
⑧ 《朝鲜王朝实录》,太宗二年四月癸丑、戊辰。

视耶！以故既纳之矣。今以中国之追而还遣之，必杀之无遗，是亦置人于死地也。"①

朝鲜在安置这些逃军的时候，对这些逃军有所警戒。首先，在军事上加强了防范。议政府建议："今辽东逃军多至江界地面，愿遣将相之有智勇者以镇之，以固边圉。"遂以朴蔓为东北面都巡问使，赐厩马、甲胄、剑而遣之②。其次，是将这些逃军逃民分散安置。既分散其力量，便于防止其作乱，又便于安置其生活，也寓有庇护之意。例如：二年二月丁巳，"置本国人民自辽阳还者于忠清、全罗、庆尚道西北面"，使其"充驿吏官奴"，"给初粮、谷种、田地，委曲庇护"。三月丁酉，"分置辽东逃来人等于江原道及东北面"。五月壬子，"分置漫散军于丰海道，男妇老幼总八百六十九，令各官给粮"。九月丁酉，"分置辽东逃军林八剌失里等于诸道。……庆尚道一千二百九十七，忠清道八百五十四，左右道四百八十八，全罗道一千五百八十五"。其实，这种安置自定宗元年（己卯年，明建文元年，1399）就已开始了，"己卯年以后，向国逃来人于下三道各州给粮"③。只是当时规模小，引起的反响不大罢了。

朝鲜在安置逃人的同时，为应付明朝的追讨、责难，自然与明朝展开了周旋。一方面向明朝的使臣讲，本想进击逃军，但又恐是明朝的正规军，而未敢进击。明使信以为真，当即移文于辽东当局，告以朝鲜的苦衷，让辽东速派兵来夹击。而另一方面，朝鲜则暗中指示送信的通事，"汝去定辽卫，但言漫散军来屯铺州等处，不知其指向。辽东人若欲领兵讨之，汝言铺州等处山水深险，大军不可往也"④。

不管朝鲜如何周旋，明朝追还逃人的态度是坚决的。曾派军马追到鸭绿江边，以后又多次督责朝鲜，令将逃人"火速解来施行，毋得隐藏，以惹兵衅"⑤。加之朝鲜在太宗二年九月得知燕王战胜建文帝，已即皇帝位，中国局势已经开始恢复稳定，于是，对逃人的政策再度改变。同年十二月，即"移文各道，推刷自辽东逃来军人。闻朝廷遣使臣推刷逃军，欲及使臣未到之前还送也"。并派"刑曹典书陈义贵，押漫散军林八剌失里等如辽东"⑥。三年正

---

① 《朝鲜王朝实录》，太宗二年五月庚寅。
② 《朝鲜王朝实录》，太宗二年四月戊午。
③ 《朝鲜王朝实录》，太宗二年三月丁酉。
④ 《朝鲜王朝实录》，太宗二年四月戊辰。
⑤ 《朝鲜王朝实录》，太宗二年四月乙卯。
⑥ 《朝鲜王朝实录》，太宗二年十二月壬戌、壬申。

月,明朝使臣带着明成祖给东宁卫漫散官员军民人等的敕谕到朝鲜,宣布了明朝的政策,敕谕说:"太祖皇帝开设东宁卫,好生安养你每。后来建文苦得你每没奈何,漫散出去。如今天下太平了,我只遵著太祖皇帝的法度安养。你每都回来东宁卫里来住,官仍旧做官,军仍旧做军,民仍旧做民。打围种田做生理,听从所便,休要害怕惊疑。若一向执迷,漫散不来,恐久后悔时迟了!"① 这项宽大的政策,使朝鲜和多数逃人都松了一口气,为顺利解决逃人问题创造了一定的条件。当月,朝鲜即"遣还漫散军男女总三千六百四十九名"②。三月,统计解送情况是,"漫散军民总计一万三千六百四十一名,内见解男女家小共一万九百二十名,在逃二千二百二十五名,病故四百九十六名"③。以后小批量的解送,也不时进行,如一个月后,又解送漫散军男女六十名赴辽东④。十一月,又解送二百三十名漫散军赴辽东。⑤

但逃人问题实在太大,到朝鲜太宗五年(明永乐三年,1405),据明朝统计,已"招谕到土军一万七百五十五口,俱回东宁等卫,复业屯种外,再有未回军余全者遂等四千九百四十口"仍在朝鲜,礼部移咨朝鲜,"务要根捕得获,解送辽东都司交割"⑥。以后的六年、七年、八年,明朝的使臣来时,都带有催送逃人的礼部咨文。朝鲜除零星的解送外,还有几次数量较大。计有:太宗六年八月,解送漫散军人宋德玄、全小金等男妇四百一十九名;七年三月,解送漫散军刘山城等二千名;五月,解送漫散军丁禄吉等七百四十六名;六月,解送漫散军金必果等八百三十一名;八月,解送漫散军李白吉等五百四十九名;八年四月,解送东宁卫漫散军刘思京等七百八十一名;五月,解送漫散军李隆等男女共一百五十九口;七月,解送漫散军刘莫遂等九十九名;九月,解送漫散军郑世等男妇共一百十四口。到太宗八年(明永乐六年,1408),因明室内乱逃亡到朝鲜的漫散官员军民人等,基本解送完毕。但太宗后期至世宗时,仍时有明朝军民零星逃来,朝鲜也都能及时地解送回去。明成祖对朝鲜解送各类逃人,非常满意,并给予高度的评价:"朝鲜国王不唯其土逃归人,至于他处被掳逃来人,无一不送。国王至诚,其不善乎"⑦。

---

① 《朝鲜王朝实录》,太宗三年正月辛卯。
② 《朝鲜王朝实录》,太宗三年正月乙巳。
③ 《朝鲜王朝实录》,太宗三年三月己亥。
④ 《朝鲜王朝实录》,太宗三年四月辛未。
⑤ 《朝鲜王朝实录》,太宗三年十一月辛丑。
⑥ 《朝鲜王朝实录》,太宗五年三月壬子。
⑦ 《朝鲜王朝实录》,太宗十七年七月己卯。

朝鲜在遣返明朝的流民时，并不是对明朝百依百顺。总是反复核查和申诉，尽量留下朝鲜认为不属遣返范围的人。例如，辽东总兵官讲，永乐三年（朝鲜太宗五年，1405），东宁卫军朴都干你携妻任氏及两个儿子朴嵩伊、朴邦伊逃往朝鲜别东村，后朴都干你病故，任氏又同儿子朴嵩伊妻子五人迁于别旦堡。正统七年（朝鲜世宗二十四年，1422）正月，任氏想念仍在东宁卫的次子朴隆，又同儿子朴邦伊等大小男妇十七人，在一个晚上潜回辽东。在朝鲜留下了儿子朴嵩伊等男妇五人。据此，明帝敕谕朝鲜国王，让其将朴嵩伊等"审实明白，遣人送还辽东总兵镇守官，给任氏完聚"。朝鲜调查后认为，朴嵩伊世居朝鲜，嵩伊及弟表隆、遂同、貼遂女弟遂庄等，都生于朝鲜，并无去过辽东。除四年前其弟朴表隆、朴遂同等随其母任氏逃走外，并没有称作朴邦伊、朴隆伊的两个亲弟弟在辽东。据此，朝鲜要求明朝发还朴美、朴表隆等朝鲜逃人，并认为朴嵩伊等原非辽东逃来人数，应该留下。后来明朝经过审实，将朴美及家口五人发回朝鲜，但仍坚持任氏等原是东宁卫人，坚持让朝鲜遣还朴嵩伊等五口。双方的调查有出入，此事便不了了之[①]。

此外，朝鲜在遣返明朝逃人的同时，还安置了一些逃人。在太宗中期，朝鲜大批遣返明朝的漫散军民之后，仍有"辽东军人相续而来"，朝鲜西北面都巡问使请示议政府应如何对待，议政府和太宗的意见是："若来者数少，且犯夜越江，则纳之；如成群，则御之，使不得渡江。"[②] 这在一定程度上，反映了朝鲜对待明朝逃亡军民的矛盾心态，和处置逃人政策的两面性。

朝鲜初期，还注意发现中国流人中的有才干者，不予歧视，而量才擢用，既使他们摆脱了一般难民的窘困境遇，又能为朝鲜的社会经济发展和文化进步服务。朝鲜这种用人上的开放政策，使中国不少流人都能有所成就。例如，自张士诚处流徙来的李敏道，以医卜见称，推戴朝鲜太祖有功，历官至商议中枢院事，为商山君。死后谥直宪，恩宠极隆[③]。浙江人唐诚，元季避兵东来，以其通晓律令，历仕中外，任恭安府尹[④]。流徙来的汉人任彦忠，因为善译语，"参开国功臣"之列。其子任君礼，亦"以译语屡使上

---

① 《朝鲜三朝实录》，世宗二十四年八月己亥、壬寅，十二月己亥、辛亥。
② 《朝鲜王朝实录》，太宗九年十一月戊寅。
③ 《朝鲜王朝实录》，太祖四年三月乙未。
④ 《朝鲜王朝实录》，太宗十三年十一月己卯。

国,以致巨富"①。曹崇德,能吏文,通华语,官至工曹参议②。辽东人申得财,能造可以印书的华纸,便赐他米和布,令他传习技术③。朝鲜"各道兵船不过数年,辄言虫损。连年改造,非唯人力劳苦,树木亦将不支"。太宗时发现流徙的唐人刘思义、李宣会造唐船,便派他们到全罗道造唐船④,等等。

总之,由于朝鲜对中国的各类流人采取了相应的处置措施,既维护了与明朝的友好关系,也保持了本身社会的稳定,并通过留用某些流人,吸收了明朝的先进文化和技术。可见,朝鲜对待明朝流人的政策是得当的。

---

① 《朝鲜王朝实录》,世宗三年二月庚戌。
② 《朝鲜王朝实录》,世宗七年八月戊寅。
③ 《朝鲜王朝实录》,太宗十二年七月壬辰。
④ 《朝鲜王朝实录》,太宗十五年十一月壬子。

评析朝鲜对建州卫女真的第一次用兵*

建州卫女真于明朝永乐二十一年（朝鲜世宗五年，1423），从凤州迁居佟佳江（婆猪江，今浑江）畔，地近朝鲜的闾延、江界。由此与朝鲜的摩擦、误解增多，朝鲜曾先后几次对建州卫女真用兵。本文仅评析宣德八年（朝鲜世宗十五年，1433）朝鲜袭击建州卫的原因、过程及其带来的长远影响。

一 朝鲜第一次用兵建州卫的原因

建州卫女真迁到婆猪江畔的初期，因缺口粮、种子、盐酱等，常常在大小首领的带领下，成群结队到朝鲜边境地方向朝鲜乞粮；同时要求，"今后但有建州卫人民来往买卖，印信文书，许令施行，毋得阻挡"①，要与朝鲜进行贸易；一些女真人为生活所迫，有的强行越境，甚至"不听强留，叠入人之空家"②。这种情势使朝鲜极为不安，世宗曾对明使臣讲："未满彼心，倘若生变，其祸不测，应之之方，予甚虑焉。"并请明使将这种情况顺便向明帝奏达③。对这些女真人，朝鲜一方面以其"是中朝（明朝）之民，无圣旨不可私交"为由，仅给以少许行粮，劝令退出。另一方又采取了严密的防范措施："边将固守，不许入境"④；"江边居民，督令入堡，清野以备之"⑤；甚至派人"潜谍婆猪江等处"⑥，详察女真人的各种动静。可以

---

* 原载《中央民族大学学报》2000年第4期。
① 《朝鲜王朝实录》，世宗七年七月辛未。
② 《朝鲜三朝实录》，世宗六年十一月甲申。
③ 《朝鲜王朝实录》，世宗七年三月甲戌。
④ 《朝鲜王朝实录》，世宗六年七月乙亥。
⑤ 《朝鲜王朝实录》，世宗六年十一月甲申。
⑥ 《朝鲜王朝实录》，世宗六年四月壬申。

说，自建州女真移住婆猪江伊始，与朝鲜的关系就不顺畅。最成问题的是，建州卫女真当时尚处于奴隶制社会，常掳朝鲜人和辽东汉人为奴，这些人逃到朝鲜后，朝鲜便将这些人留在国内或送归辽东。女真则发出进一步掳人的威胁。这种社会发展的差别和价值标准的差别，构成了朝鲜与建州女真根深蒂固的矛盾。

在朝鲜世宗七、八年间，为粉伊事件，女真和朝鲜险些交战。世宗七年（明洪熙元年，1425）七月，曾被掳到婆猪江，并嫁给女真人金夫介的闾延郡女粉伊，逃回闾延其侄李都景家。为寻粉伊，其夫金夫介及千户沈於许老等4人，特持指挥沈者罗老印信文引，到闾延郡要人。朝鲜推说不知此事①。次月，建州卫指挥时时里哈亲自带领4人，再次到闾延郡寻讨粉伊，并声言："粉伊非真逃亡，隐于郡人亲侄李都景家。若不还此女，则吾等捉李都景户人一名而归。"还要郡官"不多日内，须根寻送还"②。两个月后，女真通事专为此事通知闾延郡官："如不还给，则待冰冻率军来战。"③朝鲜方面，则相应地加强了边境的防御力量，将原来每口子只有五六人看守，增加到每口子各由一名千户，率领百名军人，"勿论冬夏防御，以备不虞"④。可见，粉伊事件带来的摩擦在不断升级。

同样性质的事件，后来又多次发生。朝鲜世宗八年（明宣德元年，1426），朝鲜满浦口子界外住的女真人张三甫，因奴婢逃到朝鲜，并被解送京师，讨要不得，他即向朝鲜官员声言："吾以皮船五六只乘隙渡江，剽掠江边农民，可以偿吾所亡。"朝鲜不得不立即调整江界道的军力，做应变准备⑤。世宗十年，李满住以其奴婢十口逃入朝鲜，并已属朝鲜礼宾寺使唤，"意颇愤怨"⑥。世宗十四年，建州卫指挥林加罗等，因其奴婢，原为朝鲜人的金小所及其妻三庄等，逃回朝鲜，索要不得，竟将朝鲜军人李元奉的义子朴江金掳去，声称："汝等匿我逃奴，我亦掳去。"⑦ 因此，当时朝鲜上下都把如何对付相邻的女真，当成了"急务"。世宗八年，世宗给会试入格生出的"策问"考题，就是"尧舜之智，必先急务，……治而不先急务，皆

---

① 《朝鲜王朝实录》，世宗七年七月丙申。
② 《朝鲜王朝实录》，世宗七年闰七月己未。
③ 《朝鲜王朝实录》，世宗七年九月己酉。
④ 《朝鲜王朝实录》，世宗八年二月乙酉。
⑤ 《朝鲜王朝实录》，世宗八年七月壬辰。
⑥ 《朝鲜王朝实录》，世宗十年二月丁丑。
⑦ 《朝鲜王朝实录》，世宗十四年八月甲寅。

苟而已"①。

尽管朝鲜在世宗八年时，已将处理与建州卫女真的关系列入"急务"之一，但由于建州对朝鲜掠夺的次数并不多，规模也极小，充其量只能看作是一种骚扰。所以在此后的五、六年中，朝鲜虽一直保持着高度的警惕，但并没有对建州卫女真采取报复行动。

朝鲜对建州卫女真大规模用兵倒是由一件与建州卫无关的偶然事变引发的。世宗十四年（明宣德七年，1432）十二月甲午，忽剌温人大举剽掠闾延，杀害军民53人，掳掠男妇77人②。尽管建州卫中途从忽剌温人手中夺回64人，并送归朝鲜。但是，由于朝鲜上下与建州卫女真矛盾已久，偏见已深。更加上长期受中华夷狄观的影响，从思想文化上极为歧视女真人，认为他们是"野人"，"与禽兽无异"，"嫌隙必报"，根本不相信建州卫女真的善良愿望和友好行为，而认定建州卫女真是闾延事件的主谋，"满住所为无疑"③。就这样，这一未经认真调查的偶然事件，就成了朝鲜用兵建州卫的借口和导火线。

二 朝鲜第一次用兵建州卫的经过

朝鲜在出兵之前，做了周密的安排，充分的准备。

第一，到女真住处实地侦察。朝鲜以酬谢建州卫送回被掳人为由，"遣前少尹朴好问、护军朴原茂，于野人李满住、沈吒纳奴、林哈剌处，审察野人等做贼真伪及种类多少与山川险阻、道路迂迩"④。李满住等毫无戒心，"欣然待之"，朴好问等人轻易地完成了侦察任务。根据朴好问的报告，朝鲜在舟桥等军需方面做了加强，在军数安排上也由原定的三千拟增加为万人以上⑤，使这次军事行动更有把握。

第二，调集了足够的军力。世宗十五年二月甲辰，世宗确定了"其举兵，则不可孤弱，当大举而讨之"的作战方针。第二日，与众大臣议定，"军数以三千为率"。三月庚申，根据朴好问的侦察报告和平安道都节制使

---

① 《朝鲜王朝实录》，世宗八年四月甲戌。
② 《朝鲜王朝实录》，世宗十五年四月乙酉。
③ 《朝鲜王朝实录》，世宗十五年正月癸亥。
④ 《朝鲜王朝实录》，世宗十五年二月甲午。
⑤ 《朝鲜王朝实录》，世宗十五年二月壬子。

崔润德的要求，世宗决定"军数当加一万"。因为，"自马迁至兀剌等处，野人散居山谷，鸡犬相闻。若击一二里，则必相救援，成败难知。古人有动大众而为小寇所败者，况大军固难再举。每一二里各遣一军，则彼将自救不暇，不能援他人矣。故非万余不可。若以三千分为数道，则分军亦难"①。三月丁卯，即七天后，与大臣再议，军数增至1.5万，其中马兵1万，步兵5千。从而保证了对女真的绝对优势。

第三，做好及时的舆论攻势。朝鲜做了三方面的出兵舆论准备，一是出兵前"颁教于北征将卒"，在内部作战前动员；二是预写"征婆猪江声罪榜"，届时张贴于女真居处，专对女真人，以宣传攻势配合军事行动；三是对明朝的辽东当局和明朝廷，要具辞通报和上奏本，以争取明朝的理解。对将卒的教谕，对女真的榜文，对明廷的奏本，其主要内容都是述说婆猪江人掠夺朝鲜人口、牲畜、财物的罪行，说明朝鲜此次用兵的合理性，以做到出师有名。

第四，对可能作为建州卫外援的建州左卫，朝鲜也做好了各种应变部署。朝鲜侦知并预计，当建州左卫首领猛哥贴木儿自北京回来之时，正是征讨建州卫之时，"若助彼贼，则佯不知而杀之；不助彼贼，而诚心归顺，则毋得杀之"②。若是猛哥帖木儿之子权豆自朝鲜东北面率兵来救，则令平安道都节度使密通相近的咸吉道都节制使挟攻之③。可以看出，在用兵之前，朝鲜在各方面都做了周密的部署。

由于建州卫无备，几乎没有交战即败，受到的打击极为惨重。计被杀260人，被俘248人，被夺马62匹、牛118头④。其中建州卫首领李满住的妻子"死于锋刃"，李满住本人则"身被九创"⑤。关于建州卫死亡人数，一些学者的著作与本文有出入。李燕光、关捷主编的《满族通史》记为183人，比本文少77人；日本河内良弘著《明代女真史研究》记为255人，比本文少5人。出现这种差别的原因，可能是《满族通史》只统计了"实录"五月己未所录的都节制使崔润德的战后总报告，其被俘、被杀数与该报告一致。而这份报告只记录了中军节制使李顺蒙生擒之数，并注有"杀死之

---

① 《朝鲜王朝实录》，世宗十五年三月庚申。
② 《朝鲜王朝实录》，世宗十五年三月戊寅。
③ 《朝鲜王朝实录》，世宗十五年四月戊子。
④ 《朝鲜王朝实录》，世宗十五年五月己未、壬申。
⑤ 《燕山君日记》，二年十一月甲辰。

数不录"字样。十三日后的"实录",即壬申日又有如下记事:"召问判中枢院事李顺蒙曰:卿斩获几名?顺蒙启曰:斩首二十六,射杀四十六,割耳二。然其初主将不令斩首割耳,小耳皆弃而来,只将生擒五十六以启。赵石岗亦启曰:李澄石道,射杀溺水而死者,臣亲见三人。命承政院并录奏闻。"《满族通史》在统计时可能是漏掉了这段记录。而《明代女真史研究》的统计,则可能未包括这条记录中的"割耳"2人与"射杀溺水而死者"3人。笔者认为,"割耳"不是指将活人耳朵割下,而是将被杀之敌的耳朵割下,以作为统计杀敌数之用,这同割鼻、割下首级做统计是一样的。己未日的报告中,就有李澄石"射杀割耳五"的记录。所以,统计女真被杀人数,应增加壬申日条下的"割耳"2人。同样,壬申日赵石岗所言亲见李澄石"射杀溺水而死者"3人,也是对前记其"射杀割耳"5人的补充。

对俘获的248人,朝鲜进行了甄别。内有唐人24名,被遣返辽东[①]。有曾被掳去的"本国军丁男妇"6名,"令给亲完聚"[②]。其他人则根据世宗的旨令,"除老幼外,丁壮并令斩之"[③]。余下的"大小男女共一百七十四名","七八岁以下无母无亲族小童等,付京中各司奴婢有产业慈惠者"收养,其他人则"分置京畿及忠清道各官,限其安业"[④]。这样算来,俘后被斩之丁壮当为44人。

三 这次事件的长远影响

朝鲜出兵建州卫,是朝鲜与女真关系史上的重大事件,对朝鲜自身和女真各部都带来很大的震动,其影响更是长远的。

就朝鲜而言,这次事件之后,由于怕女真人复仇,在北方边境愈加严防死守,使边境地带长期处于紧张状态,并由此开始疲弊。这次事件之后仅一个多月,就发生了女真人"潜寇间延,射杀男女各一"的报复事件[⑤]。此后,朝鲜唯恐边将救援不及,便令边境附近的居民,"男丁十三以上者,

---

① 《朝鲜王朝实录》,世宗十五年五月乙丑。
② 《朝鲜王朝实录》,世宗十五年闰八月乙亥。
③ 《朝鲜王朝实录》,世宗十五年五月庚申。
④ 《朝鲜王朝实录》,世宗十五年六月癸未、乙酉。
⑤ 《朝鲜王朝实录》,世宗十五年六月庚寅。

评析朝鲜对建州卫女真的第一次用兵

并令习射",并且在农作之时,也要"常带弓矢,如有贼变,同力防御"①。其习战的箭竹,则令南方各道不断输送。同时,又"命平安道各官守令,轮番率其士兵赴防",使"一道人民,未得安枕"。为了加强边防,又从京城调来军士。"加以京军士豪横作弊,平安(道)凋弊,自此始焉"②。

西北面的平安道大伤元气,东北面的咸吉道也不轻松。为提防建州卫的近支建州左卫在东北面报复,除同样让13岁以上的男丁习射之外,朝鲜封建统治当局还在东北边境增加了兵力,并大筑城堡,搞得军民人心惶惶,民不聊生,以致发生了庆源筑城之军大规模逃亡事件。世宗十五年九月某夜,在此筑城的定平、永兴、预源、北青等各官军人,"乘夜号曰:贼来!"便"成群逃散"。逃跑之人,不下千数,因争先恐后,有的竟被"践踏致死",有的"溺死池中"。庆源节制使"使人追捕",逃军"拒而殴之"③。后来,朝鲜当局对追拿到的逃军,以逃避差役罪,给予严惩。但大批军人逃亡,说明征剿建州给朝鲜军民带来的心理阴影是巨大的。

对女真人来说,虽然建州卫受到了朝鲜的重创,元气大伤,但从此对朝鲜封建统治当局的认识更深入了一层,建州女真的凝聚力开始加强。建州卫在遭到朝鲜打击之后,怕朝鲜再次进攻,向北迁移到兀弥府,距原住地约马行一日之程,当在今辽宁省桓仁县拐磨子乡北古城子一带,但仍时时感受到朝鲜的威胁。在明正统元年(朝鲜世宗十八年,1436),向明朝请求西迁辽阳、草河一带。就在辽东总兵官巫凯受命处理此事,建州卫尚未迁移的时候,次年九月又发生了朝鲜军分三路进攻兀弥府的事件。幸亏女真人对朝鲜有了警惕,事先侦探到动静,或躲避山中,或向西逃往苏子河流域。朝鲜军这次无功而返。正统三年(1438)春,明礼部、兵部议准:"浑河水草便利,不近边城,可令居住。"④ 李满住始率建州卫移居浑河的上游苏子河流域,即今辽宁省新宾县烟囱山东南旧老城一带。

在朝鲜第一次征剿建州卫之后,朝鲜在东北面也加强了军事压力,建州左卫感到威胁日重,便产生了向建州卫靠拢的意向。但这期间,又受到朝鲜的多方阻挠,不让其西迁。朝鲜一方面固然对建州左卫有防范,但另一方面,朝鲜又欲利用建州左卫为屏藩,阻隔兀狄哈人的进攻。同时,朝

---

① 《朝鲜王朝实录》,世宗十五年六月壬辰、己亥。
② 《朝鲜王朝实录》,世宗十五年六月癸卯。
③ 《朝鲜王朝实录》,世宗十五年九月壬辰。
④ 《明英宗实录》卷43,正统三年六月戊辰。

鲜也不愿看到两支建州女真的汇合。但是，婆猪江惨痛的教训使建州女真的凝聚力增强了，经建州卫李满住的积极联络，经过建州左卫凡察、董山的机智周旋和不懈努力，建州左卫的300余户女真人，终于在正统五年（朝鲜世宗二十二年，1440）六月，迁到苏子河，与李满住部汇合。当时与建州卫同住的还有毛怜卫部分女真人。到此为止，三部女真人同居一地，并以此为根据地和起点，完成了女真各部的统一和民族振兴，进而征服朝鲜和统一中国。最后这种结局，是朝鲜、明朝、建州女真人谁也未曾料到的。

四 余论

朝鲜第一次用兵建州卫，本来存在着许多可以避免的因素。其一，世宗十四年十二月间延所受的侵扰，本不是建州卫女真所为，这已为后来的许多证据所证明，如果核实清楚，这次朝鲜是没有出兵依据的。如果说建州卫与忽剌温同为女真人，不好分辨，或者说朝鲜昧于对建州卫的偏见，不愿去调查分辨，还可以让人理解。那么间延受扰之时，朝鲜一方受害和被掳人数，应该是很容易调查核实准确的，可是，朝鲜前后四次说法都不尽一致。据《世宗实录》：①世宗十四年十二月甲午，平安道监司报告，朝鲜人战死13人，中箭25人；②十五年正月癸亥，平安道监司又报，被掳人75，战亡人48；③十五年二月癸巳，致祭间延战亡军官金龙乙及军卒29人，被杀男妇老少18人亦令致祭，二项合计也为48人；④十五年四月乙酉，给明的奏本称杀害军民53人，掳去77人。如果朝鲜肯于认真核实，不但死亡、被掳人数可以核准，建州卫的冤枉也是可以澄清的。其二，此役之后不久，朝鲜世宗曾反思说："守成之君，大抵不好游畋声色，则必好大喜功。自古及今，继体之主当所戒也。予承祖宗之业，抚盈成之运，常以此为念。往者婆猪江之役，大臣将相皆曰不可，此乃万世不易之正论。予乃命征成功，此特其幸耳，不足尚也。"① 可见当时朝鲜的大臣将相是不主张进攻建州卫的，如果事前世宗能听取群臣的意见，此"不足尚"之役是可以避免的。只是世宗说得好听，不但当时他听不进群臣的忠言，后来也并不想改正，四年之后，仍是他下令，再次对建州用兵。其三，朝鲜征讨

---

① 《朝鲜王朝实录》，世宗十五年十一月戊戌。

女真，最终要看宗主国明朝的态度。虽然明辽东总兵官巫凯等将帅，对朝鲜越界进击持严厉的态度，认为不可。可惜，明帝宣宗认为朝鲜和女真是"远夷争竞"，不愿认真过问，既不主持公道，更谈不上保护本国的少数民族。总之，朝鲜和明朝都不乏明智的大臣，但两国的最高统治者，朝鲜世宗好大喜功，明朝宣宗自大昏庸，这样就使得本可以避免的惨剧发生了。

清入关前后对朝鲜政策的变化[*]

清入关前后，因政治、军事形势的不同，对朝鲜的政策有很大的变化。入关前，两次入侵朝鲜，对朝鲜实行威压政策。入关后，迅速调整政策，由威压转为和缓，使清与朝鲜的关系变得稳定和密切起来。

一　入关前对朝鲜的侵略与威压

朝鲜的李氏王朝与明朝一直有着很密切的宗藩关系。在16世纪90年代，明朝出兵援助朝鲜，打败日本丰臣秀吉的侵略之后，朝鲜更感激明朝的"再造"之恩。1619年，当明向后金发动萨尔浒等战役时，朝鲜派姜弘立为都元帅、金景瑞为副元帅，出兵1.3万渡江助明。还允许明将毛文龙以朝鲜皮岛等地为根据地，并支援其物资军需，使其继续抗击后金。这些都使朝鲜成了后金向明用兵时最大的后顾之忧。因此，皇太极决定先征服朝鲜，进而解决屯驻朝鲜皮岛的明军毛文龙部，以解除大举攻明的后顾之忧。

后金天聪元年（1627）正月，皇太极派大贝勒阿敏等统军三万侵略朝鲜。不足半月，攻陷平壤。继之，直指朝鲜首都汉城。朝鲜国王李倧抵抗不力，率王妃、子女避入江华岛。三月，在后金强大军事的压力下，朝鲜与后金代表刘兴祚、库尔缠签订了"江都之盟"，盟约的主要内容是：两国和好，各遵誓约；各守封疆，不得记仇，不得互相侵犯，朝鲜不得整理兵马，兴建城堡等。这是一个不平等的盟约。阿敏又以自己并未亲自与盟为借口，在退兵时又纵兵抢掠三日，抵平壤后，又强迫朝鲜王弟李觉与之盟

---

[*] 与辽宁省民族研究所何溥滢研究员合写，原载《清兵入关与中国社会——中国第七届全国暨国际清史学术讨论会论文集》，辽宁人民出版社，1996。

誓,"平壤盟约"的主要内容是:朝鲜每年应送后金礼物;对待后金的使者应与明朝使者一样恭敬;朝鲜不得修筑城郭、整顿兵马;后金所获剃发逃人如逃来,朝鲜不得容留;违背上述誓约,后金将再度讨伐朝鲜。每年的贡额,当时的《清实录》与《李朝实录》并未载明,但在九年之后,朝鲜有清楚的追述:"自丁卯(1627)以来输岁币于金国者,杂色绸合六百匹、白苎布二百匹、白布四百匹、杂色木棉二千匹、正木棉五千匹、豹皮五十张、水獭皮二百张、青黍皮一百六十张、霜华纸五百卷、白棉纸一千卷、彩花席五十张、花纹席五十张、龙席一张、好刀八柄、小刀八柄、丹木二百斤、胡椒黄栗大枣银杏各十斗、乾柿五十贴、金鳆十贴、天池雀舌茶各五十封。"①

但是,后金这次进军朝鲜,并没有达到预期的目的。朝鲜虽战败了,但不甘心就此屈服,它仍然向心明朝,与明保持君臣关系,以粮食、物资、船只等,供应明在皮岛的军队。对于后金要求朝鲜断绝与明朝关系一事,朝鲜国王断然拒绝,他在致皇太极的信中说:"念敝邦之于明朝,君臣分义甚重,若贵国要我负明,则宁以国毙,断不敢从。"② 对后金的其他要求,也是尽可能地敷衍和抵制,在通市、索还逃人、禁止明兵登陆、岁币等问题上,经常与后金发生尖锐的矛盾。

天聪九年(1635),后金征服漠南蒙古之后,皇太极又进一步巩固了自己的统治地位,并于天聪十年(1636)四月,宣布即皇帝位,改元"崇德",国号"大清"。此时,朝鲜国王李倧拒不派人为皇太极称帝"劝进",还不派遣质子及不接待使臣,这激怒了皇太极。当年十二月,皇太极亲率大军第二次侵略朝鲜。朝鲜国王李倧逃避南汉山城,后妃王子等则避于江华岛。崇德二年(1637)正月,朝鲜京城汉城及江华岛先后失陷,南汉山城无有外援,李倧被迫投降。清与朝鲜签订"君臣之盟",要求朝鲜做到:①结君臣之义;②去明国之年号,绝明国之交往;③以长子并再令一子为质;④一应文移,奉大清之正朔;⑤万寿节及中宫千秋、皇子千秋、冬至、元旦及庆吊等事,俱行贡献之礼;⑥清征明时,征调李朝步骑舟师,不得有误;⑦清掠走之朝鲜人,若有逃回者,应执送本主;若欲赎还,听从两主之便;⑧两国通婚和好;⑨新旧城垣,不许擅筑;⑩朝鲜境

---

① 《朝鲜王朝实录》,仁祖十四年二月己卯。
② 《清太宗实录》,天聪七年二月甲申。

内之瓦尔喀人,俱当刷送;⑪朝鲜与日本的贸易可照旧进行;⑫每年进贡一次,其方物数目:黄金百两,白银千两,水牛角二百对,豹皮百张,茶千包,水獭皮四百张,青黍皮三百张,胡淑十斗,腰刀二十六口,顺刀二十口,苏木二百斤,大纸千卷,小纸千五百卷,五爪龙席四领,各色花席四十领,白苎布二百匹,各色绵绸两千匹,各色细麻布四百匹,各色细布万匹,布千四百匹,米万包①。从此,朝鲜由明朝的属国变成了大清的属国。

但是,清军的烧杀掳掠激起了朝鲜的民族仇恨。在清与明交战时,并不积极出兵,也不热心运粮草。清朝的威压政策,加之社会文明水平的差别,文化观念的差别,使清与朝鲜的关系处于紧张状态,至明朝灭亡时,朝鲜在心理上仍倾向于明朝。

二 入关后对朝鲜政策的迅速调整

1643年九月,皇太极去世,六岁幼子福临即位,改元顺治,由两个叔父多尔衮和济尔哈朗辅政。次年,清兵入关,并迁都北京,明朝正式灭亡。以此为转机,清朝迅速改变对朝政策,采取实际措施,使其与朝鲜的关系逐渐缓和。

第一,减少朝鲜岁贡数额。顺治皇帝即位伊始,就以太宗遗谕的形式,颁示朝鲜:"岁贡方物悉出于民,夫民皆吾民。朕恐重致疲困,今将岁贡绿绵绸二百五十匹、红绵绸二百五十匹,各减五十匹;白棉绸一千五百匹,减五百匹;细纻丝四百匹,减三百匹;粗布七千二百匹,减二百匹;上等腰刀二十六口,减六口;五爪龙席四领,减二领;杂色花席四十领,减二十领。其余仍旧。"② 清军入关之当年,又颁谕朝鲜,再次减其岁贡:"至每年进贡方物,皆出于民。其额进纻布四百匹、苏木二百斤、茶一千包,俱著蠲免;再各色棉绸二千匹,著减一千匹;各色细布一万匹,减五千匹;布一千四百匹,减四百匹;粗布七千匹,减二千匹;顺刀二十把,减十把;刀二十把,减十把。余俱如旧。"③ 顺治二年,又"减

---

① 《清太宗实录》,崇德二年正月戊辰。
② 《清世祖实录》,崇德八年九月丙午。
③ 《清世祖实录》,顺治元年十一月庚戌。

岁币细麻布一百匹、诸色绸七百匹、诸色木棉布四千一百匹、苏木二百斤、茶一千包、佩刀二十把"①。连续三年减岁贡，而且减幅都相当大。

顺治四年，清廷进一步决定："岁币中大米九百石、木棉二千一百匹、棉绸二百匹、弓角二百桶、顺刀十柄、胡椒十斗，及方物中黑细麻布代白细苎布，今特永减。"② 这无疑减轻了朝鲜的负担。

第二，裁减朝鲜对清朝使臣的馈遗礼物，拒绝接受私人馈赠。为接待好清朝使臣，朝鲜每年都耗费颇巨，不堪其苦。顺治皇帝即位后，即规定："今将馈遗本朝使臣礼物裁减，著为定例：正使鞍马一匹，空马二匹，各减一匹；银二千五百五十九两，减一千五百五十九两；棉绸五百五十七匹，减三百五十七匹；绫丝一百六十二匹，减一百二匹；布六百五十匹，减三百五十匹；余物俱减大半。同出使官员礼物，各按品递减。"与此相关的使臣"索鹰犬等物，并应付官妓，俱著停止"，"使臣将食用之物，酌量裁减，著为定例"③。此项费用的裁减幅度也是很大的。

过去，朝鲜国王时常馈赠礼物给清朝诸王，多尔衮摄政之后，专门致书朝鲜国王，今后应免去馈礼，说"予等事幼主摄国政，而受外藩之馈，殊觉不宜。自今以后，贵国无烦致礼也"④。多尔衮还与诸大臣定议："嗣后凡外国馈送诸王贝勒礼物，永行禁止，著为令。"⑤ 这对改善清人的形象，改善与朝鲜的关系，也起了良好的作用。

第三，释放在押的朝鲜诸臣。顺治皇帝即位后，对原来反对后金－大清而被清朝囚禁的朝鲜诸臣，也采取了宽大的政策，陆续给予释放。崇德八年（1643）九月，首先释放一批，"至我国中禁系之人，俱经纵释。尔国崔明纪、金盛黑尼，虽罪在不赦"，亦从宽自狱中放出，令其侍奉朝鲜的质子李滢。"首恶金盛黑尼既已释放，其义州禁系党羽沈德渊、曹汉英、蔡义恒等，及筑城之朴黄，亦著释放"。反清在逃的朝鲜平安道都总兵官林庆业的在押兄弟宗族，亦"俱行释放，令回原籍"⑥。

顺治元年（1644）十一月，在朝鲜质子归国时，清朝全部释放了在

---

① 《朝鲜王朝实录》，仁祖二十三年闰六月乙酉。
② 《朝鲜王朝实录》，仁祖二十五年八月辛巳。
③ 《清世祖实录》，崇德八年九月丙午。
④ 《朝鲜王朝实录》，仁祖二十二年正月己酉。
⑤ 《清世祖实录》，顺治元年正月庚寅。
⑥ 《清世祖实录》，崇德八年九月丙午。

押的朝鲜罪犯。"所有一切罪犯，尽行赦除"。

清廷指令朝鲜"永不叙用"的几位罪官，这次也得到宽大，"其永不叙用官李敬遇、李明翰、李敬式、闵性慧四人，尔世子欲求任用，姑如请准从"①。释放得罪清朝的朝鲜官员，并允许重新启用其中的某些人员，这既是向朝鲜表示友善的一种姿态，也是一种实实在在的措施。

第四，送还作为人质的朝鲜王子。这是清朝改善对朝关系的最重要的决策。有质子存在，就是不信任与要挟的存在。清军入关，明朝灭亡，朝鲜这个后顾之忧也就不存在了，不需要再拿质子来制约朝鲜了。因此，清入关之初，就对质子李溰颇为优待。当时，北京故宫许多建筑被焚，唯武英殿尚存，多尔衮在此办公，李溰也被安排在大殿东侧一室，这在当时是最好的居处了。不久，李溰回沈阳接眷属，多尔衮对其表示友善说："元孙本非久留之人，即令还送本国。"② 李溰返回北京，在顺治皇帝祭天坛告登基之后十天，十一月十一日，多尔衮又向李溰许诺，准其本人归国，他说："未得北京之前，两国不无疑阻。今则大事已定，彼此一以诚信相乎。且世子以东国储君，不可久居于此，今宜永还本国。……三公六卿质子……亦于世子之行，并皆率还。"③ 朝鲜得到这个消息，惊喜万分，大臣们说："世子东还，出于望外，……国家之庆，宁有大于此乎！"国王李倧意外得竟不相信这是好事，他问大臣们："清国此举，果出于好意，而无别情耶？"④

在多尔衮与李溰的这次谈话之后，即遣李溰归国，并赐溰及陪臣鞍马、貂衣、缎匹⑤。李溰到沈阳后，留守沈阳的清将又以清帝之命，赐其"彩缎二百匹，使之分赐宫官及诸质子，且以汉人男女二十余人、菜园夫二人、宦者三人许令率去"⑥。顺治二年三月，又遣朝鲜国王次子风林大君李淏归国，顺治皇帝在武英殿赐宴，并赐貂裘、绸缎、鞍马等物⑦。可以看出，对两位王子归国，清朝都给予了相当高的礼遇。王子的归国，减轻了朝鲜的屈辱感和压迫感，它是一种象征，是清与朝鲜关系改善的一个

---

① 《清世祖实录》，顺治元年十一月庚戌。
② 《朝鲜王朝实录》，仁祖二十二年六月癸未。
③ 《朝鲜王朝实录》，仁祖二十二年十二月戊午。
④ 《朝鲜王朝实录》，仁祖二十二年十二月庚申。
⑤ 《清世祖实录》，顺治元年十一月庚戌。
⑥ 《朝鲜王朝实录》，仁祖二十三年二月甲寅。
⑦ 《清世祖实录》，顺治二年三月丙午。

重要标志。

第五，停止解送在朝鲜居住的瓦尔喀人。瓦尔喀人是女真人的一支，因此，在崇德二年清与朝鲜订立不平等盟约时，要求朝鲜一定要刷还境内的瓦尔喀人。瓦尔喀人在朝鲜久已安居，要全部察解到大清国，对朝鲜来说，是极为难办到的事情。现在形势变了，清帝的认识也变了，"谕朝鲜国王李倧：东边瓦尔喀人民，在尔境未经察解者，皇考（皇太极）念在尔朝鲜与在我国无异，久欲停其察解，但未降旨。今朕仰体皇考圣意，其察解人民，永行停止"①。清朝的这个决定，解除了朝鲜在这个问题上的巨大压力和负担。

以上各项，是清朝调整对朝政策的主要方面，除此之外，还有许多小的调整，如朝鲜一年一朝觐，原定是阁臣一员、尚书一员、书状官一员，共三员代觐。从顺治六年开始，考虑到朝鲜阁臣、尚书垂老者多，且道路遥远，便改为阁臣或尚书一员、侍郎一员，书状官仍旧②。降低了朝觐的规格，减轻了朝鲜大臣的劳苦，体现了清对朝鲜大臣的体贴。这些大大小小的政策、措施的调整，对缓和清与朝鲜的紧张关系，促其往正常化方面发展，都起到了积极的推动作用。

三　调整政策的决定因素及其影响

清朝迅速转变对朝鲜的政策，其决定因素有三个方面。一是清入关后，标志着明朝正式灭亡，朝鲜因亲明而产生的与清的矛盾得以消除。二是清入关后，很快统一中原，经济实力大大增强，对朝鲜已不需要勒索大批贡物了。三是此时是多尔衮摄政，多尔衮个人的政治眼光和作风，在改善对朝鲜关系上，也起了重要的作用。

前两个因素是很明白的，这里只说一下多尔衮这个因素。多尔衮与朝鲜的首次接触，是在皇太极用兵朝鲜之时，多尔衮攻陷朝鲜王室后妃、王子等退守的江华岛，而没有加害他们。朝鲜国王李倧，感激多尔衮"全其妻子，不忍负恩，故常以礼物来馈"③。对多尔衮颇有好感。清入关后，

---

① 《清世祖实录》，顺治元年四月戊辰。
② 《清世祖实录》，顺治六年正月壬戌。
③ 《清世祖实录》，顺治元年正月庚寅。

首先又是多尔衮从全局考虑，带头拒绝接受朝鲜的馈赠，又议定诸王都不再接受朝鲜的礼物。几次减少贡额，也是他的主意。朝鲜史书也几次记录清将向他们泄出清廷决策的机密："世子、大君之东还，皆九王（多尔衮）之力"①；"今番减米乃九王之力"②。朝鲜世子李溰去世，国王李倧薨逝，册封李淏为世子，李淏登基即位等重大事件，多尔衮也都遣使赍表，前往吊贺。这样，至顺治七年（1650）多尔死去之时，他基本上完成了清对朝鲜政策的转变，使清与朝鲜的关系逐步恢复正常。虽然客观形势是制定政策的基础，但多尔衮个人的因素也确实起了关键性的作用。当然，他在选妃等问题上，给中朝关系也曾带来了短暂的紧张，但这毕竟是次要方面。

清朝调整政策的结果，带来了积极的影响，使清与朝鲜的关系逐步密切起来。

这首先表现在两国的政治关系上，每年都多次互派使节，通报各自国家的重大事务，以求互相理解和关照。两国使节往来的使命，朝鲜对清朝主要是定期到北京祝贺元旦、冬至、皇帝的生日，以及谢恩、陈奏、请求、岁贡等等。清朝对朝鲜，在其立储、封后、吊祭、赐谥、国王继位等重大事务上，同样派使者前去致贺和慰问，以及通报征明、镇压农民军的进展状况和其他重大事情。据笔者对顺治即位至多尔衮去世前的《清实录》的粗略统计，七年间，朝鲜来使约有 28 次，清朝去使约有 7 次。又据对《李朝实录》的粗略统计，1644～1650 年，朝鲜来使有 21 次，清朝去使有 15 次。虽然两种实录所记的次数有出入，但仍然可以看出两国使者往来频繁，说明两国关系密切。

其次还表现为两国经济往来的扩大上。清与朝鲜的经济往来，主要是朝贡贸易，朝鲜的朝贡使团每次都兼有进行贸易的任务，每个成员也允许带数量可观的特产在会同馆进行交易。经济往来的扩大，还表现在边市贸易上。清入关前，虽有中江市、会宁市之名，但开开停停，交易量不大，终至停开。入关后，于顺治三年（1646）重开中江市，每年春秋两次；会宁市每年一次；又增开庆源市，每两年一次。三个边市均步入正轨，依规定的时间、人数、物品数量进行，长期坚持不断。在官市的基础上，还出

---

① 《朝鲜三朝实录》，仁祖二十三年四月辛未。
② 《朝鲜王朝实录》，仁祖二十四年二月辛巳。

现了民间交易的后市,并且规模不断扩大。这对促进两国物资交流、满足人民的生活需要,起到了积极的作用。

文化的交流也有新的进展。仅以历法而言,清朝有洋人汤若望的时宪历,较为先进,朝鲜早想得之,但在两国关系不密切时,这是不可能的。还是在顺治三年,朝鲜的谢恩使李景奭在北京,"以《时宪历》密买之事,广求于人,而得之甚难","使求其法而不能得"①。可是,随着两国关系的迅速发展,仅过两年,另一谢恩使从北京返国时,清人主动"移咨送历书,所谓时宪历也"②。同时,朝鲜又"遣天文学正宋仁龙,学西洋历法于清国"③。短短几年间,科学文化的封锁就解除了。

总之,以顺治即位、多尔衮摄政、清军入关为转机,清朝调整对朝政策,使两国关系较快地实现了正常化。当然,朝鲜在这个大转变的历史时期,也及时地改变了传统的亲明观念,采取主动方式,为改善与清的关系做出了自己的努力。

---

① 《朝鲜王朝实录》,仁祖二十四年六月戊寅。
② 《朝鲜王朝实录》,仁祖二十六年二月壬辰。
③ 《朝鲜王朝实录》,仁祖二十六年三月甲寅。

清朝与朝鲜的中江贸易[*]

清朝与朝鲜的贸易，有朝贡贸易、海路贸易、边境贸易等多种形式。边境贸易则有中江开市及北关开市，其中以中江开市最早，为时最久。本文仅探讨中江开市的有关问题。

一 中江开市的地点

首先，应该弄清中江在哪里？开市的具体地点又在哪里？

乾隆年间的蒙古族学者、曾任凤城权使的博明，依据实地考察，对中江有明确的说明："鸭绿江古马訾水，源出长白山，与佟家江合流，南入海。至朝鲜义州府城北，分二流，南行二十里复合焉。西支在东支及瑷河中，故称中江。"又言："瑷河发源瑷阳、凤凰城分界山中，东南在义州城北十里入江，复有支流南行约十里入江。今城北入江之口渐淤浅，水率南行，南流遂成巨浸。"[①]对照辽宁省测绘局1988年出版的辽宁地图，这段话一目了然：在鸭绿江的左岸是朝鲜义州城，右岸与义州相对的是中国丹东市所属的九连城。由西北面来的瑷河，也在这里汇入鸭绿江。在义州与九连城以南，鸭绿江为一条宽阔的江面。而由此以北，到宽甸县的汞洞沟附近，在长达20里许的江中，则接连形成了大小不等的几个岛子，将鸭绿江分成东、西二股。西边这一股，就应是文献中的中江。博明还说，中江是中朝两国的分界，这说明中江一段的几个岛子，均为朝鲜所有。

中江的方位明确了，开市的地点又在哪里？很显然，它不可能在20里长的中江江面上。对此，自清代迄今，大体有以下几种说法：第一种说法

---

[*] 原载《商鸿逵教授逝世十周年纪念文集》，北京大学出版社，1995；又载《民大史学》第1辑，中央民族大学出版社，1996。

[①] 博明：《凤城琐录》（不分卷），载《辽海丛书》。

是博明的《凤城琐录》。他说"马市设于中江，岁春秋仲月望后，朝鲜员役以牛货济陈于江干"。此说可得到朝鲜史料的佐证，当时的《朝鲜实录》有几处提到"开市湾上"，即是指义州城外的江岛。但是，这并没说清楚是哪一个岛子。第二种说法是已故著名考古学家李文信教授在《〈凤城琐录〉批注》中说："中江税即在鸭绿江中威化岛中设立的交易市场中的税收也。"[1] 明确指出市场设于威化岛。第三种说法是丹东市民族事务委员会朴文镐副主任在《丹东边境贸易的今昔调查》（1988年打印稿）中提出的，该文称："在鸭绿江中的兰子岛开设互市，定期交易，史称中江开市。"第四种说法是杨昭全、韩俊光著《中朝关系简史》，该书讲："鸭绿江沿岸为中江互市"，"凡凤凰城等处官员人等往义州（中江）市易者"[2]，把鸭绿江沿岸的义州视为中江贸易地。

对照文献，进行实地考察，不难看出中江的含义前后是有变化的，也不难确定最初的开市地点。

1991年1月，笔者在朝鲜社会科学院蔡泰亨教授陪同下，曾到新义州和义州进行实地考察。新义州北去40里许才是义州，二地的直线距离约为30里。离义州和对岸马市台村最近的江岛，便是夹在鸭绿江二流中的最后一个岛子于赤岛。它长约4000米，最宽处约1000米，它的最南端，即处在义州和马市台村之间。从其大小和地理位置看，最有可能就是当初的开市场所。

朴文中的兰子岛在地图中不见其名。而于赤岛北边的几个岛屿，虽然也在中江段内，但离义州和九连城最近者也有10里之遥，远者更有20里许，而且这几个岛子，又面对中国一侧的山岭，从距离和地形上看，都不便互市，不合史籍记载。而下游的威化岛，虽然很大，但它更靠近今天的新义州和丹东市区（这都是后来才有的城市），它的北端距义州和九连城也有10里左右，于当时的贸易并不方便。而且威化岛在叆河与鸭绿汇合处之南，从汇合处到该岛，仅鸭绿江一水，无从形成中江，与史籍记载并不吻合。

1991年初夏，笔者又对鸭绿江右岸进行了实地考察。从丹东市出发，东北行20里，便到了九连城。现在高高的土砌城垣犹存，城垣内仍为部队

---

[1] 李文信：《李氏〈辽海丛书〉批注》，载《辽海丛书》附录，辽沈书社1985年影印本。
[2] 杨昭全、韩俊光：《中朝关系简史》，辽宁民族出版社，1992，第279~280页。

占用，城东则形成了集镇。这里曾是金朝婆娑府、元朝婆娑（府）巡检司治所，是明朝边防要塞镇江城所在，也是明清两代与朝鲜交往的必经之地。九连城东北10几里处，鸭绿江边、虎山尽头，就是明代长城的东起点，现在遗迹仍依稀可辨。叆河也在九连城东北面流过，再东南行数里，便注入鸭绿江，从九连城往东过叆河，走几里许，就到鸭绿江边，江边的马市台村，就是《清史稿·地理志》及《奉天通志·疆域志》中说的中江台。村正对江中于赤岛及对岸义州。站在江堤上，对岸的义州，依稀可见。

综上所述，今日朝鲜的于赤岛，当为中江开市的最早市场，是不应该再有疑问了。

还要指出的是，中江开市的提法虽然一直沿用到清末，但交易的场所多次转移。约在康熙三十九年（1700），开市地点移到了中国境内的凤凰城边门，这一点将在后面论述。到光绪初，虽然又改在中江附近交易，但也不再是最初开市的于赤岛。这在1883年清与朝鲜签订的《奉天与朝鲜边民交易章程》，即《中江贸易章程》的条文中，有明确的体现，第14条："奉省商民赴朝鲜交易，只准在义州；朝鲜商民赴奉省交易，只准在中江设卡处所"。第20条："中江互市所用丈尺、秤码，与朝鲜不免有高下、轻重之殊，自应以中江及义州两处丈尺、秤码平日所行使者互相比较"。这两条说的中江为中国地方是毫无疑问的，但这只是泛指。查有清以来的方志、地图，走访当地村民，除鸭绿江的一支称中江外，再无称中江的地方。该条约第4条则称："中江距义州一水之隔……兹既勘定中江附近九连城之前及义州城之外，设立关卡，修建市廛，往来甚便"①。这一条说的中江是原来意义的中江，即鸭绿江的西支，中朝的分界，它与义州相隔的一水，即鸭绿江的东支。因为清朝长期在柳条边外实行封禁，这里到凤凰城边门之间，一直没有居民。现在要放宽边民贸易，经过勘定，清朝才要在"中江附近九连城之前"设关卡、修市廛。条约签订后形成的这个村镇，叫马市台，也叫中江台，因处在中江的台岸上而得名，与中江是两个不同的概念。清末民初，这里设有东边税务总局中江台分局、安东挈验缉私局马市台分卡、鸭绿江采木公司马市台分所②。所以，清末中江贸易的具体场所，中国一侧是在马市台，朝鲜一侧是在"义州城之外"。

---

① 王彦威、王亮辑《清季外交史料》卷34。
② 《奉天通志》卷89。

二 中江开市的最早年代及起因

中朝两国在中江一带交市的历史源远流长，这是两国边境地区人民的经济生活需要所决定的。中国史料的最早记载是元朝中统二年（1261）七月，"于高丽鸭绿江西立互市"①。这是元朝与高丽王朝交市。江西的具体地点应是九连城，因为这里曾是金、元两朝婆娑府的治所，对岸就是高丽的义州。不过当时还未称作中江开市。

正式称作中江开市，中国的史料皆以后金天聪二年（明崇祯元年，1628）为始，而朝鲜的记载则提前35年，以朝鲜宣祖二十六年（明万历二十一年，1593）与明朝互市为始。"宣祖癸巳（1593），因国内饥荒，相臣柳成龙建议移咨辽东，于鸭绿中江开市交易。此中江开市之始"②。其实，在官方开市之前，人民之间早已冲破官方禁令，秘密地进行交易。如早在中江正式开市前50年，朝鲜中宗大王三十九年的实录，就记载了义州之人与对岸的"唐人""潜相交通，来往贸卖"，"潜赍银铁，恣行贩贸"的活跃情况。中江开市的缘起，在朝鲜也好，在中国也好，都是有特定的经济因素驱动的。最初朝鲜请求明朝互市，是因为当时受倭寇入侵，连年战乱，饥荒严重，不得不求助于宗主国明朝。当时，朝鲜的粮荒特别严重，"棉布一匹，值皮谷不满一斗，而市于中江，得米二十余斗。其用银铜、水铁者，尤得十倍之利。于是辽左米谷多流出于我国，所全活者甚多"③。通过互市，朝鲜得到很大的益处。加之当时明朝从辽东、山东紧急筹粮36万石，赐给朝鲜，才使朝鲜渡过难关。

后金天聪元年（明天启七年，朝鲜仁祖五年，1627），皇太极几次致书朝鲜，强烈地要求互市，也是因为在经济上，特别是在粮食上遇到了极大的困难。他在书中说："我国粮石，若止供本国民人，原自充裕。还因蒙古汗不道，蒙古诸贝勒携部众来降者不绝。……因归附之国多，概加赡养，所以米粟不敷……唯今岁市籴一年，以济窘乏"④。这只是讲了好听的一面，更为严重的问题还有两个：一是这一年年初，后金军大举进攻朝鲜，直到

---

① 《元史》卷4《世祖纪》。
② 朝鲜《万机要览》，《财用编五》。
③ 朝鲜《万机要览》，《财用编五》。
④ 《清太宗实录》卷3，天聪元年十二月壬寅。

九月才全部撤还，旷日持久，劳民伤财；二是到该年六月，已是"国中大饥，斗米价银八两，人有相食者。国中银两虽多，无处贸易，是以银贱而诸物腾贵。……盗贼繁兴，偷窃牛马，或行劫杀"①。正是这种深刻的社会经济原因，才驱使后金这个征服者，一而再再而三地要求被征服者与其互市。

三　艰难的第一次中江开市

后金与朝鲜的中江开市，开始并不顺利，它受到政治、文化等很多非经济因素影响。后金与朝鲜反复交涉几达半年后，才正式开市。这里，既有朝鲜天灾兵祸所带来的困难，也有朝鲜仍作为明朝的属国，存在道义上感情上的障碍，更有驻在朝鲜沿海的明朝都督毛文龙的阻挠。

后金在天聪元年（1627）正月入侵朝鲜，九月从朝鲜义州撤回最后一批军队，十月即致书朝鲜，催促"开市买籴之事"，并派使者仲男、高牙夫到义州责问："汗（皇太极）云商贾往来，有无相通，乃王弟（实为朝鲜宗室末裔，假称王弟）持去书中意也。约和之后，朝鲜不遵其言，宁有好意？""开市期限已迫，而尚不回答通货之意，若是迟迟，商贾之来，又此寥寥，何也？"并限定了最后期限："若以为日子太迫，则退定于十一月初一日。"② 有时，后金的谈判官员也来软的一手，诉之以理："既已誓天，有同一家，患难相救，是人常理。闻毛兵无价责粮，而我当此饥馑，给价买卖，若不相救，不无憾矣。"③

而朝鲜方面，几乎是同时，派使臣朴兰英赴沈阳，既谢义州撤兵，更陈开市之难："两西荡然，六道失稔，时方饥馑，人多饿死，情非不足，力所不及。""镇江开市，非但不成模样，物货皆出于上国（明朝），而上国一禁通货，开市无益也。"④ 当时，向后金讲的主要是因灾荒无货可贸。而朝鲜内部的议论多是从政治和文化方面，这是更深刻的因素。朝鲜一直忠于明朝，感激明朝倾其国力援朝抗倭，同时也瞧不起刚刚崛起的文化上比自己落后的后金政权。朝鲜国内以忠义立论，反对

---

① 《清太宗实录》卷3，天聪元年六月戊午。
② 《朝鲜王朝实录》，仁祖五年十月辛酉。
③ 《朝鲜王朝实录》，仁祖五年十二月乙卯。
④ 《朝鲜王朝实录》，仁祖五年十二月乙卯。

和后金开市,特别是反对以明朝货物与后金交易的势力甚为可观,他们慷慨直呼:"设令天朝宽而不责,取之父母之国,用之仇任谁之虏,顾于义何如耶?今之议者,多言凶贼密迩,其势可畏;天朝宽大,必不我责。臣之事君,犹子事父,岂可恃父母之慈爱而怠于敬谨,畏盗贼侵凌而不顾大义乎?"① 另外,这时仍雄踞朝鲜椵岛的明将毛文龙,以大欺小,对朝鲜在处理与后金关系时的做法横加指责,出言不逊:"贵国不能明断,偏听奸言","即前与奴讲和,终非稳着"。"今又运粮,欲吃伊贼而不助我军饷者,何意也?"② 这些也都成了朝鲜与后金互市的掣肘之处。朝鲜的一些大臣就此质问朝廷:"向日毛都督构诬之言,不幸相符,臣未知朝廷将何辞而辩之也?"③

不过,后金软硬兼施,终于使朝鲜在仁祖六年(后金天聪二年,明崇祯元年,1628)正月答复后金使臣,许以开市:"两西空虚,六道未得耕种,市籴之事,十分难处。而既誓天、约和,救灾恤邻,古之道也。今者贵国阻饥请籴,弊邦宁坐视不救乎?今当分付边臣,许民开市,则买米亦在其中。"④

从此,朝鲜真正开始为互市进行准备。但仍与后金的迫切期望有差距,因而互市日期一再后延。后金使者要求"自二月一日开市",朝鲜"以此下谕两西监司,通晓民间,勿用他货,必备米石,别定差使员领赴边市。朝廷亦多发米赈给龙、义之民,使边上有粟,则远地之民,亦得持货贸米"⑤。因筹米困难,又延至二月二十一日。朝鲜为此又紧急动员一番,备局启奏说:"边上开市日期已定于二月二十一日,……龙湾运米之难,一至于此,诚极可虑。本司之请令先贷管饷之米,输送龙湾者,盖为此也。请更下谕于监司及管饷使,必及二月二十一日之期,火急输入。且令禁断潜商,无致生衅之患。"⑥ 这里的龙湾及有时的湾上者,皆指义州附近。但"京中商贾,绝无入往者",朝鲜只得"差解事算员赍纸地、胡椒、丹木、青布等物,前往开市处换贸银两"⑦。

---

① 《朝鲜王朝实录》,仁祖五年十二月戊午。
② 《朝鲜王朝实录》,仁祖五年十一月辛巳。
③ 《朝鲜王朝实录》,仁祖五年十二月戊午。
④ 《朝鲜王朝实录》,仁祖六年正月丙寅。
⑤ 《朝鲜王朝实录》,仁祖六年正月己巳。
⑥ 《朝鲜王朝实录》,仁祖六年正月丙子。
⑦ 《朝鲜王朝实录》,仁祖六年二月丙申。

二月末，后金将领"龙骨大①领开市胡人千余，所豆里领守护军三百余出来于镇江"②，准备开市。根据原来的议定，以及龙骨大到镇江的时间，清朝记载为：天聪"二年二月开市中江"③。后人皆以此为据。

实际上，中朝双方均有延误，真正的交易是在农历三月初进行的。

三月甲子（初三，公历4月6日），朝鲜的回答官朴兰英、李滦与义州府尹严幌过江，会见龙骨大、所头里，二将则高声作色曰："俺等到此，贵国顿无供馈之意，暴露风雨，军马饥饿，两国相好之意安在？且闻商贾来者不满三十人，而牛则不来云，以何物货交易乎？"朝鲜官员则辩之曰："俺等携商贾来待市上，而你久不来，是则非吾失期，你实背约，更勿归咎。"小小交锋之后，始"更论交易之事"④。丙寅日（初五，公历4月8日），备局向朝鲜国王报告："龙、朴两胡固请开市，不得已而许之以三千石米，白给者二千石，发卖者一千石。兰英、景龙与龙胡相约，载之国书而去矣。"⑤

其实，中江开市对于朝鲜而言，尚有另一层意义，即借机赎回被掳之人。这次与龙骨大论价，"再三低昂，以青布六十五匹约定一人之价"。龙骨大"今番率来二百余人，而所卖之数，未及三分之一"，其余许多人则又被带回后金⑥。

这就是后金与朝鲜第一次中江开市的曲折经过及其交易的情况。

四　中江开市的几个发展阶段

第一阶段是在清入关前的天聪和崇德年间，因为当时非经济因素突出，两国的边贸时开时停，很不正规。

后金多次指责朝鲜，未能按协议正常开市。天聪七年的九月、十一月，皇太极就两次致书朝鲜国王李倧，责其违约："义州大市，一年二次，业有定议。乃背弃前约，迄今通计，止市二次。"⑦ 在改国号为清之后，皇太极于崇德元年（明崇祯九年，朝鲜仁祖十四年，1636）第二次征朝鲜，从此，清与朝鲜成为君

---

① 即清朝史料中的英俄尔岱，见《朝鲜王朝实录》，仁祖十八年十月丙子下之夹注。
② 《朝鲜王朝实录》，仁祖六年二月庚申。
③ 《清史稿》卷526《朝鲜传》。
④ 《朝鲜王朝实录》，仁祖六年三月甲子。
⑤ 《朝鲜王朝实录》，仁祖六年三月丙寅。
⑥ 《朝鲜王朝实录》，仁祖六年四月甲午。
⑦ 《清太宗实录》卷16，天聪七年十一月甲辰。

臣之国。《(光绪)钦定大清会典事例》和《清史稿》均记载,清与朝鲜在崇德二年(1637),"其互市约:凡凤凰城诸处官员人等往义州市易者,每年定限二次,春季二月,秋季八月"①。好像是在第二次征朝鲜后,中江开市就正规化了。其实不然,无论在《清实录》还是在《朝鲜实录》中,均找不到印证。而朝鲜的《万机要览》在叙述皇太极时开市、停市、再开市、再停市的详细经过后,接着就说:"仁祖丙戌(清顺治三年,1646),因彼咨,复设。定以三、九月十五日两次交易,旋改以二、八月。"②《朝鲜实录》亦载:仁祖"丙戌九月戊午,与清人开市中江,从清人之请也。"二者是吻合的。说明中江贸易的正规化,是从顺治三年开始,而且最初是在九月和三月进行。而《(光绪)钦定大清会典事例》可能是根据后来二、八月交易的事实,一直上推到第二次征朝鲜之时,忽略了曾有过三、九月交易的事实。后来成书的《清史稿》又依据了《会典事例》,结果就出现了一连串的错误。

第二阶段是顺治三年以后至康熙初年,中江开市真正实现了制度化,每年春秋各进行一次,但一直是官方贸易,严禁私商。

朝鲜的做法是:"义州,则开城府及两西监营,分定农牛、盐、纸等项于各邑,另差别将聚待湾上,及其期日,差使员同译学训导领往中江,与凤城通官章京定价相换。而私贩人及牝马、人参等一切禁物,府尹勾管严察。"③而清人与其交易者,则是"驻防兵丁台驿夫"④。

这种官方贸易,每次交易的物品种类及数量,都是严格按规定进行。朝鲜文献记载中江开市公买卖总数:"牛共二百只,海带共一万五千七百九十五斤,海参共二千二百斤,棉布共三百七十三匹,布共一百七十五匹,白纸共八千四百卷,壮纸共六百卷,盐共三百十石,犁口共一百九十四个,沙器共三百三十竹。物种不在此额者,勿许带往交易。而并以银计值,以小青布(每一匹准银3钱5分)准银。"⑤ 中国文献记载是:"以布七千五百十四段,易牛二百、盐二百九十九包、海菜一万五千八百斤、海参二千二百斤、大小纸十万八千张、棉麻布四千四百九十九段、铁犁二百具。"⑥ 除

---

① 《(光绪)钦定大清会典事例》卷510;《清史稿》卷526《朝鲜传》。
② 朝鲜《万机要览》,《财用编五》。
③ 朝鲜《万机要览》,《财用编五》。
④ 博明:《凤城琐录》,载《辽海丛书》。
⑤ 朝鲜《万机要览》,《财用编五》。
⑥ 博明:《凤城琐录》。

沙器不载外，其他物品的种类和数量，与朝鲜的记载是基本吻合的。

第三阶段大约从康熙初年开始，随着中朝两国政局的逐步稳定，在官市之后，又允许民间贸易。

"国禁渐弛，私商滥随，恣意交易，谓之中江后市"。其后不久，朝鲜"肃宗庚辰（康熙三十九年，1700），咨礼部，罢中江后市"。这并不是禁止民间贸易，而是因为交易地点有变化，转移到了中国境内的凤凰城边门，形成了栅门后市。"而后因栅门后市之渐盛，每有使行，我（朝鲜）商携货入市，彼（清）则坐而取利，不复驮载而来矣"。①

所谓栅门，就是指清朝柳条边的凤凰城边门。"边门在凤凰城东南30里凤凰山之麓，植木栅为缭垣，屋三椽，中为门，施管钥焉。边门章京司之，是为通朝鲜之孔道"。"出栅至与朝鲜分界之中江……其地皆弃同瓯脱者，盖恐边民扰害属国，乃朝廷柔远之仁"②。栅门后市，实是中江后市的延续，清朝一直将栅门后市所得的税收称为"中江税"③。朝鲜对栅门后市有形象而详尽的记载："庚子（朝鲜肃宗四十六年，清康熙五十九年，1720）间，辽、凤车户十二人，号称栏头。我行往来卜物，榷其车脚，脚价倍增，而栏头等又与关东贪吏缔交为利，自愿纳税于沈库，多输货物，专其后市之利。而使行出入栅时，湾上及松都（指开城）商人等潜持银、参，混在夫、马之中，贩物牟利。至于回还，车脚故令迟运，而先送使臣出栅，无所惮压，然后任情买卖而归，是谓栅门后市。""后市之数，一年至为四、五次。而每次银或至十余万。合每起使行应带八包④计之，则一岁渡江之银，几至五六十万。……其后府尹以为，犯者既众，难于一一查治，勿宁收税以助运饷之需。遂不检入去之人，而但令还者算包抽税。向之潜渡者至是肆行无忌。"⑤朝鲜当局对民间贸易的后市，由严禁到承认，向回还的商人收取大量税银。朝鲜正宗十九年（清乾隆六十年，1795）定：一年"必准四万两之数，责纳于湾府，湾府则勿论帽子、马尾、牛皮及他物货，一并收税"⑥。

清朝至迟在康熙时，也开始收中江税。其收税官员的派遣、收税办法及税

---

① 朝鲜《万机要览》，《财用编五》。
② 博明：《凤城琐录》。
③ 博明：《凤城琐录》。
④ 朝鲜向清廷朝贡时，使节随从人员每人可带8包人参（每包10斤），或带价值8包人参的白银（每斤人参合银25两，总计约2000两银），在北京和栅门交易。
⑤ 朝鲜《万机要览》，《财用编五》。
⑥ 朝鲜《万机要览》，《财用编五》。

额,多有变化。"榷使国初不可考。康熙三十九年(1700)七月初九日户部题:据盛京户部侍郎海帕题称:盛京各税,俱交城守尉管取,此亦交凤凰城守尉,并先派京员试收。钦依行。"到雍正五年(1727),又改为由盛京派出,"奉上谕:凤凰城中江税,著盛京五部堂官于五部司员内拣选奏闻,派出管理,一年更换,钦此。遂于是年拣选具题,旋经户部议,令嗣后俱送部引见"。但直到乾隆时,仍无正规的收税衙署。当时曾在凤凰城边门任榷使的博明,记述当时的情况是:"榷使无衙署,就民廛以居。无胥役,唯城尉拨有兵丁三人供使令。岁支公用钱二百两。蔀屋柴门,终日静坐。是以家沈城者,率以榷事小毕,即促装归,岁数往返焉。其京员试收者,给费用银四百两,旋停。"① 乾隆三十三年(1768),又规定"中江税交盛京户部侍郎""兼管稽差"②。

收税的对象,清朝只限于中国人:"国家嘉惠远人,凡鲜人之物,毫无收取。所抽乃边门商民之互市者,马市之兵丁、台站门栅人等,所易牛马农器亦纳税焉"③。收税的标准是,"不拘何项货物,内地商人计价一两收税银三分。朝鲜人免税"④。中江税的定额,自康熙朝以来,变化很大。康熙三十八年(1699),"税额初定二千两"。"康熙四十一年,经自京拣派员外郎邓德试收,增至四千两。雍正七年(1729),郎中伊尔们增火耗八百两"。这样,已高达4800两。后来因连年缺额,自乾隆九年派京官试收,"乾隆十一年(1746)八月奉旨,派出试收之内务府佐领恩特,二年期满具报,经户部酌中议定,以三千二百九十四两作为定额"⑤。以后大体保持着这个数额直到光绪初年,所以《(光绪)大清会典事例》载,"中江税课,每年征收正耗银三千三百余两"。

以上所述之中江税务,虽属清与朝鲜边境贸易之税收,但清朝优惠属国,只收内地商人之税,所以其性质一直是国内的常关之税。

五 中江开市向近代贸易的转变

19世纪80年代以后,由于受近代国际局势的影响与冲击,清与朝鲜的

---

① 博明:《凤城琐录》。
② 《清史稿》卷125《食货志》。
③ 博明:《凤城琐录》。
④ 《(光绪)大清会典事例》卷234。
⑤ 俱见《凤城琐录》。

贸易开始有了较大的变化。中江开市原有的朝贡贸易属性，逐渐转变为国际间通行的近代贸易。

此时，清朝已经衰落，朝鲜虽然也已衰落，但还是提出停止向清朝贡、派使节进驻北京的要求。此要求虽遭清廷拒绝，但仍于光绪八年（1882）八月与清朝签订了具有近代国际关系意味的《中国朝鲜商民水陆贸易章程》，其中边境贸易的条款是："订鸭绿江对岸栅门与义州二处，又图们江对岸珲春与会宁二处，听边民来往贸易，设卡征税。准两国商民入内地采办土货，照纳沿途厘税"①。第二年三月，又签订了《中江贸易章程》，其内容主要是修订前一章程的内容，将中国一侧的交易地点由离边界97里的栅门，改为与义州隔江相对的中江岸上的马市台。这既免去了朝鲜商民长途跋涉之苦，又便于中方的管理。同时还规定了收税的原则："中江互市原属边民随时交易，与各口岸准令各国通商毫不相涉，不得仿照海关章程另分正税、子税，致滋流弊。凡奉省商民贩运货物至义州开市处，无论何处货物，均照章程纳正税一次。朝鲜商民贩运货物至中江开市处，无论何处货物，亦照章纳正税一次，均不重征。""中江贸易征收税课，红参一项应纳税则，按价值百抽十五为定；至牛只、马匹，除乘骑外，凡入市售卖，概以值百抽五为定；其余蔬菜、瓜果、鸡、鸭、鹅、鱼等类，皆民间日用所需，亦甚零星，概行免征"②。两个贸易章程虽然明确了清与朝鲜的宗藩关系，但朝鲜的地位有所提高。同时废除了原来定期互市的规定，放宽边境贸易，边民可随时互相往来。税收也赋予了近代的内容。

因此，清朝在光绪九年（1883），将中江税务的征收办法做了相应地改变："中江税务改归东边（兵备）道征收"③，道署在凤凰城，并"于九连城关卡之外，择其要路，近在长甸河口、沙河子、三道浪头，远在孤山、庄河沿海一带，分别酌设局卡，认真稽征"。"仅一年零一个月，共收正耗银四万四千余两，较前多收十倍"④。

随着1894年中日甲午战争，清朝失败，1895年中日马关条约的签订，清朝对朝鲜宗主国的地位已不复存在，清朝承认朝鲜为"完全无缺之独立自主"的国家，两国的贸易关系又进入了一个新阶段。第一，后期象

---

① 《清史稿》卷526《朝鲜传》。
② 王彦威、王亮辑《清季外交史料》卷34。
③ 《清史稿》卷125《食货志》。
④ 《（光绪）大清会典事例》卷238。

征性的朝贡已不复存在，因而边境上的一点点朝贡贸易也最后消失了。第二，随着 1898 年两国建立外交关系，原来有宗藩之意的贸易章程概予废除，于 1899 年新订《中韩通商条约》，两国的贸易乃公平进行。条约中与边境贸易有关的主要内容是：两国应完之进出口货税、船钞并一切各费，悉照两国海关章程与征收相待最优之国商民税、钞相同；两国通商各口岸租界内，赁房居住或租地起盖栈房，任商民自便，等等①。其主要原则与当时中国和西方各国订立的通商条约基本一致，从而反映了两国地位的变化。

光绪三十三年（1907），清朝正式设立安东海关②，其性质属于专对外国的洋关。此后，"所有韩人买卖，大宗货物税项即归海关征收"。"中国海关普通区域，凡四、五十里之内者，均应归其管辖。今马市台地方离安东关仅二十里"③，九连城离安东关也只 20 里，其韩人买卖之税项当然也归安东海关。应该说，通过安东海关进行的中朝贸易，是中江贸易的延续和发展。

还有一点应该指出，光绪初年设于凤凰城的东边道，于光绪三十二年（1906）将衙署迁至安东（今丹东），又于宣统元年（1909）七月改为兴凤道，仍保留有中江税局，与安东海关并立。可是，"现在韩人买卖既由海关纳税，中江一税已同赘疣"。光绪三十四年十月十六日至宣统元年十月十五日，中江税局"解部银止一百三十三两五钱一分五厘"，"宣统三年分，共征收中江税课库平银五十二两九钱七分一厘七毫二丝。……自本年六月以后，据该局呈称无税可收，至七月底，经李前道奉文奏准，将该局裁撤"④。宣统三年是 1911 年，是清朝灭亡之年。而李氏朝鲜，在 1910 年已被日本吞并，沦为殖民地。

总的说来，清与朝鲜的中江贸易，一直贯穿了有清一代。在长达二百八十多年的时间里（如从明万历二十一年算起，则长达三个多世纪），无论中国与朝鲜的国际地位经历了多大的变化，也无论这种边贸性质几经变化，它一直延续发展下来，对中朝两国，特别是两国边境地区的经济发展、社会稳定带来了很大益处。

---

① 王彦威、王亮辑《清季外交史料》卷 34。
② 《清史稿》卷 125《食货志》；《奉天通志》卷 89。
③ 《奉天行省公署档》卷 4724，辽宁省档案馆藏。
④ 《奉天行省公署档》卷 4724。

第四篇

明清人物研究

猛哥帖木儿论*

明初女真族杰出首领猛哥帖木儿，长期居住在中朝交界的地方，他一生中十分注意维护明王朝的中央集权统治，同时也十分谨慎地保持与朝鲜的友好关系，对明朝和朝鲜都做出了贡献。考虑到当时女真族尚处于以掠夺财富和奴隶为常事的奴隶制社会，猛哥帖木儿的一生活动就更值得总结，并给予肯定。

一 "归心朝廷"，以身殉职

猛哥帖木儿是清太祖努尔哈赤的六世祖，清朝称为肇祖，都督孟特穆；朝鲜则在其名前加姓，称童猛哥帖木儿。他的父亲挥厚，是元朝的万户。至猛哥帖木儿，仍袭为万户。他们世代居住于斡朵里城，即今黑龙江省依兰县马大屯附近的松花江右岸①，因此被称为斡朵里部。明太祖时，为了回避与兀狄哈人经常发生的械斗，猛哥帖木儿被迫率部南迁至朝鲜的阿木河一带（详后）。此后，猛哥帖木儿大部分时间即活动于此。永乐初年，明帝应朝鲜国王之请，将这一带地方正式赐予朝鲜。

猛哥帖木儿虽然侨居朝鲜，但并未因此而割断同明朝的联系。一方面，明朝政府时常惦记着这部分迁出的女真人，曾多次派遣使者冒严寒、涉万里前去招谕②；另一方面，猛哥帖木儿也经常到京师朝贡、献马、受封，接受明廷的命令，甚至为朝廷服兵役。

---

* 与辽宁省民族研究所何溥滢研究员合写，原载《满学研究》第 1 辑，吉林文史出版社，1992；又载《第二届明清史国际学术讨论会论文集》，天津人民出版社，1993。
① 据黑龙江省文物考古队张泰湘踏查考证；笔者一九八九年八月亦曾到此实地考察。
② 从《朝鲜王朝实录》看，仅永乐二、三年间，明朝即派遣去了王可仁、高时罗、王教化的、金声等多起招抚使团。

猛哥帖木儿和朝廷的联系，最初是建州女真胡里改部的酋长阿哈出给搭上线的。永乐元年（1403），阿哈出到京师朝贡，明朝设置了建州卫，以阿哈出为指挥使。阿哈出受到朝廷重用之后，曾积极向明廷推荐人才。猛哥帖木儿因系一部之雄长，又是其亲戚和近邻，是其极力推荐的对象。这给明廷留下了良好的印象，于是，接二连三地派出使者，对猛哥帖木儿进行招谕。永乐三年（1405）三月给猛哥帖木儿的敕谕就写道："前者阿哈出来朝，言尔聪明识达天道。已遣使赍敕谕尔，使者回复，言尔能恭敬朕命，归心朝廷，朕甚嘉之。今再遣千户王教化的等，赐尔彩缎表里，尔可亲自来朝，与尔名分赏赐，令尔抚安军民，打围牧放，从便生理。"①

对于猛哥帖木儿可能发生的与明朝的联系，朝鲜政府是防范和阻挠的。因为朝鲜认为，猛哥帖木儿居其东北境，可以起到防止倭寇入侵及兀狄哈骚扰的藩篱作用。朝鲜一方面接连派使臣去慰留猛哥帖木儿，让其"勿从朝廷使臣之命"②，一方面遣艺文馆大提学李行去明廷，说明猛哥帖木儿等已在朝鲜"各各附籍当差"，请求明廷让他们在当地"仍旧安业"③。由于居住国从中作梗，猛哥帖木儿虽然心向明朝，也不得不采取一些姿态与朝鲜逶迤周旋，"故阳为不顺朝廷招谕者，以示郭敬仪（朝鲜官员），内实输写纳款无贰之诚于王教化的（明朝使者）。潜理装，欲随教化的赴京师"④。对于朝鲜的无理阻延，永乐帝非常生气，曾几次训斥朝鲜使者，给朝鲜国王的宣谕亦云："猛哥帖木儿，皇后之亲也，遣人招来者，皇后之愿欲也。骨肉相见，人之大伦也。朕夺汝土地，则请之可也。皇亲帖木儿何关于汝乎！"⑤ 皇亲之说者，盖猛哥帖木儿系李满住之舅，李满住之姑又系永乐帝之妃子也；或言其女为永乐帝之妃。由于猛哥帖木儿的策略得当和明廷施加了压力，猛哥帖木儿才最终得以冲破朝鲜的重重阻力，于永乐三年（1405）九月初三日发行，随同王教化的"入朝京师"。⑥

这是猛哥帖木儿第一次入朝京师，明廷极为重视，授其为建州卫指挥使。此事《明实录》失载，《朝鲜实录》记载为："吾都里万户童猛哥帖木

---

① 《朝鲜王朝实录》，太宗五年三月丙午。
② 《朝鲜王朝实录》，太宗五年三月己酉，七月丙辰。
③ 《朝鲜王朝实录》，太宗五年五月庚戌。
④ 《朝鲜王朝实录》，太宗五年八月辛卯。
⑤ 《朝鲜王朝实录》，太宗五年九月己酉。
⑥ 《朝鲜王朝实录》，太宗五年九月乙巳。

(儿) 等入朝，帝授猛哥帖木（儿）建州卫都指挥使，赐印信、钑花金带，赐其妻幞卓、衣服、金银、绮帛"①。都指挥使系指挥使之误。

猛哥帖木儿入朝京师之后，仍回阿木河居住。永乐八年（1410），发生朝鲜地方官擅杀明朝所封女真人首领把儿逊等人事件，猛哥帖木儿也被朝鲜所疑。阿木河地区又受到严重的自然灾害，"野人甚饥"。在天灾人祸的威胁下，猛哥帖木儿很自然地想起明朝这座靠山，遂于永乐九年（1411）四月率部"徙于凤州"②，即今辉发河流域（而不是朝鲜东北面的绥芬河流域）。永乐十年（1412），明朝于建州卫中将猛哥帖木儿部析出，名之曰建州左卫，以别于阿哈出之原本的建州卫。此后，猛哥帖木儿与明廷联系更加密切。

永乐十一年（1413）十月，《明实录》中首次出现猛哥帖木儿的记载，以后便连续不断。据统计，终猛哥帖木儿一生，自永乐三年第一次入朝京师，以后在永乐十一年、十四年、十五年、十八年、二十年（该年两次）、二十二年、洪熙元年（1425）、宣德八年（1433），共十次进京，向明廷贡马及进献其他方物，举荐属下，接受敕命。由于猛哥帖木儿对国家不断有所贡献，宣德元年（1426）正月，从卫指挥使提升为都督佥事③。宣德八年（1433）二月，又升为右都督④。这是女真人中当时最高的官职。

作为多民族国家的一个忠诚成员，猛哥帖木儿很关心国家的统一与安定，同反对中央政府的各种势力，进行了多种形式的斗争。

朱元璋确立了明王朝在全国的统治，但故元残部仍然占据北方和东北的很多地方，为此，明成祖朱棣曾多次率师北伐。对于中央政府的这种统一事业，猛哥帖木儿是全力支持的。为了保证北伐军有足够的战马，他曾亲自或派人多次向明廷贡马。永乐二十年（1422）春，明成祖第三次亲自率军北伐阿鲁台时，猛哥帖木儿更率部跟驾从征，进抵鄂嫩河一带，为明廷征服故元势力，统一贝加尔湖以东地区，做出了贡献，尽到了职责。猛哥帖木儿再度移居朝鲜，给朝鲜地方官的关文中述说了自己的这段经历："以大明助战"，"本职于永乐二十年四月内赴京跟驾。回到北京，九月内奉天门奏，……"⑤ 这和《明史》中此次北征的时间是完全吻合的。

---

① 《朝鲜王朝实录》，太宗六年三月丙申。
② 《朝鲜王朝录实》，太宗十一年二月丙申，四月丙辰。
③ 《明宣宗实录》，宣德元年正月壬子。
④ 《明宣宗实录》，宣德八年二月戊戌。
⑤ 《朝鲜王朝实录》，世宗五年六月癸酉。

这次北征之后，猛哥帖木儿感到自己的住地毕竟离蒙古人很近，有经常受到"搅扰"的隐患，因此向明帝奏请回到阿木河居住，得到批准，"皇帝圣旨：猛哥帖木儿所居在达达军马路边，可于朝鲜地移居。"猛哥帖木儿遂于永乐二十一年（1423）三月十五日，率建州左卫的部众一千余户共六千余人，从辽东的坊州城出发，六月初二日到达阿木河旧地[①]。

与猛哥帖木儿部同来的，还有原居开原靖安堡，后来叛明的女真人千户杨木答兀。他是在掳掠开原之后，尾随猛哥帖木儿部的后队，于六月十九日到阿木河的[②]。

造成杨木答兀事件的原因是多方面的，杨木答兀的奴隶主掠夺本性是一个原因，辽东都司都指挥佥事王雄"不能抚绥，生事虐害"，更是主要的原因[③]。

对这件事，猛哥帖木儿自始至终态度鲜明，处理得当。他站在维护国家统一，民族相睦的立场，从一开始，就对杨木答兀的极端做法保持警觉的态度。他一到阿木河，见到朝鲜庆源千户金光秀，就立即通报："杨木答兀亦率管下五百余户，来屯豆满江外。此人掳掠中国开阳城（即开原）而来矣！"[④]后来还一再对朝鲜官员表示："杨木答兀背皇帝到此，予亦心不宁。来则予当开说。"[⑤]

此后，猛哥帖木儿一直是竭尽全力协助明廷，招抚杨木答兀。永乐二十一年（1423）八月，明朝钦差指挥王纪到来，猛哥帖木儿即"着人四散根寻，不知去向"。永乐二十二年（1424）二月，朝鲜奉明朝之命，派敬差官到来，会同猛哥帖木儿，招抚杨木答兀。上旬，猛哥帖木儿即差千户兀里等，"到无人迤北英哥地方"，"叫寻杨木答兀"，杨因"心中十分惊怕"，不肯前来。下旬，又"差百户愁虚等五名，前去根寻杨木答兀"，在"应巨散五里无人地面，遇见杨木答兀"，杨"死也不去"，但答应"将亲弟子中朝见去"[⑥]。

六月，明廷钦差指挥金声到来，带给猛哥帖木儿等女真各部首领的敕

[①]《朝鲜王朝实录》，世宗五年八月辛亥。
[②]《朝鲜王朝实录》，世宗五年七月己丑。
[③]《朝鲜王朝实录》，世宗七年六月庚申。
[④]《朝鲜王朝实录》，世宗五年六月丙子。
[⑤]《朝鲜王朝实录》，世宗六年二月辛未。
[⑥]《朝鲜王朝实录》，世宗六年四月己酉。

谕，除让他们尽力招抚之外，还指出：杨木答兀"如是执迷不改，尔等即擒拿来献，以谢天人之怒。朕当论尔等功赏。"① 以猛哥帖木儿的威望和实力，是可以将杨木答兀擒获的，但是猛哥帖木儿没有采用这种对抗的方法，他坚持用说服、调解的方法，以消除隔阂，增加人们对中央政府的信赖。同时，他虽然对杨木答兀的掳掠持否定态度，但对他曾在开原受到虐害又有一定程度的同情。因此，他既允许杨木答兀追随他迁移朝鲜，又斥责杨的掳掠行径；既积极协助明廷做招抚工作，又拒绝执行明廷的擒拿之命。一个社会发展阶段尚处于十分落后状态的少数民族的上层人物，在五百多年前能有如此认识和做法，为了国家和民族的整体利益而积极奔走、斡旋，实在是难能可贵的。虽然这次招抚没有达到目的，但猛哥帖木儿的斡旋工作颇有成效。这年十月，他随金声朝明，又向新即位的朱高炽（仁宗）做转圜工作，使明廷的态度有不小的转变。这在仁宗给杨木答兀的敕谕中看得十分明显：

> 皇帝敕谕杨木答兀等，尔等本朝廷恩养之人，输诚效力，有劳于国，亦非一日。前者因都指挥王雄不能抚绥，生事虐害，致尔惊恐，挈家逃窜。……今朕主宰天下，天下之人有罪者咸赦之，使之安生乐业。独尔等艰难在外，未得安居，朕甚悯之。已将王雄贬责，特再遣指挥金声赍敕谕尔。尔等前过出于不得已，朕已深知，今一切不问。敕到即同金声亲来朝见，仍复尔官，俾回本土，与父母妻子团栾。②

洪熙元年（1425）六月十二日，猛哥帖木儿陪同金声，带着这道敕谕，回到阿木河，再次招抚杨木答兀。这一次在杨木答兀方面又有一定转变。同年十月，杨木答兀终于让其弟马言彼（即杨满皮）等五人，跟随猛哥帖木儿"赴中朝"贡马③。十二月到京。第二年即宣德元年（1426）正月，新即位的朱瞻基（宣宗）授杨满皮为正千户，升猛哥帖木儿为都督佥事。猛哥帖木儿的正确做法及其对国家的贡献，终于得到了朝廷的肯定。

以后，猛哥帖木儿又为刷还被杨木答兀掳去的人口而做出了不懈努力。

刷送人口事，是明帝下达给猛哥帖木儿的任务。他为完成此项任务，颇

---

① 《朝鲜王朝实录》，世宗六年六月癸亥。
② 《朝鲜王朝实录》，世宗七年六月庚申。
③ 《朝鲜王朝实录》，世宗七年十月戊辰。

费心思，甚至求助于朝鲜。他向朝鲜官员说："帝下诏于我，令刷还杨木答兀所掳中国人物。我欲刷送，但道经兀狄哈部落，恐被掠不能达也。……今欲刷送贵国，护送上国。"① 这个要求，朝鲜答应了。宣德六年（1431）十二月，猛哥帖木儿将"被掳唐人男妇共八十二名"送给明朝来的内官昌盛、尹凤、张童儿、张安定等，并护送他们到朝鲜②。

宣德八年（1433）八月二十七日，明朝使臣辽东都指挥裴俊到阿木河，继续执行刷还被掳人口的使命。猛哥帖木儿积极配合，约以在闰八月十五日将杨木答兀所掠人口"尽数传授"。在奴隶制社会，奴隶就是财富。猛哥帖木儿的这个安排，遭到了杨木答兀的拼死反对。杨木答兀再次走上极端，他不惜与猛哥帖木儿决裂，先是纠集兀狄哈三百余名，于闰八月十五日来围攻明使及猛哥帖木儿家族。猛哥帖木儿弟凡察、子阿谷（亦名权豆）等受伤，杨木答兀最后被猛哥帖木儿击退。到十月十九日，杨木答兀又"纠合各处野人，约有八百余名人马，各被明甲，到来猛哥帖木儿、凡察、阿谷、歹都等家，并当职（裴俊）营寨，围绕房屋，放火烧毁。困至申时，见得阿谷大门烧毁，及攻开墙垣，贼人入内，将猛哥帖木儿、阿谷等男子俱被杀死，妇女尽行抢去……"③ 猛哥帖木儿为完成国家交给的任务，为保护明朝的使节，终于以身殉国。

猛哥帖木儿一生忠于明朝，值得肯定。和同时代同是一部之长的杨木答兀比较，更是高下自明。他处理与中央政府的关系、与其他民族的关系的做法，给后人留下了有益的启示。

二 "顺事朝鲜"，"东北藩篱"

猛哥帖木儿见诸朝鲜《朝鲜实录》的最早记载，是在太祖四年（明洪武二十八年，1395）九月："吾都里上万户童猛哥帖木儿等五人来献土物。"据《朝鲜实录》太宗五年（明永乐三年，1405）四月记载，"猛哥帖木儿等云：我等顺事朝鲜二十余年矣。"由此上推，他当初来到朝鲜，时间约在明洪武中期，亦即王氏高丽之末而李成桂尚未成事以前。太宗五年五月的实录，

---

① 《朝鲜王朝实录》，世宗十二年四月辛巳。
② 《朝鲜王朝实录》，世宗十三年十二月癸巳；又十五年闰八月壬申，谓刷出 130 名。
③ 《朝鲜王朝实录》，世宗十五年闰八月壬申；十一月乙巳。

猛哥帖木儿论

更记载了他来到朝鲜的原因和落脚地:"猛哥帖木儿等,始缘兀狄哈侵扰,避地来到本国东北面庆源、镜城地面居住。"从这时到明永乐九年(1411)迁到辽东凤州,约三十年,这是猛哥帖木儿在朝鲜居住的第一阶段。从永乐二十一年(1423)自凤州返回朝鲜东北边的阿木河(亦称"吾音会")一带,到宣德八年(1432)殉难,整整十年,这是猛哥帖木儿在朝鲜居住的第二阶段。前后两段,共约四十年,大部分时间与朝鲜相处得很融洽。正如记录李氏王朝太祖兴起事迹的《龙飞御天歌》所记:"东北一道本肇基之地也,畏威怀德久矣。野人酋长远至移阑豆漫,皆来服事。常佩弓剑,入卫潜邸,昵侍左右,东征西伐,靡不从焉。""如女直,则斡朵里豆漫夹温猛哥帖木儿……"豆漫是万户,夹温是姓,即金。元女真人之夹谷氏,汉姓为仝、佟、童,说的正是《朝鲜实录》中的童猛哥帖木儿。

猛哥帖木儿与朝鲜关系的融洽,首先表现在他不时地向朝鲜国王进献土物,朝鲜国王也不时地对他进行赏赐。这种进献,有时很频繁,例如在《朝鲜实录》世宗十年(明宣德三年,1428),正月乙未载,"都督佥事童猛哥帖木儿、斡朵里千户童末乙大等三人,阔儿看兀狄哈千户照郎哈等二人,各献皮物"。正月己亥,"斡朵里都督佥事童猛哥帖木儿遣千户童末乙大、百户安取古乙……来献土物"。十二月丁酉,"童猛哥帖木儿遣指挥也吾乃等五人……来献土宜"。这一年当中,共进献三次,其中正月里就有二次。这些土物,除皮物外,还有海青之类。朝鲜对他们的赏赐,多是苎布,麻布,棉布,有时也赐衣、笠、靴等,如太宗四年(明永乐二年,1404)三月,"赐童猛哥帖木儿缎衣一称,钑花银带一腰及笠、靴,命内臣馈之。其从者十余人,赐布、帛有差"。有时候,即使猛哥帖木儿没去进献土物,朝鲜政府也还是会赏赐于他,如定宗元年(明建文元年,1399)正月,"遣吉州都镇抚辛奋赐酒于……吾音会吾木里万户童猛哥帖木儿"。这些,都说明了猛哥帖木儿长期与朝鲜保持了较密切友好的关系。

猛哥帖木儿长期侨居朝鲜,对朝鲜的贡献是多方面的,既有经济方面的,也有军事方面的。

在经济方面,由于猛哥帖木儿居住的朝鲜北部山区,林密兽多,狩猎经济较发达,所以猛哥帖木儿及其部属,向朝鲜王室及地方官献赠的物品,多是朝鲜内地缺乏的皮货之类,对朝鲜的农业经济是个补充。此外,猛哥帖木儿及其周围的女真各部,当时的畜牧业较发达,盛产良种马,这也是朝鲜急需的。朝鲜的咸吉道、济州等地虽然产马,但不产体大性驯的良马,以往都是通过中国的开原路，引进鞑靼种马。在李氏朝鲜取代王氏高丽之时，也正是中国的元明交替之时，战乱频仍。"与开原不通已五十年矣，鞑靼马绝种"，朝鲜为此很忧虑，世宗六年（明永乐二十二年，1424），司仆提调专为此事奏请朝鲜国王，"愿令庆源、镜城居人，于童猛哥帖木儿等处，以其所求之物，交易体大雌雄种马，孳息便益"。得到国王批准，"于是传旨咸吉道都节制使曰：于童猛哥帖木儿处，好鞑靼雌雄种马，以营中之物，如其界军民私市者而市之，即将匹数、毛齿启闻"①。史料上虽无明确的数量记载，但种马的输入，无疑会使朝鲜的畜牧业有所改善，在一定程度上缓解五十年来马匹紧缺状况。

猛哥帖木儿对朝鲜的最大贡献，是在军事方面。他统率女真各都，雄踞朝鲜北陲，像一道屏障，有力地阻止了倭寇从东北海上入侵以及兀狄哈部从北方的骚扰。兀狄哈和倭寇的不断骚扰入侵，给朝鲜造成了很大的威胁和损失，如太宗十年（明永乐八年，1410）二月初，兀狄哈人"寇庆源府"，朝鲜损兵折将，兵马使韩兴宝也在此役"败死"。猛哥帖木儿闻讯，立即率兵赶到庆源助战，并派千户金希周到吉州道察理使赵涓处献策，指出这次入侵的兀狄哈，是探州的葛多介与具州的金文乃等，同时指出"若不追捕深处，数多贼人并生轻易之心，不无频频入侵之患"。并明确表示："察理使须领兵马追逐，吾当同力助战。"猛哥帖木儿甚至想好了更周密的作战计划："察理使如有追捕之心，则潜师入来，以庆源筑城为名，且使人潜通于我。则我领兵同行，出贼不意而掩袭之。"其弟于虚里也认为此时出兵最好，"草木茂盛则捕贼为难，宜速行兵。若朝鲜出铁骑四百，我等出二百骑会，则可以胜战"。朝鲜国王充分肯定了猛哥帖木儿的行动，说："今童指挥既欲出兵追讨，又送人于我，欲为向导，诚意可嘉。"② 猛哥帖木儿诚心帮助朝鲜抵御兀狄哈的侵扰，曾多次遭到报复，付出过血的代价。一次，都骨兀狄哈一百余人，闯到他的管辖，"射杀男女十一人，虏十七人，仍言：吾曹每欲向朝鲜作贼，汝等居中，辄通事变，肆未遂志，是用侵困汝家"③。兀狄哈人的这些话，清楚地表明了猛哥帖木儿在保卫朝鲜边境安全方面的重要作用。

---

① 《朝鲜王朝实录》，世宗六年八月戊申。
② 《朝鲜王朝实录》，太宗十年二月庚子、己未。
③ 《朝鲜王朝实录》，世宗十三年二月戊午。

猛哥帖木儿论

朝鲜的太祖、太宗、世宗等三朝国王，对猛哥帖木儿的这种作用，评价甚高，一再委以重任。世宗给明帝的奏章中曾讲到猛哥帖木儿在朝鲜受封的经过："臣先祖康献王某授猛哥帖木儿镜城等处万户职事，臣父先臣恭定王某升授上将军三品职事。"① 太宗初年的实录，更载明了他当初被授为镜城等处万户，是"因防倭有功"②。太宗在升他为上将军之前，还曾"遣议政府知印金尚琦，于东北面赐童猛哥帖木儿庆源等处管军万户印信一颗"③。当时，太宗曾对他的左、右政丞这样评价过猛哥帖木儿："此人，东北面之藩篱也！"④ 在猛哥帖木儿殉难前数月，世宗对猛哥帖木儿与朝鲜的关系做过这样的概括评价："童猛哥帖木儿输诚归顺，本国亦垂矜恤，凡所来求，靡所不从，相和久矣！"⑤ 猛哥帖木儿之死，对朝鲜是个很大的损失，世宗在当时就发出"兹者自底灭亡，藩篱一空"的哀叹，并立即"命户曹参议朴坤往祭于权豆父子"⑥。对他的丧事极为重视。

当然，由于朝鲜一些官员对女真侨民存有偏见，更由于一些地方官贪虐及杀良冒功，使得猛哥帖木儿与朝鲜的关系有时也变得很紧张。作为侨民，他固然要尽量搞好与朝鲜的关系；作为侨民的领袖人物，他又有责任保护侨民的合法利益。他往往处在两难之中。一般来说，他都能根据当时的情势，采取比较正确的方法，包括进行必要的解释或有节制的斗争，使问题得以妥善解决。前述太宗十年（1410）二月初四日，兀狄哈袭破庆源，猛哥帖木儿立即出兵助战，同时派人通知吉州道察理使赵涓，这本来是对朝鲜极友好的举动，已得到朝鲜国王嘉奖。可是边将赵涓不肯远征，反而杀良冒功，恩将仇报，他三月初六日才到了斡朵里部居住地吾音会，竟杀死了猛哥帖木儿管下指挥阿乱的两个孙子哈儿非、加时仇；又到与庆源接境的豆门，"诱杀"了猛哥帖木儿的盟友、受明朝册封的毛怜卫指挥把儿逊、阿古车、著和、千户下乙主等，并"纵兵歼其部族数百人，燔烧庐舍而还"。他向朝鲜议政府诡称，包括猛哥帖木儿在内，这些人都"与兀狄哈通谋作贼"。朝鲜议政府与国王比较清醒，一开始就判断赵涓擅兴滥杀。虽然很快就撤换了赵涓，但为推

---

① 《朝鲜王朝实录》，世宗二十二年七月辛丑。
② 《朝鲜王朝实录》，太宗五年五月庚戌。
③ 《朝鲜王朝实录》，太宗五年二月己丑。
④ 《朝鲜王朝实录》，太宗五年三月己酉。
⑤ 《朝鲜王朝实录》，世宗十五年六月乙巳。
⑥ 《朝鲜王朝实录》，世宗十五年十一月庚子、辛丑。

卸过错，在给明朝的奏本上，还是重复赵涓编造的一套诳语，并且希望明朝约束吾都里、毛怜卫，来个倒打一耙①。猛哥帖木儿处此突变之中，果断地采取了三条措施：一是有节制地针锋相对，武装自卫，以此来团聚受到打击且有溃散可能的部众，并回击朝鲜边将的气焰；二是派出使者李大豆到朝鲜边将和国王处，进行辩解，要求释放被掳人员并表明和解的诚意；三是派遣儿子去明朝，向朝廷说明真相，争取明朝保护②。这几项措施既正确又及时，对阻止事态的恶化起了明显的作用。

这年五月，猛哥帖木儿给吉州新任察理使延嗣宗的信，很好地表明了他对待这次事变的态度和做法，信是这样写的：

> 久隔未见，今闻来镇，喜甚！前察理使率国家大军，本为制正野人兀狄哈金文乃、葛多介等作贼人，托以道远，不肯直指其地，却于中路将毛怜卫掌印官员、百姓尽行杀害。今被杀害人父兄子弟之遗在者，逼迫我云：指挥今若不去向朝鲜，则指挥必与朝鲜通书定计，欲挟攻我辈。审矣，予亦不得退避，且提兵迎留。上项毛怜卫死亡遗种，已先至阿吾知地面，予乃领兵随至，禁其侵掠。本欲率领还归，庆源军马到来接战，两相杀害。毛怜遗种欲将庆源官家破毁，家属、钱物、牛马并皆夺取，以快其忿。予诱之曰：予已使人诣朝鲜，请将掳掠人口放还。莫如退军，各还旧居。及李大豆还，言前察理使国家议罪拿归，今好察理使到界，欲修旧好。更使李大豆前往，若尽还掳掠人口，使彼我人口依旧居生，则此实系令公声誉美事。予谓此事莫如寝息，倘连衅不已，数多种类作贼扰边，视听非祥，惟斟酌施行。③

猛哥帖木儿在这封信中，既揭露了前察理使赵涓的罪行，也解释了自己受被害者亲属所迫"不得退避"的困难处境，以及在那样危险的时刻自己所起的缓解作用；既赞赏了朝鲜当局欲修旧好，更换边将的举措，又进一步提出尽还掳掠人口的正当要求；既表达了"寝息"事变的诚意，又发出了"连衅不已"将后果不堪的警告。不难看出，猛哥帖木儿的所作所为，是诚心诚意要同朝鲜搞好关系的。由于猛哥帖木儿采取克制的态度，进行正确地斗争，

---

① 《朝鲜王朝实录》，太宗十年三月乙亥、戊子、壬辰。
② 《朝鲜王朝实录》，太宗十年四月辛丑、丁未。
③ 《朝鲜王朝实录》，太宗十年五月丁卯。

也由于朝鲜国王采取理智的态度，赵涓制造的这场危机很快便结束。这年冬季，猛哥帖木儿部与朝鲜的关系又恢复正常，进献与赏赐不减于往年。可是，这场事变助长了朝鲜一些官员的偏见，直到猛哥帖木儿死后，这次事件的影响仍没有消失。

　　应当指出，猛哥帖木儿之所以能和朝鲜长期保持友好的关系，朝鲜之所以看重他，除猛哥帖木儿本人外，有明朝作为强大的后盾也是重要的因素。前述李朝太宗五年（明永乐三年，1405），明永乐帝为朝鲜阻止猛哥帖木儿入明，曾训斥过朝鲜使臣和国王，朝鲜国王马上就改变态度，"上谓左右曰：今闻皇帝之谕，不胜惶愧！往者不可追，来者犹可图，帖木儿理宜督送，不可缓也。"① 猛哥帖木儿这才得以到明朝京师朝贡。李朝太宗六年（明永乐四年，1406），猛哥帖木儿因亲属完者等沦落朝鲜内地，不得团聚，又一次得到明朝的关怀，礼部行文朝鲜："本部奉圣旨，恁礼部行文书与国王知道，给与他完聚。"未几，朝鲜国王"遣上护军车指南，管送猛哥帖木儿亲属完者等十名并家小于建州卫"②。前述李朝太宗十年（永乐八年，1410），朝鲜边将赵涓擅杀毛怜卫指挥把儿逊等，尚未等猛哥帖木儿质问，朝鲜议政府即想到日后明朝定会诘问，而向国王献策曰："请遣田兴于童猛哥帖木儿，赐以宣酝，谕之曰：此兵之举，非国家之命，实边将之擅兴。国家已使延嗣宗代涓，召涓赴京欲治擅兴滥杀之罪。则猛哥帖木儿之怒稍解，而后日朝廷之诘问，亦可对也。"③ 朝鲜国王在得到赵涓的"捷报"之后，不但没有高兴，而是立即把这件事情与明朝联系起来，感到不妙，国王曰："指挥等皆受中朝职事，今而擅杀，是生衅于上国也，宜速奏闻。其生擒人口，悉令推刷还本。"④ 正是有强大的明朝作后盾，所以当猛哥帖木儿派李大豆与朝鲜官员交涉时，能够很快解决这次重大危机。

　　纵观猛哥帖木儿的一生，可以得出这样的结论，他既始终不渝地忠诚于明朝，又真诚地与侨居国友好相处，并且为两者做出了贡献。他不愧为明初女真族的杰出首领，也不愧为中朝两国历史上的杰出人物。

---

① 《朝鲜王朝实录》，太宗五年九月己酉。
② 《朝鲜王朝实录》，太宗六年四月己卯、七月己酉。
③ 《朝鲜王朝实录》，太宗十年三月壬辰。
④ 《朝鲜王朝实录》，太宗十年三月乙亥。

简论努尔哈齐朴素的辩证法思想[*]

在十六世纪末、十七世纪初，在政治、经济、文化都薄弱的祖国的东北边陲，在尚处于由奴隶制向封建制过渡的正在形成的满族共同体中，出现了一位杰出的、对中国未来命运有影响的人物——清太祖努尔哈齐。他在不太长的时间内，统一了女真诸部，征服和招抚了大部分蒙古，推翻了明王朝在辽东的黑暗统治，为满洲贵族进占中原、统一全中国，奠定了初步的基础。除去各方面复杂的因素，不得不承认，这和努尔哈齐是一个伟大的思想家有很大的关系。他精通历史，不仅继承了女真族优秀的思想遗产，而且广泛地吸收了汉族、契丹族、蒙古族宝贵的思想财富，特别是在军事、政治、民族关系、阶级关系乃至家庭关系等各个方面，广泛地运用了朴素辩证法的思想。他的成功，就是辩证法的胜利。

一

努尔哈齐的武功是史书上倍加称赞的，但他绝不是一个穷兵黩武的人。在一般情况下，他都能在朴素的辩证法思想指导下，审时度势，慎重地决定自己的行动。攻与不攻，何时进攻，何时决战，处处都体现了辩证分析问题的思想。

壬子年（1612），征讨乌喇部布占泰，连克乌喇河西岸六城，直逼乌喇大城，形势极为有利。这时努尔哈齐的两个儿子莽古尔泰和皇太极，都请求渡河与布占泰决战。努尔哈齐没有被胜利冲昏头脑，倒是对儿子说了一段令人深思的话："汝等毋作此浮面取水之议，当为探源之论耳。譬伐大木，岂能遽摧？必以斧斤斫而小之，然后可折。今以势均力敌之大国，欲

---

[*] 与辽宁省民族研究所何溥滢研究员合写，原载《中央民族学院学报》1985年第1期。

一举而取之，能尽灭乎？我且削其所属外城，独留所居大城。外城尽下，则无仆何以为主，无民何以为君乎？"① 遂率师毁其六城，尽焚其庐舍粮草。这样一来，布占泰受不了了，不得不乖乖地在努尔哈齐面前请罪认输。避免拼主力可能造成的损失，积小胜为全胜，这确是努尔哈齐用兵思想的高妙之处。

丙辰年（1616），征讨东海萨哈连部的时机之争，更是鲜明地体现了努尔哈齐的两点论思想。当时，正是夏季，多雨泥泞，不利于大规模的军事行动，诸贝勒、大臣都主张等到冬季结冰时再进攻。这一点努尔哈齐不是没想到，但是他在看到雨季不利的一面的同时，更看到了雨季有利的一面。他反驳说："在夏天如果不去，他们可在秋天把粮食埋藏各处，抛弃村寨，去阴达珲塔库喇喇部（躲避）。我们的兵撤回后，他们又返回故地，取出隐匿的粮食吃。如果那样，他们也能过一两年。这个夏天，我们兵如果去，他们只顾自己逃难，没时间埋藏粮食。他们以为在这个夏季大兵不会来，他们将安闲不备，所以现在出兵，能一举全获，尽管有少数逃脱，我们获得全部粮食，那些逃脱的人吃什么呢？如果那样，那个部就要灭亡。"② 不出努尔哈齐所料，达尔汉侍卫扈尔汉、硕翁科罗巴图鲁安费扬古率兵两千出征，出敌不意，大获全胜。

乙卯年（1615），因为明助叶赫，诸贝勒大臣又请求征明。努尔哈齐审时度势，认为时机还不成熟，因为此时伐明，军事上虽然可能取得胜利，但在政治上、经济上可能会遇到难题。他说："使我今日仗义伐明，天必佑我。天佑我，可以克敌。但我国储积未充，纵得其人民畜产，何以养之？若养其人民畜产，恐我国之民，反致损耗。惟及是时，抚辑吾国，固疆圉，修边备，重农积谷，为先务耳。"遂不发兵，并谕各牛录抓紧屯田，积贮仓廪③。努尔哈齐的这个决定是正确的。此时的满洲，刚刚兴起，明朝虽然腐败了，但毕竟是个庞然大物，比不得女真诸部，不能凭一时的激愤而鲁莽行事。

努尔哈齐在进行战争时，有一条重要的原则，这就是要以最小的损失去换最大的胜利。若损失很大，虽取得胜利，也是不可取的。天命三年

---

① 《清太祖实录》卷4，壬子年十月，页3上。
② 《满文老档》（参中华出局1990年译注本，下同），太祖朝，卷5。
③ 《清太祖实录》卷4，乙卯年六月，页17下。

(1618)他曾告诫诸贝勒、大臣："战争之道，贵在计谋，使身不劳、兵不苦的明智为上。……使兵劳苦，虽然胜利这有何益处呢？战争之道是我们一无损失，而获得胜利。这个比什么都为可贵。"① 天命八年（1623），即在他死前三年，他又几乎一字不易地重申这个原则，说明这是他毕生经验的结晶。

在对待战争中掠夺财物与"收养"人口的关系上，努尔哈齐更看重对人口的"收养"。在攻取辽阳城时，他的兵虽然死伤很多，但对辽阳城的人，"都不杀而加以收养，照旧生活"。在后来进攻海州、复州、金州时，他对该地的汉人讲述了这样做的道理，他说："即使杀了你们，夺取的财物能有多少呢？那只是暂时的、有限的。如果收养，你们的手可以（生产）出各种东西。用出的东西做生意，生产的好果实，好东西，那是永久的利益。"② 因此，在一般情况下，努尔哈齐在战争中是不搞屠杀的，这使他无论在政治上，还是在经济上，都得到了莫大的好处。

努尔哈齐不仅在军事上，而且在处理政治问题上，也能够辩证地分析事物。在他力量非常弱小，受到强大力量欺压的时候，他也能充满信心，而不气馁。当他还没建国号时，明廷已看出满洲在渐渐地崛起，因而对他采取了压制的方针。1615 年，广宁总兵张承荫派抚顺的董国荫通事通知他，要他的部众退出柴河、范河、三岔儿。努尔哈齐考虑到自己的力量微弱，一时还不能违抗明廷，被迫同意了这一无理要求。但是，他正确地分析了形势，严正地向董通事声明："皇帝的心变了，……这是不愿太平，而启争端。那样，小国受小苦，你大国受大苦。我国人不多，可以退出，可是你那样的大国，你怎能收拾呢？……大国可以变成小国，小国可以变成大国，这都是出于天意。你国如一城住一万兵，你的国人将受不住。如一城驻一千兵，城里的人和兵都将成为我的俘虏。"③ 事态的发展，确实是朝着努尔哈齐预言的"小变大，大变小"的趋势进行。过了六年，经过萨尔浒之战、辽沈之战，明朝的军队大量被歼，辽河以东的土地丧失殆尽。1622 年，努尔哈齐回顾古今兴亡史，再次讲述"大变小，小变大"的道理，更是雄心勃勃，开始把目光射向了中原大地。他说："由大变小，由小变大的事例，

---

① 《满文老档》，太祖朝，卷 6。
② 《满文老档》，太祖朝，卷 20。
③ 《满文老档》，太祖朝，卷 4。又见《清太祖实录》卷 4，乙卯年四月，页 13～14。

从古到今兴亡的事例是多的。过去桀王暴虐无道，仅有七十里的成汤起来，获得了桀王的天下。纣王暴虐无道，仅有百里的文王起来，获得了纣王的天下。秦始皇暴虐无道，泗上亭村汉高祖单身起来，获得了秦始皇的天下。大辽的天祚帝，要我们的金太祖起舞，因没有起舞便要杀害他，因此愤恨起兵征讨，获得了大辽皇帝的天下。赵（宋）徽宗皇帝收容金汗征讨的大辽残留的张觉大臣，拒不交出，因此导致战争。赵（宋）徽宗、赵（宋）钦宗父子两皇帝被俘，被送到了尚间山的东方五国城。金的末代汗在蒙古成吉思汗来叩头时，看到他长的相貌，便想杀害他。成吉思汗起兵征讨时，便获得了金汗的天下。尼堪万历皇帝暴虐无道，干涉境外的异国的事，以是为非，以非为是，背理裁断，天以为非。……另外，南京、北京、汴京原来就不是一个人住的地方。是诸申、尼堪交替住的地方。"① 过了二十二年，他的儿子和孙子们，果然占领了北京，把他的预言变成了现实。

另外，在努尔哈齐的思想体系中，内因论也占有重要的地位。他不止一次地阐述这一思想。天命六年（1621）十一月，他在给汉人的文书中说："历代皇帝的忧患，不是来自外部，而是从本身产生的。从前的桀王、纣王、秦二世皇帝、隋炀帝、金完颜亮皇帝等，全都沉溺于烧酒、黄酒、女色、财帛之中，不为国忧虑，不治政事，因为他们本人的罪恶而亡国。你们尼堪的万历皇帝，政治黑暗，皇帝亲自任用太监勒索财物，官员们也仿效皇帝从下面的人民中勒索财物，不从奸恶有财物的人那里征收财物，使正直的没财物的穷人受苦。不公正地处理国内的事，还干涉境外他国的事，违背道理以是为非，以非为是。天以此为非，把尼堪皇帝的河东地方给了我。这正是尼堪皇帝应该忧虑的事。"② 两个月后，即天命七年（1622）正月，努尔哈齐对诸贝勒、大臣再一次申明这一思想："自古至今，帝王之道，没有衣食耗尽而亡的例子，是享受过分而亡的。皇帝的忧患并非从外而来，实出自本身。"他很重视这些历史教训，特别警惕自己，要"以正心修身为生"③，并严格要求各级官吏，都必须虚心谨慎，尽心尽力，公正办事。正因为他注意内部的政治建设，所以他能够不断地发展壮大，由弱到强，走向胜利。

---

① 《满文老档》，太祖朝，卷41。
② 《满文老档》，太祖朝，卷28。
③ 《满文老档》，太祖朝，卷33。

二

民族关系问题，是明清之际一个十分严重的政治问题，从一定意义上可以说，谁能够处理好民族问题，谁就能够在这场较量中夺取胜利。

明廷一贯老大自居，坚持反动的"以夷制夷"和民族压迫政策，即使在汉族内部，它也不放弃黑暗的阶级压迫政策，一再地为渊驱鱼，为丛驱雀，把一批批汉族人民挤兑到满洲一边①。蒙古族虽然仍是兵强马壮，但当时各部互不统属，提不出统一的明确的政治主张和民族对策，时而向东，时而向西，徘徊在明与后金之间，成不了气候。只有满洲的努尔哈齐，目标明确，策略清楚，这就是最广泛地团结蒙古各部的上层和人民，尽可能地争取汉族的官吏和人民，集中力量揭露和打击明廷统治者。他处理民族关系的总体战略和具体措施，明显地体现了辩证法思想。

1621年，当努尔哈齐占领辽河以东的地方以后，多数汉人都投降了，镇江地方的人不但不投降，反而杀了他派去招降的使者。努尔哈齐怎样对待这件事呢？他认为："一二人作恶，无辜的众人为什么死？"因此，他再次派人领兵去招抚，送给镇江地方的人的文书说："你们大概是杀了派遣的使者骇怕，不敢投降。你们从前是尼堪皇帝的民，天把辽河以东地方给我，今天就是我的民。攻取辽东城时，杀死兵二十万人，我兵能不死吗？这样的死战，仍不杀获得的辽东城的人，全部加以收养。因为你们的尼堪的官员派遣一、二人杀我的一个人，就都杀了你们那么多的民，全丢掉，从哪里出的口粮呢？……如果害怕，就将首恶四、五人逮捕送来，你们都剃头。如果那样，所有的事都完结。"② 由此可看出，努尔哈齐是将多数和"首恶"区别看待的，对多数汉人，他是尽力争取的。

不但如此，努尔哈齐对已经归顺的汉人，还做到了充分信任和重用。1621年，他下达给都堂的文书说："归顺我们的人，在他的国受敌视，我们若不任用收养，他们还怎样地生存呢？还有谁来归顺我们呢？谁还贡献聪明才智呢？……被他的国痛恨，归顺我方，如能贡献出有限的力量，贡献

---

① 见《按辽御璫疏稿》，中州书画社，第37页，辽东巡按何尔健于万历三十年题："在此为苦海，在彼为乐地。彼方为渊为丛，民方为鱼为雀，而我为獭为鹯。以故年来相率逃趋者，无虑十万有余。"

② 《满文老挡》，太祖朝，卷21。

出有限的智慧，那就不论是阿哈、小人，立刻任用，给与官职，成为大人。那样就有更多的人来归附我们。"① 事实上，他确实用了许多汉人降将，最早、最著名的就是抚顺游击李永芳被任为副将，并成了额附。

努尔哈齐所以能够做到这一点，是因为他不是孤立地、静止地看问题，他能够用发展的、变化的眼光来看待事物。在占领辽沈之后，他马上告诫原来的部众："今诸申、尼堪全都是汗的国人。我们的编户迁来的旧诸申，不要将尼堪认为是他国人。"②

努尔哈齐从争夺全国统治权的全局出发，对蒙古人极力拉拢，千方百计地做转化工作，力争做到化干戈为玉帛，成为自己的依靠力量。

蒙古的科尔沁部，在万历二十一年（1593）曾参加以叶赫为首的九部联军，进攻努尔哈齐。万历三十六年，满洲兵攻伐乌喇部时，科尔沁部又助兵乌喇。虽然如此，努尔哈齐仍然不念旧恶，于万历四十年（1612）与科尔沁部联姻，娶明安贝勒之女为妻③。努尔哈齐的想法是："一朝为恶而有余，终身为善而不足。"④

此后，满蒙联姻一直不断，且越来越多。除科尔沁部之外，与喀尔喀、察哈尔等部，也都广泛联姻。天命二年（1617），努尔哈齐将其弟舒尔哈齐的女儿，嫁给了喀尔喀部的恩格德尔，使他成了后金在蒙古人中的第一个额附⑤。天命七年（1622），努尔哈齐为了更紧地拉着蒙古，特意对从喀尔喀和察哈尔来的诸贝勒说："如果说你们独自编旗生活劳苦，那么你们和各自愿意的诸贝勒结成亲家，嫁女儿，娶儿媳，交友，你们可以随意。"这样在四月初一这一天，在努尔哈齐亲自主持下，便有三十来人与努尔哈齐家族结成了亲家⑥。这种大规模的联姻，在中国历史上是罕见的。恩格斯曾评论过封建王公们的婚姻，他说："结婚是一种政治的行为，是一种借新的联姻来扩大自己势力的机会；起决定作用的是家世的利益，而绝不是个人的意愿。"⑦ 努尔哈齐这样做，正表明了他追求"家世利益"和贯彻化敌为友战略思想的决心和魄力。

---

① 《满文老档》，太祖朝，卷23。
② 《满文老档》，太祖朝，卷27。
③ 《满文老档》，太祖朝，卷2。
④ 《满洲实录》卷3。
⑤ 《满文老档》，太祖朝，卷5。
⑥ 《满文老档》，太祖朝，卷40。
⑦ 《马克思恩格斯全集》，卷21，人民出版社，1965，第91页。

从争取、团结蒙古族这个大战略出发，对主动来犯的蒙古人，即使是俘获了，也是尽力争取，使其转化。喀尔喀贝勒宰赛，是喀尔喀五部中最强的一个，曾三次与明朝立誓，共抗后金，又囚系后金使者，夺取努尔哈齐已给聘礼的叶赫金台石贝勒之女，还屡屡袭扰后金，可说是努尔哈齐的一个死敌。可是，当天命四年（1619）七月，宰赛配合明军同后金作战，在铁岭被俘之后，努尔哈齐没有杀害他，而是将他囚禁起来，加以"恩养"。努尔哈齐说："天以你那样的罪恶为非，将你给我，怎么能够把被活捉的人杀了呢？故加收养。欲恩养得力，释放送回。"① 同时致书喀尔喀各部，晓以利害，为结盟创造良机。这种指导思想和做法是极为成功的，五个月后，便与喀尔喀五部在冈干塞忒勒黑的地方，杀白马黑牛立誓结盟了②。两年后，证明结盟牢固，俘虏变为上宾，努尔哈齐赏给宰赛厚礼，并命诸贝勒亲送到十里处设宴，隆重告别③。喀尔喀蒙古终于由后金的敌对力量变成了后金的依靠力量。

努尔哈齐在处理与蒙古人的关系时，也懂得给予和夺取的辩证关系。满洲官将本来都是以掠夺为生、掠夺成性的人，可是为了得到蒙古人的心，努尔哈齐硬是虎口拔牙向他们摊派给蒙古人的东西。如天命六年（1621），他对众贝勒说："象尼堪的洪武皇帝的徐达说的那样，八旗诸贝勒不要吝惜财物。如果有穿的衣服就行了，让新来的归附的国人都有穿的。"他命令："都堂、总兵官用貂皮、猞猁狲皮做皮袄一件、皮端罩一件，副将用猞猁狲皮做皮端罩一件，参将、游击用虎、貂、狼皮做皮端罩一件，备御用毛青布做棉花的皮端罩一件，给新归附的蒙古人等。"④

努尔哈齐对来归的蒙古族的总的思想是："有才能的好人，以才能之功收养。没有才能的人，以归附之功善养。"⑤ 这种广加收养的思想，实质是瓦解敌人，壮大自己的思想，是化敌为友的思想。这种思想，也是他对各族来归者的共同态度。

由于努尔哈齐在处理民族关系时，不是孤立地、静止地看待对方，不是把对方看成铁板一块，不是把所有的人永远当成敌人来打击，而是随时

---

① 《满文老档》，太祖朝，卷25。
② 《满文老档》，太祖朝，卷13。
③ 《满文老档》，太祖朝，卷25。
④ 《满文老档》，太祖朝，卷31。
⑤ 《满文老档》，太祖朝，卷36。

注意分化、争取、利用、团结、重用对方的一部分人，甚至是世仇很深的人，所以他的力量不断壮大，对方的力量逐渐削弱，在满、蒙、汉三大民族的周旋、较量中，人数最少、发展水平最低的满族，倒是最终上升为全国的统治民族。

三

努尔哈齐朴素的辩证法思想，还突出表现在他对人的理解上和任用上。由于他充分认识了人的价值，并能够恰当地使用人才，所以他的队伍逐渐壮大，事业也获得了成功。

努尔哈齐认为，在世上万物当中，人是最宝贵的、最有用的，有了人就有了一切。在打下辽沈，收到海州的匠人送来的制作精美的绿碗时，他曾感慨地说："以为东珠、金、银是宝，那是什么宝呢？在寒冷时能穿吗？在饥饿时能吃吗？收养国人中的贤人，理解国人所不能理解的事，制造出不能制造的物品的工匠，才是真正的宝。"① 以后，在其他场合也不止一次地说过："在没有织造的地方，如果织成蟒缎、缎子、补子，（那人）就是宝贝。""如果有制造金丝、硫黄的人，就选派来，那人也是宝贝。"② 不难看出，在人与物的关系上，他一贯把人看得更重要，因为人可以创造财富。

努尔哈齐对人的价值，还有另一种理解，这就是，要一部分人像他身上的器官一样，供他支配和使用。他曾对众游击官说："你们游击官要以公正为生，按各种法令辛勤工作，成为汗的眼睛看着众人，成为汗的耳朵听着众人。无论任何事都要详查处理。"③ 本人的目光和听力是有限的，但通过别人，则可以延长它。

善用人者勿弃人，善用物者勿弃物。努尔哈齐的眼中，所有的人都是有用的。他曾说：在文臣武将之外，"如果有知道从前善政事例的人，就用以讲述善政事例；如果有长于接待宾客的人，就用以接待宾客；没有别的才能而能歌唱的人，就让他在众人的宴会上歌唱。这样，那些人还是有用的。"④ 他一再告诫人们："天下全才无几，一人之身，有所知，即有所不

---

① 《满文老档》，太祖朝，卷23。
② 《满文老档》，太祖朝，卷45。
③ 《满文老档》，太祖朝，卷20。
④ 《满文老档》，太祖朝，卷4。

知；有所能，即有所不能。故临阵勇敢者，平时未必见长；而平时练习庶事者，战阵又未必奏功也。自后用人，务各随其材焉。"① 辩证地看待人才，方能做到因才施用。基于这种思想，他也要求被委任各事的人，要正确估量自己。"委派各事时，如果自己能胜任，就要接受，如果你不能胜任，就不要接受。如果不能胜任还要接受，这不仅是你一人的事，若管辖一百人，就耽误一百人的事，若管辖一千人，就耽误一千人的事。"②

努尔哈齐在用人问题上，对门第和才德的关系，也曾有过精到的见解。他对群臣说："予思心之所贵者，诚莫过于正大也。卿等荐人，勿曰：吾何为舍亲而举疏也？当不论家世，择其心术正大者荐之；不拘门第，视其才德优长者举之。"③ 重才德而不拘门第，而在才与德的关系上，德又是首要的。《满文老档》明确记载一例："郭和才不足而心正，任为备御"④。这表明，努尔哈齐是认真实践这一思想的。

在人的使用上，努尔哈齐也是很会处理奖与惩这对矛盾的。有功的即使是小人，也可以立刻任用，成为大人；有过的，即使是高官，也必须惩罚。这种事例在《满文老档》中多有记载。如：天命六年（1621），"升工匠阿哈图为备御职"⑤。"从盖州送来金天会帝时造的钟，庶人升为备御。从析木城地方制造绿碗、小瓶、盆送来的人，生产国人有用的东西，赏备御职"⑥。天命八年（1623），"烧八旗公用的煤炭的阎蛮子、谢蛮子，炼制放炮用的黄色火药送来了，赏给二人千总职，赏给衣服、靴、暖帽各一，银各十两"⑦。天命十年（1625），明将毛文龙的三百兵，在一个夜晚偷袭满人住的村庄，被三名普通满族妇女发现，登墙砍杀并打退明兵，努尔哈齐立刻按登墙先后任命她们为一等备御、二等备御和千总，并给予多种物质奖励，"在全国宣扬其名"⑧。他先后升赏的有工匠和普通百姓，有南方的汉族流民，也有本族的普通妇女。努尔哈齐能起用这些一向被人瞧不起的最底层的劳苦大众，是非常难能可贵的。对于有罪的人，不管职位多么高，也

---

① 《清太祖实录》卷4，乙卯年十一月，页20上。
② 《满文老档》，太祖朝，卷6。
③ 《清太祖实录》卷4，乙卯年十一月，页18下。
④ 《满文老档》，太祖朝，卷46。
⑤ 《满文老档》，太祖朝，卷21。
⑥ 《满文老档》，太祖朝，卷23。
⑦ 《满文老档》，太祖朝，卷53。
⑧ 《满文老档》，太祖朝，卷65。

简论努尔哈齐朴素的辩证法思想

是一定要处罚的。以满洲圣人著称的达海，因为犯罪，努尔哈齐也毫不客气地将他判了死刑，体现了法的严肃性。但努尔哈齐又能从实际情况出发，在执行上采取灵活的态度，他考虑到，"若杀那男人，像他那样懂汉文、通汉语的人就没有了"，因而，仅把达海用铁锁拴在木头墩上拘留了①。

努尔哈齐对亲属，乃至对自己，也能够辩证地看待。他曾对大臣们说："即使是我说的，全都是正确的吗？如果有什么不对的话，不要窥视我的脸色，你们众人考虑的事情，可能比我一人考虑的事情要正确。"② 这说明他摆正了个人与众人的关系。努尔哈齐曾命长子阿尔哈图图门执政，可是阿尔哈图图门心术不正，办事不公平，欺压四个弟弟和五大臣，使他们互不和睦。努尔哈齐对他进行严厉的训斥。可是，他不承认自己的过错。后来，努尔哈齐不得不免去了他的执政地位，并于癸丑年（1613），将他监禁在高墙之中。又"经过三年的深思熟虑，顾虑长子的存在，会败坏国家。若是怜惜一个儿子，将会危及大国、众子及诸大臣们。因此，于乙卯年（1615）淑勒昆都仑汗五十七岁，长子三十六岁的八月二十二日，下了最大的决心，将长子处死"③。这样做，就摆正了儿子与众子及大臣的关系，牺牲了一个儿子，却换取了整个统治阶级的根本利益。

综上所述，努尔哈齐吸取了中华民族宝贵的辩证法思想遗产，并把它发扬光大，贯穿在她一生开国活动的各个领域，为发展壮大我们统一的多民族的祖国，做出了历史的贡献。我们今天研究努尔哈齐的这份思想遗产，无疑会在许多领域，特别是在民族关系领域和使用人才领域，给我们提供宝贵的借鉴。

---

① 《满文老档》，太祖朝，卷14。
② 《满文老档》，太祖朝，卷3。
③ 《满文老档》，太祖朝，卷3。

论皇太极的民族一体思想[*]

皇太极是我国历史上一位杰出的帝王，他为满族的崛起做出了巨大的贡献。其父努尔哈齐将满族从偏僻的赫图阿拉带到了富饶的辽东地区，他继位后，又将满族带到了更广阔的辽西大地，将满族的目光引向了更加富庶发达的中原地区，为顺治皇帝入主中原、统一全国，为多民族国家的形成，奠定了坚实的基础。获得这些成功，除了历史发展的必然因素，除了他本人卓越的军事才能外，还与他有较正确的民族思想，能较好地对待汉人、蒙古人，有着密不可分的关系，本文即想就他的民族思想，进行一些粗浅的探讨。

一

皇太极的民族思想怎样？首先要看他是怎样对待满族以外的其他民族，对其他民族实行了什么样的方针政策，是一味的歧视、征服、镇压、掠夺，还是给予一定的社会地位，团结其他民族，共同为满族的统一大业尽力。在皇太极活动的历史时期，主要涉及的民族是汉族与蒙古族，因此，看他是怎样对待这两个民族的，看他与其父努尔哈齐有什么不同，就可以探知他的民族思想了。

其父努尔哈齐在位时，虽然也懂得应善对其他民族，但在实际上，则实行了较多的民族压迫的政策，对辽东地区被征服的民族，主要是汉族，实行镇压，后金军攻占开原、铁岭、辽阳、沈阳等地时，杀了许多汉人，侥幸没有被杀的都被俘获为奴。他还威胁被占区汉人说："以为我们是暂时

---

[*] 与辽宁省民族研究所何溥滢研究员合写，原载《满族研究》1990年第3期；又《中国民族史学会第二次学术讨论会论文集》，改革出版社，1990。

论皇太极的民族一体思想

占领,这完全是妄想。如果真这么想,你们是自取灭亡!"① 他实行的民族压迫手段,激起了汉人的强烈反抗,汉人们采取投毒、暗杀等方式,还有的与明朝将领相约,里应外合,袭击驻防本地的满人。反抗斗争由自发的小型的活动发展成武装暴动②。到天命十年,镇江、凤凰城、岫岩、长岛、双山、平顶山、海州、鞍山、首山、彰义等地,先后爆发了武装反抗斗争。尖锐的民族矛盾,并没有使努尔哈齐清醒过来,审视一下自己的政策是否有误,反而使他从狭隘的民族意识出发,采取了更为严厉的镇压措施。天命十年十月他下令,总兵以下备御以上各将官,严密搜查各自管辖的村庄,鉴别村中的汉人,哪些是叛逆之人,一经查出,立即斩杀。重点放在搜查明朝官吏以及秀才乡绅等③。这一系列严酷的民族歧视、民族压迫政策,使后金统治下的民族矛盾更加尖锐,大批辽东汉人逃亡,田地荒芜,社会动荡不安,严重地影响了生产的发展和后金政权的巩固。

皇太极继位后,总结其父的成败得失,认识到要巩固后金政权,要想向辽西挺进,首先必须处理好与汉人、蒙古人的关系,安定好后方,方能继续与明朝对抗,因此,他首先在民族政策方面进行了必要的调整,提出要将"满洲、蒙古、汉人视同一体"的主张④。他形象地将这三者关系做了比喻:"譬诸五味,止用酪则过酸,止用盐则过咸,不堪食矣!唯调和得宜,斯为美耳!"他还告诫诸臣:"若满官庇护满洲,蒙古官庇护蒙古,汉官庇护汉人,彼此不和,乃人臣之大戒……今满洲、蒙古、汉人彼此和好,岂不为善乎!"⑤ 本着这样的民族思想,皇太极制定了一系列改善汉人和蒙古人社会地位的政策,特别是改善汉人的社会地位,以调和满汉之间十分尖锐的对立。

他针对辽东汉人大批逃亡的事实,制定了"安民"的政策。他即位伊始,即宣布"满汉之人均属一体,凡审拟罪犯,差徭公务,毋致异同"⑥。他还把其父努尔哈齐时掠来的汉族奴隶,解放出一部分,实行"编户为民",恢复其民户地位。其父时的拖克索(庄园),规定汉人每十三丁编一

---

① 金梁:《满洲秘档》,"谕辽阳游击阿尔布尼书"。
② 《满文老档》,太祖,卷56、66;《清太祖武皇帝实录》卷3。
③ 《满文老档》,太祖,卷66。
④ 王先谦:《东华录》,崇德三年七月。
⑤ 《清太宗实录》卷42,崇德三年七月丁丑,页11下-12上。
⑥ 《清太宗实录》卷1,天命十一年九月甲戌,页10上。

庄，将这些庄子按官阶的高低赏给满洲官员。皇太极将每庄十三丁改为八丁，其余的汉人分屯别居，编为民户，由汉官管辖，这就恢复了部分汉人的人身自由，使其从奴隶的枷锁下解放出来，成为个体农民。同时实行满汉分居，各立一庄，汉人民户由汉官管理，在相当大的程度上免除了满洲贵族的直接欺压和骚扰，大大地缓和了民族间的对抗情绪，同时对生产力也是一次解放。

对战争中新俘获的战俘和降户，采取了与其父努尔哈齐不同的政策。"国初时，俘掠辽沈之民，悉为满洲奴隶"①。皇太极不再把降户和俘获的人口降为奴隶，而是大量的编为民户，并加以"恩养"，使他们成为独立的个体农民。这一政策的形成也是有过程的，天聪初年，虽有编为民户者，但降为奴隶者也大有人在，天聪三年（1629），后金军攻占永平、滦州、遵化、迁安四城时，不再将当地汉民掠取为奴，而是令归顺的汉人仍照本业，但在征察哈尔时，俘获了一万一千二百人，仅将其中一千四百人编为民户，其余皆为奴②。到了天聪末年及崇德年间，已经是不论降户还是俘虏，除了部分补充八旗缺额外，基本上都已编为民户。天聪八年（1634）征瓦尔喀时，他下令："此俘获之人，不必如前八分均分，当补壮丁不足之旗。"③ 天聪九年（1635）征黑龙江，"所获人民，全编民户，携之以归"④。崇德年间清军三次入关，所俘获的人口达八十万之多，基本上都编为民户。崇德七年（1642）松锦战役，所俘获的明朝官兵及其眷属，除选出一部分男丁，补给壮丁名额不足之旗外，所余二千余人，都发往盖州为民。

皇太极不仅将俘获的大批汉人安置为民，还实行了"厚养"的政策。他宣称，归降之民，"皆吾赤子，来归之后，自当加以恩养"⑤。他不断用这一思想教育诸贝勒大臣，指出养民的重要，目的是招徕更多的人投向满洲，以壮大后金的实力，他还定出法律惩办伤害归降汉人的各种犯罪行为，以保证这一政策的顺利实施。他规定："凡贝勒大臣有掠归降地方财物者，杀无赦；擅杀降民者抵罪；强取民物者，计所取之数，倍偿其主。"⑥ 他还严

---

① 昭梿：《啸亭杂录》。
② 参见《清太宗实录》卷4，天聪二年九月，页21下；卷5，天聪三年二月，页9上。
③ 《东华录》，天聪八年九月。
④ 《清太宗实录》卷23，天聪九年三月乙卯，页9下。
⑤ 《清太宗实录》卷5，天聪三年十月辛巳，页30上。
⑥ 《清太宗实录》卷5，天聪三年十一月乙酉，页33下。

厉警告那些不遵守法令的人："朕正招徕人民,而你们竟敢横行,扰害民人,形同鬼蜮。如今新附人民一切勿得侵扰。若仍像以前那样肆意骚扰,实为作乱的罪魁祸首,连同其妻一律处死,绝不姑息。"①

对待新降和新俘之人给予恩养,对待那些在其父时期沦为奴隶,通过编庄仍未解放出来的奴隶,又怎样呢?天聪五年(1631)重新议定的《离主条例》第六款,除规定首告主人犯罪事实属实,准许告发者离主,获得人身自由外,主要还规定了不准满洲贵族、官员擅杀自己的奴隶、家仆,不许奸淫属下的妇女等。这就进一步限制了贵族的特权,使奴隶、家仆的生命得到一定程度的保护,得到了法律上的保障;还给他们摆脱奴隶身份,获得人身自由提供了一定的合法机会。这就在一定程度上改善了奴隶们的地位。此外,皇太极还放宽了"逃人法"。努尔哈齐时规定,凡逃跑者,被抓获后一律处死。皇太极则宣布:从前私逃者,或与明朝有往来者,事属以往,一概不予追究,只对那些在逃而被抓获者处死;对那些想逃而未逃,即使有人检举揭发也不论罪。后来又进一步放宽:允许逃去,不治罪,但是不允许返回。这实际等于给了汉官汉民自由选择居住地的权力。如不愿在皇太极统治下居住,可以投向明朝,但不许再返回做破坏活动。能做出这样的决定,民族思想非有相当进步不可。

当然,皇太极"养民"政策的目的,是为巩固其统治地位,并非直接从汉人的利益出发,但他能兼顾汉人的利益,考虑汉人的人格,改善汉人的地位,确实也反映了他的民族思想比其父努尔哈齐有了很大的进步,在一定程度上克服了狭隘的民族主义情绪,改变了征服者对被征服者肆意虐杀、视被征服者为牲畜的政策。他所提出的"满汉之人均属一体"的主张,实行的满蒙汉一视同仁的政策,具有一定的民族平等的倾向,这在十七世纪,确实是很进步的。

二

从皇太极优礼汉官政策的实施上,可从另一个侧面,探讨他的民族思想。

优礼汉官本是后金至清的一贯政策。为笼络汉族上层人物,瓦解明朝

---

① 王先谦:《东华录》,天聪七年六月壬戌。

统治集团，努尔哈齐早就制定了这一政策。但是，由于他的狭隘的民族思想的限制，他过分看重自己，过高地看本民族的优势，便渐渐地忽视了投诚的明朝官吏。随着战事的扩大，后金政权进入辽沈之后，来投汉官渐渐增加，他对这些人的处理也就越加草率，将他们分给诸贝勒大臣管辖，使他们备受歧视与凌辱。由于汉官不懂满语，往往受到嘲弄和侮辱，甚至殴打，他们的财物也被满洲贵族任意侵夺，更为甚者，有的汉官的妻室竟被满洲贵族迫为奴仆，他们中相当一部分人吃穿都有问题，不得不变卖仆人典当衣物度日。

这样一来，"优礼汉官"的政策，也就流于形式了。就连最初投降的明抚顺城守将李永芳，虽被提升为总兵官又做了额附（娶了努尔哈齐的孙女为妻），也不被信任，如天命八年（1623）听说复州汉人叛逃，努尔哈齐打算马上派兵镇压，李永芳出于审慎，建议："复州人叛逃，消息不一定真实，或许有人故意造此谣言，应予查清，然后决定可否发兵"。后来准确的消息传来，复州确有汉人叛逃。努尔哈齐便迁怒于李永芳，不仅痛斥了李永芳，还革了他的职，虽然后来又复了职，但对他也不像以前那样信任了。皇太极则不然，他坚持优礼汉官的政策，对汉官都很信任，并能量才施用，真诚相待，与满洲官员一视同仁，如他对范文程的信任和重用就是颇生动的一例。范文程虽然出身名门，又十分有智谋、有远见、有才能，但在努尔哈齐时代并未受到重用。真正受到重用是在皇太极时期，皇太极将其安置在自己的身边，参预国家重要的军政大计，每逢议事，皇太极总先问：范章京知道吗？何不与范章京商议？如果得到的回答是："范章京已表示同意。"皇太极则不再问，遂指示以奏办理。如果范文程病了，一些事总要等他病好后再裁决。范曾多次为皇太极起草敕书，都使皇太极十分满意。起初范文程起草的文书，皇太极还要过目审阅，经过一段的考验，皇太极已对他十分放心，不看就批准。并说："我相信你不会有差错。"范文程常被太宗招进宫内商讨国家的方针大计，有时范刚出宫就又被召回，皇太极几乎事事与其商量，似乎已经离不开范文程了①。皇太极不只是信任范文程，对所有来归之汉官都予以信任，他还规定了具体政策：一是现在任职的明朝官员归降者，子孙世袭父职不变；二是一般百姓杀掉当地官吏来归者，根据功劳大小，授予官职；三是单身一人来降的由国家"恩养"；四是

---

① 见《碑传集》"范文程传"；《国朝耆献类征初编》"范文程传"。

率众来降者，根据人数多寡，按功授职。太宗对来归者一律接纳，对被俘不降者也不勉强，对归降后又逃跑的也不治罪，还规定了来去自由的政策。明确宣布："你们想归家看望，探听消息，就向我报告一声，明明白白地回去，它日或来或去，都听自便。"笼络被统治民族的上层人物，本是历代统治者的一贯做法，但能做到像皇太极这样彻底的确实不多。所谓"优礼"，纯属拉拢和利用，本质上是不信任的，因此这种"优礼"政策，是有时间性和受条件限制的。皇太极则不然，他对待招降、来投及俘获的汉官是充分信任的，相待是真诚的，并不因时间条件的改变而一反初衷。例如：天聪四年（1630）攻打永平，明朝户部郎中陈此心归降，后又欲逃跑，被兵士捉住后，经审讯，定成死罪，皇太极却没有同意，他说："业已恩养，杀之何为？不若纵还原籍。""于是，赐此心马二、驴四、银二十两，令携妻子、奴仆，任其所往"①。又如：天聪五年攻占大凌河时，守将祖大寿被迫投降，当派其去锦州城策反时，他却一去不返，又回到明廷营垒中去，直到崇德七年松山战役再次兵败，他才决心归附。皇太极仍不改初衷，盛情接纳，并给予重用。前后十余年仍然态度不改，这在历史上是不多见的。

皇太极的"优礼汉官"，不仅仅局限在有影响的大官和十分有才能的人身上，而是凡属来归者，不分职位高低，人数多寡，一律收留，"无不恩养之"。来归后，先宴请后赏赐。如天聪五年大凌河之役，招降汉官一百五十多员，皇太极于内廷"大宴之"，承诺"我国虽财用未充，必尽力恩养尔等"。并谕诸贝勒曰："大凌河各官，可令八家更番具馔，每五日一大宴。宴与今日同，以示隆礼。"② 由于他对汉官的厚赏厚赐，不少汉官已占有八九百丁，多者达千丁，最差的人家也有二十余丁。这样的现象引起满洲贵族的不满，因为一品满洲大臣中还没有人达到千丁的，他们感叹道："昔太祖（努尔哈齐）诛戮汉人，抚养满洲，今汉人有为王者矣，有为昂邦章京矣。至于宗室，今有为官者，有为民者，时势颠倒，一至于此！"③ 这说明皇太极的"优礼汉官"的政策，与其父及历史上的任何朝代征服民族对被征服民族上层人物所采取的"优礼"政策，是不完全相同的，皇太极的"优礼汉官"已不仅仅是招徕、利用，而有了较多的真诚、信任，甚而至于

---

① 《清太宗实录》卷6，天聪四年三月壬申，页24。
② 《清太宗实录》卷10，天聪五年十月戊戌，页27～28。
③ 《清太宗实录》卷64，崇德八年正月辛酉，页8上。

有了一定的平等因素,这不能不说,他主张的"满蒙汉一体"已经不是一句空话,他的进步民族思想已体现在他的政策上。

三

皇太极主张的满洲、蒙古、汉人视同一体的民族思想,在对待蒙古人问题上体现的更为突出。首先,满蒙是近邻,在服饰和习俗上有许多相同之处,民间的交往也比较多,这就自然地使满蒙之间较满汉之间更为密切。此外,他们还共同受到明廷的统治和欺压,这又使得这两个民族增加了一层政治利益休戚相关的感念。满洲兴起时,自然要联络北方的这一强大力量,共同对付明朝廷。努尔哈齐时,就将联合蒙古,与其联姻结亲,一致对抗明廷,作为一项重要政治措施。皇太极时,则进一步提出了满蒙汉一视同仁的主张,将满蒙关系向前推进了一大步。他继续与蒙古王公联姻结盟,皇太极及其兄弟子侄们,几乎都与蒙古有姻亲关系,就连贝勒大臣们也几乎都娶了蒙古人为妻。皇太极的两位皇后(孝端文皇后、孝庄文皇后)以及宸妃,都是蒙古科尔沁人。他的儿子顺治皇帝的孝惠章皇后,也是蒙古科尔沁人。同时,太宗及其宗室、大臣之女,也都嫁给蒙古王公贵族为妻。娶了宗室之女的蒙古额附们,则更加受到皇太极的优厚礼遇。皇太极对待蒙古上层比对待汉官更为亲密优厚,因为与蒙古之间往往有血亲的纽带相维系,已不仅仅是政治的需要了。皇太极对这些人的赏赐,可说是应有尽有,十分丰厚。蒙古王公们充满感激之情地说:"臣等荷蒙圣恩,富贵之极,各获安乐,今后敢不勉力图报!"① 皇太极自己也说:"今各处蒙古每次来朝,厚加恩赏,因此俱不忍离我而去,虽去时犹属恋恋,而蒙古各国亦从此富足安闲。由此揆之,以力服人,不如令人中心悦服之为贵也。"②

蒙古王公贵族们从后金-清政权中获得了最大利益,因之对这一政权的依附日益紧密。努尔哈齐对蒙古与后金的联盟关系,基本上是对天盟誓的形式,双方共同对"天"负责,这种联盟彼此约束不多,关系松弛。到皇太极后,这种联盟就比较巩固了,双方不仅仅对天盟誓,还具体的规定了双方的义务和责任,对不守誓约者要进行处罚。联盟的巩固和紧密,不

---

① 《清太宗实录》卷62,崇德七年九月辛巳,页21下。
② 《清太宗实录》卷30,崇德元年七月丙辰,页17上。

仅加强了后金－清的军事实力和政治实力，也更进一步巩固了满蒙一体的民族关系。皇太极对蒙古的政策十分成功，为有清一代的满蒙关系奠定了基础。

四

皇太极还注意尊重其他民族的宗教信仰。

宗教信仰一向是个比较敏感的问题，历史上宗教派系斗争是十分激烈的，有时甚至是流血的。民族间最易引起冲突的往往也是宗教信仰问题。有史以来，许多征服者在强迫同化其他被征服民族时，也往往要被征服者改信自己民族所信奉的宗教，甚至大肆屠杀异教徒。这种情形的发生，主要是征服者要巩固自己的统治。同时也是统治者狭隘的民族主义情绪在作怪。他们往往认为，仍然保持原有的民族信仰，无疑是对征服者怀有二心，是一种不肯屈从不肯臣服不肯被同化的表现。因此必须诉诸暴力来解决。而征服者的这一举动，又必然引起被征服民族的反抗，造成两个民族人民间的不断摩擦和流血事件。

作为满族最高统治者的努尔哈齐和皇太极，在进占并统治了汉族、蒙古族地区以后，并没有实行信仰上的强迫同化，并没有将满族信奉的萨满教，强行向汉族推广，而是对汉族信奉的道教、佛教和蒙古族信奉的喇嘛教（佛教的一种），进行了保护，至今辽阳地区仍然留存的"重建玉皇庙碑"和"大金喇嘛法师宝记碑"就是明证。法师囊素大喇嘛是努尔哈齐时从蒙古到后金的辽阳传播喇嘛教的，太祖"敬礼尊师，倍常供给"。天命六年（1621）元寂后，太祖曾想敕建寝塔，但因战事连绵，一直未建成。皇太极继位后，于天聪四年（1630）敕建寝塔，并命额附佟养性钦差督理此项工程。辽阳原有玉皇庙，被战乱所毁，仅存金身，努尔哈齐虽将其移入演武厅，后来又被战乱所毁。皇太极经过此处，见此情景，说："人所乞灵，唯神是籍，岂以一废而至再也，又岂以再废而遂止也。"于是，命"游击李灿董其事，重建其祠"。天聪三年四月动工，四年五月竣工。此时，皇太极即位不久，要解决和要做的事很多，他能同时既为蒙古人信奉的喇嘛教法师建立寝塔，又为汉人信奉的玉皇大帝建庙，说明了他认为这两件事是急待解决的大事。作为一个异教徒，说明了他对不同信仰持十分开明的态度。他对不同宗教的这种态度，也体现了他的满蒙汉一体的民族思想。

五

皇太极以"满蒙汉一体"思想为基础,能正确地看待本民族,不断完善和发展本民族。他既看到本民族的长处,又能看到其不足,在保持"国语骑射"的根本国策下,积极学习发达民族的先进文化、先进的生产技术。皇太极将汉族的官僚知识分子安置在自己左右,定期听他们"进讲"汉文典籍和古往今来的统治术,仿效明朝,设置了各级统治机构,改变了原来八大贝勒"共议国政"的原始局面。又组织大量人力,广为翻译汉文书籍,将汉族文化传播到满族群众之中。在此时期,汉族的不少好的风俗习惯和优秀文化被满族吸收了,汉族先进生产技术被满族接受了。这是满族大转变、大发展的时期,是满族大步地由奴隶制向封建制迈进的时期。对此,皇太极是有开创之功的,他的"满蒙汉一体"的民族思想,起到了重要的作用。

论袁崇焕的民族思想*

袁崇焕生在明朝末年。这个时代阶级矛盾和民族矛盾空前激烈。明王朝经过二百多年的历程，到这时走向了衰落。当时，皇帝长年累月不理政事，群臣结党营私，掌握中央政令的六部完全处于瘫痪状态；宦官专宠擅权，陷害忠良，朝野侧目。广大农民则"旧征未完，新饷已催；额内难缓，额外复急"①，社会危机日趋严重，明朝江山处于风雨飘摇之中。

另一方面，生息、繁衍在我国东北的满族正在崛起。在其杰出领袖努尔哈齐的领导下，已由偏僻的兴京山区进入到广阔富饶的辽沈平原。这里丰富的物产，先进的文化，使他们壮大起来。活跃在北部边疆的蒙古族，个个剽悍强健，有很强的战斗力，他们亦觊觎"天朝的财富"，常常拥兵"胁赏"滋事，成为明王朝潜在的威胁力量。

袁崇焕身为明边关重臣，恰好处在汉、蒙古、满这三种政治势力激烈搏斗的时代。由于他代表的是行将崩溃的明王朝，既要与后金新兴势力较量，又要与强大的蒙古周旋，这就迫使他不得不认真地去思考这一有关民族间关系的问题，并做出答案。

一

由于受传统思想的深远影响，袁崇焕无疑也是一个大汉族主义者。他在天启六年（1626）四月上疏中，"奴"、"虏"字眼就出现了九次之多②。在六月上疏中云："西虏妙花五大营犹近奴穴，众可七、八余万，奴近克而取之，遗其部落，望西北而奔，以依虎酋。……臣故宣谕虎酋厚存之。后

---

* 与辽宁省民族研究所何溥滢研究员合写，原载《民族研究》1985年第3期。
① 《万历四镇三关志》卷1《辽镇》。
② 《明熹宗实录》，天启六年四月。

酋以奴贼四月报急，遣其台吉桑昂寨率诸头脑，领兵相助，已抵近边。"①在这篇联络蒙古共同抵御后金的奏疏中，称蒙古为"虏"，满族为"奴"、为"贼"，蔑视少数民族的思想溢于言表。

　　袁崇焕的大汉族主义，表现在他认为只有明朝是天朝，是顺天理、合天意的唯一合法政权，而"后金"政权是不合法的。他的这种思想在与皇太极进行谈判的过程中表现得最为突出。天启七年三月，袁崇焕致后金国汗书云："辽东提督部院致书于汗帐下：再辱书教，知汗之渐渐恭顺天朝，而息兵戈，以休养部落，即此一念好生，天自鉴之……"②而此前只因后金来书中将"大明"与"满洲"并写，不予奏报明廷，将原书退回，不另遣使回书③，致使明清间第一次议和一接触便告吹了。袁还强硬地要求皇太极"去年号"④。在皇太极表示同意去年号，要求明朝给铸敕印时，袁则声言："夫国宝者，所以昭信也，若非封谕，不可施用！"⑤这表示出了袁崇焕的大汉族主义正统思想。

　　袁崇焕的大汉族主义和民族优越感还表现在他过高地估计自己，过低的估计后金。天启二年（1622）正月，袁崇焕以邵武知县的身份朝觐在都，曾乘机单骑出阅关内外，并具言关上形势曰："予我军马、钱谷，我一人足守此。"⑥这时袁崇焕没有接触过满族，在很大程度上带有过高估计自己、过低估计后金的盲目性。

　　袁崇焕在"六载事边"的生涯中，逐渐认识和了解了满、蒙古等少数民族。改变了盲目蔑视少数民族的做法，对民族间的争战、民间的交往、明朝的招抚政策等都有了自己的主见，逐渐形成了比较进步的民族思想。

二

　　在怎样对待民族间的争战问题上，他主张"守为正著，战为奇著"，即他族如来犯，坚决痛击之；如不来犯则和睦共处。

---

① 《明熹宗实录》，天启六年六月。
② 蒋良骐：《东华录》卷2，天聪元年三月。
③ 蒋良骐：《东华录》卷1，天命十一年十一月。
④ 《沧海丛书》第四函，张伯桢：《蓟辽督师袁崇焕传》，页99下。
⑤ 《沧海丛书》第四函，张伯桢：《蓟辽督师袁崇焕传》，页210下~211上。
⑥ 《明史》卷259《袁崇焕传》。

袁崇焕的"守为正著,战为奇著"的思想来自他的亲身实践。他督师蓟辽、镇守边关长达六载,从没有主动出击一次。这绝不是他不想收复失地,而是客观形势告诉他,主动出击是徒劳的,要想收复辽左,就必须保存实力以守为主。他在防务上下了很大力气:整训军士,加强对红夷大炮和其他火器的使用训练,同时致力于城防工程的建设。"初,承宗令(祖)大寿筑宁远城,大寿度中朝不能远守,仅筑十一。且疏薄不中程"。后来,"崇焕乃定规制:高三丈二尺,雉高六尺,址广三丈,上二丈四尺。大寿与参将高见、贺谦分督之"。重修的宁远城,遂为关外重镇。袁崇焕同时建议:"复锦州、右屯诸城","遣将分据锦州、松山、杏山、右屯及大、小凌河,缮城郭居之。"使山海关外城守连成一片。"自是宁远且为内地,开疆复二百里"。于是大力推行屯田,发展生产,使战乱造成的满目疮痍,荒芜凄凉的辽西走廊,"由是商旅辐辏,流移骈集,远近望为乐土"①,呈现出一片熙攘繁荣的景象。

天启六年(1626)正月十四日,努尔哈齐亲统十三万大军,号称二十万,浩浩荡荡直奔山海关而来。不数日后金军西渡辽河,兵分两路,以钳形攻势插入宁远城下,越城五里扎营,截断了宁远与山海关的联系。这时关内外一片惊慌,明诸将"皆震恐,无人色"。京师闻警,"兵部尚书王永光大集廷臣议战守,无善策"。经略高第、总兵杨麒吓破了胆,"并拥兵关上,不救"②。宁远城内,人心浮动,见"虏势甚张,人心惶骇欲逃"③。当此之时,形势十分危急,朝野上下均"谓宁远必不守"④。袁崇焕面对强敌,毫无惧色,他表示:"吾修治宁远,决守以死拒,肯降耶!"⑤遂"偕大将(满)桂,副将左辅、朱梅,参将大寿,守备何可刚等,集将士誓死守"。"更刺血为书,激以忠义,为之下拜"⑥,并说:"苟能同心死守,我为牛羊以报,是所甘也。""众感其意,遂抗敌图存。"⑦接着号召军民一致,"尽焚城外民居,携守具入城",实行坚壁清野,并"令同知程维英诘奸","通判启棕具守卒食,辟道上行人"。并"檄前屯守将赵率教,山海守将杨麒,

---

① 《明史》卷259,《袁崇焕传》。
② 《明史》卷259《袁崇焕传》。
③ 谈迁:《国榷》卷87。
④ 《明史》卷259《袁崇焕传》。
⑤ 《沧海丛书》第四函,张伯桢:《蓟辽督师袁崇焕传》,页18上。
⑥ 《明史》卷259《袁崇焕传》。
⑦ 《沧海丛书》第四函,张伯桢:《蓟辽督师袁崇焕传》,页18下。

将士逃至者悉斩"，对逃跑者严惩不贷，人心始定。二十四日，后金军大举进攻，"戴楯穴城，矢石不能退"①。"城垣圮丈许，崇焕身先士卒，輂石塞缺口，身被再创。部将劝自重，崇焕厉声曰：'区区宁远，中国存亡系之，宁远不守，则数年以后，父母兄弟皆左衽矣！偷息以生，复何乐也？'自裂战袍裹左臂伤处，战益力。""将卒愧，厉奋争先，即翼蔽，城复合"②。第二天，后金军再次发起猛攻，宁远城的将士们浴血奋战，后金军终于败北。崇焕乘胜"开垒袭击，进北三十余里。清军大乱，死者逾万人"③，宁远一战取得了很大胜利。

从上述宁远之战可以看出，袁崇焕在处理民族间战争问题上是以守为主的，只是在他族侵犯时，才进行反击。宁远大捷给了努尔哈齐致命的一击，史载，"清太祖自起兵征尼堪外兰以来，未尝遇一勍敌。至是，为崇焕所破"④，这为后来的议和提供了条件。

三

袁崇焕主张用"和谈"手段解决民族纷争，宁远大捷后，他首先迈出了和谈的第一步。

天启六年（1626）八月，努尔哈齐去世，袁崇焕认为这是缓和矛盾、争取"和谈"解决民族间纷争的一个好机会，遂派出都司傅有爵、田成及李喇嘛等三十余人的友好使节，前往吊唁，并贺新君即位。使节在后金住了一个多月，受到皇太极的热情款待。"十一月始还"⑤。皇太极遣方吉纳、温塔失等七人送之还。"崇焕欲议和，以书附使者还报"⑥。开始了持续三年之久的议和活动。

议和的第一步是由袁崇焕迈出的，这是袁崇焕民族观的一个进步。

袁崇焕以和谈解决民族纷争的主张，曾遭到上自皇帝下至群臣的反对。"崇焕初议和，中朝不知，及奏报，优旨许之，后以为非计，频旨戒谕"⑦。

---

① 《明史》卷259《袁崇焕传》。
② 《沧海丛书》第一函，《袁督师集附录》，《袁督师传》，页25。
③ 《沧海丛书》第一函，《袁督师集附录》，《袁督师传》，页25。
④ 《沧海丛书》第一函，《袁督师集附录》，《袁督师传》，页26上。
⑤ 蒋良骐：《东华录》卷1，天命十一年十一月。
⑥ 《明史》卷259《袁崇焕传》。
⑦ 《明史》卷259《袁崇焕传》。

群臣之所以坚决反对议和，是怕重蹈宋金议和的覆辙。原本对议和就模棱两可的熹宗皇帝，也开始阻挠和谈。他下令："边疆以防御为正，款事不可轻议。"① 袁崇焕并没有气馁，反而"持愈力"。及皇太极发兵朝鲜，进攻毛文龙时，群臣纷纷上疏弹劾袁崇焕，认为朝鲜及文龙之所以被兵，是由于袁崇焕的"和议所致"。袁也上疏陈明理由，仍坚持议和："关外四城虽延袤二百里，北负山，南阻海，广四十里尔。今屯兵六万，商民数十万，地隘人稠，安所得食。锦州、中左、大凌三城，修筑必不可。业移商民，广开屯种。倘城不完而敌至，势必撤还，是弃垂成功也。故乘敌有事江东，姑以和之说缓之。敌知，则三城已完，战守又在关门四百里外，金汤益固矣。"② 终于说服了熹宗，坚持了自己的议和主张。崇祯继位以后，袁崇焕将自己的主张归纳为守为正著，战为奇著，和为旁著，向崇祯皇帝力陈，依然坚持和谈。明、后金和谈虽然由于时代的限制、各方面的反对意见，以及皇太极的大举进犯而流产了，但袁崇焕以和谈解决民族纷争的尝试是值得肯定的。

　　袁崇焕主张以和谈解决民族纷争，是不卑不亢、有原则的。天聪元年（1627），皇太极在给袁崇焕的"议和"信中，重提七大恨，把双方战争的责任全部推给明方，还要求赔偿损失："今尔若以我为是，欲修两国之好，当以金十万两，银百万两，缎百万匹，布千万匹，为和好之礼。"③ 袁崇焕接书后，据理力争，回信云："往事七宗，抱为长恨者，不佞宁忍听之漠漠，但追思往事，穷究根由，我之边境细人，与汗家之不良部落，口舌争竞，致起祸端……今欲一一辨晰，恐难问之九原……然十年战斗，驱夷夏之人，肝脑涂地，三韩膏血，弥漫草野，天愁地惨，极悲、极痛之事，皆为此七宗，不佞可无一言乎！今南关、北关安在？辽河东西死者宁止十人？仳离者宁止一老女？辽沈界内之人民已不能保，宁问田禾？是汗之怨已雪，而志得意满之日也，惟我天朝难消受耳！今若修好，城池地方作何退出？官民男妇作何送还！是在汗之仁明慈惠，敬天爱人耳。然天道无私，人情忌满，是非曲直，原自昭然。……"④ 并指出："书中所开诸物，以中国财用广大，亦宁靳此？然往牒不载，多取违天，亦大王所当酌裁也。方以一

---

① 《明熹宗实录》，天启六年十二月。
② 《明史》卷 259《袁崇焕传》。
③ 王先谦：《东华录》，天聪元年正月。
④ 蒋良骐：《东华录》卷 2。

介往来，何又称兵朝鲜？我文武官属，遂疑大王言不由衷也。兵未回，即撤回；已回，勿再往，以明大王之盛德。息止刀兵，将前后事情讲析明白，往来书札，无取动气之言……惟大王坚意修好，再通信使，则懔简书，以料理边情。有边疆之臣在，大王勿忧美不上闻也。大王其更有以教我乎？"①这封信，义正词严，有力地驳斥了后金的"七大恨"，指出现实是辽东汉人在承受灾难，"明朝难消受耳"；阐明自己的和谈原则是要皇太极考虑退出所占领的辽东城池，归还所俘掠的汉族人口；并严正地要求皇太极从朝鲜撤兵；已礼貌地回绝了后金提出的赔偿要求，体现了袁崇焕和谈解决民族纷争时的原则立场和不卑不亢的态度。

袁崇焕主张用和谈来解决民族纷争，同时也做好了应战的准备。天启七年（1627）夏，皇太极在征服了全朝鲜之后，立即回师辽东，企图打袁崇焕一个措手不及。但是，袁崇焕在和谈期间，并没有丧失警惕性。他一面遣使议和，一面加紧修缮锦州、中左、大凌河三城，积极做好抵御的准备工作。五月十一日，金（清）兵直抵锦州，四面合围。袁立即下令鼓励将士们："城中火器兵马俱备，必不能克。"②又"选精骑四千，令（尤）世禄、（祖）大寿将，绕出大军后决战。别遣水师东出，相牵制"③。又"令王喇嘛督其兵，扬旗于锦州之地"④，以惑敌。在袁的直接部署指挥下，展开了一场锦州大战。后金军连续攻打了十四天，始终没有把锦州城攻下来⑤。

锦州不下，皇太极急向沈阳调兵，五月二十五日沈阳大兵至。二十八日，他一面留下一部分兵继续攻打锦州，一面亲统大军围攻宁远。袁崇焕指挥若定，与中官应坤、副使毕自肃，督将士登陴守，列营濠内，用炮距击。这时，被派往援锦的尤世禄、祖大寿还未去锦，就与满桂一起，在宁远城外列阵对敌。在城上大炮的轰击和明兵的内外夹击下，后金军大败。二十九日，皇太极被迫自宁远撤回，再围锦州。终因时值溽暑，士卒多伤亡，乃于六月初五日班师还沈。袁崇焕坚持民族大义，敢和敢战，使皇太极在谈判桌上没有得到的东西，在战场上也没有得到。

---

① 《沧海丛书》第四函，张伯桢：《蓟辽督师袁崇焕传》，页206。
② 《沧海丛书》第四函，张伯桢：《蓟辽督师袁崇焕传》，页206。
③ 《明史》卷259《袁崇焕传》。
④ 《沧海丛书》第四函，张伯桢：《蓟辽督师袁崇焕传》，页42下。
⑤ 谈迁：《国榷》卷88。

四

怎样对待蒙古人，明朝一直煞费苦心。明中叶以前，女真人还没有强大起来，明朝主要的威胁来自蒙古，所以采取"以东夷（指女真）制北虏（指蒙古）"的方针。明中叶以后，女真兴起，并逐渐成为明王朝的重大威胁。明王朝又改变了以往的方针，极力拉拢蒙古人以对付女真，即"以虏（指蒙古）制夷（指女真）"。每年拿出几十万、上百万银两来收买蒙古。后金也不示弱，千方百计地分化瓦解蒙古与明朝的关系，想把蒙古拉到自己一边来共同对付明朝。这时的蒙古成了明朝与后金互相争夺的对象，蒙古徘徊在明朝与后金之间，他们中间有的降明，有的降清，也有的时而降明，时而降清，情况十分复杂。

袁崇焕是主张招抚蒙古的。他上疏陈明："西夷（指蒙古）不抚，奴（指努尔哈齐）势不孤"①，"西款不坏，我得一意防奴"②。要求奖赏抚蒙有功之臣，并积极推荐主抚的王象乾出任招抚工作，自己也身体力行，优抚蒙古。

但细稽史料，就会发现他的招抚主张与明朝以往的招抚主张有很大不同。天启六年（1626）四五月间，后金进攻蒙古的炒花部，炒花部众的大部分逃往虎墩兔憨处，约有二千余口投归明朝。明廷的一些大臣均"恐中间夹杂奸人"，不愿安置。而袁崇焕对投归的炒花部众充分信任，按照明朝的边约，对他们进行了妥善安置。对于因民族杂居而"杂处"在里边的汉人，还让"总兵赵率教简强者为兵，分插各堡"。他还上疏明帝，批驳了一些人散布的不信任情绪，他说："说者恐降者为奸细。夫奸细宁必无之？然分而不聚，即一二不逞，无足害。臣于今年正月，奴犯宁远，发各兵登城后，遂纵街民搜奸细，片时而尽。夫两敌相对，安能人人为剿？不受降何以孤其党？何以得彼中之虚实？人归我而不收，委以资敌，臣不敢也。"③明确地阐明了他招抚、接纳炒花部来归者的主张，反对那种疑神疑鬼的纯收买政策。

---

① 《明熹宗实录》，天启六年四月。
② 《明熹宗实录》，天启六年六月。
③ 《明熹宗实录》，天启六年六月。

袁崇焕还从大局着眼，对时顺时逆、"最称狡猾"的哈剌慎（喀喇沁）三十六家，实行了招抚。崇祯元年（1628）七月，哈剌慎三十六家因"插汉（察哈尔）所迫，且岁饥，有叛志。崇焕召至于边，亲抚慰，皆听命"①。对那些有过叛变意图和行为的蒙古部落，他能亲自抚慰，这充分体现了他进步的民族思想。

袁崇焕主张合理地解决边境上与蒙古发生的摩擦，反对武力压服。天启六年（1626）初，"虎墩兔部下有抽扣儿者，善为盗，（赵）率教扑斩四人。（王）象乾告兵部，以为故败款事，赖（孙）承宗救得不死。其时有参将王楹出边，为朗素部下所杀，承宗怒，将讨之，以问崇焕，崇焕不报"②。孙承宗对部将杀了蒙古人是要救其不死；对蒙古人杀了汉将则怒不可遏，必欲讨之。袁崇焕"不报"，就是阻止对蒙古的用兵。可是，虎墩兔一方仍不满意，因除上述四人外，虎墩兔的至亲歹青也被杀。"夷俗，惟在阵斩杀不计，非两相战杀俱索偿命。自去秋八月讲垄不遂，怏怏以去。阁部抚院虑其为患，再三讲垄，无可复减，许其偿命银春秋两季共一万三千四百两"③。袁崇焕得知后，写信给虎墩兔加以劝慰，并告诫他说："自建州发难，鱼皮兀喇诸部落轻为所用，卒之宗陨身亡。然阴顺阳逆者尚自有人。若你汗之铮铮，向日助顺继兵，而不受敌人之间，……本道官宁前，实司款事，与你汗最亲，且向慕亦非一日。……则平辽之役不可已，而与汗之盟应有终。"④这封晓之以理，动之以情的信，打动了虎墩兔，解决了这场纠纷。

另外，袁崇焕尊重蒙古族的宗教信仰，不干涉其宗教活动。天启六年，虎墩兔在草原上"创修庙宇，整齐经教"，袁对此极为重视，专门致书某喇嘛说，"保得边疆无事，便是本性圆明"。因此"俱倾心崇焕"⑤，深得蒙古诸部的信任。

袁崇焕主张对蒙古开市通好，赈济饥荒。"崇祯二年（1629）三月，朵颜三卫及建房大饥，三卫夷半入于建房。束不的求督师袁崇焕，开籴于前屯之南台堡，互市貂参。边臣俱不可，独崇焕许之"⑥。处在战乱的特别时期，主

---

① 《明史》卷259《袁崇焕传》。
② 《沧海丛书》第四函，张伯桢：《蓟辽督师袁崇焕传》，页22下。
③ 《明熹宗实录》，天启六年二月。
④ 《沧海丛书》第四函，张伯桢：《蓟辽督师袁崇焕传》，页23下。
⑤ 《沧海丛书》第四函，张伯桢：《蓟辽督师袁崇焕传》，页23下。
⑥ 谈迁：《国榷》，页5472。

张互市,阻力是相当大的,况且当时又风传:"束不的为插汉买妇女,为建房积谷"①,并要"谋犯蓟西"②。袁崇焕冒着通敌的死罪力请:"我不能为各夷之依,夷遂依奴以自固。且夷地荒旱,粒食无资,人俱相食,且将为变。……万一夷为向导,通奴入犯,祸有不可知者。臣是以召之来,许其关外高台堡通市度命。但只许布米,易换柴薪,如违禁之物,俱肃法严禁。业责其无与奴通。各夷共谓:'室如悬磬,不市卖一二布帛于东,何由借其利以糊口?宁愿以妻子为质,断不敢诱奴入犯蓟辽'。哀求备至,各置妻子于高台堡边外,历历可见也。臣亲出谕之,见其穷迫所为,若绝其活命之方,则立毙之也。夷肯坐以待毙乎?即饥之,窘之,可空其类乎?不可空则必为怨府,而驱其与奴合。况我天启二年(1622),败回,关内外告饥,督臣王象乾行臣赏三十六家,令其驮米粮来市卖,每日百车或数十车,军民利之。我歉,曾因其食;彼欠,我屯其膏。于义未惬,不如因而树德"③。这篇很有说服力的奏疏,反映了袁崇焕的民族怀柔政策。

在袁崇焕怀柔政策的感召下,蒙古诸部纷纷来投。他们与袁建立了友好的关系和比较巩固的同盟,招之即来,甚至主动来援,有的还为此献出了生命。天启六年(1626)正月,努尔哈齐欲西攻宁远,蒙古籹花"亲统师入助","行至养善木(即养息牧,距奉天百余里),清太祖即驰击之,杀其侄囊素台吉,穷追至西拉木伦河而还"④。天启六年四月,闻后金又要来犯,袁崇焕约虎墩兔憨来援,虎遂"遣其领兵台吉桑昂寨将十万,于四月初一日启行,先将魏宰生至宁远城,面赏而遣之回话。即籹花之部落亦西来合营。……合两大部可十余万"⑤。天启七年(1627)五月,皇太极率领后金大军进攻锦州时,袁崇焕又"令王喇嘛谕虎酋领赏夷使贵英恰,率拱兔、乃蛮各家,从北入援,无所不用其力"⑥。这些事实表明,袁崇焕和蒙古族建立的关系是很不一般的。

综观袁崇焕的民族思想是具有两重性的。既有大汉族主义的一面,也有比较开明、进步的一面。他的民族思想为什么会具有二重性呢?这主要

---

① 谈迁:《国榷》,页5477。
② 谈迁:《国榷》,页5472。
③ 《沧海丛书》第四函,张伯桢:《蓟辽督师袁崇焕传》,页63上~64上。
④ 《沧海丛书》第四函,张伯桢:《蓟辽督师袁崇焕传》,页23下。
⑤ 《明熹宗实录》,天启六年四月。
⑥ 《明熹宗实录》,天启七年五月。

是由当时客观现实决定的，袁崇焕具有强烈的民族优越感，但他身处汉、满、蒙古三个民族间的矛盾、斗争的焦点，面对着的是强大的女真后金政权，和仍能左右局势的蒙古各部，现实迫使袁崇焕采取了一套切实可行而且行之有效的政策。袁崇焕与皇太极进行多次和谈，这一事实本身在客观上将满族置于与汉人平等的地位上。同样，袁崇焕认真地对待蒙古的问题，对他们以盟友相待。袁崇焕的进步民族思想，正是在与满、蒙古的频繁接触中，在实施对满、蒙古二族的各项政策中，逐渐产生和发展起来的。当然，袁崇焕的民族思想比较进步，也是和他个人较少保守、胸怀开阔、积极进取的主观因素分不开的。

  在袁崇焕的民族思想的影响下，客观上给汉、满、蒙古三族人民带来了一定的好处。首先，为各族人民赢得了短暂的和平，给人民生活和社会生产的发展带来了好处；其次，促使皇太极后来在民族关系上进行了一系列的改革，加速了满族社会的发展和进步，对中国社会的发展进步也起了积极作用。这是与他同时代的许多政治家和思想家所不能比拟的。

力助清朝统一全国的摄政王多尔衮*

多尔衮是清初历史上的一个重要人物。皇太极死后,顺治帝年仅六岁。他作为摄政王,实际上是当时中国的最高统治者,也是入关后清政权的真正缔造者和完成统一中国大业的杰出奠基人。

一 统一东北和蒙古各部

多尔衮生于明万历四十年十月二十五日(1612年11月17日),卒于清顺治七年十二月初九日(1650年12月31日)。是清太祖努尔哈齐的第十四子,其母为大妃乌拉纳喇氏,同母兄阿济格,弟多铎。

后金天命十一年(1626),努尔哈齐死于沈阳附近的瑗鸡堡,多尔衮的生母被逼殉葬。接着,努尔哈齐的第八子皇太极即位,即清太宗。当时多尔衮年仅十五岁,被封为贝勒。因按年龄序列第九,故称九贝勒或九王。

天聪二年(1628)二月,十七岁的多尔衮随同皇太极进军蒙古察哈尔多罗特部,获敖穆楞大捷。因其作战英勇有功,深得皇太极赏识,被赐以美号墨尔根戴青,意为聪明王。从此,聪慧多智、谋略过人的多尔衮,逐渐成为后金军的主要统帅之一。

多尔衮几乎是每战必出征,而且每次都表现得无比英勇。天聪三年(1629),他随皇太极自龙井关入明边,趋通州,直逼明都北京城下,败袁崇焕、祖大寿的援兵于广渠门外,又破山海关援兵于蓟州,次年始还。天聪五年(1631),又随皇太极攻明于辽西。大凌河之战,他亲自冲锋陷阵,直抵大凌河城下,城上炮矢猛烈,后金军颇有伤亡。事后,皇太极怒责他

---

* 原署笔名豫宛,载《历代名臣》,河南人民出版社,1987。具时该书求流畅而删全书之注,因失严瑾、作者权署笔名。今学者文库编委会定,入选文章仍应维持初发表之原貌,故未补注。

的部下不加劝阻，说："墨尔根戴青亦冲锋而入，倘有疏虞，必将你等加以严刑，断不宽容。"攻锦州时，他又一马当先。祖大寿从锦州城头向南发炮，洪承畴军由南面向北发炮，多尔衮被夹击于中，几乎被击毙。以后祖大寿投降，多尔衮曾向他谈到当时的危险情形。祖大寿惶恐不安地说："果有此事！如彼时炮中王马，为之奈何！"多尔衮则坦然说："彼时两仇相敌，唯恐不中，大寿言不由衷，诚为可笑！"

由于多尔衮在军事、政治上已经成熟和可以信赖，在天聪五年（1631）皇太极设立六部时，命他掌吏部事，更全面地参与军政大事。

多尔衮不负皇太极的厚望。天聪七年六月，皇太极与诸贝勒、大臣探讨兴国大计，询问他们征明及察哈尔、朝鲜，何者为先？多尔衮以锐敏的目光，直抒了他的战略思想。他从夺取全中国的目标出发，力主以征明为先，他说："宜整兵马，乘谷熟时，入边围燕京，截其援兵，毁其屯堡，为久驻计，可坐待其敝。"这种深入内地，蹂躏明朝土地人民，消耗明朝国力，然后再与之决战的战略，深得皇太极的赞同，以后的几次征明，基本上都是照着这个方针行事的。天聪八年（1634）五月，多尔衮从皇太极征明，克保安，略朔州。次年，在招抚蒙古察哈尔的归途中，多尔衮自山西平鲁卫侵入明边，在山西、宣大一带，又捣毁了明朝的宁武关，横扫代州、忻州、崞县、黑峰口及应州等地，俘获人畜七万余。崇德三年（1638），多尔衮为奉命大将军，将左翼，岳托将右翼，自董家口等地毁明边墙而入，越过明都至涿州，分兵八道，西掠至山西，南犯于保定，击破明总督卢象升。又南下临清，渡运河，破济南。北还时复掠天津、迁安等地，出青山关而还。此役，纵横数千里，蹂躏城池四十余座，掳掠人口二十五万有余，夺取财物更是不计其数，给明朝以沉重的打击，同时也给山西、河北、山东人民带来了巨大的灾难。明人夏允彝记述这次事件的影响说："所至屠掠一空，祸为至剧。国力耗竭，而事不可为矣。"而多尔衮则因为此役，被皇太极赐马五匹，银二万两。

对察哈尔和朝鲜，多尔衮全力贯彻皇太极"慑之以兵，怀之以德"的方针，使统一全国的后顾之忧得以早日解决。

早先，当后金征服与招抚蒙古各部时，唯独强大的察哈尔部在雄主林丹汗的率领下，不肯降服，始终采取与后金对抗、周旋的态度。察哈尔部虽亦不与明廷合作，终究是后金南下伐明的一大后患。天聪八年（1634），林丹汗死于青海打草滩。皇太极以此为契机，于次年二月命多尔衮偕岳托等将领，率精兵万人，以强大的武力做后盾，去招抚察哈尔部众。此次进军，政治目的明确，秋毫不犯，进展颇为顺利。先在西喇朱尔格，招降了林丹汗之妻囊囊太后。又于四月二十八日，抵达林丹汗之子额尔克孔果尔额哲驻地托里图，多尔衮令已降的额哲的舅舅南楮前去劝降。额哲在父亲新死、兵临城下的情况下，只好率部投降。八月，多尔衮率师凯旋。林丹汗曾得元朝的传国玉玺"制诰之宝"，这时，多尔衮使额哲呈献给皇太极。因为元朝的这方玉玺象征"一统万年之瑞"，皇太极大喜，第二年（1636）便改国号为清，改年号为崇德。多尔衮同时被晋封为和硕睿亲王，更加受到重用。

朝鲜本是明朝的属国，世世代代忠于明廷，虽多次受到清的分化、威胁，也始终不渝，在一些重大事件中总和明朝相呼应，因而始终是清侧翼的一大忧患。崇德元年（1636）十二月，皇太极为彻底解除这一忧患，亲率大军侵入朝鲜，围朝鲜国王李倧于南汉山城。在这次军事行动中，多尔衮偕豪格从宽甸入长山口，克昌州，并于崇德二年（1637）正月突袭江华岛。当时，朝鲜王妃、两个王子，以及很多大臣及其眷属都转移在此岛避难。多尔衮在这里遇到了朝鲜军队的顽强抵抗，经过激战，清军杀伤守军一千余人。围城之后，多尔衮恩威并用，立刻执行皇太极的招降政策，停止杀戮，使江华岛得以投降。对投降的朝鲜王室成员，多尔衮不加侮辱，并颇能待之以礼。朝鲜国王因妻子、儿子及很多大臣已被俘虏，各路援军又被清军打败，于是只好放下武器，穿上朝服，率领群臣，向皇太极献上明朝给的敕印，投降清朝。皇太极凯旋盛京时，命多尔衮约束后军，并携带朝鲜质子李淓、李溰及大臣子以归。朝鲜国王因为多尔衮全其妻子，以礼相待，所以一直不忘此情，给清朝诸王送礼时，多尔衮的一份总是最厚。

在顺利地解决了蒙古和朝鲜的问题之后，多尔衮便集中力量协助皇太极，和明朝在辽西地区进行了激烈而持久的较量。

崇德三年（1638），为进军明朝做准备，多尔衮监督修治了盛京至辽河的大道。接着就如前所述，自董家口侵入明境，残毁了山西、河北、山东大片地方，崇德四年（1639）方回。为最终夺取明朝在山海关外的地方，崇德五年（1640），多尔衮屯田义州，并不断向锦州、松山、杏山等城进攻。由于进展迟缓，受到皇太极的责备，被降为郡王，罚银万两，夺二牛录。受处分后，多尔衮更加兢兢业业，在崇德七年（1642），终于下松山，俘获明朝统帅洪承畴，克锦州，迫使明朝大将祖大寿投降。持续三年之久的松锦战役以明朝大败而终，明朝受到巨大打击，多尔衮威望大著，被恢复亲王爵位。这时，皇太极已抱病在身，军国大事便经常委托济尔哈朗和多尔衮两位亲王共同处理。

在清军入关前，多尔衮追随皇太极转战南北，为清朝统一东北及蒙古各部做出了贡献，其地位已跃居诸王之上。

二 权力争夺中的胜利者

崇德八年（1643）八月初九日，皇太极暴疾而死。由于生前未能预定后事，在皇位继承问题上，满洲贵族发生了尖锐的矛盾。

清入关以前，继嗣不是由皇帝生前在皇子中指定，而是由贵族诸王议立。皇太极死前，诸王已渐渐分成党派：一派以多尔衮为核心，另一派以皇太极的长子肃亲王豪格为首，早已露出了争立的苗头。皇太极刚死，双方的拥立者立即展开了活动。皇太极自将的正黄、镶黄两旗及豪格主管的正蓝旗，誓立豪格。图尔格、索尼、图赖、巩阿岱、鳌拜、谭泰、塔瞻等大臣齐往豪格家，策划立豪格为君。索尼等六人更"共相盟誓，愿死生一处"。豪格又派人去探寻郑亲王济尔哈朗的意向。济尔哈朗是努尔哈赤的侄子，当时颇有影响，他也倾向于立豪格为君，但是又主张要与多尔衮商议。另一方面，多尔衮和多铎所统率的正白、镶白两旗，则主张立多尔衮为君。多尔衮的两个同母兄弟武英郡王阿济格、豫郡王多铎和一些贝勒大臣，曾"跪劝睿王，当即大位"。双方各不相让，形势极为紧张。清政权处于严重危机之中，随时有发生混战的可能。

多尔衮虽然觊觎皇位，但毕竟是一位久经考验的政治家，他审时度势，未敢贸然行动。

皇太极死后第五日，即八月十四日，多尔衮采取主动，他召集诸王大臣会议，议立嗣君。这一天，气氛紧张到了顶点。天刚亮，两黄旗大臣就盟誓于大清门，并令两旗的巴牙喇兵（精锐亲兵）张弓箭，环立宫殿，摆出兵戎相见之势。正式开会之前，多尔衮还在试探黄旗大臣索尼的态度，索尼冷冷地说："先帝有儿子在，必须立其中的一个，我就是这个意见，没有别的可说。"会议开始，索尼等人就抢先发言，力主立皇子。皇太极之兄、礼亲王代善也说，应当让豪格继承皇位。豪格在已占优势的情况下，略表谦让之意。这时，阿济格、多铎展开了反攻，他们劝多尔衮即帝位。

老于世故的代善也跟着见风转舵，圆滑地说："睿王若应允，实是我国之福。否则，还是应当立皇子。"不再坚持立豪格。两白旗大臣进一步发动攻势，说若立豪格，我们都无法生活，坚决反对立豪格。多铎见多尔衮仍未明确应允，甚至又摆出立他自己或立代善，形势更加混乱，不可预测。代善以年老固辞，退出会议。多尔衮也不同意立多铎。这时，会议几乎开不下去了。两黄旗的将领们都佩剑上前说："吾属食于帝（皇太极），衣于帝，养育之恩与天同大，若不立帝子，则宁死从帝于地下而已。"多尔衮看到，与豪格相比，他并不占优势，两黄旗与正蓝旗坚决支持豪格，镶蓝旗主旗贝勒济尔哈朗、正红旗主旗贝勒代善也同意或倾向立豪格，八旗之中有其五支持豪格。在这种情势下，如果多尔衮强自为帝，必将引火烧身。于是，多尔衮提出一个折中方案：立皇太极第九子六岁的福临为帝，由济尔哈朗和他辅政，等福临年长之后，当即归政。这一方案，打破了僵局，为双方接受。这样，既排除了他的政敌豪格即位之可能，又可使他实际上享有帝王之权。

在达成协议两天之后，代善之子贝子硕托、孙郡王阿达礼又图谋推翻成议，劝多尔衮自立。多尔衮从大局出发，揭发了这一乱国阴谋，并忍痛将他们诛杀。

崇德八年（1643）八月二十五日，六岁（五周岁）的福临即位，改明年为顺治元年。睿亲王多尔衮和郑亲王济尔哈朗同辅政，继而称摄政王。"刑政拜除，大小国事，九王（多尔衮）专掌之"。济尔哈朗仅负责"出兵等事"。

不论多尔衮主观上如何打算，他拥立福临这一行动，在客观上避免了满洲贵族的公开分裂和混战，并且争取了两黄旗一部分大臣，如固山额真谭泰、护军统领图赖、启心郎索尼，对他都表示了支持。这对下一步协调一致入关作战，夺取全国政权，无疑是很重要的。

多尔衮辅政以后，到入关前，他采取了一系列限制旗主、加强集权的措施。

崇德八年十二月，他以"盈庭聚讼，纷纷不决，反误国家政务"为由，与济尔哈朗定议，"罢诸王贝勒管六部事"，削弱了诸王贝勒的权力，只让贝子、公等管理部务。而贝子、公要向摄政王负责。同时，又向各部尚书、侍郎和都察院分别发布谕令，要他们"克矢公忠"，听命于摄政王，否则绝不宽容；又传谕都察院各官，要密切注意诸王贝勒的行动，有事应纠参者，必须据实奏闻，不许瞻循隐匿。顺治元年（1644）正月又定："嗣后凡外国馈送诸王贝勒礼物，永行禁止。"进一步限制了诸王贝勒同外界的联系，从而把更多的权力集中在摄政王手中。不久，济尔哈朗宣布："嗣后凡各衙门办理事务，或有应白于我二王者，或有记档者，皆先启知睿亲王，档子书名亦宜先书睿亲王名。"济尔哈朗由首位退居第二，这当然不是他慷慨让贤，而是多尔衮巧妙地运用计谋取得的。这样，诸王预政的权力既被削弱，济尔哈朗也已在多尔衮之下，"王由是始专政"。这时，礼部也议定，摄政王居内及出猎行军的仪礼，诸王不得平起平坐，于是多尔衮实际上享有了帝王的尊荣。

多尔衮在争得摄政王首位之后，即着手打击政敌豪格。顺治元年四月初一，原来支持豪格的固山额真何洛会告发豪格有怨言，语侵多尔衮，图谋不轨。借此，多尔衮以"言词悖妄"、"罪过多端"为由，要置豪格于死地。只是由于福临涕泣不食，豪格才免去一死，但被罚银五千两，废为庶人。同时，以"附王为乱"的罪名，处死了豪格的心腹大臣俄莫克图、扬善、伊成格、罗硕等。

至此，在短短的八个月内，多尔衮便集大权于一身。多尔衮这一系列做法，虽是个人的争权活动，但客观上对清政权的进一步发展却具有重要的意义，它使得清朝军政大权得以集中，指挥得以统一。这是清兵入关的必要前提和可靠保证。

三　入关占领北京

崇祯十七年（1644）三月，李自成领导的大顺军攻占北京，崇祯皇帝自缢，明朝灭亡。

在这之前，正月二十六日，多尔衮曾以"大清国皇帝"的名义致书大顺军诸帅："欲与诸公协谋同力，并取中原，倘能混一区宇，富贵共之矣，不知尊意如何耳？"这是要和农民军搞统一战线。四月初，多尔衮还不知道农民军已占北京，他在沈阳做了伐明的紧急军事动员，征调满洲、蒙古军的三分之二，以及汉军的全部。四月九日，他被任命为"奉命大将军"，以"便宜行事"的大权，率领阿济格、多铎以及归降的明将孔有德、耿仲明、尚可喜等，向山海关进击。四月十三日，清军抵达辽河。明山海关总兵平西伯吴三桂遣人至清军，报告农民军攻陷北京的消息，并向清军乞援。当

力助清朝统一全国的摄政王多尔衮

此形势突变之时，多尔衮显示了惊人的应变能力。他没有丝毫迟疑，而是立刻改变策略，接受了临行前大学士范文程的建议，把农民军当成主要敌人。他又征询洪承畴的意见，洪承畴除同意范文程的建议之外，还着重指出，应派先遣官宣布，这次进军的目的是为了扫除逆乱、消灭农民军，有做内应及立大功者，将破格封赏。为了争取时间，应计算里程，精兵在前，辎重在后，限以时日，直趋北京。十九日，清军到达翁后，吴三桂再次派遣副将杨坤致书多尔衮。多尔衮正式复信吴三桂，表示对"崇祯帝惨亡，不胜发指"；声称这次出兵的目的是"率仁义之师，沉舟破釜，誓必灭贼，出民水火"。并且一定要做到"唯底定中原，与民休息而已"。明确表示要统一中国才肯罢休。同时又拉拢吴三桂说。"伯（吴的爵位）思报主恩，与流贼不共戴天，诚忠臣之义，勿因向守辽东与我为敌，尚复怀疑。……伯若率众来归，必封以故土，晋为藩王。国仇可报，身家可保，世世子孙，长享富贵。"俨然反客为主，以全国最高的统治者自居。以这封信为标志，清政权彻底改变了打击目标，最终完成了政治上、军事上的战略转变。

四月二十一日，清军一昼夜行军二百里，至日昏黑时，距山海关十五里驻营。是日，李自成亲率二十余万大军到达山海关，将吴三桂部包围于关城之内，并即刻开始了夺关激战。吴三桂自知不敌，屡屡遣使向清军告急，但多尔衮与多铎、阿济格计议后，仍不敢轻信吴三桂，故当夜清军"披甲戒严，夜半移阵"。李自成与吴三桂激战的隆隆炮声，彻夜不止。二十二日凌晨，清军进迫关门五里许，吴三桂见清军至，遂炮轰大顺军，率诸将十余员、甲数百骑突围，直驰清营，拜见多尔衮，剃发称臣。多尔衮在军前将吴三桂晋爵为平西王，树立了一个给明朝降将加官晋爵的样板。多尔衮令吴三桂先行，开关迎降，多铎与阿济格分率劲兵一时驰入关门，竖白旗于城上，多尔衮自统大军继入。复以吴三桂军为右翼先发，出关敌李自成。李自成自知边兵强劲，成败在此一举，挥军与吴三桂死战。山海关城内闻炮声如雷，见矢集如雨，清军蓄锐不发。及午，多尔衮见吴三桂不支，乃命三吹角，三呐喊，始派多铎、阿济格率铁骑数万从三桂阵右出，直冲敌阵，发矢数巡后，但见刀光闪烁。是时狂风大作，一阵黄埃自近而远，直扑大顺军阵，农民军败溃。仅"一食之顷，战场空虚，积尸相枕，弥满大野"。是役，刘宗敏负伤，李自成收残卒急退北京。

在李自成的大军被击溃之后，多尔衮下令关内军民皆剃发。并谕令全军："今入关西征，勿杀无辜，勿掠财物，勿焚庐舍。不如约者罪之。"又在进军途中，以汉官范文程的名义，四处张贴安民文告，文告说："义兵之来为尔等复君父仇，非杀尔百姓，今所诛者唯闯贼。官来归者，复其官；民来归者，复其业。"这就完全改变了以往清军数度入关到处烧杀抢掠的野蛮做法，使得关内的官兵百姓，向风归顺，近悦远来。这样，清兵每日奔行一百二三十里，未遇任何抵抗，五月初一日便到了通州。在此前一天，李自成已满载辎重，放弃北京，向西撤退。

五月二日，明朝的故将吏出北京朝阳门外五里，以帝王之礼迎接多尔衮。多尔衮乘辇入城，升座武英殿，正式接受明朝降官降将的拜谒。

进入北京之后，多尔衮的同母兄、武英郡王阿济格曾提出，"初得辽东，不行杀戮，故清人多被辽民所杀。今宜乘此兵威，大肆屠戮"。这个野蛮而愚蠢的建议遭到了多尔衮的断然拒绝。多尔衮继续采纳汉官范文程、洪承畴等人的建议，不失时机地采取了一系列笼络明朝士人的措施。为崇祯帝、后发丧：多尔衮入京伊始，就"为明庄烈愍皇帝发丧"三日，以帝礼葬之。同时周后、袁贵妃、熹宗张后、神宗刘贵妃等也是"丧葬如制"。改变对明王室的态度：规定"故明诸王来归者，不夺其爵"。有一个叫朱帅𨰥的宗室来投诚，受到欢迎，后来还让他做了保定知府。表彰明朝"殉难"诸臣，照旧录用故明各衙门官员，对一些有影响的人还加以重用：如冯铨、陈名夏等明朝降官，被任命为大学士或尚书。对降官穿戴明朝衣冠也暂不加限制。七月，山东巡抚朱朗鑅向他请示，新补官吏能不能仍以纱帽圆领的明朝官服"临民莅事"，多尔衮说，目前"军事方殷，衣冠礼乐未遑制定，近简各官，姑依明式"。对明陵采取保护措施：六月，派大学士冯铨"祭故明太祖及诸帝"，又"以故明太祖牌入历代帝王庙"，还规定"明国诸陵，春秋致祭，仍用守陵员户"。申严军纪，取悦百姓：当时，多尔衮把多数清军留在城外，"凡军兵出入城门者，有九王标旗方得出入"。规定"军兵出入民家者，论以斩律"。对于清军中一些违反禁令，"毁伤民间，动用家伙者"，则"悉置重典"。所有这些安抚明朝统治阶级、整肃军纪的做法，都是为了收买人心，即范文程说的："治天下在得民心。士为秀民，士心得，则民心得矣。"事实证明，这些办法确实起到了笼络明朝士大夫、安定民心的作用。当时随清军入关的朝鲜人就指出，"九王入关之初，严禁杀掠，故中原人士无不悦服"。这对清朝统一中国有很大的影响。

清军入关后，满洲贵族内部对清朝应否建都北京，要不要统一中国等问题有着激烈争论。当时，由于到处是战火，漕运不通，北京一带的"公私储积，荡然无余，刍粮俱乏，人马饥馁"。而关外则是"禾稼颇登"。因而八旗官兵"皆安土重迁"，对于立即移居北京，"多有怨苦者"。在这内外交困的同时，五、六月间又谣言四起，"有讹传七、八月间清兵东还者"，"将纵东兵肆掠，尽杀老壮，止存孩赤"。在这种形势下，多尔衮的同母兄八王阿济格主张将诸王留下来镇守北京，而大兵或者还守沈阳，或者退保山海关，这样才无后患。对于这样一个直接关系到清朝在全国统治能否建立和保持的战略问题，多尔衮非常坚定，他驳斥说，既得北京，"当即徙都，以图进取"中原，统一中国。特别是在目前人心未定的情况下，更不可弃而东还，动摇人心。他坚定表示："燕京乃定鼎之地，何故不建都于此而又欲东移？"为了安定民心，六月间多尔衮宣布建都北京，并派遣辅国公屯齐喀、和托，固山额真何洛会等去迎接幼主福临。他还反复宣谕说："民乃国之本，尔曹既诚心归服，复以何罪而戮之？尔曹试思，今上（福临）携将士家属不下亿万，与之俱来者何故？为安燕京军民也。昨将东来各官内，命十余员为督、抚、司、道等官者何故？为统一天下也。已将盛京帑银取至百余万，后又转运不绝者何故？为供尔京城内外兵民之用也。"这既是对京师人民而发，也是对八旗内部的军民而发。他以破釜沉舟的决心，力排一切困难，决计建都北京，以统一中国。

九月，福临入山海关，多尔衮率诸王群臣迎于通州。福临到北京后，马上封多尔衮为"叔父摄政王"，并为他"建碑纪绩"。多尔衮的同母兄阿济格、弟多铎也都升为亲王。济尔哈朗则仅被封为"信义辅政叔王"。至此，摄政王只有多尔衮一人。

十月一日，福临在北京"定鼎登基"，宣告"以绥中国"，"表正万邦"。从此，清王朝把统治中心从关外转移到关内，在统一全国的道路上又前进了一步。

四 缓和矛盾的政策

多尔衮在北京立住脚跟的同时，在政治、经济等各方面，又采取了一系列缓和民族矛盾和阶级矛盾的政策，以巩固阵地，扩大战果。

一是取消加派：明末"三饷"（辽饷、剿饷、练饷）数目之多，已为明朝政府正常赋税的数倍，实是明末最大的苛政。这种无休止的加派，使得人民处于贫困交迫之中，人民对加派恨之入骨。清军入关后，有人建议清朝也按明末的数字进行加派，遭到多尔衮的反对。他在顺治元年十月下令，革除三饷及正税之外的一切加派。同时，他要求"各该抚按即行所属各道府州县军卫衙门，大张榜示，晓谕通知，如有官吏朦胧混征暗派者，察实纠参，必杀无赦。倘纵容不举即与同坐。各巡抚御史作速叱驭登途，亲自问民疾苦"。于是，每年赋税减少了数百万两，穷困已极的人民得以缓口气。

二是反对贿赂：多尔衮对明末广行贿赂的恶劣作风也严加斥责，顺治元年六月，他在《谕众官民》中说，"明国之所以倾覆者，皆由内外部院官吏贿赂公行，功过不明，是非不辨。凡用官员，有财之人虽不肖亦得进，无财之人虽贤亦不得见用"，"乱政坏国，皆始于此，罪亦莫大于此"。因此，他责令："今内外官吏，如尽洗从前婪肺肠，殚忠效力，则俸禄充给，永享富贵，如或仍前不悛，行贿营私，国法俱在，必不轻处，定行枭首。"因此，当时的一些汉官都认为，"王上（多尔衮）新政比明季多善，如蠲免钱粮，严禁贿赂，皆是服人心处"。

三是打击太监势力：明末太监势力极为猖獗，除操纵朝政外，对一般百姓迫害亦甚。当时宫廷中，宫女多达九千人，内监更多至十万人。清入关后，太监的势力仍然非常嚣张，当年七月，太监要照旧例到京郊各县皇庄去催征钱粮。多尔衮认为这样"必致扰民"，没同意这样做。八月正式下令，不准太监下去征收，而改为地方官征收。这是对太监势力的第一次打击。对太监的第二次打击是禁止太监朝参。本来，明熹宗以后，每值上朝，太监也要着朝服参加。清政府迁京后，这种制度并无改变，每遇朝参，太监总行礼在文武诸臣之前。顺治二年（1645），多尔衮批准礼部的奏请，规定上朝时"内监人员概不许朝参，亦不必排列伺候"。经过这两次打击，太监在宫廷政治和经济上的势力得以收敛。

四是暂时妥协，平息反抗：剃发问题是清朝统治者执行的民族压迫政策之一，早在努尔哈齐时，汉族及其他各族人民凡是投降满洲的，都要以剃发作为标志。清兵入京后，多尔衮仍以剃发与否，"以别顺逆"。但他很快发现，"剃头之举，民皆愤怒"。于是，在进京的当月，多尔衮就改变前令，宣布"自兹以后，天下臣民照旧束发，悉从其便"。在剃发问题上的暂时让步，使清朝在攻下江南重颁剃发令前，在一定程度上缓和了同北方汉族人民的矛盾。另外，多尔衮对当时北方农民军和各地人民的反抗，采取大力招抚的政策，下令各地方官，按能否招抚农民军将士，定各官之功劳。

对投降的农民军将士,则委以不同的官职。顺治元年六月,顺天巡抚柳东寅见"流贼伪官一概录用",认为很不妥当,主张"慎加选择"一番。多尔衮则说,"经纶之始,治理需人,归顺官员既经推用,不可苛求"。多尔衮这个重要政策,对于瓦解农民军的反抗,起到了一定的作用,河北、山东、山西等地,很快被招抚平定,使刚刚入关的清政权有了一个能够保护自己,进攻敌人的战略基地。

五 对南方的统一政策

以武力统一全国是多尔衮既定的方针。然而,当时主力退保西安的李自成的大顺军和活动在西南的张献忠的大西军,加在一起有四十余万。明福王朱由崧刚刚在南京建立的南明弘光政权,集合江淮以南各镇的兵力,仍有五十万部众,并且雄踞长江天险。而清军入关时,满洲、蒙古、汉军八旗,总共不过二十万人。清军要在辽阔的中国腹地同诸多对手作战,兵力不足,顾此失彼,很可能陷入腹背受敌的境地。

多尔衮审度形势,根据柳东寅的建议:"今日事势,莫急于西贼(农民军)。欲图西贼,必须调蒙古以入三边,举大兵以攻晋豫,使贼腹背受敌。又需先计扼蜀汉之路,次第定东南之局。"制订了统一全国的作战部署,先怀柔南明政权,集中力量攻击农民军。这样做可以达到一箭双雕的目的:第一,证明多尔衮宣称的清得天下于"流贼"的口号,正付诸军事行动,以便得到汉族地主阶级的广泛支持;第二,便于清军集中主力各个击破敌人,避免两面同时作战,从而取得政治上和军事上的主动地位。

确定了作战部署之后,多尔衮命英王阿济格经土默特、鄂尔多斯,由绥德攻击西安;命豫王多铎在攻打江南之前,也顺道追击大顺军;命肃王豪格征大西军。

与此同时,多尔衮抓紧对南明的迷惑工作。他传檄江淮等地说:有不忘明室,辅立贤藩,戮力同心攻"贼",共保江左者,也在情理之中,我不禁止你们。但是应当通和讲好,不负我朝,要永记我们替你们复仇灭寇之恩,共同发展睦邻之谊。这就给弘光政权造成一种错觉,好像清朝准备同南明搞南北分治,只打农民军,而不再进攻江南。南明果然放松了对清的警惕,不但不抵抗清兵,反而派出使臣,携带大量金银绢缎,到北京与清谈判,幻想效法宋朝故事,以每岁贡银十万两为条件,向清求和,还幻想联合清军,共同镇压农民军。

随着军事上不断取得进展,北京日趋稳固,多尔衮便对南明亮出了自己的真面目。顺治元年七月,他在致南明大学士史可法的信中,令福王"削号归藩"。他说,"如果不削号,那便是天有二日,就是我大清的劲敌。这样,我将拨出西征的精锐部队,转旗东征。现在是兵行在即,可东可西,南国的安危在此一举。"威胁弘光政权投降。十月,又发布檄文,严申"擅立福王"是"王法所不赦",定将问罪征讨。同月,南明使臣陈洪范、左懋第、马绍瑜抵达北京。多尔衮有意贬低他们,下令说:"陈洪范经过地方,有司不必敬他,让他自备盘费。"清廷收纳陈洪范等所带银十万两,金千两,蟒缎二千六百匹,而待之以藩属朝觐之礼,将福王的"御书"视为"进贡文书"。大学士刚林奉多尔衮之命严询南明使臣:"尔福王奉何人之命僭位?"当堂朗读檄令,历数"擅立福王之罪",宣布"旦夕发兵讨罪"。在压力下,陈洪范变节,将江南的实情泄露给清。十一月,陈洪范请回江南策反南明诸将降清,并请扣留另外两名使臣。多尔衮依计而行,立刻遣人将这一新情况告知带兵在外即将南征的多铎。

顺治元年十二月,多铎率清军在潼关与大顺军激战近月,重创大顺军。顺治二年(1645)正月十八日,清军攻占西安。二月,多尔衮接到多铎"克定全省"的捷报,立刻命令他"初曾密谕尔等往取南京,今既破流寇,大业已成,可将彼处事宜,交与靖远大将军英亲王等,尔等相机即遵前命,趋往南京"。又责成阿济格率吴三桂等追击大顺军。五月底,阿济格追击大顺军于湖北通山县,杰出的农民领袖李自成在九宫山遇害。顺治二年四月,张献忠在四川凤凰山与豪格率领的清军相遇时,不幸牺牲。此后,大顺军、大西军余部继续抗清。

顺治二年四月十五日,多铎率大军抵达扬州,明大学士史可法死守。二十五日,城破,史可法死于难。扬州城经历了空前浩劫,清军大肆屠戮,史称"扬州十日"。五月六日,清军渡江,弘光政权军队不战而溃。十四日,清军占领南京,福王逃往太平,旋被俘,弘光政权的大批文武官员及二十余万军队投降。此后,清军继续向南方各省进军。

清军占领南京,很快把自己的统治扩展到长江中、下游地区。但是,由于当时清军再度强迫人民剃发,激起了江南人民的强烈反抗,清军继续统一南方的行动受到挫折。在这个紧要关头,多尔衮又灵活地改变策略。顺治二年七月间,他以"大兵日久劳苦"为名,把南方人民最恨的多铎召回北京，而改派福建籍的大学士洪承畴"招抚"江南。他要利用洪承畴在南方汉族地主阶级中的影响来"节制"南京、江西、湖广等地区，进一步消灭刚刚在福建建立的唐王隆武政权和浙江鲁王的鲁监国政权。多尔衮在洪承畴临行前，称他为自己"心爱之人"，鼓励他"此行须用心做事"，并特铸"招抚南方总督军务大学士印"，授权他"便宜行事"。多尔衮采取的这套以汉人治理汉人的办法，在关键时刻收到了实效。洪承畴坐镇南京后，很快扭转了清军在江南的被动局面，组织了对唐、鲁两个小朝廷的军事进攻。洪承畴先后招降了两政权中执掌大权的方国安和郑芝龙，乘唐、鲁互争之时，轻易地攻下浙江。随后长驱入福建，消灭了隆武政权。这样，清朝统治阶级在多尔衮的领导下，在很短时间内消灭了南明的大部分势力。到顺治五年（1648），便"天下一统，大业已成"，除了东南沿海和西南一隅，基本上完成了清朝在全国的统治。

多尔衮对边疆地区的统一也很注意。顺治二年四月，在清军攻占西安后，他曾下令对嘉峪关外新疆地方"三十八国部落之长，投诚归顺者"，要抚按官查实具奏，"以便照例封赏"。对西藏，亦允许茶马照旧贸易，"一切政治悉因其俗"，"番僧"可由陕西入贡。

六　巩固统一的措施

多尔衮在进军各地的同时，还采取了一系列措施，使清王朝从中央到地方的封建政权机构不断完善、巩固。

一是遵循明制：满洲统治者是刚从奴隶制贵族转化为封建贵族的统治集团，许多人还没有完全摆脱某些落后生产方式残余的影响。按照什么思想和模式建国，将直接关系清王朝的前途。多尔衮的思想较为开通，接受汉人的影响较多，在建国过程中，在许多重大问题上，他接受了范文程、洪承畴、冯铨等人的建议。中央与地方的官制，大体上仿照明朝，没什么变化，所不同的只是兼用满汉二族。赋役的征收制度，完全按照明朝万历年间的会计录进行，顺治三年（1646）制订的《赋役全书》，是"悉复万历之旧"。盐法，也是"大率因明制而损益之"，"俱照前朝会计录原额征收"。刑法，在未制定清朝的法律以前，"问刑准依明律"，顺治三年颁行的《大清律》，"即《大明律》改名"。官吏的选拔也是"向沿明制，实行科举"；科举的做法也是"承明制，用八股文"。这一切做法都给人以无易代之感。

二是科举取士及网罗名士：皇太极时虽然已举行过科举，但规模不大，未能成为制度。入关后，顺治三年首次开科，即录取了傅以渐等四百名进士。录取人数之多不仅明朝罕见，终清之世，除雍正八年（1730）录取了创纪录的四百零六名外，再没有超过此数的。而这时统治范围仅及长江流域，全国尚未统一。同时，"取材唯恐不足，于是又有加科"，以扩大录取名额。顺治四年（1647）的加科就录取了三百名进士。顺治一朝与清代各朝比，中额最宽。

多尔衮深知"古来定天下者，必以网罗贤才为要图"，"故帝王图治，必劳于求贤"。所以，他颇自负地对大学士说："别的聪明我不能，这用人一事，我也颇下功夫。"他除了用科举、招抚等各种手段尽力收罗汉族地主知识分子参加清政权外，还经常让身边的汉官随时推举各地的贤才。顺治二年六月，清军下南，多尔衮问大学士：江南"有甚好人物？"大学士们对曰："地方广大，定有贤才。"多尔衮说："不是泛论地方贤才，只是先生们胸中有知道的否？"大学士们又对曰："钱谦益是江南人望。"多尔衮问："如今在否？"大学士们对曰："昨'归文册'上有，现在。"多尔衮这才放下心来。由于多尔衮重视搜求汉族统治人才，网罗名士，使大批汉族士大夫纷纷归附。多尔衮把他们当中一些最有统治才能的，安排在内院、六部等中央的重要机构中，使他们能够有效地发挥治理国家的才能。

三是注意调整统治阶级内部的满汉关系，适当限制满洲贵族的特权，提高汉官地位：多尔衮作为满洲贵族的代表，始终是把满洲贵族集团作为维护清朝统治的基本力量。为此，清朝刚一建立，他就明确规定了王公贵族在政治上和经济上享有的种种特权。同时，多尔衮有远大的政治眼光，他懂得维护满洲贵族的尊严和特权，并不完全等于依靠他们治理国家事务。所以，多尔衮又不断限制诸王、贝勒个人的势力，尤其是削弱、打击自己的政敌，使他们无法利用特权干涉国家重大决策和事务。入关之前，多尔衮就取消了诸王、贝勒在皇太极时代兼管部院事务的职权。入关后的一个长时间内，多尔衮接连派多铎、阿济格、豪格、济尔哈朗等亲王率领大批满族贵族轮流到各地出征，使他们远离统治中心，无法干涉国政。在南明基本被消灭后，这些王公贝勒陆续回京时，多尔衮为了防止他们恃功争权，又用种种借口来打击他们的势力。顺治四年（1647）二月，多尔衮以"府第逾制"的罪名，罢济尔哈朗辅政。五年（1648）三月，又旧账重提，以当初皇太极死时，在继嗣问题上不揭发豪格为由，革去济尔哈朗亲王爵，降他为郡王。顺治五年（1648）二月，豪格平定四川后回到北京，多尔衮立即罗织罪名，把他逮捕下狱，三月便折磨致死。这两次打击，还牵连了额亦都、费英东、杨古利等勋臣的不少子侄，使和多尔衮对立的满族贵族势力大受削弱。就在这年十一月，多尔衮由"叔父摄政王"被尊封为"皇父摄政王"。

多尔衮在打击他的满洲贵族政敌的同时，给汉官以更多的参政机会。原来，由满洲贵族组成的"议政王大臣会议"是重要的决定国策的机构。自多尔衮执政以后，这个机构的作用大大受到限制，它只能讨论和处理满洲贵族内部的一些升降、赏罚等事。多尔衮把更多的权力赋予了多由汉人担任大学士的内院。顺治元年五月，多尔衮同意了大学士洪承畴、冯铨的建议，首先改变了内院过去对一些重大事务不得与闻的地位。二年三月，又进一步下令，"凡条陈政事，或外国机密，或奇物谋略，此等本章，俱赴内院转奏"。使内院成了参与国家重大决策的重要机构。多尔衮还让大学士"于国家事务，当不时条奏为是"。这些大学士日随多尔衮左右，应对顾问，处理政务，颇得重用。

内院之外，六部和都察院也是当时统治中枢的组成部分。不过在顺治五年以前，这些部的正职都由满人担任，汉人只能担任副手。顺治五年，多尔衮又设立了六部汉尚书、都察院汉都御史，提高了汉官在这些重要机构中的地位和职权。

顺治六年（1649），多尔衮明令满洲贵族不得干涉国政和限制汉官的职权。他下令诸王及大臣，"有干预各衙门政事及指责汉官，谓某贤能应升，某劣应降者，不论言之是非，即行治罪"。同时，禁止诸王同政府各机构官员私交往来，规定"各王有以衙门事，私行传呼各衙门官至府者，罪在王。听其传呼而去者，罪在各官"。由于多尔衮的这个禁令，诸王、贝勒干预国家事务的权力基本上被剥夺了。在多尔衮死后不久，济尔哈朗等一些满洲贵族曾攻击多尔衮在摄政期间，"不令诸王、贝勒、贝子、公等入朝办事"。

多尔衮为了使汉官能够有效地发挥作用，还严禁满洲贵族欺压污辱汉官，违者要受到处罚。顺治元年，宣府巡抚李鉴劾奏赤城道朱寿鋈贪酷不法，多尔衮下令议察。朱贿嘱满臣绰书泰求阿济格说情，阿济格率师南讨途经宣府时，便派绰书泰和总兵刘芳名胁迫李鉴释其罪。多尔衮闻知这种不法行为后，立刻将绰书泰同朱寿黎等人枭首弃市，将刘芳名夺职入旗，将阿济格降为郡王，罚银五千两。阿济格是比较有实力的亲王，又是多尔衮的同母兄，在满洲统治集团的内部斗争中，是忠于多尔衮的。多尔衮对他们任意欺压汉官的行为做出严肃处理，说明多尔衮在处理满汉矛盾上，还是比较开明和公正的。

四是尊孔读经，提倡忠义：清入关前已开始祭孔，但未成定例。占领北京后的第二个月，多尔衮即派人祭孔，以后每年的二、八月都派大学士致祭，成为整个清代所遵奉的定例。顺治二年，尊孔子为"大成至圣文宣先师"。六月，多尔衮"亲谒先师孔子庙，行礼"。同时把儒家著作四书五经奉为经典，列为士子必读之书，科举考试的八股文即取它命题。又提倡忠孝节义，把关羽作为忠君的最高典范来崇拜。自顺治二年起，每年五月十三日即"遣官祭关圣帝君"。

五是主张满汉人民通婚：多尔衮在统一中国的过程中，为了缓和满汉间的民族矛盾，曾主张满汉人民通婚。顺治五年，他以顺治帝名义谕礼部："方今天下一家，满汉官民皆朕臣子，欲其各相亲睦，莫若缔结婚姻。自后满汉官民有欲联姻好者，听之。"过了几天，又谕户部："凡满洲官员之女，欲与汉人为婚者，须先呈明尔部。……至汉官之女欲与满洲为婚者，亦行报部；无职者，听其自便，不必报部；其满洲官民娶汉人之女实系为妻者，方准其娶。"多尔衮的统一中国、"满汉一家"的思想是难能可贵的，较之清朝其他统治者确实高出一等。

六是接受西方先进科学技术：多尔衮刚到北京，正在北京传教的耶稣会士德国人汤若望，即向多尔衮报告教堂的情况，并报告他曾用西洋新法厘正旧历，制有测量日月星晷定时考验诸器，以及本年八月初一日京师将要出现日食的分秒时限等等。多尔衮看到这个奏折非常高兴，当即指出，西洋新法推算详审，遂命他修正历法。七月，清廷决定采用汤若望按西洋法所修之历，定名"时宪历"，命自顺治二年开始，颁行天下。八月初一日日食，多尔衮命冯铨同汤若望携望远镜等仪器，率有关人员齐赴观象台测验，结果唯新法所推时刻方位吻合，大统、回回二法均有误差，多尔衮因而益信汤若望及其西法可行。十一月，命汤若望掌钦天监监印，并谕："所属该监官员，嗣后一切进历、占候、选择等项，悉听掌印官举行。"顺治二年底，汤若望又将新著、旧著共一百零三卷，合编成《西洋新法历书》，进呈多尔衮。多尔衮以其"创立新法，勤劳懋著"，加他以太常寺少卿衔。

七 民族歧视和压迫政策

多尔衮作为一个封建统治者,为了维护满汉地主政权的特殊利益,也推行过一些落后的、民族压迫的政策。

多尔衮在进入北京的前一日,即谕令剃发,进京的第二天又谕令:"凡投诚官吏军民皆著剃发,衣冠悉遵本朝制度",不剃发者便被视为是有狐疑观望之意,"定行问罪"。由于受到汉族人民的激烈反抗,二十二天后,多尔衮被迫取消了剃发令。但顺治二年六月,当南京弘光政权灭亡后,却又重申剃发令,宣布:京城内外及各省地方,自部文到日,限十日,"尽令剃发,遵依者为我国之民,迟疑者同逆命之寇,必治重罪"。各州县奉到本府限期剃发的火票后,官吏"遍历村庄,细加严查","违旨蓄发,罪在必诛"。当时是留发不留头,留头不留发。因而士民大愤,纷纷起兵反抗。

多尔衮摄政期间,还三次下令在近京四百里内进行大规模圈地。顺治元年十二月,正式颁布圈地令。其中说:"我朝建都燕京,期于久远。凡近京各州县民人无主荒地,及明国皇亲、驸马、公、侯、伯、太监等死于寇乱者,无主田地甚多。尔部可概行清查,若本主尚存,或本主已死而子弟存者,量口给与;其余田地,尽行分给东来诸王、勋臣、兵丁人等。此非利其地土,良以东来诸王、勋臣,兵丁人等无处安置,故不得不如此区画。"这是圈地的本意。但在实际执行过程中,由于满洲贵族坚持"务使满汉界限分明",满汉土地要"互相兑换"的"圈地"政策,致使许多汉人的土地和房屋被大量圈占,成为无家可归的流民。以后在顺治二年八月和四年正月,又大规模的圈占两次。"圈田所到,田主登时逐出,室中所有皆其有也。妻孥丑者携去,欲留者不敢携"。造成很多农民"田地被占,妇子流离,哭声满路"。在北京城内尽圈东城、西城、中城为八旗营地,只留南城、北城为民居,房屋被圈占者限期逐出。几次圈地,累计达二十万顷左右。

随着大规模的圈地活动,大批丧失土地的汉族农民被迫依附满族统治者,投旗为奴。多尔衮又多次下令"听民人投充旗下为奴"。于是,投充问题更加突出。开始时,投充仅限于贫穷小民,后来也有带地投充的。而一些庄头,更"将各州县庄屯之人,逼勒投充,不愿者即以言语恐吓,威势迫胁。各色工匠,尽行搜索,务令投充"。还有一些无赖恶棍,本身无地,却以他人土地冒充，而去投充，然后借旗人的保护，危害乡里。

为防止那些强迫为奴的汉人逃亡，多尔衮又下令制定了严厉的"逃人法"。逃人法的重点是惩治"窝主"。凡逃人被获，或鞭责或刺字而归还原主，窝主则处死，家产籍没并株连邻里，而奖赏告密者。因而一些地方无赖往往勾结旗下奸人，冒充逃人，诬指平民为窝主来进行敲诈勒索，危害甚大。

在推行这些政策的过程中，多尔衮逐渐看到了问题的严重性，也曾多次下令修改这些法令或停止执行，但未能彻底解决。

八 死后的遭遇

多尔衮位宠功高，擅权过甚。豪格虽然镇压张献忠有功于清室，但因在继嗣问题上和他有争，终于在功成返京后，就被他罗织罪名，置之死地。济尔哈朗原和多尔衮同居辅政，被多尔衮逐渐排挤，终被罢其辅政。在排除异己的同时，则任人唯亲。他的同母兄弟阿济格、多铎都得到重用。尤其对多铎，待之甚厚，顺治四年，封多铎为"辅政叔德豫亲王"，取代了济尔哈朗。多尔衮勉励他说："汝继予辅政，益加勤勉，斯名誉非小矣。"当时就有人议论他，"凡伊喜悦之人，不应官者滥官；不合伊者滥降"。他又将应贮大内的"信符"贮于自己府中，国家大事也基本不向幼帝讲述，完全独断专行。顺治帝后来说"睿王摄政，朕惟拱手以承祭祀。凡天下国家之事，朕既不预，亦未有向朕详陈者。"所以，多尔衮才是当时实际上的皇帝，以至当他入朝时，出现"诸臣跪迎"的场面。

多尔衮身材细瘦，虬须，素患风疾，入关后病情日重，常常"头昏目胀，体中时复不快"。刚到北京时，又复一度"为疾颇剧"，顺治四年以后，由于风疾加重，跪拜不便，使他时感"机务日繁，疲于应裁"，因而烦躁愤懑，易于动怒。上上下下都怕他，据说就是达官显贵往往也不能直接同他说话，要趁他外出过路时借便谒见。但他始终以全副精神经营清王朝的"大业"，牢牢控制着军国重务。为此他一再令臣下，"章疏都须择切要者以闻"，要求文字简明扼要，不允许有浮泛无据之辞，以免徒费精神。据多尔衮自己说，他之体弱神疲，是由于松山之战时亲自披坚执锐，劳心焦思种下的病根。其实，和他好声色也有一定关系。他的妻子是博尔济吉特氏，当他的哥哥皇太极死后，顺治五年，他又将嫂嫂、皇太后博尔济吉特氏娶了过来,这就是当时人称的"皇后下嫁";在他的侄子豪格被幽禁死以后,顺治七年(1650)正月,他又将豪格的妻子博尔济吉特氏也娶了过来;五月,又征朝鲜女成婚。

多尔衮厚自奉养,睿王府宏伟壮丽,甚过帝居。据当时人杨义说:"墨尔根王府翬飞鸟革,虎踞龙盘,不唯凌空斗拱与帝座相同,而金碧辉煌,雕镂奇异,尤有过之者。"他还"服皇帝之服装"。由于感到北京暑热,曾下令在古北口外筑避暑城,为此加派钱粮,福临亲政后,才令此工程停止。李自成退出北京时,皇宫曾毁于火,多尔衮命令修复,曾从京外弄来工匠七百名。"俱皆铁锁所系"。举一反三,多尔衮在修建睿王府、避暑城时,工匠的悲惨境遇可想而知。

满洲贵族酷好放鹰围猎,多尔衮亦如此。礼部议定有摄政王出猎的仪礼。顺治二年,有几个在北京的日本人曾目睹他出猎时的盛大场面,鹰就上千只。"街上的人和其他人等都要叩头在地等候他通过"。顺治七年十一月,多尔衮出猎古北口外,可能坠马受伤,膝创甚,涂以凉膏,太医傅胤祖认为用错了药。十二月初九日死于喀喇城,年仅三十九岁。丧还,顺治帝率诸王大臣迎奠东直门外,追尊为"诚敬义皇帝",庙号成宗。

多尔衮无子,以豫亲王多铎子多尔博为后。

由于多尔衮生前一直处在满洲贵族内部明争暗斗的中心,又专断权威,树敌颇多,死后仅两月,顺治八年(1651)二月十五日,其近侍、刚被提升为议政大臣的苏克萨哈、詹岱即首告多尔衮曾"谋篡大位"。于是以郑亲王济尔哈朗为首,巽亲王满达海、端重亲王博洛、敬谨亲王尼堪及内大臣等,合词追论其罪,说他"僭妄不可枚举,臣等从前畏威吞声,今冒死奏明"。诏削爵,财产入官,平毁墓葬。有的记载说,"他们把尸体挖出来,用棍子打,又用鞭子抽,最后砍掉脑袋,暴尸示众。他的雄伟壮丽的陵墓化为尘土"。坐落在明南宫的睿王府同时被废。其亲信多人先后被处死或被贬革。至乾隆四十三年(1778),乾隆帝弘历认为,多尔衮"分遣诸王,追歼流寇,抚定疆陲。一切创制规模,皆所经划。寻即奉世祖车驾入都,定国开基,成一统之业,厥功最著",被"诬告以谋逆",构成冤案,下诏为其昭雪,复睿亲王爵,由多尔衮五世孙淳颖袭爵。并配享太庙,重修茔基,又修建新睿王府。其封爵"世袭罔替",成为清代八家铁帽子王之一。

纵观多尔衮的一生,他功大于过,不失为一个值得肯定的人物。尤其是在清朝统一中国的问题上,他有着卓越的见识和胆量,是别人所不及的。

论洪承畴修身治国的特点[*]

中国传统文化一向讲究"修身、齐家、治国、平天下"。封建社会的文人、官吏,一般都重视这方面的修养,并努力有所作为。进士出身的洪承畴,作为明清两朝的重臣,毕生都以此为目标,极认真地以这种政治哲学指导着自己的实践。在明末朝廷腐败的大背景下,他虽然孜孜以求,但仍于事无补,不可能对社会做出什么贡献。而当他投身到新兴的、朝气勃勃的清王朝之后,传统的"修平"哲学,便被他发挥得淋漓尽致,对国家的统一,封建秩序的稳定,起到了重要的作用。故本文仅论述他在清朝阶段,修身治国实践的一些特点。

一

洪承畴治国安邦有许多贡献。自顺治元年(1644)随清兵入关,至顺治十八年致仕,无论是在加速国家的统一,减少各民族的流血牺牲,稳定社会秩序,还是加强中央集权,削弱满洲贵族的特权,以及推广汉族文化,促进满族接受先进事物等方面,他都做出了不懈的努力。分析其治国实践,主要有以下几个特点。

1. 事君至忠

在中国传统道德观念体系中,忠是很重要的一个方面。忠的对象是君,在封建社会君代表国家,君和国家是统一的,忠君也就是忠于国家。这里先需要辨明一个问题,洪承畴先事明后事清,按照一臣不事二主的传统观念。是否就意味着洪承畴对明室的不忠,甚至是背叛呢?从历史记载看,不能得出这个结论。洪承畴在锦州松山为明室战斗到了最后一刻,力竭被

---

[*] 原载《洪承畴研究》,中国社会科学出版社,1996。

擒，仍宁死不屈，"科跣谩骂"。但洪氏之忠，不是愚忠，孰优孰劣他还是能分辨的。经范文程以大量的"今古事"徐徐开导，尤其是皇太极亲自"临视"，"解所御貂裘衣之"，嘘寒问暖："先生得无寒乎？"洪氏现在重新审视这伙过去从未直接接触的敌人，发现竟是这等英明和有气度，不得不由衷地发出"真命世之主"的感叹①。洪氏在完成对清朝认识的转变之后，并未改变对明帝之忠。他是清崇德七年（1642）二月二十一日被擒的，四月仍在拘禁当中，此时清都察院参政张存仁在奏言中尚为其说情："似不宜久加拘禁，应速令剃发，酌加任用。"②五月五日洪承畴等明将朝见皇太极于崇政殿，应看作是洪氏正式归降清朝的日子，但这一天，皇太极与他有一段关于明帝的对话，颇值思考。皇太极"问洪承畴曰：朕观尔明主，宗室被俘，置若罔闻。至将帅率兵死战，或阵前被擒，或势穷降服，必诛其妻子，否则没入为奴者，何故？此旧规乎？抑新制乎？洪承畴奏曰：昔无此例，今因文臣众多，台谏纷争，各陈所见，以闻于上，遂至如此。"③皇太极的话中，暗含贬低明帝，断绝洪氏对明朝眷恋之意。而洪氏的回答，则把这种责任归咎到了众多文臣的台谏纷争，为明帝进行了开脱。皇太极还以明太仆寺少卿张春之例，劝洪氏为其效力："昔阵前所获张春，亦曾养之。彼不能为明死节，又不能效力事朕，一无所成而死。尔慎勿如彼之所为也。"④未见洪氏做何回答。从这时起，直至明朝亡于李自成的农民军，大约两年的时间里，洪氏犹如徐庶进曹营，未为清廷献一策。这和其他降清的汉官争先恐后地献征明奏议，形成了鲜明的对照。也正因此，"终太宗世，未尝命以官"⑤，只是被清朝"恩养"罢了。直至顺治元年（1644）四月十三日，"闻流贼李自成已陷京师，洪承畴因陈进兵策"⑥，因为这时已不存在对明的不忠了。

自此以后，洪承畴始终对清廷忠心耿耿，这表现在各个方面，但很突出的一点是他对幼帝福临形象的全力维护，他把福临看成是国家的象征。

福临在北京登基，是清朝开始统治全中国的标志，意义相当重大。

---

① 《清史稿》卷237《洪承畴传》。
② 《清太宗实录》卷60，崇德七年四月庚子。
③ 《清太宗实录》卷60，崇德七年五月癸酉。
④ 《清太宗实录》卷60，崇德七年五月癸酉。
⑤ 《清史稿》卷237《洪承畴传》。
⑥ 《清史列传》卷78《洪承畴传》。

登基仪礼是否完善，是否符合历代中央王朝的规制，关系到顺治帝和清王朝的声望。清人对这套仪礼知之甚少，而洪承畴则对此较为熟谙，他及时地向清廷讲述了历代之制，并对这次登基仪式提出了具体建议："郊、庙及社稷乐章，前代各取佳名，以昭一代之制。除汉、魏曲名各别，不可枚举外，梁用雅，北齐及隋用夏，唐用和，宋用安，金用宁，元宗庙月宁、效社用成，明朝用和。本朝削平寇乱，以有天下，拟改用平字。"并分别为郊祀九奏、宗庙六奏、社稷七奏定名①。被清廷接受，使福临的登基大典，与历代中央王朝皇帝一脉相承，具备了全中国统治者的正统地位。

顺治九年（1652）九月，在清帝是否到边外迎接达赖喇嘛一事上，洪承畴再一次表现出对清帝的至忠。清廷因为"外藩蒙古唯喇嘛之言是听"，太宗时"因往召达赖喇嘛"。至是，达赖已经临近，并几次催促清帝远迎。这对清廷无疑是件大事。九月三日，众朝臣会议如何接待达赖，结果意见分歧，满洲诸臣以为应该"上亲至边外迎之"，而众汉官则以为，"皇上为天下国家之主，不当往迎喇嘛"②。这当然不是个单纯的迎接方法问题，而是如何确定清帝与达赖的关系问题。对于一向认为皇权高于教权，国家重于宗教的洪承畴来说，他宁可冒着得罪满洲诸大臣的危险，也要坚持己见。九月二十九日，他利用偶然地"太白星与日争光，流星入紫微"的自然天象，巧妙地再次奏言："窃思日者人君之象，太白敢于争明；紫微宫者人君之位，流星敢于突入。上天垂象，诚宜警惕。……边外不如宫中为固，游幸不若静息为安。达赖喇嘛自远方来，遣一大臣迎接，已足见优待之意，亦可服蒙古之心，又何劳圣驾亲往也。"在封建迷信很重的当时，顺治帝立刻接受了洪承畴的意见，说："卿等谏朕勿往迎喇嘛，此言甚是，朕即停止。"③ 这次接待达赖喇嘛规格适度，维护了清帝一国之主至高无上的尊严，并奠定了以后由中央册封达赖喇嘛的制度，对维护中央集权、维护国家统一，有着深远影响。

洪承畴的忠君，不是唯唯诺诺，更不是谄媚。他一般都能如实地反映客观情况，如实地讲出自己的意见，哪怕是与朝廷的意见不一致时，以做

---

① 《清世祖实录》卷8，顺治元年九月庚戌。
② 《清世祖实录》卷68，顺治九年九月壬申。
③ 《清世祖实录》卷68，顺治九年九月戊戌。

到不负君,不欺君。在如何进兵云贵,诸如时间、路线、粮饷等问题上,他多次上书,反复阐述自己的不同意见,也都是中国古代"文死谏"忠臣美德的体现。

2. 待民以仁

洪承畴自幼受儒家思想教育,仁的观念很深,他一贯主张对老百姓实行仁政。即使在战乱年代,他手握军权之时,也不像有的武将那样,一味地杀戮,而是尽可能地减少杀戮,尽可能地保持社会稳定,使人民得以休养生息。

在顺治元年清军向山海关挺进之初,洪承畴给多尔衮的战略性献策中,就特别强调要爱民,把普通人民与坚持反抗的人严格区别,以改变清军过去的野蛮做法。他说:"今宜先遣官宣布王令,示以此行,特扫除乱逆,期于灭贼。有抗拒者,必加诛戮。不屠人民,不焚庐舍,不掠财物之意。仍布告各府州县,……军民秋毫无犯。若抗拒不服者,城下之日,官吏诛,百姓仍予安全。"① 这当然是一种争取民心的策略,但也确实体现了他的爱民思想。执行这一仁政的结果是,"凡百姓逃窜山谷者,莫不大悦,各还乡里"②。到北京后,军纪更为严明,"将士乘城,厮养人等,概不许入,百姓安堵,秋毫无犯"③。

洪承畴在招抚江南、经略西南五省,直接掌握军政大权之时,更是身体力行,做出榜样,推行仁政。顺治十五年(1658)正月,他向朝廷报告:"其职军前标营与湖南奉调官兵,职先与提督镇将约,必恪遵号令,如有分散远去,私离队伍,掠财掳人,焚毁房屋,杀害良民,兵丁立正军法,经管大小将领,拿问治罪","以期休兵息民","以期拓土安民,共享太平"④。对于违令扰民者,确曾重处,如酗酒淫掠之拜他喇布勒哈番张任先,即被他军前正法。

除禁止杀掠外,他还注意恤民、息民。招抚江南时,他看到崇明受战乱影响严重,人民不堪其苦,负担沉重,曾请准清廷免其盐课马役等项银两⑤。在经略五省时,他看到云南民不聊生,当即上疏直陈当地严重的情

---

① 《清世祖实录》卷4,顺治元年四月庚午。
② 《清世祖实录》卷4,顺治元年四月乙卯。
③ 《清世祖实录》卷5,顺治元年五月己丑。
④ 《明清史料》甲编,第6本,《经略洪承畴密揭帖》。
⑤ 《清世祖实录》卷31,顺治四年三月壬戌。

况:"民间遭兵火残毁,饥饿载道,死无虚日。在永昌一带,更为惨烈,周围数百余里,杳无人烟。"他希望皇上明鉴,宸断硕画。疏入,皇上命户部发帑银三十万两,"以十五万两赈济两省穷民"①。

顺治十六年(1659)八月,兵部令清军速进缅甸,以追剿南明桂王。洪承畴再次上疏,主张暂停进兵,以苏民困。他说:"臣受任经略,目击凋敝景象,及土司降卒观望情节,不可谋迫,须先安内,乃可剿外,……今年秋冬宜暂停进兵,俾云南迤西残黎,稍藉秋收,以延残喘,尽力春耕,以图生聚。"② 这个意见也得到了朝廷的同意,这是他为云南百姓办的最后一件好事,它减轻了云南人民所受的刀兵之害,使他们得以稍稍休养生息。

洪承畴还把他的仁治思想推广到对西南各少数民族的管理上。他目睹清廷在汉族地区推行强迫的民族同化政治,给汉族带来苦难,给社会带来动荡。所以他一到贵州,就对少数民族采取了宽容的态度,实行因俗而治。"即晓谕土司苗蛮,且暂照旧妆束,听候请旨定夺"。他同时给皇上的奏疏中,则陈述了这样做的原因:贵州少数民族的裹头跣足及妆束,乃历代未改的旧俗。"贵州初辟,人心未定,若遽令移风易俗,恐致惊畏逃匿。……今应请敕下经略辅臣,晓谕各土司苗蛮,暂依照旧妆束,用安远人"。这样做的结果是社会效果颇佳,"土司苗蛮,无不鼓舞顶戴皇上破格鸿恩,各争先出山贸易、耕凿、运米交粮,以各效诚"。后来洪承畴又要求皇上"将云南、广西,一照贵州事例,令土司苗蛮猡猡准暂免剃发,照旧妆束,以示招徕,用安异类"③。洪承畴当然是为了减少清廷用兵的阻力,当然也有歧视少数民族的思想,但他实行仁治的结果,还是少数民族受惠,国家受惠,这是毋庸置疑的。

3. 用人有术

洪承畴治国有道,一向对选吏、用吏之事抓得很紧。归顺清朝之后,他是在顺治元年六月初一日任职的。任职的第二天,他做的第一件事就是向多尔衮进言:"国家要务,莫大于用人行政。"④

在清朝入主中原之初,官吏很缺,洪承畴很注意举荐贤能,招降纳叛,

---

① 《清史列传》卷78《洪承畴传》。
② 《清史列传》卷78《洪承畴传》。
③ 《明清史料》甲编,第6本,《经略洪承畴密揭帖》。
④ 《清世祖实录》卷5,顺治元年六月戊午。

为清廷网罗人才。还是在入关前夕，他就建议，"仍布告各府州县，有开门归降者，官则加升；……有首倡内应，立大功者，则破格封赏"①。顺治二年夏，他受命招抚江南各省地方，乃尽力招抚故明官吏。经过甄别遴选，于当年十一月，一次就"疏荐故明南京翰林卿寺科道部属等官黄文焕等一百四十九员"，并对不少人的任用提出了具体的建议②。以后，又陆续荐用了崇明开城门投降的王臣缙、故明兵部尚书张缙彦、办事效力的袁廓宇等人。

为避免滥举非人，结党营私，洪承畴后来又建议周严荐举制度，实行保举连坐法。他说："平治天下之道，在于各省督抚总兵俱得其人。然人才难得，知人亦不易。……正为一人见闻有限，必合众论，乃为无私。今欲用得其人，宜实行保举连坐之法。如督抚总兵员缺，令吏兵二部满汉堂官，详加评注，自书姓名保举。再以咨询左右大臣，议论相合，方行点用。俟后有功效，保举者受荐贤之赏；若旷职偾事，保举者受妄昧之罪。庶封疆民生，两有攸赖矣。"③ 这项建议得到推行，对吏治建设起到了一定的作用。

洪承畴对自己管辖下的官吏，管理甚严。清廷在这方面也给了他很大的权力，在他招抚江南和经略五省时，给他的敕谕中明确规定："巡抚、提督、总兵以下，听尔节制，……文官五品以下，武官副将以下，有违令者，听以军法从事。……文武各官，在京在外，应于军前及地方需用者，随时择取任用。所属各省官员，升转补调，悉从所奏。抚、镇、道、府等官，有地方不宜、才品不称，应另行推用者，一面调补，一面奏闻，吏兵二部不得拘例掣肘。"④ 这使得洪承畴可以大胆地整饬吏治。在江南任上，他发现安徽巡抚刘应宾滥给副参印札，立即参劾，刘被革职⑤；在西南任上，他发现拜他喇布勒哈番张任先酗酒淫掠，参奏后于军前正法⑥；郧襄总兵官张士元"防剿怠玩"，被参劾解任⑦；贵州思仁道副使张扶龙，甚至因办事"浮躁"，也被他参劾，降五级调用⑧。由此可见洪承畴驭下极严。最能说明

---

① 《清世祖实录》卷4，顺治元年四月庚午。
② 《清世祖实录》卷21，顺治二年十一月戊寅。
③ 《清世祖实录》卷42，顺治六年正月戊寅。
④ 《清世祖实录》卷76，顺治十年闰六月戊辰。
⑤ 《清世祖实录》卷28，顺治二年十月甲申。
⑥ 《清世祖实录》卷79，顺治十年十一月戊戌。
⑦ 《清世祖实录》卷82，顺治十一年三月戊午。
⑧ 《清世祖实录》卷132，顺治十七年二月甲寅。

问题的是云南巡抚林天擎的革职了。顺治十六年正月，洪承畴刚刚保举他任职，到这年十月，就发现他"扰驿剥军，政令乖张"，不因为是自己推荐的而加以隐瞒，而是立即参劾。不久又发现林有受贿等秽迹，遂再次疏劾。林天擎及行贿的临沅道张柔嘉被革职，行贿的楚雄知府徐泰来、云南知府余秉衡被革任①。

洪承畴敢于并善于整饬吏治，在他管理都察院期间，表现得最为突出。顺治八年闰二月二十一日，"命管都察院左都御史事"，二十七日，即"甄别诸御史，分为六等，拟差用魏琯等二十二人，内升陈昌言等二人，外转张煊等十一人，又王世功等十七人，外调、降用、革任有差"②。真是大刀阔斧，雷厉风行。十几天后，他又针对以前的巡方弊病，制订了防腐保廉、奖勤罚懒的五条禁约，加强了对巡方大员的监督和管理。这五条禁约是：(1)"按臣之差额宜定：……"(2)"出差之限期宜严：御史奉差，一经命下，应照主考、分考例回避，不见客，不收书，不用投充书吏员役，不赴宴会饯送。领敕后三日内，即出都门"。(3)"在差之员役宜禁：入境之日，止许自带经承文卷书吏。所至府州县，取书吏八名、快手八名。事毕发回，随地转换。不得留按差书吏承差名色，不得设中军听用等官，以及主文代笔。暨府州县运司等官铺设迎送，概应禁止"。(4)"在差之事迹宜核：命下之日，每一差立为一册，自出都以及入境，一应条陈、举劾、勘报等事，按日登记，以凭考核"。(5)"差满之期候宜定：督学奉差，或三年，或二年半，俟岁考科考一周，造册报满。巡漕、盐政，一年交代。其余大差、中差，以一年六个月为期，皆照例三月前报满。至于声望应褒，溺职当撤者，不拘年月。差回之日，公同考核，三日内议定优劣，具疏奏请，分别劝惩"③。这一禁约深得顺治帝赏识，立即批准。顺治帝还由此引发出许多感想，七天后，他给各巡按监察御史的敕谕中，又把这个禁约重述一遍，并且要求"各差御史，将此敕谕，入境三日内，誊黄刊刻。每一司道发十张，每一府州县各发十张，遍示在城在乡绅士人民等。如不刊刻，不遍发，经都察院察纠，即以违旨论"。他在该敕谕中还预期了禁约的作用："巡方御史果能一遵禁约，自然公生明，廉生威，地方利弊，民生疾苦，必能上

---

① 《清世祖实录》卷129，顺治十六年十月己酉；卷131，顺治十七年正月甲申。
② 《清史列传》卷78《洪承畴传》。
③ 《清世祖实录》卷55，顺治八年三月丁亥。

闻，大小官吏，必能肃清。"由于这五条禁约，又引出顺治帝亲定一项制度："御史为朕耳目之司，所以察民疾苦，及有司之贤不肖也。临差之时，必令陛见，朕将地方兴利除弊事宜，面谕遣之，使伊等得亲承戒谕，始能勤修职业。"①

可以说，由于洪承畴用人有术，以及他的大力推动，使清初的保荐制度、监察制度初步形成，清初的吏治比过去前进了一大步。

4. 平"乱"坚决

对于危害朝廷的各种势力，洪承畴不论阶级和民族，农民义军也好，地主堡寨武装也好，南明政权也好，苗蛮土司也好，他一律视为"乱逆"，如招抚不成，就坚决镇压之。

洪承畴献给清廷的第一个策略就是坚决消灭农民起义军。他对多尔衮说："今宜先遣官宣布王令，示以此行，特扫除乱逆，期于灭贼，有抗拒者，必加诛戮。"他预料，"及我兵抵京，贼已远去，财物悉空。逆恶不得除，士卒无所获，亦大可惜也"。他建议，"今宜计道里，限时日，辎重在后，精兵在前，出其不意，从蓟州、密云近京处，疾行而前。贼走，则即行追剿；倘仍坐据京城以拒我，则伐之更易。如此，庶逆贼扑灭，而神人之怒可回"。② 多尔衮基本采纳了他的建议，给李自成的农民军以致命打击，迫使农民军撤离北京，败退山、陕。

顺治二年闰六月，洪承畴受命招抚江南，他在采取招降措施的同时，更是直接指挥对各地反抗的镇压。对农民义军的镇压自不必说，即使对故明官吏、宗室的反抗，也毫不手软。例如，二年十月，平定了徽州府故明翰林金声组织的十万乡兵的反抗③；三年正月，击败并擒杀故明唐王阁部黄道周等④；三年二月，剿灭潜山、太湖间故明樊山王朱常㳛的反抗，生擒并杀之⑤；三年九月，剿灭瑞昌王朱谊泐等在江宁、常、镇、平、广等地的反抗，朱谊泐并其经略、总兵官俱被擒斩⑥；三年十二月，剿灭在婺源县境内进行反抗的高安王朱常淇部，朱常淇及妻子等俱被擒斩⑦；同月，擒斩在饶

---

① 《清世祖实录》卷55，顺治八年三月癸巳。
② 《清世祖实录》卷4，顺治元年四月庚午。
③ 《清世祖实录》卷21，顺治二年十月戊子。
④ 《清世祖实录》卷22，顺治三年正月己巳。
⑤ 《清世祖实录》卷24，顺治三年二月丙申。
⑥ 《清世祖实录》卷28，顺治三年九月己酉。
⑦ 《清世祖实录》卷29，顺治三年十二月乙酉。

州境内安仁、万年、余干等县聚众反抗的故明金华王朱由榁等①；四年二月，于洿池剿杀明宗姓朱议贵等②；四年五月，剿灭故明推官陈子龙等在苏、松一带的反抗③，等等。

对于云南、贵州等地的少数民族，洪承畴坚持"首以收拾人心为本"策略的同时，也坚持要坚决打击敢于反抗之人。他在上疏中说："目前进取大兵及文武官吏，如遇贼众迎敌，苗蛮阻路，其应剿杀大创，收复地方，自不待言。"他对各阶级、各民族反抗的坚决镇压和他的忠君思想是完全一致的。

二

洪承畴能成为封建时代的能员干吏，绝非偶然，这和他一贯注意自身的修养分不开。他修身的基本特点是：实事求是，办事认真；克勤克谨，严于律己；为人正直，不相结党。

1. 实事求是，办事认真

无论是在中央佐理机务，还是到外任招抚经略，无论是军政大事，还是涉及他本人之事，洪承畴均能以实事求是的精神，认真处理。大者，像如何经略云南。顺治十五年九月，在贵州平越开军事会议，决定三路大军进攻昆明，由他留镇贵阳。清军攻克昆明之后，他本可不去云南，但几路清军在云南纪律不好，多有杀戮，而且只报喜不报忧，洪承畴很不放心，一定要亲自去察看实情。他上疏说："今云南新辟，系臣经略管辖之内，必亲往相度，乃能区处得宜。故不待诏谕，即日就道。"④他于顺治十六年二月中旬从贵阳出发，三月下旬到昆明，一路调查研究，掌握真实情况。他几次上疏朝廷，都是实事求是地详陈当地与内地的区别及问题的严重性。他报告的实情大体为五个方面：（1）从地理上说，云南尤为险远；（2）从民族上说，云南土司种类最多，治之非易；（3）从社会状况讲，民间遭兵火残毁，饥饿载道，死无虚日。在一些地方，甚至周围数百余里，杳无人烟，极为惨烈；（4）从清军的后勤供应上，缺粮严重。省城之米，飞涨到每石需银十三两有奇。只能把清兵分散到各县驻防，但因无粮也不能久驻；

---

① 《清世祖实录》卷29，顺治三年十二月庚子。
② 《清世祖实录》卷30，顺治四年二月己丑。
③ 《清世祖实录》卷32，顺治四年五月己未。
④ 《清史列传》卷78《洪承畴传》。

（5）从敌方情形看，虽然李定国拥桂王奔走缅甸，但他的一些部下仍收集溃兵，遁迹于元江、顺宁、云龙、澜沧、丽江诸处边外。并且李定国等又与土司有所勾连，共思狂逞，所以云南迤西及迤东在在可虞窥犯。洪承畴讲这么多实际问题，和一些对此视而不见的官员形成了鲜明的对照。如何解决这些实实在在的难题与危机？如何区处云南的局面？洪承畴不搞随声附和，他又以实事求是的精神，提出了与平西王吴三桂和兵部快速进兵的相反意见：（1）应仿效元明二朝，用王公大臣留兵驻镇，俾边疆永赖粒宁；（2）须先安内，以图生聚，让人民休养生息，以挽救濒于崩溃的社会；（3）尊重少数民族风俗习惯，因俗而治，以协调与少数民族的关系；（4）进兵缅甸之事，宜暂停止，不可谋迫①。这和一些急于求功、迎合朝廷的做法，是有很大不同的。这些建议，有事实依据，自然都得到顺治帝的应允，得以实行。这无疑减少了云南各民族的苦难。可见一个封疆大吏是否具备实事求是的品质，对一方人民是多么至关重要。

小如一些个案，洪承畴也是一丝不苟，认真对待，务必弄清真相。如顺治九年末十年初，审理京城恶棍李应试（李三）一案，因其既豢养强盗，通盗害民，又交结官司，把持衙门，影响甚坏，顺治帝特命郑亲王济尔哈朗及内大臣、内院、刑部大臣公同鞫问。其时，惟"大学士洪承畴，反复诘问"②。而"宁完我、陈之遴，默无一语"，陈名夏等亦不认真。后来济尔哈朗和顺治帝责问其故，陈之遴坦白："李三巨恶，诛之则已。倘不行正法，之遴必被陷害。"陈名夏则辩解："李三虽恶，一御史足以治之。臣等叨为朝廷大臣，发奸摘伏，非臣所司。且李三广通线索，言出祸随。顾惜身家，亦人之恒情也。"③这一案件的处理过程，把洪承畴与陈名夏、陈之遴、宁完我等人的个人品质与工作作风，区别得清清楚楚。

再如顺治八年五月，外转御史张煊劾吏部尚书陈名夏植党行私，并劾洪承畴私送其母回闽，又与陈名夏、陈之遴密议逃叛一案，洪承畴采取了实事求是的态度，错的地方就承认，与事实不符的则辩明之，"以送母回闽未奏明，自引罪；至火神庙会议数次，则皆御史因甄别商酌应差用及升调革除者也"④。会审的结果，吏都满尚书谭泰坐煊诬陷逃叛罪，将张煊绞死。

---

① 《清史列传》卷78《洪承畴传》。
② 《清世祖实录》卷72，顺治十年二月壬子。
③ 《清世祖实录》卷71，顺治十年正月丁酉。
④ 《清史列传》卷78《洪承畴传》。

八月，顺治帝以谭泰阿附多尔衮等旧账，又处死谭泰，因想到谭泰可能党庇陈名夏，于是再次审理陈名夏和洪承畴一案。"承畴招对俱实。独名夏厉声强辩，闪烁其词，及诘问词穷，乃哭诉投诚之功"。二人品质高下自见。顺治帝以"火神庙聚议，事虽可疑，实难悬拟；送母归原籍，虽不奏私遣，然为亲甘罪，情尚可原"，令洪承畴仍留原任，而不加责；陈名夏则受到了革职的处分①。

2. 克勤克谨，严于律己

洪承畴办事一贯小心谨慎，兢兢业业，恪尽职守。他在招抚江南时，既要对付农民义军，又要对付南明势力，既要策划军事行动，又要筹粮筹款，任务极重。他不能有丝毫懈怠，正像他自己说的，"昼夜冰兢，不敢顷刻自逸"，凡事"无不竭尽心力"②。他到江南任上半年多，已累得患了严重的眼疾，几乎不能视物理事。即使这样，在朝廷未批准他回京疗理之时，他仍一如既往，谨慎任职，"一有传奉圣旨，则顷刻不可停留；一遇各省剿抚，兵食则远近皆不可稽迟"③。一直坚持到顺治五年三月，新任江南、江西、河南总督马国柱接替他，他才敢松一口气。后来经略五省时，他已六十多岁，"须发全白，牙齿已空"，"右目内障，久不能视，只一左目，昼夜兼用，精血已枯。加以风气水土，异热异湿，少壮尚不能堪，衰老尤为难耐"④。在当时内外诸臣中，属他年龄最老，身体最差，但他仍严格要求自己，恪尽职守，事必躬亲，一直坚持到云南最后平定。

洪承畴这种兢兢业业，小心谨慎，办事周严的作风，从当时所发生的一件案子中也有所反映。顺治十四年冬，孙可望在湖南向洪承畴投降。考虑到李定国部还在附近，可能对受降构成威胁，因此，他对于受降的时间、地点等细节，都安排得非常周严。次年初，朝廷派内翰林弘文院学士麻勒吉为正使，赍册印到湖南加封孙可望为义王。洪承畴对册封活动的各个环节，包括对正副使的礼遇，都考虑得很周到。但由此也引出一桩案子，洪承畴的小心慎严，与直隶、河南、山东总督张悬锡的不经心接待，形成了强烈的反差，致麻勒吉等在回程时，责备张悬锡

---

① 《清世祖实录》卷62，顺治九年正月壬午。
② 《明清史料》丙编，第2本，《江南招抚洪承畴揭帖》。
③ 《明清史料》甲编，第2本，《江南总督内院大学士洪承畴揭帖》。
④ 《明清史料》丙编，第2本，《经略洪承畴揭帖》。

"迎接失仪","一则云：前日我们往湖广去时，你在山东，岂不见小报，何为不来迎接？再则云：我们到南边，洪经略差人远接馈遗，日日来见，何等小心！"① 张悬锡吓得自缢而死，麻勒吉等也因此受到了不大不小的处分，洪承畴则因招降有功、受降有序而受到了嘉奖。

洪承畴还一向严于律己，勇于承认自己的过失，并承担相应责任。曾有这样几件事：顺治四年十月，"招抚江南大学士洪承畴，以江南织解诰轴违式，上疏自劾"②，并提出将原籍的产业变卖，以赔偿造成的经济损失。其实，他在这件事上的责任是有限的。因为清工部送诰轴式样是在顺治三年八月，其时洪承畴正忙于平定发生在江南省城及常、镇、平、广等地的故明宗室朱谊泏等的谋叛，加之他眼疾已很严重，以致过目样式时有所疏忽。但即使如此，即使不是直接责任者，他还是主动承担了责任。他第二次外任，经略五省之时，头几年因李定国、孙可望抗清力量强大，他只能处于比较被动的防守状态，虽也取得一些胜利，但战果不大，进展缓慢。洪承畴感到辜负了皇上的期望，于心不安，便在顺治十三年六月上疏自责："若职之任事无能，计时将及三载，一筹莫展，寸土未恢，大兵久露于外，休息无期；民人供亿于内，疲困莫支，已见劳师费财，剿抚未有头绪，自知任久无功，罪状有如山积。……伏乞皇上亟赐罢斥处分。"③ 他当然不希望皇帝真的罢斥他，这只是一种以退为进保护自己的策略，但也确能看出他律己之严。前述他曾推荐林天擎为云南巡抚，后发现林有扰驿剥军受贿等问题，他在参劾林的同时，还能引咎自责："至于保举非人，臣不敢辞咎。"④ 洪承畴事事效忠清廷，又能时时律己，一直博得清最高统治者的赏识，这几件事又非大过，所以他一直未受处分。

3. 为人正直，不相结党

清初，是中国社会急剧变革时期，各种矛盾异常尖锐。单是清统治集团内部，皇室与诸王之间、满洲贵族之间、满官与汉官之间，甚至汉臣中的汉军与汉人、北人与南人之间都存在矛盾。这些矛盾，有时隐蔽着，有时则相当激烈，甚至是你死我活的斗争。为了保全自己，有的人依附权贵，有的人结党营私。洪承畴则不然，他既不依附满洲贵族，也不与汉官结党，

---

① 《清世祖实录》卷118，顺治十五年六月辛卯。
② 《清世祖实录》卷34，顺治四年十月戊寅。
③ 《明清史料》丙编，第2本，《经略洪承畴揭帖》。
④ 《清世祖实录》卷131，顺治十七年正月甲申。

在各种斗争的旋涡中，他一直刚直不阿，卓然独立。

摄政王多尔衮死后，被压的郑亲王济尔哈朗一系开始反击，许多被多尔衮重用的满洲大臣被处死，其中包括多尔衮同母兄英亲王阿济格，大学士刚林、祁充格、固山额真吏部尚书谭泰等数十人。汉军大学士范文程也一度被夺官。洪承畴曾是多尔衮最信任和依靠的汉官，派他去江南时，多尔衮曾这样赞扬他："我在东边，只闻洪军门是至清的好官，其用兵上陈亦有可观。……我亦见他做得来，诸王也荐他好，故令他去。"多尔衮又亲自对洪说："凡我所心爱之人，虽万金不惜。昨赐卿衣帽，所值无几，卿此行须用心做事。"洪承畴也曾感激地回答："感王上厚恩，敢不竭尽心力！"①但是，洪承畴在多尔衮死后的大清洗中并没有波及。很重要的一个原因是他虽感激多尔衮的知遇之恩，但并没有投靠在多尔衮门下，没有过格的私人交往，他只是为清廷效力。

多尔衮与顺治帝都倾心汉文化，也都胸怀开阔，能够信用汉官。定都北京以后，在议政王大臣会议仍然由满洲贵族控制的同时，内三院和六部之中的汉官骤然多了起来，并逐渐形成了一股力量。满汉两族由于历史背景不同，文化传统差异，所以在议事时，往往产生意见分歧，渐渐地形成了满汉大臣间的对立。只有洪承畴、范文程少数正直且有远见之人，没有卷入这场斗争。满汉官之间的对立，到顺治十年发展到了顶峰。这年二月，工科副理事官祁通格上疏，指责满汉官待遇不平等，"其法不一"②。接着又发生了李呈祥事件。詹事府少詹事李呈祥亦上疏，更要求"部院衙门，应裁去满官，专任汉人"③。这种不知高低的狂言，被顺治帝斥为"大不合理"。顺治帝还以此为由，把汉官的头面人物洪承畴、范文程、宁完我、陈名夏等训诫一番："朕不分满汉，一体眷遇，尔汉官奈何反生异意？若以理言，首崇满洲，固所宜也。想尔等多系明季之臣，故有此妄言尔！"④刑部议李呈祥"蓄意奸究，巧言乱政，当弃市"。顺治帝免其死，"流徙盛京"⑤。

满汉官的对立，并未因顺治帝的一次警告而消除，多数汉官也未从李呈祥事件中汲取教训。两个月后，在审理任珍一案时，满官与汉官的意见又泾

---

① 《多尔衮摄政日记》。
② 《清世祖实录》卷72，顺治十年二月己亥。
③ 《清世祖实录》卷72，顺治十年二月丙午。
④ 《清世祖实录》卷72，顺治十年二月丙午。
⑤ 《清世祖实录》卷72，顺治十年二月甲寅。

渭立分。任珍，故明副将，降清后屡立军功，授三等子爵。顺治十年二月因罪降为一等轻车都尉。四月，家婢又告他被谪怨望、言动狂悖，刑部审议论死。顺治帝让九卿科道官员复议。其中满官一致同意刑部原判，而大学士署吏部尚书事陈名夏、户部尚书陈之遴、都察院左都御史金之俊等二十七个汉官则持另一议："原讦重大情节，任珍俱不承认，若以此定案，反开展辩之端，不若坐以应得之罪。"对这一含混不清的意见，顺治帝两次让陈名夏等"明白具奏"，陈名夏等仍"全是朦混支吾"。顺治帝大怒，说他们"以巧生事"，"溺党类而踵弊习"。更对"满洲官议内无一汉官，汉官议内无一满洲官"这一局面忧愤，决定严肃处理。著内三院、九卿满汉官、六科、十四道、翰林七品以上并六部郎中等官，共议陈名夏等罪。众议陈名夏、陈之遴、金之俊俱应论死；其余尚书胡世安、王永吉、刘昌，副都御史傅景星及科臣、御史、侍郎二十四人，或流徙，或革职。顺治帝从宽处理，将陈名夏削去宫衔二级，罢署吏部事，罚俸一年，仍留任大学士；陈之遴、金之俊削衔罚俸，仍供原职；其他人等也各作处理。洪承畴为人正派，从不徇党附和，加之重视上次顺治帝的训诫，在这次涉及面很大的满汉官斗法中，得以超然物外。顺治帝由此更赏识洪承畴，命他与大学士范文程、额色黑共同召集陈名夏等受罚之人，再次就满汉官对立问题训诫之。①

洪承畴不参与满洲贵族间的斗争，不参与满汉官之间的斗争，同样的，他也不参与汉官中汉军与汉人、北人与南人的斗争。清初，内院及六部之中的汉官多为明朝故吏，他们踵袭宿弊，争权夺势，结党营私，几乎不加掩饰，"南北各亲其亲，各友其友"②。这种情况，连身居深宫的年幼的顺治帝都看得清楚，他曾对洪承畴等人说，"六部大臣，互相结党，殊不合理"③。"冯铨与陈名夏等，素相矛盾，朕所习知"④。汉官互相斗争的结果是纷纷被罢官。北人大学士冯铨，"既罢，代以陈名夏，坐事夺官；代以陈之遴，亦不久罢"⑤。到顺治十一年，汉军出身的大学士宁完我更劾南人大学士陈名夏"号召南党，布假局以行私，藏祸心而倡乱"，陈名夏被绞⑥。两年后，左都御史北人魏裔

---

① 《清世祖实录》卷74，顺治十年四月甲辰、乙巳。
② 《清史稿》卷245《陈之遴传》。
③ 《清世祖实录》卷72，顺治十年二月己酉。
④ 《清世祖实录》卷74，顺治十年四月己未。
⑤ 《清史稿》卷245《冯铨传》。
⑥ 《清世祖实录》卷82，顺治十一年三月辛卯、辛丑。

介等又劾南人大学士陈之遴"植党徇私","密勿之地,恐之遴一日不可复居",把他逐出京城,发辽阳居住①。在这一个接一个的汉官互斗的旋涡中,洪承畴有时也受到冲击和牵连,如山西人张煊等劾他与陈名夏结党,并"密议叛逃",虽然当时洪承畴也被隔离审查了几天,但有惊无险。终归他是清正之人,何能查出结党和逃叛之迹象!顺治帝以"聚议不必悬揣"一句,又还他以清白。

从上述可以看出,洪承畴所以能够为清初的统一大业做出贡献,能够在复杂斗争的环境中立于不败,就在于他作为一个正直的封建文人,能够认真地汲取中国传统文化,并认真地应用在修身、齐家、治国、平天下的实践之中。他信守的某些政治哲学和他的某些实践,在今天看来有很大的历史局限性,但它适应了他那个时代,所以,总的说来洪承畴是对中国历史有贡献的。

---

① 《清史列传》卷79《陈之遴传》。

施琅与康熙帝对规复台湾的贡献*

在清初规复台湾的过程中,福建水师提督施琅,具有远见卓识,且举措得当,英勇果敢,在满朝文武中是第一功臣。而康熙皇帝深谋远虑,决策英明,又知人善任,运筹帷幄,为施琅提供了充分发挥才干的政治环境。名臣与明君的无间配合,才完美地谱写了台湾规复的伟大篇章。

一 进取台湾的大业,是施琅率先推动的

康熙帝即位之前,南明延平郡王郑成功一直在东南地区进行抗清斗争,隔海的台湾岛尚为荷兰人霸占,清朝还不具备规复台湾的客观形势。顺治十八年(1661),郑成功在东南地区抗清受挫,却一举打败了荷兰人,光复了台湾,并以台湾作为抗清基地。但在第二年,即康熙元年,郑成功便病逝于台湾。同年,施琅由福建同安总兵升为福建水师提督。康熙二年(1663),施琅与靖南王耿继茂、闽浙总督李率泰等攻克被郑成功之子郑经所占据的厦门、金门。康熙三年三月,又攻占铜山。郑经开始从福建沿海退回台湾。在这种郑氏沿海据点被"扫灭殆尽"的新形势下[①],施琅于同年六月,不失时机地最早提出了要解决台湾问题,他向耿、李直陈,应乘郑经"民心未固,军情尚虚,进攻澎湖,直捣台湾。庶四海归一,边民无患"[②]。清廷很重视施琅及其建议,七月,即加授其为靖海将军,敕谕曰:"海寇虽已荡平,逆贼郑锦尚窜台湾。兹以尔施琅素谙海务,矢志立功,特命尔为靖海将军,……统领水师,前往征剿。"[③] 1663年十一月及次年三月,

---

* 原载《施琅研究》,国际文化出版公司,2002。
① 《清圣祖实录》卷12,康熙三年五月丙寅。
② 江日昇:《台湾外记》卷6,福建人民出版社,1983。
③ 《清圣祖实录》卷12,康熙三年七月丁未。

施琅率部众两次进兵台湾,都因遭台风而中途返航。施琅总结这两次受挫,除了天灾,还冷静地正视了人的因素:"人谋亦未允臧","新附人心,参差未一"。而且自己没有机动权,只是"奉有成命,勉应击楫"①。但不管怎样,进取台湾的大业首先是由施琅推动的。

二 规复台湾的方略,是施琅具体制订的

进兵台湾两次受挫后,清廷对郑氏的策略有所改变,从急进改为缓办,从征剿为主改为招抚为主,几年间再未命施琅进兵,只让他驻防海澄。而施琅有志于台,他利用这段较长的时间,认真总结以往的经验教训,并细致地调查研究,"每细询各投诚之人及阵获一、二贼伙,备悉贼中情形,审度可破之势"②。在此基础上,重新研究了规复台湾的可行策略和具体方案。因此在康熙六年清廷派遣福建招抚总兵官孔元章两次赴台招抚无效之后,施琅能够及时做到向朝廷接连进呈《边患宜靖疏》、《尽陈所见疏》,陈述自己"成算在胸"的规复台湾的方略。

其方略要点为:①进取台湾的必要性和迫切性。施琅认为,"东南膏腴田园及所产渔盐,最为财赋之薮,可资中国之润,不可以西北长城塞外风土为比。倘不讨平台湾,匪特赋税缺减,民困日蹙,即边防若永为定制,钱粮动费加倍,输外省有限之饷,年年协济兵食,何所底止?又使边防持久,万一有惧罪弁兵及冒死穷民,以为逃逋之窟,遗害巨测,似非长远之计。且郑成功其子有十,迟之数年,长成群强,假有一二机觉才能,收拾党类,结连外国,联络土蕃耕民,羽翼复张,终为后患。而我边各省水师,虽布设周密,然臣观之,亦只区守汛口。若使之出海征剿,择其精锐习熟将兵,实亦无几。况后来惯者老、练者往,何可恃御?""迟之数年,船只久坏再造,则损内帑之金。舵梢拨款招募,安得惯洋之人?万一蠢动,属费驱除。以臣愚见,不如乘便进取,以杜后患"。先提出这些见解,是为了破除"缓办"派的影响,是很必要的。②知己知彼,确定和筹备己方适量的军队与船只。如果对敌我双方状况不甚了了,己方力量配备不足,则不可能制胜;如果力量配备过分,则会增加国家负担,并造成浪费。施琅通

---

① 施琅:《靖海纪事》卷上《边患宜靖疏》。
② 施琅:《靖海纪事》卷上《尽陈所见疏》。

过调查，准确了解到，"为伍贼兵，计算不满两万之众，船只大小不上二百号"。而且"分为南、北二路，垦耕而食，上下相去千有余里"。其首领郑经"智勇无备，战争匪长。其备伪镇，亦皆碌碌之流，又且不相浃洽"。据此，施琅对如何配备己方的力量，做出了精当的筹划：在福建现有之水师、陆师中，选拔精兵两万，"便可合为劲旅"，"分拨八千为水，在船以接战；一万二千为陆，登岸以进取"。至于大小将领，他"稔知有素"，只待"命下之日，会议选拔定数"。关于所需船只，施琅心中也有定数，他计划在福建现有的大小戈船200只中，选拔170只；在现有小快哨100只中，选70只，其余的则留为防汛及运粮之用；另须在浙、粤二省之船中，改修水艍船10只，渡马船20余只，这可省新造之费。另外，还须新造小快哨100只，以为载兵进港及差拨哨探之用；新造小八桨200只，每大船各配一只，临敌登岸时可载兵蜂拥而上。此新造小快哨每只仅用价银40两，小八桨每只仅15两银，为费不多。③进取台湾的总的战略是，先取澎湖，剿抚并用。施琅认为台、澎的郑军，"无家眷者十有五六，岂甘作一世鳏独，宁无故土之思？但贼多系闽地之人，其间纵使有心投诚者，既无陆路可通，又乏舟楫可渡，故不得不相依为命。郑经得驭数万之众，非有威德制服，实赖汪洋大海为之禁锢。如专一意差官往招，则操纵之权在乎郑经一人，恐无率众归诚之日。若用大师压境，则去就之机在乎贼众，郑经安能自主？是为因剿寓抚之法"。而进剿之时，当先取澎湖。"盖澎湖为台湾四达之咽喉，外卫之藩屏。先取澎湖，胜势已居其半。……若据澎岛以扼其吭，大兵压近，贼胆必寒"。攻取澎湖之后，再怎么分步骤地进取台湾，施琅也有周密地部署，即"仍先遣干员往宣朝廷德意，若郑经迫之势穷向化，便可收全绩。倘顽梗不悔，俟风信调顺，即率舟师联艒直抵台湾，抛泊港口，以牵制之。发轻快船只往南路打狗港口，一股往北路蚊港、海翁窟港口，或用招降，或图袭取，使其首尾不得相顾，自相疑惑。疑，则其中有变。贼若分，则力薄；合，则势蹙。那时用正用奇，随机调度，登岸次第攻击"。施琅对这样的部署非常自信，他说："臣知己知彼，料敌颇审。率节制之师，贾勇用命，可取万全之胜。倘贼踞城固守，则先清剿其村落党羽，抚辑其各社土蕃，窄狭孤城，仅容二千余众，用得胜之兵，而攻无援之城，使即不破，将有垓下之变，贼可计日而平矣！"这个知己知彼、部署周详得当的剿抚并用的谋台方略被十多年后的历史证明，是完全正确的。

还应该指出的是，在《边患宜靖疏》中，施琅即已形成了独任指挥、便宜行事的统帅思想，他要求："伏乞皇上赐臣稍以便宜，得于军中申严号令，庶肤功克奏。又当密敕藩、督、抚、提诸臣，会商妥确，催督修造战船，备足粮饷，选调官兵，待臣整练完备，相机进取。居者行者各尽其力，则动出万全。"后来的事实也证明，施琅的这种要求，对保证顺利取得台湾是十分必要的。

只是由于当时的条件尚未成熟，施琅的这些主张无法实行。这主要是清、郑对峙以来，东南沿海各省迁界，大量驻军，生产遭到破坏，自郑经东渡，大规模战事停止，广大人民迫切要求恢复迁界，恢复生产，裁撤驻军；加之朝廷仍期望和平统一台湾，宁可再等以时日。这样，施琅的奏疏就被搁置起来，施琅被改授内大臣，留于京师。由于后来又发生了三藩之乱，朝廷更是无暇东顾了。

三 收复台湾的壮举，是施琅率领完成的

康熙二十年（1681）初，郑经病故，台湾内讧，其长子郑克𡒉被杀，年仅十二岁的次子郑克塽即延平王位。当其时，"三藩"问题也基本解决，尚之信已赐死，耿精忠已调京，吴逆已龟缩云南省城，指日可灭。六月初，康熙帝适时地发出对台湾进军令："务期剿抚并用，底定海疆，毋误事机。"① 七月，起用施琅，"仍以右都督充福建水师提督总兵官，加太子少保"，令其前往福建，与当地将军、总督、巡抚、提督商酌，进取澎湖、台湾②。十月，施琅到厦门后，立即开始了进取台湾的各项实际工作。

（1）积极争取专征大权。施琅吸取康熙三、四年间进兵台湾的教训，认为督、抚、提之间，虽然统一台湾的大目标没有分歧，但在具体的军事行动上，认识和主张往往不一致，而影响进军效果。加之他确实认为，总督姚启圣虽"灭贼之念实切。惜乎生长北方，水性海务非其所长"；而他自己则是"生长海滨，总角从戎，风波险阻，素所履历"，"今不使臣乘机扑灭，再加数年，将老无能为，恐后更无担当之臣"。为避免督、抚、提臣彼此掣肘，确保进兵顺利，施琅在抵厦门的当月，和次年的三月、七月，三次上疏，坚请"独任臣以讨贼，令督、抚二臣催趱粮饷接应"。事实上，施

---

① 《清圣祖实录》卷96，康熙二十年六月戊子。
② 《清圣祖实录》卷96，康熙二十年七月己卯。

琅争取专征大权，也确实是这次进兵应首要解决的问题。这次进兵，总督姚启圣主张，总督、提督各率一军，分头进击澎湖和台湾，并要利用北风；而施琅则主张集中力量，先取澎湖，而且是利用南风。二人意见尖锐对立，已无法进兵。施琅在疏中剖白己心，自己争取专征权，绝非是排斥姚，不是"阻其满腔忠荩"，自己只是"以君命（必破台湾）为重，故当克尽臣职，不禁烦琐激切沥陈，断无浮言饰辞"。为了保证"必破台湾"，必须实行"专征"。施琅最后甚至自动立下军令状："事若不效，治臣之罪"①。施琅通过多次争取，终于取得了专征权，从而使谋取台、澎的军事行动得以顺利进行，也从而确定了施琅在统一台湾大业中享有头功的历史地位。这里应该指出，施琅对专征权的争取，客观上是军事行动的需要，主观上也是出以公心。

（2）在争取专征权的同时，积极做进兵的各种准备。施琅自康熙二十年十月初六日抵厦始，即"日以继夜，废忘寝食，一面整船，一面练兵，兼工制造器械，躬亲挑选整搠"。至二十一年四月终，已达到"船坚兵练，事事俱备"②。同时，他不断派密探潜入郑军，及从郑军投降人员中了解台、澎的军力部署情况、郑氏集团的动向及民众动态；甚至亲自乘船冒险深入澎湖内、外堑、嵵内，侦察地形和郑军的防御设施，以做到知己知彼。

（3）制订正确的作战方案，驭将有方，身先士卒，勇克澎湖。总的战略，仍是他在十多年前即已考虑成熟的那套方案，只不过到实战阶段，施琅把它更具体化了。他根据侦察，以米制成澎湖的地形地势模型，具体向诸将演示，"如此入港，如此泊船，如此进战"，并严令："不用命者无赦！"③ 施琅对自己挑选的将领都非常熟悉，并且要求严，奖惩分明，善于调动和驾驭。比如，他选拔先锋的做法就很独特，公开、公平，类似现代的招标，把诸将召齐，把奖励先锋的银锭摆在当面，"谁敢为先锋者，领取。以便首先冲船破敌"④。勇将蓝理领先锋后，阵前果然用命，曾冲入敌围，救出主帅施琅，身负重伤，仍坚持战斗。施琅还"将各大小战船风篷上大书将弁姓名，以便观看，备知进退先后，分别赏罚"⑤。方法非常具体，

---

① 施琅：《靖海纪事》卷上《密陈专征疏》；《决计进剿疏》。
② 施琅：《靖海纪事》卷上《决计进剿疏》。
③ 施琅：《靖海纪事》，施德馨：《襄壮公传》。
④ 江日昇：《台湾外纪》卷9。
⑤ 施琅：《靖海纪事》卷上《飞报大捷疏》。

也非常有效。施琅在严格要求各将领的同时自己更事事率先垂范，身先士卒，勇往直前，指挥若定。在康熙二十二年六月十六日第一天战斗中，施琅就在最前沿指挥，在右眼被铳击伤的情况下，仍坚持指挥。清军经过七天"奋不顾身，抵死戮力击杀"，于二十二日克澎湖诸岛。是役，共焚杀郑军副将以上将领 47 员，游击以下将领 300 余员，兵 12000 余人；郑军投降官员 165 员，士兵 4853 人。郑军统帅刘国轩仅带领少数人逃回台湾。清军死亡官兵总数仅 329 人①。清军以最小的代价取得对郑军的决定性胜利，与施琅的正确决策、正确指挥，是绝对分不开的。

（4）以政治家的广阔胸怀和智慧，兵不血刃，就抚台湾。攻下澎湖，歼灭郑氏主力之后，有人主张"乘胜直捣台湾"，并乘机报郑成功诛杀施父之仇。而施琅认为："今日之事，君事也。"他以国事为重，以政治家的胸怀，断然决定："断不报仇，当日杀吾父者已死，与他人不相干，不特台湾人不杀，即郑家肯降，吾亦不杀。"施琅更料想，刘国轩逃回台湾后，再无策可使，"唯有扬言于众，语吾将报杀父之仇，到台湾鸡犬不留，悚恐众人，尽力死守"②。他为了顺利招抚台湾，厚待被俘和投诚人员，给食给酒，给医给药，放他们回台湾与家人团聚，同时宣示："朝廷至仁如天，不得已而用兵。降即赦之耳，汝今归，为我告台湾人，速来降，尚可得不死。少缓，即为澎湖之续矣。"③ 施琅还在澎湖"抚绥地方，民人乐业，鸡犬不惊"，"台湾兵民闻风俱各解体"④。在这种"官兵逼临门庭"的军事压力及强大的政治攻势面前，台湾郑氏集团终于就抚，闰六月八日，派人赍降表到澎湖求降。施琅在得到朝廷的指示后，率水陆官兵船只，于八月十三日抵台受降。从此，台湾与大陆重归统一。

四　留守经营台湾的国策，是按施琅的意见落实的

施琅认为，出兵台、澎，不仅仅是为了征服与清对抗的郑氏集团，占领台、澎之后，就应该保卫和经营台、澎，这是天经地义之事。所以在占领澎湖之后，他在安民告示中就说："照得澎湖各岛，……此日王土、王

---

① 施琅：《靖海纪事》卷上《飞报大捷疏》。
② 李光地：《榕村语录》续集，卷11。
③ 杜臻：《粤闽巡视纪略》卷6。
④ 施琅：《靖海纪事》卷下《赍书求抚疏》。

民，悉隶版图，宜加轸恤，以培生机，……当为蠲三年徭税差役。"① 进驻台湾之后，在《谕台湾安民示》中再次强调："念土地既入版图，则人民皆属赤子，保乂抚绥，倍常加意。"②

但是，清朝的一些大臣对台湾的去留，认识上并不一致。占领台湾之初，朝廷也未有明确的指示。所以施琅在《谕台湾安民示》中，也公开了这个人人都关心的问题，告示说，"台湾去留，业经题请候旨"。当时的情况是，受到康熙帝信任、原来积极主张对台进兵并力荐施琅的内阁学士李光地，此时主张放弃台湾。他自康熙二十一年五月送母返乡，至二十五年，一直在福建原籍。他可能看到台湾远隔重洋，这次进兵确实不易，担心守之更难，认为"重洋之险，守则必设重戍，设重戍而固业其子孙，一旦濒海有警，隐然有夜郎自大之势"，怕朝廷鞭长莫及，再成割据。因此他主张，"乘国威远播，丐其地与'红毛'（荷兰），而令世守输贡，似尤永逸长安之道"③。而当时在福建料理钱粮的侍郎苏拜、福建巡抚金铉等，因"未履其地（台湾），去留未敢进决"④，没有明朗的态度。主张留守的，除施琅外，还有福建总督姚启圣、都察院左都御史赵士麟等。台湾的弃留问题，尖锐地摆在朝廷面前，为此，中央与地方多次开会讨论。

施琅于康熙二十二年十一月底班师回福建，十二月即与福建巡抚及在闽的侍郎开会，讨论台湾弃留问题，其时总督姚启圣已病逝。会中，施琅虽"谆谆极道，难尽其词"，又担心部臣、抚臣在"会议具疏"中不能完全概括他的意见，就又"于会议具疏之外，不避冒渎，以其利害，自行详细披陈"，上了著名的《恭陈台湾弃留疏》。他指出，台湾的战略地位十分重要。"乃江、浙、闽、粤四省之左护"，"东南之保障"，"实关四省之要害"；并以荷兰侵占和郑氏盘踞其地的历史教训，预警若弃台湾，"此乃种祸后来，沿海诸省，断难晏然无虞"，"弃之必酿成大祸"。他还以亲身经历，说明台湾是"野沃土膏，物产利溥，耕桑并耦，鱼盐滋生，……无所不有"，"勿谓彼中耕种，尤能少资兵食，固当议留；即为不毛荒壤，必藉内地挽运，亦断断乎其不可弃"！而留守并经营台湾，则"永固边圉"，"永绝边海之祸患"。进而，他还规划了留守并经营台湾的大致方案，即"台湾

---

① 施琅：《靖海纪事》卷上《晓谕澎湖安民示》。
② 施琅：《靖海纪事》卷下《谕台湾安民示》。
③ 《榕村全书·文贞公年谱》卷上。
④ 施琅：《靖海纪事》卷下《恭陈台湾弃留疏》。

设总兵一员、水师副将一员、陆师参将二员、兵八千员；澎湖设水师副将一员、兵二千员，通共计兵一万员，足以固守"。为防止形成割据势力，"其防守总兵、副、参、游等官，定以三年或二年转升内地，无致久任，永为成例"。至于军饷，因"当此地方初辟，该地正赋、杂饷，殊宜蠲豁。见在一万之兵食，权行全给；三年后开征，可以佐需。抑亦寓兵于农，亦能济用，可以减省，无庸尽资内地之转输也"。①

施琅对台湾的认识来自实践，确为真知灼见。康熙帝让大学士、议政王等大臣讨论施琅的意见，很快就达成共识。康熙二十三年一月，朝廷便采纳施琅的主张，决定留守台湾；至于兵将的数额和部署，以及"戍卒更番"、"寓兵于农"，也依施琅的建议而落实。

观察施琅在进兵澎湖、招抚郑氏、统一台湾、经营台湾的前后作为，可以公平地得出结论，施琅不仅是杰出的军事家和统帅，也是有远见有气度的政治家，是清朝统一台湾并决定永守台湾的首屈一指的大功臣。

五　康熙帝的赏识与支持，是成就施琅建立元功的根本保障

施琅能建此元功，除自身的才智胆识之外，还有一个至为关键的客观因素，他遇到了一个中国历史上最为英明的皇帝，赶上了盛世。康熙帝主张规复台湾，是规复台湾大业的最强有力的领导人，与施琅的主张又基本一致，所以能重用施琅。施琅在对台的每个关键环节上，都得到了康熙帝的信任和有力支持，使他得以不受外力干扰，可以充分施展自己的抱负和才能。

前已述及，在康熙六七年，施琅已形成了比较切实可行的，周详的，并被后来验证为正确的对台、澎"因剿寓抚"的战略主张，可是当时康熙帝才十多岁，掌握实权的鳌拜"以风涛莫测，难必制胜"为由，"寝其奏"②。施琅徒有抱负，而不能施展。鳌拜问题解决后，康熙帝仍未成年，很快又发生大规模的三藩之乱，施琅仍未有机会再谈台湾问题。

在平定三藩的后期，康熙帝已历经磨炼，走向成熟，且奋发有为，在全力围歼三藩的同时，对解决台湾问题也愈加着力，陆续招抚、瓦解、消

---

① 施琅：《靖海纪事》卷下《恭陈台湾弃留疏》。
② 《清史列传》卷9《施琅传》。

灭了郑氏集团乘三藩之乱时在沿海集结的军队。但郑氏集团的核心，一再拖延，拒不就抚。康熙二十年六月，康熙帝与大学士等会议后，果断决定：恰郑经新死，"贼中必乖离扰乱，宜乘机规定澎湖、台湾。……务期剿抚并用，底定海疆，毋误事机"①。战略问题确定之后，用什么人，怎么用人，就成了事实成败的关键问题。康熙帝选中了施琅。从以下的几个重要环节，可以看出康熙帝是多么知人善任，对施琅又是多么的信任和支持。

（1）康熙帝力排众议，信任施琅，重用施琅，给了施琅复出和建功立业的机会。进兵澎湖、台湾，福建水师提督绝对是关键性角色。当时的水师提督万正色，虽在沿海作战勇敢，但不敢到远海，曾上奏"台湾断不可取"，康熙帝"见其不能济事，故将施琅替换"②。本来，一些大臣以施琅与郑氏有旧，关系不清，反对任用施琅，说他"去必叛"、"不可遣"。但是，施琅在京十三年，为内大臣，隶镶黄旗汉军，康熙帝对他有长期的观察了解，又有内阁学士李光地和福建总督姚启圣的推荐保举，所以康熙帝力排众议，毅然做出重用施琅的决定："原任右都督施琅，系海上投诚，且曾任福建水师提督，熟悉彼处地利、海寇情形，可仍以右都督充福建水师提督总兵官，加太子少保，前往福建。到日即与将军、总督、巡抚、提督商酌，克期统领舟师进取澎湖、台湾。"③ 当施琅离京赴任时，康熙帝还"临轩劳之曰：'平海之议，惟汝予同，愿努力，无替朕命。'"④ 短短数语，说明康熙帝对施琅了解之深、信任之深、期望之深。这绝不是笼络人的虚语套话，而是康熙帝的真实心声。因为当康熙帝决策进征后，"重臣宿将，至于道路之口，言海可平者百无一焉"⑤。在这种情况下，康熙帝对施琅的倚重是很自然的。

（2）康熙帝对施琅信任支持有加，一再满足其近乎过分的要求，独任其专征大权，才使施琅首建元功。专征一事，是施琅早已形成的想法和多次的要求，但以一个提督的身份，将一向颇有剿抚成绩的封疆大臣巡抚、总督等排除在外，颇不合身份和情理，容易被误解成争权和有野心。但康熙帝毕竟是一代明君，能一次次认真地研究施琅的要求，破除常规，站在

---

① 《清圣祖实录》卷96，康熙二十年六月戊子。
② 《清圣祖实录》卷116，康熙二十三年七月丙戌。
③ 《清圣祖实录》卷96，康熙二十年七月己卯。
④ 施琅：《靖海纪事》之《家传》。
⑤ 李光地：《榕村全集》卷13《吴将军〈行间纪遇〉后序》。

施琅的角度看问题，体会出施琅看似过分的要求实有其合理的为公的实质，并一次次修改原来的谕旨。最初，康熙帝是令施琅"与将军、总督、巡抚、（陆路）提督商酌"进兵事宜。施琅到任后则上疏说，督抚均有封疆重寄，征剿事宜，自己"理当独任"。康熙帝遂对原旨稍做调整，同意巡抚吴兴祚"有刑名、钱粮诸务，不必进剿"，旋即又将吴调任两广总督，在一定程度上满足了施琅的要求，但坚持"总督姚启圣统辖全省兵马，同提督施琅进取澎湖、台湾"①。到第二年十月，康熙帝依施琅的再次要求和前方的指挥需要，再次修改谕旨："进剿海寇，关系紧要，着该督、抚同心协力，攒运粮饷，毋致有误"；"施琅相机自行进剿，极为合宜"②。康熙帝用人不疑，不固执己见，几次修正自己的决定，最终满足了施琅专征的全部意愿，放手让施琅一搏，是对施琅的最大信任与支持，免去了施琅的掣肘之苦，终使施琅在统一台湾的大业中克奏全功。

（3）康熙帝从善如流，采纳施琅台湾断不可弃的意见，做出必守台湾的历史决定，使施琅的贡献具有了更深远的历史意义。前已述及，郑氏集团就抚之后，平服抗清势力的目的已经达到，孤悬海外的台湾是弃是守，一时变成了中心议题。多数人认为保留它是个负担，丢弃它也会遗祸，处于两难境地，把握不定；一些人主张放弃；一些人主张留守，英明如康熙帝者，起初对台湾的价值也未有充分认识，在臣下因平定台湾请给他加尊号时，他曾说"台湾属海外地方，无甚关系"，"台湾仅弹丸之地，得之无所加，不得无所损"③。这话的主旨虽是谦逊，但多少透出其对台湾认识的不足。及看过施琅的《恭陈台湾弃留疏》，康熙帝被施琅的透辟分析折服，认识到"台湾弃取，所关甚大"，"弃而不守，尤为不可"④。他从善如流，遂决定永守台湾，从而揭开了台湾历史新的一页。从这个意义讲，《恭陈台湾弃留疏》宝贵的思想政治价值为康熙帝提供了开启台湾新篇章的精神动力，而康熙帝的决定又使施琅的政治思想变为现实，使施琅成为圆满统一台湾的中华民族的历史功臣。

综观清朝统一台湾的过程，可以说是一代明君与一代名臣相辅而行，相得益彰，施琅与康熙帝的名字将与统一台湾的大业联系在一起。

---

① 《忧畏轩奏疏》，康熙二十年十月十六日姚启圣题。
② 《康熙起居注》，二十一年十月初六日条。
③ 《清圣祖实录》卷112，康熙二十二年十月丁未。
④ 《清圣祖实录》卷114，康熙二十三年正月丁亥。

施琅的思想方法与台湾的规复*

康熙二十二年（1683），以康熙帝为首的一批杰出人物，从割据的郑氏手中规复了台湾。众所周知，施琅是完成这一历史伟业的最杰出的军事统帅。其实，他不单有杰出的军事家素质，他还具有政治家的思想方法和远大眼光。这后一方面，恰恰是他优于其他将领的地方，是他能够出色完成规复台湾大业的重要因素。

一 高瞻远瞩，全面地认识台湾问题，构成了施琅的台湾观并且它最终上升为清廷处理台湾问题的指导思想

施琅生于福建沿海，早年在沿海作战的经历，使他对台湾战略地位的认识比较深刻和全面，而且要早于清朝的其他将领和大臣。康熙二年十月，施琅攻取郑军占领的沿海岛屿厦门和金门。三年三月，郑经从沿海撤回台湾。紧接着，施琅就提出了进取台湾的主张，他说："郑经遁台湾，若不早为扑灭，使其生聚教训，而两岛必复为窃据。当乘其民心未固，军情尚虚，进攻澎湖，直捣台湾。庶四海归一，边民无患。"① 第一次提出台湾问题，便点到了其实质是关乎边防安定和国家的统一，这应该是施琅台湾观的基本观点。

康熙六年、七年，施琅在《边患宜靖疏》、《尽陈所见疏》中，更加全面地阐述了他对台湾问题的认识。第一，台湾的地理位置和物产，对于敌方郑氏来说，极为重要和有利。它"沃野千里，粮食匪缺"，"兼彼处林

---

* 原载《中共福建省委党校学报》2004 年第 3 期；又载《施琅与两岸统一》，香港人民出版社，2005。

① 江日昇：《台湾外纪》卷 6，福建人民出版社，1983。

木丛深，堪于采造舟楫"。又因地理位置有利，"上通日本，下达吕宋、安南等处，火药军器之需，布帛服用之物，贸易备具"。"若恣其生聚教训，恐养痈为患"①。第二，郑氏盘踞台湾，会给国家造成巨大危害。"郑经残孽盘踞绝岛，而拆五省边海地方，画为界外，以避其患。……安可以既得之封疆而复割弃？况东南膏腴田园及所产渔盐，最为财赋之薮，可滋中国之润。倘不讨平台湾，匪特赋税缺减，民困日蹙，即防边若永为定制，钱粮动费加倍，输外省有限之饷，年年协济兵食，何所底止？"而且，台湾若不讨平，它有可能成为"惧罪弁兵及冒死穷民，以为逃逋之窟，遗害叵测"。还有，它有可能为外国染指埋下祸根。"郑成功其子有十，……假有一二机觉才能，收拾党类，结连外国，……终为后患"②。第三，鉴于以上两点，必须讨平台湾，讨平台湾有利于国家的长治久安。"如台湾一平，防兵亦可裁减，地方益广，岁赋可增，民生得宁，边疆永安，诚一时之劳，万世之逸也"③。以上的看法，说明施琅对台湾问题的认识，不是就事论事，不是只看到郑氏，一个海岛，而是将台湾与沿海各省，以及全国联系起来看，看到了税赋问题、民生问题、边防问题。施琅还透过台湾，隐隐看到了荷兰、日本、吕宋等外国潜在为患的可能性。总之，台湾问题是关乎国家万世之逸的大问题。

康熙初年，限于当时全国的形势，清廷对郑氏的策略，主要是招抚，偶有进攻，也只是限于沿海地区。东南沿海握有重兵的大臣，如靖南王耿继茂、闽浙总督李率泰者，都从未提出要进兵台湾。施琅关于讨平台湾的主张一提出，清廷顿觉耳目一新，极为重视。施琅在康熙三年六月提出进取澎湖、台湾的建议，隔一个月，清廷就封施琅为靖海将军，命其率水师征台。虽然施琅在康熙三年、四年两次征台，均受飓风所阻，无功而退，但清廷对施琅有关台湾的主张，仍然十分重视。施琅在康熙六年（1667）十一月上《边患宜靖疏》，第二年正月，康熙帝即降旨："渡海进剿台湾逆贼，关系重大，不便遥定。着提督施琅作速来京，面行奏明所见，以便定夺。"④ 四月，施琅进京陛见，详陈武力统一台湾的必要性和可能性。后来虽验证施琅的见解完全正确，但由于前两次进兵台湾未克济师，朝中

---

① 施琅：《靖海纪事》上卷《边患宜靖疏》。
② 施琅：《靖海纪事》上卷《尽陈所见疏》。
③ 施琅：《靖海纪事》上卷《边患宜靖疏》。
④ 施琅：《靖海纪事》上卷《边患宜靖疏》。

施琅的思想方法与台湾的规复

主抚派势力大大抬头，施琅的意见被否决，更裁撤福建水师提督员缺，留施琅于京为内大臣，隶汉军镶黄旗下①。直到康熙二十年（1681）初，郑经病故，其长子郑克𡒉被绞死，十二岁的次子郑克塽继延平王位；"三藩"之乱也基本平定，康熙帝乃决计进兵台湾。六月发布谕旨："郑锦（经）既伏冥诛，贼中必乖离扰乱，宜乘机规定澎湖、台湾。……务期剿抚并用，底定海疆，毋误事机。"②但朝中高官此时仍态度消极。康熙帝"爰以进剿方略，咨询廷议。咸谓海洋险远，风涛莫测，长驱制胜，难计万全"③。连福建前线的军事统帅镶黄旗满洲都统宁海将军喇哈达，新任水师提督万正色这些武将，也持反对意见，万正色甚至说："台湾断不可取"④。在这种情况下，康熙帝又想到了施琅及其关于台湾的主张，"以尔忠勇性成，韬钤夙裕，兼能洞悉海外形势，特简为福建水师提督，前往相度机宜，整兵征进。"⑤此后，施琅每有新的建议和要求，如让督抚负责后勤，由自己"专征"、利用南风、先攻澎湖等，朝廷基本上都能应允。施琅有了朝廷的全力支持，解除了内部的掣肘之苦，七天力克澎湖，台湾不战而定。

收复台湾之后，台湾的去留问题一时又成为满朝议论的焦点。多数人认为，留守它是个负担，丢弃它又会遗祸，因而把握不定。如当时在福建料理钱粮的侍郎苏拜、福建巡抚金鋐等，因"未履其地，去留未敢进决"⑥。"一些人则主张放弃台湾，如内阁学士李光地，他原来是积极主张对台进兵的，在台湾的反清势力被讨平后，他认为"重洋之险，守则必设重戍，设重戍而固业其子孙，一旦濒海有警，隐然有夜郎自大之势"，怕鞭长莫及，再形成割据。他主张"乘国威远播，丐其地与'红毛'（荷兰），而令岁守输贡，似尤永逸长安之道"⑦。被誉为一代明君的康熙帝在这个问题上，也曾一度糊涂，他曾说："台湾属海外地方，无甚关系"，"台湾仅弹丸之地，得之无所加，不得无所损。"⑧这话虽是因台湾平定，臣下请给他加尊号，他表示自谦而说，但毕竟是对台湾的地位认识不足。

---

① 江日昇：《台湾外纪》卷6。
② 《清圣祖实录》卷96，康熙二十年六月戊子。
③ 转引自施琅《靖海纪事》下卷《封侯制诰》。
④ 《清圣祖实录》卷116，康熙二十三年七月丙戌。
⑤ 转引自施琅：《靖海纪事》下卷《封侯制诰》。
⑥ 施琅：《靖海纪事》下卷《恭陈台湾弃留疏》。
⑦ 《榕村全书·文贞公年谱》上卷。
⑧ 《清圣祖实录》卷112，康熙二十二年十月丁未。

而施琅对台湾的去留早有定见,他认为保卫台湾和经营台湾是天经地义之事。早在康熙七年,他就说过:"自古帝王致治,得一寸土则守一寸土,安可以既得之封疆而复割弃"① 这是指责当年东南沿海拆地迁界。而"得一寸土则守一寸土"的思想,也一直贯穿在他进取台湾的全过程。占领澎湖之后,他马上在安民告示中宣布:"照得澎湖各岛,……悉隶版图,宜加轸恤,以培生机。"② 进入台湾之后,也立即宣示:"念(台湾)土地既入版图,则人民皆属赤子,保乂抚绥,倍常加意。"③ 当朝廷上下辩论台湾去留之际,他又上《恭陈台湾弃留疏》,进一步详陈他的台湾观。首先,再次强调台湾战略地位的重要:台湾"乃江、浙、闽、粤四省之左护","实关四省之要害","东南之保障";以荷兰侵占、郑氏盘踞其地的历史教训,警告若弃台湾,"乃种祸后来,沿海诸省断难晏然无虞","弃之必酿大祸"。其次,他以亲眼所见,说明台湾"野沃土膏,物产利溥……无所不有","勿谓彼中耕种,尤能少资兵食,固当议留;即为不毛荒壤,必藉内地挽运,亦断断乎其不可弃"!留守并经营台湾,则"永固边圉","永绝边海之祸患"。最后,施琅还规划了留守和经营台湾的方案:"台湾设总兵一员、水师副将一员、陆师参将二员、兵八千员;澎湖设水师副将一员、兵二千员,通共计兵一万员,足以固守"。为防止形成割据势力,"其防守总兵、副、参、游等官,定以三年或二年转升内地,无致久任,永为成例"。至于军饷,头三年宜蠲免当地赋税,可由内地供应;三年后开征,可以佐需;并且要"寓兵于农,亦能济用"④。施琅关于留守台湾的意见,来自实践,既是真知灼见,又切实可行。他于康熙二十二年十二月下旬上疏康熙帝,康熙帝从善如流,次月即与议政王、大学士等就施琅之疏统一认识,并改变了原来的想法,说:"台湾弃取,所关甚大","弃而不守,尤不可取"⑤。遂决定永守台湾,新设官将、兵丁及屯戍各项也悉依施琅所奏。

无论是进取台湾,还是留守台湾,"凡前后入告诸疏,公忠剀切,上动天听,并如所奏施行"⑥。施琅的奏疏件件都能为朝廷接受,并作为解决台

---

① 施琅:《靖海纪事》上卷《尽陈所见疏》。
② 施琅:《靖海纪事》上卷《晓谕澎湖安民示》。
③ 施琅:《靖海纪事》下卷《谕台湾安民示》。
④ 施琅:《靖海纪事》下卷《恭陈台湾弃留疏》。
⑤ 《清圣祖实录》卷114,康熙二十三年正月丁亥。
⑥ 《八旗通志》初集,卷174《施琅传》。

湾问题的指导思想，足以说明施琅台湾观的正确，思想方法的正确。

二 实事求是精神和辩证思想，贯穿于施琅对台用兵的全过程，是其成功规复台湾的得力思想武器

在对台用兵的过程中，涉及如何正确分析判断敌方的兵力，如何运用剿抚两种手段，怎样才能找到最有利的战役突破口，用什么标准选拔和配备己方的将领等重大问题。对这些问题，施琅都能实事求是地、辩证地认识和处理，使自己的用兵思路逐步完善，符合实际。

（1）辩证地分析郑军，针对性地运用因剿寓抚之法。施琅对郑军的底数做过周密的调查，他在掌握顺治十八年郑成功带到台湾的水陆官将兵弁眷口及操戈者、康熙三年郑经再次带去的眷口及操戈者，历年水土不服病故者、伤亡者、被俘者及投诚者的数目，现有的官将和兵弁数目，以及他们不相浃洽的内部关系的基础上，是这样分析敌情的："内中无家眷者十有五六，岂甘作一世鳏独，宁无故土之思？但贼多系闽地之人，其间纵使有心投诚者，既无出路可通，又乏船楫可渡，故不得不相依为命。郑经得驭数万之众，非有威德制服，实赖汪洋大海为之禁锢"。既然敌军是这样的情况，就存在招抚的可能性。但怎样进行招抚呢？施琅的分析是："如专一差官往招，则操纵之权在乎郑经一人，恐无率众归诚之日。若用大师压境，则去就之机在乎贼众，郑经安能自主？是为因剿寓抚之法。"① 即先剿，剿是前提，是基础，然后才能论抚，才能收到抚的结果。施琅把郑军与郑经的关系，进而把剿与抚的关系，分析得是何等透彻啊！

（2）抓主要矛盾，选准敌方的要害作为战役的突破口。台湾是郑氏的基地和大本营，清廷出兵的目的就是要讨平台湾的反清势力。因此，有人主张直接进兵台湾，或分兵二路同时进兵台湾和澎湖。施琅则认为，要抓主要矛盾，要打敌人要害。他认为，敌方的要害是澎湖，攻克澎湖，台湾问题会迎刃而解。在十多年的多次奏疏中，他就多次阐述这个观点。康熙六年疏言："盖澎湖为台湾四达之咽喉，外围之藩屏。先取澎湖，胜势已居其半。……舟师进发，若据澎湖以扼其吭，大兵压近，贼必胆寒。遣员先

---

① 施琅：《靖海纪事》上卷《尽陈所见疏》。

宣朝廷德意，如大憝势穷，革新归命，抑党羽离叛，望风趋附，则善为过渡安排，可不劳而定。"① 康熙七年疏言："大师进剿，先取澎湖以扼其吭，则形势可见，声息可通，其利在我。仍先遣干员往宣朝廷德意，若郑经迫之势穷向化，便可收全绩"。两疏一再强调，一定要抓住主要矛盾，制敌要害，才可以言抚，才会有最后的胜利。康熙二十年，朝廷再次起用施琅，但对如何进取台湾，仍有不同的声音。施琅在康熙二十一年（1682）又接连上疏，从正反两个方面，反复陈述制敌要害，先攻澎湖的道理。三月之疏说，"澎湖一得，更知贼势虚实，直取台湾，便可克奏肤功。倘逆孽退守台湾，死据要口，我师暂屯澎湖，扼其吭，拊其背，逼近巢穴，使其不战自溃，内谋自应"②。十一月之疏谓：进取台湾"必当进剿澎湖；若不至澎湖，断无可破可剿之机"③。施琅奉旨专征，完全按照自己的战略思想，于康熙二十二年六月十六至二十二日，鏖战七天，"克取澎湖三十六岛"。接着，施琅又坚定地贯彻既定的"因剿寓抚"方针，"安插设诚，抚绥地方"，"台湾兵民，闻风俱各解体"。十多天后，台湾郑氏集团便派出代表，"赍具降表一道"，到澎湖施琅军前"纳款请降待命"④。施琅去世后，康熙帝在祭文中说："澎湖功最，贼巢早断其咽喉；台湾势穷，渠党毕输其图籍。扫数十年不庭之巨寇，扩数千里未辟之遐封"⑤。仍念念不忘赞扬施琅的战略思想及其所建的大功。

（3）在对台用兵的其他问题上，也都处处能体现出施琅的实事求是精神和辩证思想。例如，海上进兵时对南北风的利用问题，早在康熙三、四年的冬春，施琅两次进兵台湾，都是北风季节，极不顺利，未克济师。后来他向有远海航行经验的人调查，并到远海实验，对南风、北风都有了真切的认识："南风之信，风轻浪平，将士无晕眩之患，且居上风上流，势如破竹"。⑥ "北风刚硬，骤发骤息，靡常不准，难以逆料。……故用南风破贼，甚为稳当"⑦。他非常坚持从实践中得到的真

---

① 施琅：《靖海纪事》上卷《边患宜靖疏》。
② 施琅：《靖海纪事》上卷《密陈专征疏》。
③ 施琅：《靖海纪事》上卷《舟师北上疏》。
④ 施琅：《靖海纪事》下卷《赍书求抚疏》。
⑤ 转引施琅《靖海纪事》下卷《谕祭第一次（文）》。
⑥ 施琅：《靖海纪事》上卷《决计进剿疏》。
⑦ 施琅：《靖海纪事》上卷《海逆日蹙疏》。

知,"日与督臣争执南风进剿"①,并多次上疏争辩此事。再如,关于选任将领,他坚持"畴堪前矛,畴堪后劲,必其经历战攻,身先士卒,夙有成效者,乃堪委任"②。即坚持要通过实践检验选拔将领。他的"用人之道"是辩证的:"用之不可以拘例,弃之尤不可骤促";"若以功名未至八等,循例而弃之;已至八等,循例而用之,是循资格以待人"。他的人才观也是辩证的:"未至八等者,其才略未必皆逊于已至八等者之员;已至八等者,其才略未必能胜于未至八等者之员"。"朝廷尚三年一试武场,不过欲广搜天下人材。然所合中式,虽弓马略谙,而未历戎伍,未经战攻,何若此等之赳赳武夫,惯精于疆场,用之较有实效也!"③ 施琅选用的将领,基本上都是经过实战锻炼的,因而在澎湖激战中,不辱使命,取得大捷。

三 以"国尔忘身"的思想境界,妥善处理"君事"与"私怨"的关系,使台湾问题得到圆满解决

施琅在早年曾是郑成功的左先锋,由于受奸人挑拨,在顺治八年,郑成功误将施琅及其父施大宣、弟施显逮捕拘禁。施琅逃出投清,父、弟则被杀害。康熙十九年(1680),仍在郑经处任职的施琅的长子施齐(化名王世泽)与族侄施亥,因策划擒拿郑经事泄,二人及家七十余人口被郑经处死。因此,施琅与郑家结仇甚深。康熙七年(1668),施琅在《尽陈所见疏》中,就直言不讳地说:"心切父弟之仇,故靡刻不以灭贼为念。"康熙二十年重新起用施琅对台用兵,二十一年又特授施琅"专征"之权,这是施琅报父弟子侄之仇的绝佳机会。可是,在施琅重新起用后的奏疏中,我们怎么也找不到他个人冤仇的踪影。不是施琅忘了个人仇恨,而是他在"授内大臣,晋伯爵,从容丹禁者十余载"④,到再度起用的过程中,思想发生了变化。他既有备受皇上恩宠的深切感受:"伏思臣累受国恩,奉召进京,即宠擢内大臣之列,豢养十余载。今复谬荷起用,寸功未效,又叨更晋官衔,特赐御膳全榻。亘古臣子,未有受君恩如是也"⑤。同时,既然被

---

① 施琅:《靖海纪事》上卷《决计进剿疏》。
② 施琅:《靖海纪事》上卷《边患宜靖疏》。
③ 施琅:《靖海纪事》下卷《收用人材疏》。
④ 《八旗通志》初集,卷174《施琅传》。
⑤ 施琅:《靖海纪事》上卷《决计进剿疏》。

人视为"丹禁",他个人当然也会有遭到软禁、君威可畏的深切感受。长期在恩威有加的环境中生存,他学会了在朝廷中的行事规则:一切"以君命为重"①。因而,个人的仇恨在奏疏中就避而不谈了。

不再谈个人的仇恨,不等于忘记,也不等于不想报仇。但施琅及时地理顺了"私怨"与"君事"的关系。平定台湾之后,施琅在答谢授靖海将军、封靖海侯的奏疏中,袒露了当初确有报仇的思想:"受命之初,窃意藉此可雪父弟子侄仇恨。"② 可是,又思量,要报私仇,必然多杀戮,这就会增加规复台湾的阻力。施琅料想敌人会"扬言于众,语吾将报杀父之仇,到台湾鸡犬不留,悚恐众人,尽力死守"③。在这"国贼家难,忠孝交逼"之中,施琅权衡轻重,最终选择要做到"愤不顾身,义形颜色"④,使自己的思想境界得到升华。他在谢恩疏中也披露了这段心迹:"迨审量贼中情形,要当服其心,又不敢因私仇而致多伤生命。"⑤

完成了思想的转变,施琅就严格按照"君命为重"、"国尔忘身"的思想标准行事。澎湖激战后,他不杀一人,更搭救落水的郑军。"吾捞起之人,问知谁为藩下(郑克塽)人,谁为冯侍卫(冯锡范)人,谁为刘将军(刘国轩)人"⑥。对倒戈投降和被俘者,一律施行宽大政策:"伪镇营(长官)赏以袍帽,贼众给以银米,用彰我朝廷不嗜杀鸿恩"⑦。"死者殓之,伤者医之,不愿入伍者唯便,悉载归台,以示宽大"⑧。为了避免俘虏遭受伤害,施琅还宣布了严厉的军令:"戮一降卒,抵死。"⑨ 为了促使台湾郑氏集团投降,施琅特意对被捞起的郑家、冯家、刘家的亲信说:自己"断不报仇。当日杀吾父者已死,与他人不相干。不特台湾人不杀,即郑家肯降,吾亦不杀"。为使他们相信,还向他们剖露了自己的深层思想,说:"今日之事,君事也。吾敢报私怨乎?"⑩ 这句心里话,足以表现施琅可贵的思想境界和人格魅力,"君事"与"私怨"泾渭分明,国家利益至高无上,他不

---

① 施琅:《靖海纪事》上卷《决计进剿疏》。
② 《清史列传》卷9《施琅传》。
③ 李光地:《榕村语录》续集,卷11。
④ 李光地:《〈靖海纪事〉序》。
⑤ 《清史列传》卷9《施琅传》。
⑥ 李光地:《榕村语录》续集,卷11。
⑦ 施琅:《靖海纪事》上卷《飞报大捷疏》。
⑧ 施士伟:《靖海汇纪》《襄壮施公传》。
⑨ 阮旻锡:《海上见闻录》卷2。
⑩ 李光地:《榕村语录》续集,卷11。

会做假公济私的事情。为了瓦解台湾的军心，对于想回台湾的俘虏，皆"遣舟归之"。施琅还亲自向他们宣讲朝廷的政策说："朝廷至仁如天，不得已而用兵。降即赦之耳。汝今归，为我告台湾人，速来降，尚可得不死；少缓，即为澎湖之续矣。"① 施琅为了顺利招抚台湾，甚至做到了以德报怨。澎湖之役中施琅的右眼被打伤，对方的统帅是掌握台湾军权的刘国轩，刘战败逃回台湾。施琅为了争取这个实力派人物，在俘虏中访得他的亲信，"厚结之"，并遣送他回台湾向刘国轩致意，表示："我绝不与为仇。他肯降，吾必保奏而封之公侯。前此，各为其主，忠臣也。彼固无罪，吾与之结姻亲，以其为好汉也。"并且，"折箭立誓"②，表示诚心。

施琅以"君事"为重，不计"私怨"，诚心招降，收到了很好的效果。被释放回到台湾的郑军，"展转相告，欢声动地。诸伪将伪兵闻之，争欲自投来归，禁不能止"③；"台湾民众莫不解体归心，唯恐王师之不早来也"④。郑氏集团的核心人物刘国轩、冯锡范、郑克塽等也先后消除疑虑，"纳款请降"。⑤ 康熙帝盛赞施琅"戢兵而唯宣德意，受降而不复私仇"⑥，是"勇以夺其气，诚以致其归"⑦，使台湾的规复取得了最圆满的结果。

总之，施琅的思想方法在规复台湾的过程中，起到了重要的作用。当年，内阁学士李光地说，"所谓上兵伐谋者，于公见之矣"⑧；康熙帝也亲自向施琅强调"朕用汝心"⑨，都是对施琅思想方法的充分肯定。

---

① 杜臻：《澎湖台湾纪略》。
② 李光地：《榕村语录》续集，卷11。
③ 杜臻：《澎湖台湾纪略》。
④ 阮旻锡：《海上见闻录》卷2。
⑤ 施琅：《靖海纪事》下卷《赍书求抚疏》。
⑥ 施琅：《靖海纪事》下卷《敕建碑文》。
⑦ 施琅：《靖海纪事》下卷《御制褒章》。
⑧ 李光地：《〈靖海纪事〉序》。
⑨ 《八旗通志》初集，卷174《施琅传》。

第五篇

民族史研究

辽宁民族源流概述*

一

辽宁省是一个多民族省份。据1982年统计，共有汉、满、蒙古、朝鲜、回、锡伯等42个民族，其中少数民族人口2909615人，占全省总人口的8.15%。

汉族的先民华夏族，是辽宁最早的民族之一。在距今5000年左右的凌源县牛河梁遗址，及其邻近的喀喇沁左翼蒙古族自治县东山嘴的女神庙、积石冢、祭坛等遗址，考古人员发现了与后来汉族天圆地方观念相符的祭天祭地的圆形和方形祭坛，并发掘出代表中华民族文化象征的龙形玉器和猪龙形彩塑，这些实物既是早期华夏文明的有力证据，也是形成汉族摇篮的有力证据。到公元前10世纪前后的商末周初，箕子又带领大批商人（华夏族的重要一支）进入辽东和朝鲜半岛，使得华夏族在辽宁地区居于主导地位。以后燕人、秦人又先后来到这里，到汉初，形成了汉民族。自汉代以后，汉族就一直在辽宁地区生息繁衍，不断发展壮大。

辽宁地区早期的少数民族，主要是被华夏人统称为东夷、汉代以后被称为东北夷的一些族群。夏商周时，辽宁地区的东夷有许多部落，如孤竹、令支、屠何、俞人、青丘、周头等，分布在辽宁西部到南部地区，环渤海而居。因为他们在经济文化等方面和燕人比较接近，后来逐渐与华夏系统的燕人融合。

商周时期，辽宁的北部和西部地区还居住过山戎和东胡两个族群。山

---

* 本文是笔者为《辽宁省志·少数民族志》（辽宁民族出版社，2000）撰写的篇首《概述》，选入本文集时改为现在的标题。

戎是中国北方的一大种族。公元前7世纪,山戎伐燕,燕告急于齐。齐桓公伐山戎,山戎失败后,一部分归于燕,一部分入于东胡,以后便不见于史。东胡之名,始见于周初,是中国东北地区西部的一大种族,它的南界达到大凌河流域,东界达到辽河流域,与夷人相接。后来燕将秦开破东胡,东胡北走千余里,离开了辽宁地区。

西周以后,辽宁的东部地区还有一个貊族(亦称貉族)种群,包括北发、貊国、高夷等部落。一般认为,貊族是从东夷中分化出来的,至少在3000年前被迫从山东半岛渡海到辽南、辽东,成为当地的土著居民。其中高夷之地在今新宾等地,被认为是汉代高句丽的先民。貊(貉)族群创造了辽东地区以大石棚、积石墓、石盖墓和石棺墓为主要特征的民族文化。

汉代是汉族和一些少数民族正式形成之时。西汉初年,匈奴冒顿单于灭东胡,匈奴左部一度入主辽宁地区。汉武帝大败匈奴之后,在辽宁地区广设郡县,汉族大量进入这里。此后,在辽宁北部边缘地带,有少量的乌桓族和鲜卑族居住,他们是曾被匈奴人击败的东胡族系演变来的。他们时降时叛,但基本趋势是归附汉朝的。到晋代,鲜卑族已大量居住于辽宁的北部和西部地区。

西汉初,在辽宁东部以原来的高夷、卒本夫余为核心,逐渐形成了高句丽族。高句丽之名最早见于记载是西汉元封三年(前108)汉武帝所建玄菟郡之"高句丽县",是以族名作为县名,其县治在今新宾县永陵附近。建昭二年(前37),卒本夫余部首领朱蒙并高句丽部,在卒本川(今浑江)附近的纥升骨城(今桓仁县五女山城)立国。次年,又并了沸流水(今富尔江)上游的沸流部,此后,统称高句丽。以后,高句丽又兼并了今太子河上游的梁貊,鸭绿江附近的盖马等部。朱蒙将汉代边郡之民的高句丽等部组建成部族国家,被尊为高句丽始祖。建平四年(前3),高句丽势力中心东移,都城迁至国内尉那岩城(今吉林省集安)。东汉建安十四年(209),再迁都平壤城。但以后很长时间,还有不少高句丽人居住在辽东地区。从汉代到魏晋时代,虽高句丽已立国数百年,但仍是隶属于中原王朝的地方民族政权,集安等地出土的"晋高句丽率善佰长"、"晋高句丽率善仟长"、"晋高句丽率善邑长"等官印,都用汉字篆书,都冠"晋"字,就是证明。北齐乾明元年(560),北齐废帝封其王为高丽王,自此称高丽。隋代,辽宁东部地区仍居住着大量的高丽族。当时,高丽虽和隋发生过4年战争,但仍臣服于隋。唐总章元年(668),唐与新罗联合灭高丽之后,辽东地区仍生活着一部分高丽族，后来他们逐渐融入汉族和靺鞨族等。

隋唐时代，在辽宁的西部（今朝阳地区）还居住着部分鲜卑族演化出来的契丹族和奚族。北部（今铁岭地区），还有少量靺鞨族居住。

在辽代，契丹族是辽宁境内的统治民族。辽宁境内还有大量的汉族和女真、奚、渤海（靺鞨）等少数民族。当时辽朝实行两种制度，对汉族实行州县制，对契丹和其他少数民族实行部族制。当时契丹族与汉族、渤海族在文化上相互影响，使辽代文化有了长足的进步，在长城以北诸族中，达到了前所未有的高峰。除通用汉字外，契丹族又创制了契丹文，契丹文墓志、墓碑在辽宁多有发现。契丹文的创制，给北方其他民族如女真族创制本民族文字提供了先例和经验。义县奉国寺大殿，创建于辽天禧四年（1020），是中国现存最大的木结构建筑之一。此外，辽宁境内的辽阳白塔、锦州广济寺塔、北镇崇兴寺塔、沈阳无垢净光舍利佛塔等数十座辽代古塔，都表现了较高的艺术水平。

在金代，女真族是辽宁的统治民族，此外，还有大量的汉族、契丹族和渤海族。原来的奚族逐渐融合于他族，不再有记载。金代末年，蒙古族崛起于东北，也逐渐进入辽宁境内。在汉族和契丹族的影响下，女真人的文化发展迅速，并很快接受了佛教。千山的灵岩寺等寺庙及铁岭白塔、喀左精严寺塔等都是金代所建，表现了当时建筑与雕刻的艺术水平。

在元代，辽宁境内有汉、女真、蒙古等民族，蒙古族是统治民族。当时高丽国臣属于元，高丽人与蒙古人广为通婚，有不少高丽族移居辽宁。此外，回族也开始定居辽宁。蒙古族创立了行省制度。当时的辽阳行省管辖整个东北地区。

在明代，辽宁境内有汉、蒙古、女真、高丽等民族。明初，辽阳地区的东宁卫是专为安置内附女真与高丽人而设置的。开原地区的自在州，也是为安置女真人而设的。在辽西的朝阳、阜新及辽北地区，为兀良哈三卫的蒙古人牧地。明朝中后期，建州女真更大量移居于广大辽东地区。明朝曾在开原城南、抚顺、瑷阳、清河、宽甸等处设马市，在辽阳长安堡开设木市，与女真人进行贸易；在开原城东、广宁开设马市，在义州开设木市，与蒙古人进行贸易。

在清代，辽宁除汉族、满族、蒙古族、回族外，锡伯族与朝鲜族也迁入了辽宁。

二

辽宁省内居住的最主要的少数民族有 5 个，即满族、蒙古族、朝鲜族、回族和锡伯族。这 5 个民族在辽宁的少数民族中，历史悠久，人口较多，居住也比较集中，民族特点比较突出，可以较全面地反映当今辽宁省少数民族的面貌和成就。其他少数民族，多是工作调动或婚姻等原因，零散迁居辽宁的，人口太少，未能形成群体。

1. 满族

满族是辽宁省人口最多的少数民族。据 1982 年人口普查统计，满族有 1990931 人，占全省总人口的 5.58%。满族分布于全省各地，与汉族和其他少数民族杂居共处，但 90% 以上的人居住在山区农村，较集中的居住区有辽东的新宾、抚顺、清原、本溪、桓仁、宽甸、凤城、岫岩、开原、西丰，辽西的北镇、义县、兴城、绥中等地。满族的历史悠久。其先世可追溯到商周时居住在今黑龙江、吉林一带的肃慎人，汉魏时的挹娄人、勿吉人，唐时的靺鞨人，辽、宋、金、元时的女真人。但当时移居辽宁和中原的女真人早已汉化。其直系祖先是一直留居于黑龙江依兰一带的女真，后来被称为建州女真，他们在明代移居于辽宁境内。明末，建州部首领努尔哈齐统一了女真各部，以此为主体，并逐渐融入一些汉、蒙古、朝鲜、锡伯等民族的成分，形成了一个新的民族共同体。后金天聪九年（1635），努尔哈齐的继任者皇太极，将这个新的民族共同体的族名正式确定为"满洲"，此后便通称为满族。

满族对中国历史产生过巨大的影响，做出过重大的贡献。首先，满族自兴起辽东之后，便联合汉、蒙古等族，与腐朽的明朝做斗争，后来定鼎北京，统一全国，一直比较尊重各民族的权益，清代的民族政策与历代王朝相比是最好的，清代的民族关系也是比较好的；其次，满族从辽宁走向全国，驻防各地，包括东北、西北、西南边疆最边远的哨卡和东部、南部海疆，与汉族和各族人民一道，开发了边疆，奠定了祖国今天的版图，使多民族的统一的国家得到巩固和加强；最后，满族在清代涌现出许多著名的政治家、军事家、科学家、文学家和艺术家，满族和各民族一道在中国封建社会末期的经济文化等诸多方面取得了辉煌的成就，达到了又一个高峰。

2. 蒙古族

据 1982 年第三次全国人口普查，辽宁省蒙古族有 428155 人，在辽宁少数民族中蒙古族人口数仅次于满族，主要分布在辽西朝阳、阜新两个地区及辽宁北部的昌图、康平、法库等县。

蒙古族最初形成于今天的额尔古纳河流域。13 世纪初，蒙古汗国努力南扩，蒙古族开始进入辽西一带。此后历经元、明、清三代，蒙古族一直没有离开过辽宁。蒙古族是在辽宁生息繁衍最久，并且没有中断的最古老的少数民族。元代的蒙古族是统治民族。在明代，蒙古封建统治者虽被迫退回草原，但辽宁境内还是有一些蒙古人以遗留民、内附民等形式继续生活下来。此外，在明朝直接控制线之外的辽西、辽北地区，还驻牧着归顺明朝的兀良哈蒙古人，明朝将他们分设三个卫："自大宁前抵喜峰口，近宣府，曰朵颜；自锦、义历广宁，至辽河，曰泰宁；自黄泥洼逾沈阳、铁岭，至开原，曰福余。"明末，蒙古喀喇沁部、土默特部、蒙郭勒津部和科尔沁部的一部分逐渐南移到兀良哈部住地，兼并和融合了兀良哈部。清代，除上述一直生活在辽宁的蒙古人外，在康熙年间，又将北京的部分八旗蒙古兵及其家属、张家口外的巴尔虎蒙古，先后调驻辽宁的新宾、凤城、岫岩，以及开原、辽阳、熊岳、复州、金州等地。其后，这些蒙古族人一直居住在这些地方。

清代，在蒙古地区以盟、旗制度统治蒙古族人民。"旗"是清政府依据八旗制度，在蒙古原有的社会统治制度的基础上调整或分封牧地后编定的，是清朝统治蒙古族地区的军政合一的基本单位。"盟"是旗的会盟组织，合数旗而成，但非一级行政机构，只是清廷对盟内各旗的监督组织。当时，蒙古族等级分明，统治阶级是王公贵族，爵位分为亲王、郡王、贝勒、贝子、镇国公、辅国公等不同等级。此外还有塔布囊和台吉。被统治阶级是平民阶层、属下阶层和家奴阶层。

蒙古族有自己的语言文字，即蒙语蒙文。辽宁地区由于蒙汉杂居，汉语对蒙语影响很大。蒙语词汇中吸收汉语专用词较多，形成了蒙语的东部方言。现在，辽宁蒙古语使用的状况是：蒙古族聚居的乡、镇、村屯，都能流利地用蒙语交流、用蒙语讲故事；与汉族杂居的蒙古族，老人能用蒙语交谈，中年人能用蒙语说日常用语，青年和儿童大部分使用汉语。党和政府十分重视各民族学习使用本民族的语言文字，自 20 世纪 50 年代初起，就一直在蒙古族聚居的县、乡设立了蒙古族中、小学，学习蒙文，用蒙古语授课，兼学汉语文，自治县的文件都有蒙文本。省和有关市、县也都设立了蒙古语文办公室，有力地推动了蒙古语言的学习和应用。

蒙古族在文化、艺术、体育、医药等方面，有显著的特点和成就。在文化艺术方面，辽宁蒙古族创造了大量民歌、民谣、音乐和舞蹈，具有浓郁的民族色彩。在医药方面，辽宁的蒙医蒙药独具特点，饮誉中外。在传统体育活动中，赛马、摔跤、射箭等项目代代相传。在风俗习惯的许多方面，仍保留着浓郁的民族风格。

3. 朝鲜族

朝鲜族是 19 世纪中叶以后，逐渐从朝鲜半岛迁入中国的。前已述及的古代的高夷，及曾经建立过地方民族政权的辽宁境内的高句丽族，后来都融为汉族或其他古代民族，与今中国的朝鲜族并无直接传承关系。元代和明初在辽宁境内曾经大量居住过的高丽族，是当时从朝鲜半岛高丽国迁移过来的。他们至迟在明代中期也融入了汉族，与今天中国境内的朝鲜族也没有直接的传承关系。古代迁移到朝鲜半岛的另一部分高句丽族，与当地的百济、新罗等民族融合，并且陆续吸收了迁去的汉族和其他少数民族，形成了新的民族共同体高丽族。朝鲜王朝取代高丽王朝后，高丽族又被称作朝鲜族。明清时代边禁很严，不许中朝两国边民随意越界。到 19 世纪 60 年代，由于朝鲜北部连年遭受严重的自然灾害，灾民才纷纷越过边界，在中国境内定居私垦。由于当时朝鲜是清的属国，清政府先是默认，继而在光绪元年（1875）废除封禁旧令，为朝鲜边民迁入中国东北提供了方便条件。据统计，到光绪二十三年（1897）时，迁入通化、桓仁、宽甸、兴京（今新宾）等地的朝鲜人已达 8700 余户，37000 余人。

辽宁省朝鲜族人口，在 1982 年第三次人口普查时为 198397 人，1985 年为 200881 人。主要分布在沈阳市、抚顺市的市区、近郊以及新宾、宽甸、桓仁等县。在居住集中的地区，全省共建有 16 个朝鲜族民族乡镇。

朝鲜族有自己的语言和文字。国家采取各项措施，促进朝鲜语言的学习和使用。在朝鲜族中、小学，坚持用朝鲜语、汉语双语教学；办辽宁朝鲜文报纸和朝鲜文出版社等。

朝鲜族大部分居住在农村，农业是朝鲜族经济的主要产业。20 世纪初期开始，朝鲜族大批开发水田，为辽宁水稻生产的发展做出了突出的贡献。中国共产党第十一届三中全会以后，朝鲜族的乡镇工业也有较大发展。城市里的朝鲜族主要从事工商业、饮食服务业。

4. 回族

据1982年统计，辽宁省回族人口有239449人，占全国回族总数的3.31%；在辽宁省的少数民族中，数量仅次于满族和蒙古族，主要分布在大、中城市和县城，一般在城市自成社区，在农村多自成村落。回族是回回民族的简称，是由中国国内及国外的多种民族成分在长时期历史发展中形成的民族。回族使用汉语、汉字，信仰伊斯兰教。回族在辽宁居住的历史，至少有600年以上。

中华人民共和国成立前，回族人民在政治上没有地位。经济上，回族多经营工商业，但资本很少，多局限在饮食及制革、皮货、制药等行业，多是推车、摆摊、提篮叫卖的小商小贩，生活很不稳定。回族农民和城镇贫民的子弟根本没有受教育的机会，文盲占绝大多数。

中华人民共和国成立后，回族人民获得了当家做主的平等权利，在历届全国、全省和市、县的党代会、人民代表大会、政治协商会议中，都有相当数量的回族代表。在各级政府中，也都有回族干部。他们与其他民族共同管理国家的事务。在回族较集中的地区，全省还成立了两个回族镇。回族的风俗习惯普遍受到尊重；宗教信仰自由政策，虽然在"文化大革命"期间受到了破坏，但拨乱反正后，得到了全面恢复和贯彻；历史上遗留下来的民族不信任逐步得到克服，社会主义的民族关系得到发展。同时，回族的社会经济生活也发生了根本变化。历史上遗留下来的失业问题，在解放初期就已逐步解决。城乡回族群众的生活都有了很大的提高。在各级政府的扶持下，各地城乡回族基本上普及了中小学教育，民族聚居地方还办起了回民中小学，大学生也逐年增多，整个民族的文化素质不断提高。群众性的文艺体育活动蓬勃开展，健康水平也有很大提高。

5. 锡伯族

据1982年统计，辽宁省锡伯族人口为49398人，占全国锡伯族总人口的59%。主要分布在沈阳、铁岭、大连、锦州、丹东等地，以沈阳地区最为集中。

锡伯族的先世为鲜卑人。今辽宁境内的锡伯族是在清代康熙年间，奉清廷之命，从吉林伯都纳（今扶余）等地陆续征调来的。他们被编入八旗，在辽宁各地驻防、屯垦。到乾隆年间，又征调部分在辽宁已经定居的锡伯族驻防新疆伊犁。辽宁的锡伯族，为保卫和开发祖国的东北、西北边疆，做出了重要贡献。

锡伯族原有本民族的语言文字，传说叫"吉普西语"、"呼杜木文"，但未留下实证。清朝初期，锡伯族通用满语、满文。迁入辽宁地区以后，特别是到清朝的中后期，受汉族影响较多，逐渐使用汉语、汉文。

中华人民共和国成立后，锡伯族人民政治上翻了身，积极参加各级政权建设，并在全省建立了4个锡伯族乡、镇。在政治地位提高的同时，锡伯族在经济、教育、文化等方面也都得到了发展。

三

中华人民共和国成立以前，没有真正的民族平等，历朝历代的统治者，想尽办法压迫、剥削被统治民族。严重时，是赤裸裸的武力镇压；和缓时，是施展恩威并用的两手，侧重于抚赏、羁縻、因俗而治。但其实质都是阶级统治和压迫。

中国共产党是代表无产阶级利益的政党，它以马克思主义为理论指导，反对民族压迫，主张各民族一律平等。中国共产党在辽宁地区建立组织之初尚未掌握政权的情况下，就注意开展民族工作，并在民族工作中贯彻这一原则。

1945年抗日战争胜利后，中国共产党领导的辽宁地区的民族工作，重点是领导民族自治运动。1945年冬，辽宁的蒙古族党员乌兰等参加了党领导的东蒙工作团。1946年初，在中共冀热辽分局的支持下，成立了卓盟分会，领导热辽地区民族自治运动，并很快建立了东蒙人民自治政府，推行东蒙人民自治。随后，辽西、辽北蒙古族聚居的旗、县，也相继建立了蒙古族人民武装和旗一级政权。与此同时，在中国共产党的领导下，辽宁的朝鲜族和回族也都组建了朝鲜族支队和回民支队等人民革命武装，为辽宁各族人民的解放而浴血奋战。

中华人民共和国成立后，辽宁省的民族工作进入新的历史时期。1954年，辽宁省民族事务委员会成立，各市、地及少数民族人口较多的县、区，也先后建立了民族工作机构，成为辽宁各级人民政府管理民族事务的工作部门。

中华人民共和国成立至1985年[①]，辽宁的民族工作大体可分为以下三

---

① 《辽宁省志》记事之时间下限统一截至1985年。

个阶段。

第一阶段,全面推行中国共产党的民族政策阶段(1949~1965年)。这一时期,党的主管部门及各级人民政府认真组织全省干部和群众开展了民族政策的学习、宣传、教育活动;较好地贯彻执行了中国共产党关于民族平等、民族团结、民族区域自治和各民族共同繁荣的政策;扶持少数民族发展经济、文化、教育、卫生、体育等事业。全省少数民族各项事业得到了较快发展,各民族间结成了平等、团结、互助的社会主义民族关系,人民的物质生活和文化生活不断提高。在此期间,虽然民族工作也有曲折,但基本上执行了正确的民族政策和路线,成绩是主要的。

第二阶段,为民族工作遭到严重破坏阶段(1966~1976年)。这一期间,中国共产党的民族理论、民族政策被歪曲和否定,民族工作机构被取消,有相当一部分少数民族干部、群众遭到打击,民族工作和少数民族的各项事业遭受巨大损失。

第三阶段,是民族工作恢复发展阶段(1977~1985年)。中国共产党第十一届三中全会以后,重新确立了马克思主义思想路线、政治路线和组织路线,全党工作重点转移到社会主义现代化建设上来,辽宁省的民族工作也随之进入了一个新阶段。民族工作机构相继恢复,民族工作拨乱反正,并采取了一系列优惠政策和措旋,发展民族地区经济和各项事业;进一步贯彻民族区域自治政策,新建3个满族自治县,恢复和建立民族乡镇147个;积极选拔培养少数民族干部。民族团结进一步增强,社会主义民族关系进一步巩固,全省少数民族物质文明和精神文明建设都取得了丰硕的成果。

元明之际建州女真向高丽－朝鲜的流徙*

一 建州女真的由来与流徙的原因

建州女真因明朝设置建州卫而得名。早期的建州女真，是以斡朵里和胡里改两部为主体，也包括毛怜部。在明朝永乐元年（1403）设立建州卫之前，在文献上出现的只是这些小部落的名称，还没有建州女真的统一称谓。

元代，斡朵里部在今黑龙江省依兰县牡丹江入松花江江口以西，胡里改部在牡丹江入松花江江口以东，毛怜部在穆棱河流域。斡朵里部首领猛哥帖木儿和胡里改部首领阿哈出都是元朝在其部设置的万户府的万户，是女真各部首领中最高的职务。两部比邻而居，且结为联姻部落，关系亲密。毛怜部与这两部相距也不远。

大约在元明相交之际，这三部女真开始各自南迁。阿哈出的胡里改部迁到绥芬河流域开元城附近，即今黑龙江省东宁县大城子古城一带①。该部的个别分支，也有迁往图们江两岸的。猛哥帖木儿的斡朵里部迁到图们江以南会宁、镜城一带的阿木河（鄂漠珲），当时这里已受到高丽的控制。毛怜部迁到了图们江流域，其核心部分在江北，一些分支则到了江南，"在古庆源、斡木河之间"②。古庆源即今朝鲜庆兴，斡木河即阿木河，今称会宁河。胡里改、毛怜、斡朵里三部女真人，迁徙后虽分居于图们江两岸，但

---

* 与辽宁省民族研究所研究员何溥滢合写，原载《建州女真暨董鄂部研究》，中国文史出版社，2006。
① 关于胡里改部在元末的始迁位置，史学界还有以下不同意见：吉林市说；辉发河流域海龙县山城镇（坊州）说；布尔哈通河和海兰河合流处山城子说；图们江和珲春河之间的古南京大石城说；绥芬河下游今俄国滨海边区双城子说。
② 《朝鲜三朝实录》，世宗十三年八月己亥。

仍然紧密相邻，连为一片。

斡朵里等部流徙的具体时间缺乏记载，但在朝鲜太宗五年四月的实录中记载，"猛哥帖木儿等云：我等顺事朝鲜二十余年矣。"① 据此可以推知，斡朵里部流徙到阿木河一带，当在高丽朝辛禑十一年（明洪武十八年，1385）以前。不过，当时猛哥帖木儿部所落脚的地方，高丽的影响力可能刚刚扩展到这里，猛哥帖木儿还没有与高丽之上层接触。

而据斡朵里另一支派的首领、镜城等处万户崔咬纳，即锁矣咬纳或崔也吾乃说，他"原系玄城付籍人氏，洪武五年（1372），兀狄哈达乙麻赤到来玄城地面，劫掠杀害"，他"将引原管人户二十户，前来本国吉州阿罕地面住坐。小心谨慎，防倭有功，敬承国王委付镜城等处万户职事"②。也就是说，这一支派的斡朵里早在洪武五年（1372），就已流徙到高丽管辖的地区了。

斡朵里等三部女真为何在这个时候南迁？斡朵里部首领猛司帖木儿在与朝鲜官员谈话时曾说："当初我与兀狄哈相斗，挈家流移到来本国。"③ 与兀狄哈相斗失败而流移，大概是这三部女真流徙的共同原因，但这还是表面的原因。斡朵里等部女真南迁，而且有相当一部分迁入高丽－朝鲜的管辖地区，还有着深层的历史和社会的原因。

我们知道，斡朵里部首领猛哥帖木儿和胡里改部首领阿哈出都是元朝所封的万户，万户当时是女真人中地位最高的官职，说明元廷对这两部女真的信赖和重用。另外，从猛哥帖木儿的命名看，这是典型的蒙古族称呼。他是女真族，而用蒙古名，不难想象他与元朝有着亲密的关系。可以认为，斡朵里部和胡里改部，甚至包括毛怜部，都是女真各部中的亲元势力，在元代，他们得到了元廷的优待和保护，他们是既得利益族群。随着元朝的被推翻，他们未能及时调整立场，自然就开始倒霉起来。他们失去元廷的靠山，便不能保持在女真各部中的优越地位，以至在相斗中失败而流离失所。

与他们相斗的兀狄哈，应该是在松花江近处的忽刺温兀狄哈的一部。明朝人称他们为兀者野人，明永乐初年，曾设立多个兀者卫所。从大的族群说，他们属于海西女真。这部分女真在元代并不得势。元顺帝至正三年

---

① 《朝鲜王朝实录》，太宗五年四月乙酉。
② 《朝鲜王朝实录》，太宗四年四月甲戌、五年三月丁未、七年四月壬子。
③ 《朝鲜王朝实录》，太宗五年五月庚戌。

（1343）、六年（1346），元廷责令他们捕获猛雕海东青进献，这是极为苛酷的劳役，以致逼得兀者野人发生叛乱，此后10多年间一直骚乱不止。这期间，在元朝得势的斡朵里、胡里改等部很可能协助元廷，参与了对兀者部的打击。

元朝被推翻后，明朝与北元在辽东及其以北的广阔地域，相互争斗达20年。虽然自洪武十年（1377）以后，故元的一些官员将领陆续投降明朝，明朝的优势地位开始在辽东构建，但北元的太尉纳哈出仍拥有20余万军队，占据金山（今内蒙古通辽市东境西辽河南岸）一带，不过，这已是残存的故元势力，他也只能是自保。元亡后的20余年间，辽东以北的广大地区，实际处于一种无政府状态。在这种无政府状态中，为了自身的安全与利益，女真各部都在寻找自身可以依靠的力量。斡朵里与胡里改部因为一向亲元，对推翻元朝的明朝自然会有一种恐惧感，不会投靠明朝。而受元朝压迫的兀者野人，则自然会对明朝有一分好感和向往。所以，在这一地区的女真中，兀者野人是最先投归明朝的。如《明太祖实录》洪武十七年（1384）六月辛巳记载："兀者野人酋长王忽颜奇等十五人，自辽东来归。赐绮帛布钞有差。"兀者野人有了新生的强大的明帝国的背景，在无政府状态的女真社会中，无形中平添了许多力量，便开始向周围伸展势力，首当其冲的便是元朝时得势、曾经欺压过自己，而现在失去靠山的斡朵里、胡里改等部。这也就是猛哥帖木儿说的"当初我与兀狄哈相斗"。斡朵里等部在斗争不利、以致失败的情况下，便开始向南方流移。这是引起斡朵里等部女真流移的内部的历史和社会的原因。

斡朵里等部流移到高丽－朝鲜的实际控制区，尚有重要的外部因素，即高丽－朝鲜对女真人的大力招抚。北扩是高丽的基本国策，招抚中国的女真人是其北扩的重要策略。在这一点上，取代高丽的朝鲜完全承袭了高丽的做法。斡朵里等部建州系女真，被兀者部海西女真和其他野人女真追逐而盲目南走的时候，正逢高丽－朝鲜着意经营北方新收抚之区域，遂得到高丽－朝鲜的热情收抚。这部分南迁或曰南逃的女真人，逃走的目的就是为了避免遭受攻击，在这里遇到大国的收抚与保护，正是求之不得的，所以就在高丽－朝鲜的北部各城镇之间的空旷地带定居下来。这就是今朝鲜北方在元明之际新流入的大量女真人的来源，亦即明代建州女真之主要的前身。

二　建州部分女真流徙高丽－朝鲜的概况

俗称的建州女真，包括建州卫、建州左卫、建州右卫、毛怜卫等女真人，在早称为胡里改、斡朵里、毛怜等部，高丽－朝鲜在早则称他们为兀良哈、斡朵里。限于朝鲜人对他们的认识不够深入，多数时候将胡里改和毛怜称为兀良哈，而对斡朵里则仍称为斡朵里；有时候则将斡朵里称为兀良哈，将毛怜称为斡朵里。朝鲜人的这种不甚分明的称呼，也恰恰说明胡里改、斡朵里、毛怜关系之密切。也正是被朝鲜人所称呼的兀良哈和斡朵里，以后成为了建州女真的主体成分。

兀良哈与斡朵里的女真人与高丽最高当局的接触，发生在明太祖洪武后期。洪武二十四年（高丽恭让王三年，1391）七月，高丽朝廷根据李成桂的建议，派人到东女真地区招抚女真人，当时就有300多人归顺于高丽[①]。史料虽未说明这300余人是哪一部属的女真人，但在九月的记事中有"斡朵里即东女真"的表述，所以这300余人，很有可能就是已流移到图们江南边的斡朵里部的人。这年八月，在斡朵里北边的兀良哈人也不甘落后，该月的史料明确记载"兀良哈来朝"[②]，即兀良哈派人到高丽朝廷请安。

同年九月，高丽又"遣前祥原郡事李龙华宣慰斡都里、兀良哈"[③]。高丽的这次宣慰行动，又取得了不小的成绩。第二年，即明洪武二十五年（高丽恭让王四年，1392）二月，又有一批斡朵里及兀良哈大小头领到高丽朝廷请安。因为这一次两部族之人是同时来到高丽，还发生了"争舍馆"，实则争高低的插曲，最后，斡朵里人表现出较高的风度，说："吾等之来，非争长也。昔侍中尹瓘平吾土，立碑曰：'高丽地境。'（按：指1108年高丽侵辽国、逐女真，立碑公崄镇之事）今境内人民皆慕诸军事威信而来耳。虽处以诸军事之第马厩之侧，犹感其厚，况华屋何有东西之异哉！第愿利见主上与诸军事耳。"便不再与兀良哈之人计较。第二天，两部之人一同拜见恭让王，进献土产品。"王素闻争长，故使谓之曰：

[①] 《高丽史》卷46，恭让王三年七月。
[②] 《高丽史》卷46，恭让王三年八月乙亥。
[③] 《高丽史》卷46，恭让王三年九月丙午。

'古语云，山有木工则度之，宾有礼主则辨之。凡向化来者，先服者为长。'兀良哈遂推斡都里为长"①。兀良哈人第一次到高丽请安是在高丽恭让王三年八月，现在他们遵从高丽"先服者为长"的规定，改变原来"争长"的行为，推斡朵里为长一事，再一次证明了恭让王三年七月归顺高丽的300多名女真人确为斡朵里部之人。

明洪武二十五年（高丽恭让王四年，1392）三月，高丽对这批表示归顺的"斡都里、兀良哈诸酋长，皆授万户、千户、百户等职有差，且赐米谷、衣服、马匹"。这些本来被兀狄哈人排挤追打，一路南走的斡朵里、胡里改、毛怜等部的女真人受到高丽如此善待，犹如找到了靠山和避风良港，真是大喜过望，"诸酋感泣，皆内徙为藩屏"②。这次迁徙到高丽有多少小部落，一共多少人，因史无明载，不得其详。但既然是"诸酋"，既然授职又有"万户、千户、百户"等多种级别，每职也不可能只有一名，想来会有不少大小部落的头领。既然让他们"内徙为藩屏"，应该不只是一些酋长，而应该包括他们的部众。至于迁移的地方，既然作为"藩屏"，当然不会是迁徙到高丽内地，只能是在当时高丽的北部边境图们江右岸一带，即前面提到的今朝鲜会宁、庆兴等沿边地带。

明洪武二十五年（朝鲜太祖元年，1392）六月。高丽恭让王被废。七月，李成桂即位，开创朝鲜王朝。高丽末期对女真的政策与一系列举措，都是按李成桂的意图行事，李朝政府建立后，对女真更加积极地招抚，并且取得了不小的成效。仅李成桂在位的七年内，归顺朝鲜的兀良哈、斡朵里等建州系女真的首领，据《朝鲜王朝实录》不完全统计，记载确实姓名的有19人，亦即有大小不等19个部落或族群。现按年月先后排列于下。

朝鲜太祖二年（明太祖洪武二十六年，1393）五月，吾良哈人宫富大归顺，朝鲜封他"为同良等处上万户，给牒曰：凡事公勤，毋得缓弛。"同良亦称东良或东北良，即今朝鲜咸镜北道图们江右岸的茂山周边地方。

朝鲜太祖三年（明太祖二十七年，1394）十二月，斡朵里人所吾归顺，朝鲜"给牒，为万户"。斡朵里人当时已迁到今朝鲜咸镜北道会宁周边地区。

朝鲜太祖四年（明太祖洪武二十八年，1395）正月，孔州以北吾郎改

---

① 《高丽史》卷46，恭让王四年二月戊寅。
② 《高丽史》卷46，恭让王四年三月庚子。

亦即兀良哈万户蒙尚、千户甫里等，遣人向朝鲜朝廷献土物。他们在此前已归顺，李成桂即位时受封，并居住在孔州以北，即今朝鲜咸镜北道庆兴附近的图们江两岸。甫里亦即朝鲜古籍《龙飞御天歌》中的土门猛安（千户）古论孛里。

同月稍后，吾郎哈亦即兀良哈万户波所、千户照乙帷、李都介等到朝鲜朝廷献土物。他们也在此前已归顺，在李成桂即位时受封，分散居住在以今中国图们市为中心的图们江两岸地方。"波所"，有时候也被写成"波乙所"，在朝鲜太宗四年四月的《实录》中曾标明，"波乙所即把儿逊也"。这个把儿逊，亦即《龙飞御天歌》中的括儿牙八儿逊、朝鲜太祖四年十二月《实录》中的土门括儿牙八儿速，后来在明永乐初年，他被明朝封为毛怜卫指挥，不久就被朝鲜杀害。

同年闰九月，斡朵里部万户童猛哥帖木儿等五人到朝鲜朝廷献土物。按照猛哥帖木儿自己的说法，他早在十多年前即高丽末年，已"顺事朝鲜"。不过，猛哥帖木儿亲自到朝鲜京城，与朝鲜最高当局接触还是第一次记载。此时，猛哥帖木儿的斡朵里部，已迁到图们江南岸的斡木河，即今朝鲜会宁一带。他帮助朝鲜防倭有功，被朝鲜委以"镜城等处万户职"，统辖镜城、庆源、吾音会等地面，被朝鲜视为"东北面藩篱"。明永乐初年，猛哥帖木儿始摆脱元明之际失势之心理阴影，归顺明朝，被明廷封为建州卫都指挥使，后来升任建州左卫都督。他所领导的斡朵里部曾迁到明境辽东10余年，因他所居之地易受蒙古侵扰，经明廷允许，在他的晚年又迁回到朝鲜的会宁地区。他是在中朝两国都有过重大影响的人物，还被清朝皇室奉为直系先祖。猛哥帖木儿在朝鲜去世后，他的部众又分批迁回辽东，并且从建州左卫中又分设出一个建州右卫。

朝鲜太祖五年（明太祖洪武二十九年，1396）十月，斡朵里人所乙（即童所乙）、麻月者（即马月者）等，到朝鲜京城献方物。此二人后来都被朝鲜同化，在朝鲜政府为官。马月者，亦即朝鲜太祖四年十二月《实录》所记的"移兰豆漫猛安甫亦莫兀儿住"，是个千户。

朝鲜太祖六年（明太祖洪武三十年，1397）正月，兀良哈仇里老、甫乙吾、高里多时等酋长，朝拜朝鲜王廷。

同月，斡朵里童所吾、童於割周、豆乙於等酋长，朝拜朝鲜王廷。

同年四月，斡朵里部亏狄哈等四人，朝拜朝鲜王廷。

朝鲜太祖七年（明太祖洪武三十一年，1398）正月，斡朵里部于何里等四人，朝拜朝鲜王廷。

同月，朝鲜以先前归顺、已封宣略将军的斡朵里酋长童多老为上千户，并给中枢院牒。

以上列出有姓名者为 19 人，姓名重复出现者仅列出首次，文献中记为"等数人"时，也只统计写出姓名者，不按"数人"之"数"计算。这样看来，属于建州女真的兀良哈和斡朵里，在朝鲜第一代国王统治的短短七年中，至少有 19 个大小不等的部落或族群迁移到了朝鲜李朝的辖境。多数部落已定居图们江以南，只有少数部落是跨江而居。

在上述 19 人中，把儿逊是后来毛怜卫的首领，猛哥帖木儿是建州左卫的首领，从他的部众中后来又分出一个建州右卫，这都是建州女真的重要组成部分。

建州女真的另一重要组成部分是建州卫，也就是阿哈出领导的胡里改部。胡里改部的情况较为复杂，朝鲜一般称他们为"兀良哈"，或"火儿阿"，有时还将其首领阿哈出称为"於虚出"。虽然朝鲜太祖四年（明太祖洪武二十八年，1395）十二月的《实录》，在总结招抚女真的成绩时，将阿哈出的名字列入了降服人的长名单中，但在朝鲜太祖朝的《实录》中，逐年逐月也找不出阿哈出到朝鲜朝贡的记录。而且，阿哈出的胡里改部一直居住在毛怜部的北边，离朝鲜又远一些；阿哈出还在稍后投向了明朝，被明廷封为建州卫的首任指挥使。但是，这并不等于胡里改部（后来称为建州卫）的人没有流入朝鲜的。

胡里改部女真人在元明之际混乱的情况下，被迫逃亡、南迁，主体虽然定居在毛怜部的北边了，但确实也有少部分人流亡到了毛怜部南边的李朝境内。这在明永乐元年（1403）建州立卫之后，建州卫的各级首领纷纷上奏明廷，请求明廷行文，让李朝当局送还他们的族人，可以证明。具体事例如下：

建州卫万户佟锁鲁阿奏，他有家小 64 口，在朝鲜金线地面住坐，应"给发建州完住"①。

建州千户失加奏，他的部下察罕、失刺不花等 13 户流入朝鲜，应"解发完住"②。又据已故察罕的妻子在朝鲜陈述，在洪武五年（1372），因北元

---

① 《朝鲜王朝实录》，太宗七年正月辛巳。
② 《朝鲜王朝实录》，太宗七年正月辛巳。

太尉纳哈出统兵到来,女真地面混乱,他们才跟随万户殷实,流入朝鲜,在庆源、定州、咸州等处附籍①。这样看来,流入李氏朝鲜的人要远远多于这13户,应是一大批人。

建州卫指挥猛哥不花奏,有本地方人杨哈剌,在洪武十九年(1386)赴京,曾被授予三万卫百户之职,并回来开设衙门,旋因三万卫后撤到开原立卫,"起发人民之时",杨哈剌在撤离途中,连同家小等30户,滞留于土门地面,后被朝鲜国万户锁矣交纳(即镜城等处万户崔咬纳),全部"起取"到朝鲜阿罕(今朝鲜咸镜北道吉州附近)地面住坐。这些人户都应"取回"②。

建州卫指挥佥事马完者,为各户下人口仍在朝鲜阿罕等地,曾将名单呈明朝兵部,欲"搬取"回建州完聚。兵部移咨礼部,礼部除上奏永乐帝外,又将名单咨会朝鲜,计有:指挥佥事马完者户下男妇,11口见在几连地面,6口见在红肯(今朝鲜咸镜南道洪原)地面;指挥佥事阿哈出户下男妇2口,见在失里(今朝鲜咸镜北道吉州)地面③。

三 结语

综上所述,在元明之际,由于中国改朝换代带来的战乱,影响到女真各部间的势力消涨,加之高丽-朝鲜当局的大力招抚,一度失势的女真胡里改部、斡朵里部、毛怜部等,即后来构成建州女真核心的这一系统的女真人,当时有相当多的族群,先后在逃难南迁的过程中,流落到了朝鲜。其中:斡朵里部基本上是整体迁移到了图们江南岸,居于三部的最南面,已完全进入高丽-朝鲜的控制区;毛怜部居中,整个部落跨图们江两岸,近一半人口居住在朝鲜控制区内,其核心虽仍在图们江北,但也一定程度的依附于朝鲜;胡里改部的整体,尚在毛怜部的北面,但也有相当数量的小族群,流落到了高丽-朝鲜境内,分散居住在今咸镜南北道的许多地方。后来,这些流徙到朝鲜境内的女真人,因中国重归安定和太平,加上明廷与留在国内的本部首领的招抚,大部分都又回归明朝,但也有一些仍滞留于朝鲜,最终同化为朝鲜民族。

---

① 《朝鲜王朝实录》,太宗九年正月甲子。
② 《朝鲜王朝实录》,太宗七年三月己巳。
③ 《朝鲜王朝实录》,太宗八年六月壬辰。

释辽阳广佑禅寺住持圆公塔铭[*]

——兼谈明初女真社会的几个问题

在辽宁省辽阳市东郊庆阳化工厂的厂区内,至今仍保留着明代广佑禅寺住持圆公塔。该塔立于明正统七年(1442)。塔身镶嵌塔铭,塔铭为长方形淡青色页岩,高1.7米,宽87厘米。铭和序为20行,满行78字,楷书。这方塔铭是见证明代女真社会历史的罕见的珍贵文物。

一 女真僧道圆的不凡人生

塔铭序云:"公讳道圆,字镜堂。其先迤东海洋女直右族童氏,子父童伯颜敬,母王氏,生公于洪武乙卯十月二十一日午时。"[①] 据此可知,该塔主的僧名为道圆,字为镜堂,其先人为辽阳东方海洋地方的女真人。"海洋"是女真语地名,即今朝鲜咸镜北道的吉州[②]。他出生于有势力的大姓童氏,与后来的建州左卫都督童猛哥帖木儿同属一姓,其父为童伯颜敬。他的母亲姓王,也是女真族的大姓,明太祖晚年从朝鲜召还的女真千户王可仁,就与她同姓又同乡[③]。道圆生于洪武乙卯年,即洪武八年(1375)。

塔铭序又云,在他还是孩童的时候,父母就送他到家乡的"大广济寺,依师学法。""洪武十六年(1383),随父归附国朝,遂籍于东宁卫"。就是说,他在九岁的时候,跟随父亲从海洋归附到明朝,入籍于辽东都指挥使司所辖的东宁卫。按:东宁卫设于洪武十九年(1386),在设卫之前,曾于

---

[*] 原载《中国民族博物馆研究》2007年第2期。
① 《辽阳僧纲司致仕副都纲兼前广佑禅寺住持圆公塔铭》,《辽宁省志·文物志》,辽宁人民出版社,2001,第246~247页。以下不加注之引文,均引自此塔铭。
② 《朝鲜王朝实录》,太宗四年五月己未。
③ 参见《朝鲜王朝实录》,太宗四年四月甲戌、五月己未。

洪武十三年（1380）设立有东宁等五个千户所，安置归顺明朝的女真人。序文说道圆归明后即入东宁卫籍，略欠准确。

道圆在九岁迁到辽东之后，就一直处身佛门之中。序文说，他先在辽阳东会寺学法。到永乐四年（1406）春，即在他三十二岁的时候，因他修为出众，"钦取辽东通教僧六员，赴京预会，公居首选"，前往当时的京师南京，准备迎接西天大法王。当年腊月，与来自全国的三万僧众一起，参与迎接西天葛哩嘛上师大宝法王的盛典，在灵谷寺听法王说法。在这次难得的全国佛教界盛会上，道圆表现不俗，"获受记别预会"的资格。会后，道圆又回到辽阳东会寺。

两年后，即永乐六年（1408），辽阳僧纲司副都纲去世，此官出现空缺。僧纲司是洪武十五年（1382）始设于各府的管理佛教事务的机构，掌钤束一府之僧人。设都纲、副都纲各一人，为正、副长官，选精通经典，戒行端洁者充任，不支俸。辽阳"诸山咸推公之德宜膺斯举，奉公赴吏部试中，除受前职，兼领广佑寺住持事"。就是说，他由一名普通僧人，经过该地区众僧的推举，又进京通过吏部的考试，终成一府的僧官。这一年，道圆三十四岁。

此后，道圆在副都纲和广佑寺住持任上，为辽东地区的佛教事业尽心尽力，做出了不少贡献。

修缮寺院。一是辽阳城内的广佑寺。他见广佑寺"殿宇湫隘，廊庑荒芜，不起人皈敬"，乃吁请掌辽东都司印事左军都督府王真为创首，并号召众信徒，筹集了足够的资金和建筑材料，"肇建大佛殿，次天王、伽蓝、祖师殿堂，以及钟楼、大悲阁，及至方丈、两庑、山门众屋，及粧塑菩萨、罗汉诸圣像……四围垣墙，百堵皆作；宝塔十三层，崇修完美"。一个破旧的古寺，从此"焕然一新"，"梵刹兴隆，禅诵盛集"。二是辽阳城东郊的永宁寺。在城外数里的清云山，有座古老的永宁寺，其时已经颓废。道圆使其弟子"诛茆拾砾，拓开旧址，鸠工聚材，重兴佛殿、方丈、两庑、山门房宇及佛像"。重建的永宁寺落成后，择其有禅行的高徒行阐为住持。这是他副都纲任上的又一业绩。

为佛教培养人才。道圆是位有道高僧，"平生以念佛三昧为宗，无戏论，无妄言，不重久习，不轻初学，恒以慈悲化导人，是以信向者众"。作为一寺的住持，他一生亲自"手度弟子行净等四十余人，皆分辉行道"，可以说是个个成才。作为一府的副都纲，他几次带领本地区的行童赴京应试，请礼部给本地区培养合格的年轻僧人全都颁发度牒，使他们都成为了合法的名副其实的僧人。

此外，一些重要的僧侣间交流、为有名望的人物超度等活动，道圆都亲力为之。例如，天台佛心鉴禅师曾到关外云游，并访辽阳诸寺，道圆在广佑寺热情接待他，与他"东语西话"，无所不谈，成了很好的朋友。明成祖在北征归途中"宴驾"，道圆为表示对成祖统一功绩的肯定，亲赴北京，按佛教的仪礼，"随例贡香"，受到礼部的褒奖与"恩赐"。这些都扩大了广佑寺及辽东佛教界的影响。

道圆在副都纲位上，在永乐、宣德年间，以教务事三次赴北京。因他对教务有突出的贡献，这三次都受到礼部的奖励，"仍赐僧官道圆金襕袈裟、纻丝直裰等衣，加赐贡马缎匹宝镪"等。

正统三年（1438），道圆六十四岁，他很有自知之明，"以年老谢副都纲职并住持事"，一心念佛。正统七年（1442），道圆有小疾，他"自知时至"，乃"索浴更衣，端坐说偈曰：'吾年六十八，化缘今已毕。一念阿弥陀，直指西方吉。'付嘱弟子曰：'吾行矣，汝等各努力振佛祖家风。'泊然示化。殡送之日，官员四众人等，缟素百千余人。"这么多官民为他送行，真诚地悼念他，足以证明道圆是受到辽东各界、各民族尊敬的高僧大德。

最后要说明一点，铭序有云，道圆"春秋六十八，僧腊五十二"，表明他是在十六岁时，即洪武二十三年，才正式剃度为僧人。在此之前，在海洋大广济寺时和在辽阳东会寺的前八年，他都还是俗家弟子。

二 塔铭折射出的明初女真社会

圆公塔铭是极为罕见的女真人石刻，它是明初女真人生平的真实记录，从中我们可以窥视到当时女真社会的不少信息。

1. 明初女真人的居住区域和迁徙问题

过去一般都认为，元末明初女真人的居住区域是"东濒海，西接兀良哈，南邻朝鲜，北至奴儿干、北海"[①]。《大明一统志》这样说，人们也跟着这样说。而《一统志》是将图们江、鸭绿江作为国界的。也就是说，在两江的南岸不是女真人的居住地。道圆塔铭表明，过去的说法有片面性。女真

---

① 《大明一统志》卷89。

僧道圆的童姓族人与其母王姓女真居住的海洋有时译作海阳，即今朝鲜咸镜北道南部的吉州，在图们江以南很远的地方。

再对照朝鲜文献，朝鲜太宗给明成祖的奏本曾诉说，"辽乾统七年（1101），东女直作乱，夺据咸州迤北之地。……由是女直人民杂处其间，各以方言名其所居，吉州称海阳，端州称秃鲁兀，英州称三散，雄州称洪肯，咸州称哈兰。……所据女直遗种人民，乞令本国管辖如旧"①。奏文中提到的地方，海阳已如前述，其他几地都在海阳以南，即咸镜南道，秃鲁兀为今端川郡，三散为今北青郡，洪肯为今洪原郡，哈兰为今咸兴市。这些地方自北向南排列，已接近今江原道地界。

道圆塔铭与朝鲜文献完全吻合，说明自辽乾统年间，至明永乐年间，几百年来，今朝鲜咸镜南北二道也都是女真族的居住地。

朝鲜太宗这时为何给明帝上这道奏本？因为自明朝在辽东站稳脚跟之后，明太祖、明成祖都在推行招抚女真的政策，东北的女真包括朝鲜控制区的女真，有逐渐迁移辽东的趋势。道圆一家（或许是一批）人就是在洪武十六年从朝鲜东北面迁到辽东的。随着迁回的女真人增多，明朝在洪武十九年在辽阳设立了东宁卫，管理被安置在鸭绿江流域的女真各部。此后，与道圆母亲同姓同乡、已"向化"朝鲜、"官至枢密"的王可仁应明太祖的招抚，在洪武二十二年（1389）也回归明朝，并任职辽东千户②。明廷招抚和重用王可仁也有可能是出于道圆一家的力荐。王可仁回归明朝后，积极推动招抚女真的政策，"甲申（永乐二年，1404）夏，女直遗民佟景、王可仁等以我国咸州迤北古为辽金之地，奏于帝。帝降敕索十处人民"③。明成祖当即就派遣王可仁为使臣，到朝鲜招谕咸州迤北广大地区的女真族，让他们"今听朕言，给与印信"，"各安生业"④。换言之，明朝要从朝鲜手中接收自辽金元以来已归属于中国的这方土地和人民。朝鲜政府正是在女真人陆续迁往辽东，并且明朝要接收咸州迤北各部女真居地的紧要关头，给明帝上奏本，要求由朝鲜继续管辖咸州迤北十一处女真地区。这以后，明朝便停止对这十一处女真的招抚。

2. 明初女真人的佛教信仰问题

女真人在金代已信仰佛教，到元代仍普遍保持这一信仰，明代亦然。但

---

① 《朝鲜王朝实录》，太宗四年五月己未。
② 《朝鲜王朝实录》，太宗四年四月甲戌。
③ 《朝鲜王朝实录》，太宗十八年五月癸丑。
④ 《朝鲜王朝实录》，太宗四年四月甲戌。

女真人也一直信奉原始的萨满教。现代学者因为多强调满族的萨满教，而对满族的先民明代女真人的佛教信仰则估价不足。一些著作说，"喇嘛教在（满族）进入辽沈前，业已输入，进入辽沈后，得到进一步的传播"。有些著作甚至对比说，"可以说萨满教是将满族凝结起来的一个重要因素。……至于在满族普通人中，佛教的冲击和影响当然或多或少也在发生效应"。这都给人一种导向，好像佛教在女真族中广泛传播，只是在明朝后期女真人进入辽沈之后，而且其影响力很小。

道圆塔铭的记事则明确告诉我们，在元明之际，在辽东以远的朝鲜半岛北部，在女真人居住区海洋，女真人就信仰佛教，在其乡建有大广济寺。而且佛教对女真人影响至大至深，大人常带着儿童到寺庙礼佛，佛教已深入到儿童之心，更别说成年人了。道圆一家迁移到辽东之后，仍然笃信佛教，以至道圆由俗家弟子转变为真正的僧人。

我们还可以从明初招抚女真人的措施上，看当时佛教在女真人中的强大影响。永乐初年，曾派遣内官、女真人亦失哈、张童儿到黑龙江下游奴儿干地方招抚女真各部，建立了奴儿干都司，并在永乐十一年（1413），在那里山上建永宁寺，《永宁寺记》的碑文正面是汉字，背面是女真字和蒙文，文意相同，其中有云："山高而秀丽，先是，已建观音堂于其上，今造寺塑佛，形势优雅，粲然可观。国之老幼，远近济济争趋□□高□□□□威灵，永无厉疫而安宁矣。"① 国之老幼，远近济济争趋拜佛祈福，可见佛教对黑龙江地区的女真人的巨大影响。

再如，永乐十五年（1417），上述张童儿又奉命到长白山地区招抚女真，他们的步骤是投女真人所好，先在长白山建佛教寺庙。这项任务极其艰巨，"自辽东至南罗耳（今吉林省安图县境），道路极险。粮料担持军一万八千名，往返甚艰，乃使军人二百伐木开路，然后出来"。张童儿则先率军马一千五百名，"到罗延（长白山北，富尔江口附近，亦在安图境内），置木栅，造仓库。输入粮料后，担来军人随即还送。"张童儿这一千五百军马则留下来，五百军人加农牛一百六十头在罗延屯种，一千兵马到南罗耳砍材木以建白头山寺。寺成后，"以达达僧人及近处有善心僧人看直"。②

---

① 转引自杨旸等《明代奴儿干都司及其卫所研究》，中州书画社，1982，第56页。
② 《朝鲜王朝实录》，太宗十七年四月辛未、五月乙卯。

同时，明朝还在建州女真人居住区，专门设置了管理僧众的宗教机构，"设辽东建州卫僧纲司，命本土僧搭儿马班为都纲"①。本土僧即建州卫女真僧人。奴儿干比长白山更远，修永宁寺的难度远远大于修白头山寺。明廷所以要耗费巨大的人力、财力、物力，在极边远的女真地区修建这些寺庙，并且在碑上镌刻女真文，就是因为这些地方的女真人信奉佛教者众多，他们不光是普通的信徒，还有出家为僧者，即"近处有善心僧人"，也即当地类似道圆的僧人。

以上事例可证，在辽东的以东以北广大女真地区，南起朝鲜半岛北部，往北延伸到长白山区，再往北延伸到黑龙江两岸，女真人早在元明之际都已信奉佛教，佛教对他们影响至深。对此应有充分的估计。女真地区没有留下多少古寺，只是因为当时生产力低下，建筑质量不高罢了。

3. 明初女真人的发展水平问题

我们从道圆的不凡人生已经看到了一个女真人的文化水平和才能，他在同时代的各民族中也属于优秀者。在辽东众僧之中选拔赴京与会者选出六人，他又居首选。辽东僧官有缺，诸寺僧人公推他出任，他不负众望，又顺利通过中央吏部的考试，荣任僧官。他在副都纲和住持任上，表现出卓越的领导能力、交际能力，发展壮大了辽东的佛教事业，培养了一批佛教人才。当然，道圆只是个人，他不能代表一个民族。但没有全民族整体水平的提高为基础，也不可能涌现出很优秀的个人。道圆能够成为高僧，固然与他进入汉族地区寺庙有关，但我们不要忘了广大女真民族有长期信奉佛教的基础，他在孩童之年就在女真地区的寺庙里学习。

除道圆之外，当时女真族中，见于记载的为明朝效力并做出突出成绩者，仍大有人在。像前边提到的亦失哈、张童儿在执行修建寺庙、招抚女真方面，都表现出了卓越的组织能力和领导能力，因而能够完成很艰巨的任务。还有佟景、王可仁、王得名、王教化的、王迷失帖、高时罗、金声等千户、百户作为明朝的使臣到朝鲜或经过朝鲜到图们江以北招抚女真，他们通晓几种语言，在与各方周旋时也都表现不俗。像王可仁、佟景等还通晓中朝历史，为明廷招抚朝鲜管辖区的女真，提供历史依据，在这方面，他们比明朝所有大臣和皇帝要高明得多。可惜，明廷在最后没有按他们的建言行事。

---

① 《明太宗实录》，永乐十五年正月己亥。

另有明初任命的女真各卫的首领，如阿哈出、童猛哥帖木儿、把儿逊等等，都是能团结和领导部众，与周围各部，甚至与朝鲜和明廷巧妙周旋的英雄豪杰。像童猛哥帖木儿在艰难的环境中表现出的大智大勇，在今天看来，已令人钦佩。

上述的一些女真人都是女真族中的杰出人物。类似的人物还可以举出一些。他们毕竟是女真族中的少数，不能说他们就代表了明初女真人的总体发展水平。但综观道圆等文献上有记载的女真人，我们不能同意明代文献把女真人统称为"野人"（明人有时把海西、建州的女真也称为野人）。我们还认为，在满族史研究中，对进入辽沈以前的女真人的发展水平总体估计过低。生产力水平，社会发展水平不等于人的发展水平。通过道圆塔铭研究，结合其他女真人的事迹，可否将明初女真人的发展水平再高看一眼呢？

浪孛儿罕事件与女真族民族精神的觉醒*

明英宗天顺三年（朝鲜世祖五年，1459），明属女真毛怜卫都督佥事浪孛儿罕被一心想在女真中扬威称霸的朝鲜世祖诱捕杀害。浪氏在女真各部中，是有地位有威望的杰出首领，因而，这一事件在女真社会中，引起极大的震动，并大大地激发了女真族的民族精神。

一 浪孛儿罕及其被朝鲜诱杀事件

朝鲜杀害浪氏之后，一再向明朝申明，浪氏是朝鲜国的编民。现代，也有韩国学者考证，浪氏居地下东良，在今朝鲜茂山郡永北面西湖洞一带①。其实，朝鲜王朝的文献记载的很清楚，浪氏一直居住在大明国的领土上，是大明国女真族的首领。朝鲜文宗朝的文献，引述明辽东咨文："节该毛怜卫都指挥浪卜儿哈、李额革等奏：……本卫相离高丽两三日程。②"证明其居地在朝鲜境外，有两三日的路程才能到朝鲜，他的官职是大明国毛怜卫的都指挥。鲁山君时代的文献，称其为"江外东良北都万户浪孛儿罕"③。江，指图们江，亦称豆满江，当时是明与朝鲜的分界线。"江外"，为明国领土无疑。鲁山君时，朝鲜还对图们江两岸境内外的女真族，做过一次调查，搜集了女真人的各种情况。在"会宁镇"坐标下，先记录了境内、江内女真人的情况，接着就记录了"境外"、"江外"的女真人，其中：（会宁）"西指五十五里，上甫乙下住兀良哈上护军浪仇难，族类强盛，二

---

* 原载《满族研究》2005 年第 3 期；又载《金启孮先生逝世周年纪念文集》，日本东亚历史文化研究会、以文社，2005。
① 〔韩〕李仁荣：《韩国满洲关系史研究》，韩国乙酉文化社，1954，第 88 页。
② 《朝鲜王朝实录》，文宗二年三月己酉。
③ 《鲁山君日记》，元年十月庚戌。

等，都万户浪卜儿罕子，子三，名不知。……兀良哈护军浪加麟可，浪卜儿罕子，三等，子四，名不知"。(会宁)"西指一百二十里，下东良住都万户浪卜儿罕，族类强盛，酋长，一等。子护军加麟可，三等；次子大护军伊升巨，侍卫，三等。次子司直於乙巨豆，三等。次子於罗豆，四等。次子三名不知"①。会宁在图们江东，江外就是明国领土。浪孛儿罕住在西指一百二十里处，正与前引辽东咨文中，"相离高丽两三日程"相吻合。朝鲜文献前后一致，都明确无误地记载着浪孛儿罕住在大明国的国境内，是大明国人。

浪孛儿罕的资格很老，地位很高。早在明永乐九年（朝鲜太宗十一年，1411），就有记载，他的官职已经是"指挥"级别了②。后来，又逐渐升为都指挥同知、都指挥。天顺二年（1458），升为毛怜卫都督佥事③，是明朝二品官。朝鲜为了在女真中扩张，背着明朝，也不断将各种虚衔授予有影响力的女真人，浪孛儿罕先后被授过都万户（三品）、正宪大夫知中枢院事（二品）。④

因而，浪孛儿罕有很高的威望，对周围各部女真，对当地的局势，都具有较大的影响力度。当初，在图们江东居住的斡朵里部，其著名领袖猛哥帖木儿被兀狄哈部杀害之后，朝鲜欲乘机削弱斡朵里部。在这种极危难的情况下，斡朵里余部凡察、童仓等曾逃离朝鲜，在浪孛儿罕的保护下避难。凡察、童仓率部众移居婆猪江流域后，仍有半数部众留在当地，由浪孛儿罕托管。鉴于浪孛儿罕在女真各部中的威望，朝鲜在世宗、文宗、端宗（鲁山君）时代，对浪孛儿罕都表现了相应的尊重，一些涉及境外女真的事情，如"近境野人酋长子弟，有才行可入侍者，问于……浪孛儿罕等"⑤要征求浪氏的意见。朝鲜国内突发的事变，如鲁山君元年咸吉道都节制使李澄玉之乱，也致书浪孛儿罕等，给予通报⑥。可见浪氏非一般女真首领所能比。

浪孛儿罕的被杀害是朝鲜世祖推行地区霸权主义直接造成的。

---

① 《鲁山君日记》，三年三月己巳。
② 《朝鲜王朝实录》，太宗十一年二月丁未。
③ 《明英宗实录》，天顺二年二月壬辰。
④ 《鲁山君日记》，二年十二月丙申。
⑤ 《鲁山君日记》，二年三月辛酉。
⑥ 《鲁山君日记》，元年十月庚戌。

浪孛儿罕事件与女真族民族精神的觉醒

朝鲜世祖李瑈，是文宗之弟。文宗在位仅三年，死时仅三十九岁。其年幼的儿子鲁山君即位，是为端宗，由一批顾命大臣辅佐。旋即，李瑈集团发动政变，杀掉所有顾命大臣和鲁山君的另一叔父安平大君李瑢。可是，李瑈并不满足掌握实权，越三年，又把端宗废掉，自立为王。他虽臣事大明，但又要推行地区霸权主义，"时，世祖以务农兴学养兵为事，期于控弦百万，威制夷狄，习阵训兵"①。他对境外女真的政策变得越来越强硬。

朝鲜边将一贯鄙视女真人。世宗时，浪孛儿罕为此曾控诉于朝鲜礼曹："今都节制使待我辈甚卑贱，视若狗彘，我辈深闷。"世宗知道后，特传旨咸吉道都节制使，要其依"已曾详定彼人接待节次，礼以接之，和以待之，勿致怨恶"②。对边将加以约束。而世祖则不然，他表现得比边将更凶恶。明天顺二年（朝鲜世祖四年，1458）十一月，"浪孛儿罕等十一名到镜城，欲入朝"。这本是惯例。可是，都节制使杨汀刁难他，只令其"率亲信五六入朝。孛儿罕怒，不告而还"。杨汀书启世祖，"愿自今有如此横逆者，虽受高爵，即禁身驰启科罪"。世祖回谕更是火上浇油："卿所启浪孛儿罕事俱悉，予当大惩。卿策甚善。"③ 果然，一个月后，浪孛儿罕再入朝时，世祖先摆了一个威吓的阵势，"赐左议政姜孟卿、右议政申叔舟大刀各一把，令入侍；卫将、都镇抚、承旨，亦侍上"，才传进浪孛儿罕，训斥一通："今闻汝无礼于边将，予欲惩之。"④ 世祖想在女真人面前立威，已到了不顾礼法、不择手段的可笑地步了，让左相右相执刀入侍，只有他才会做出这样刻意地表演。这种做法不但不能缓和矛盾，反而加深了矛盾。事后，浪孛儿罕不止一次愤愤地说："都节制使甚负于我"⑤。

与此同时，世祖推行更大的扩张政策，欲招服境外更远的兀狄哈诸部。而浪孛儿罕所在的毛怜卫横亘其间，不予配合，妨碍了世祖的扩张大计，使朝鲜与浪孛儿罕的矛盾急剧升温。天顺三年正月，世祖以右议政申叔舟为咸吉道都体察使，使命是招服中国境内的兀狄哈。三月，申叔舟到会宁、钟城，招集境内和近境的兀良哈、斡朵里诸酋，传达世祖之命，让他们和兀狄哈和好，不要阻拦兀狄哈来朝。同时，"作书，译以女真字"，派人送

---

① 《鲁山君日记》，二年正月戊午。
② 《朝鲜王朝实录》，世宗二十五年三月己卯。
③ 《朝鲜王朝实录》，世祖四年十一月己酉。
④ 《朝鲜王朝实录》，世祖四年十二月丙寅。
⑤ 《朝鲜王朝实录》，世祖五年正月庚寅。

兀狄哈各部中，书中写道："惟我承天体道烈文英武王殿下，神武定难，抚临东土，推诚待物，一视同仁，威惠远著，东夷北狄，争先纳款，如蛾赴烛。……汝等勿生疑貮，勿虑路梗，亟来听命。"申叔舟在写给世祖的表功信中，说自己对兀良哈和兀狄哈"两抚之时"，要尽了手段，"一以示怜抚之意，一以恐动之"①，可谓软硬兼施也。可是，朝鲜近境兀良哈部有一个酋长，即大明毛怜卫都督佥事浪孛儿罕，已看清了朝鲜的真实目的，不赴申叔舟的约会，"独孛儿罕辞病不赴"②。朝鲜暗暗恨之。

当时，朝鲜世祖把招服中国女真当作至上的国策。可世祖又知道这是非法的，是宗主国大明所深恶的。但世祖实在太想在这一方称霸了，所以就偷着干。他谕平安道观察使、都节制使，"野人来服，我国之上策，卿等独知。然上国所恶。故（大明）使臣回还间，建州卫野人来朝者，勿许上送"。还要他们对女真人说，"汝等精诚，国家所知。然中国非之，故上命勿送"③。顺便还要挑拨一下女真与明的关系。在咸吉道这方面，为了执行"国之上策"，申叔舟在离开之时，又嘱托都节制使杨汀派通事专程去开谕浪孛儿罕，以化解浪孛儿罕的阻力，使招服兀狄哈之事能顺利地进行。

浪孛儿罕是阅历丰富的一方首领，他回想五十年前朝鲜"交亲反间窥伺"，后又出兵攻杀毛怜卫的历史，联系到前些时朝鲜兵马到附近侦探道路的事实，不敢轻信通事之言。杨汀"累遣人招之，亦不来"。浪氏本大明女真，朝鲜招之不去，亦属正常。但这却惹恼了杨汀，杨汀设计，"令会宁府因便招致，若来，则孛儿罕外并皆囚鞫"。世祖得到上述情况的报告之后，授权杨汀"从权处置"④。这是天顺三年六月之事。

八月，浪孛儿罕在朝鲜王宫当侍卫的儿子浪伊升哥，请假往吉州温泉治病。他的妻兄则对朝鲜说，"伊升哥欲往中国，预备行装有日，今必因浴遂往父处"。女真人在朝鲜当侍卫，具有一定的人质性质，加之其父的近期表现，世祖信以为真，认为"孛儿罕父子罪不可赦"，立即命令兵曹正郎吴伯昌，"往囚孛儿罕父子家小"。并且授计，为防孛儿罕起疑，召孛儿罕时，勿单召，要"与酋长杂召之"。⑤

---

① 《朝鲜王朝实录》，世祖五年三月壬辰。
② 《朝鲜王朝实录》，世祖五年六月辛酉。
③ 《朝鲜王朝实录》，世祖五年三月丁未。
④ 《朝鲜王朝实录》，世祖五年六月辛酉。
⑤ 《朝鲜王朝实录》，世祖五年八月壬子。

这次，浪孛儿罕失去了警惕，与各部酋长应邀去了会宁，到后即遭绑囚。同时在各处遭到逮捕的浪氏家人还有：浪孛儿罕之子仇难、伊升哥、阿儿哥秃、无者、加麟应哈、女儿吐劳古、妻子其沙哥、仇难之子毛多哥、者邑哈、加麟应哈之子无同可①。除两名女性，其他九人悉被斩诛。世祖还下令，"孛儿罕子及孙子逃者，随获随斩"②。一个月后，"又捕斩仇难子小童二人"③。共斩杀浪氏三代十一人。

朝鲜世祖加给浪孛儿罕的罪状有三："杀所掳兀狄哈剌斡里，使和事不成。妄动浮言，惊恐诸部，欲生边衅，又使麾下弯弓欲射使者，罪一也。申叔舟受命而往，召之不来，罪二也。与其子伊升哥相应谋叛，罪三也。"④滥杀明国的二品官，反诬被杀之人"谋叛"朝鲜，霸道甚矣。其实，最根本的是前两条，浪氏不顺命，使其招服兀狄哈受阻，所谓"和事不成"，就是他称霸东北亚的图谋不成，这才是他决心除掉浪氏的真正原因。

二 女真族民族精神的觉醒

邻近朝鲜的女真虽受明朝所封，到明朝贡，但国家观念并不很强。他们到朝鲜贸易时，也常常接受朝鲜的封号。一代英杰浪孛儿罕被朝鲜轻易杀害，使毛怜卫及其周边各部女真都受到了极大的震动，国家意识和民族精神都大大地被激发起来。

（一）女真族的国家意识、国家认同感空前提高

浪氏被杀后，许多女真人都想向中央政府报告这一严重事件，请求明朝政府为自己撑腰做主。建州女真都督童刺难、指挥秃满最先向广宁总兵官报告了此事，说："闻朝鲜与野人战胜，多所剿杀。不胜愤恨，欲借兵谋报。"同时，建州右卫都指挥佟火你赤、毛怜卫都指挥柳尚冬哈等派遣火你赤之子广失塔等人赴北京，向中央奏报："朝鲜诱杀孛儿罕等十六人。今欲聚速平江、喜乐温、斡木河、西海等卫人马六千，往朝鲜报仇。⑤"另有女

---

① 《朝鲜王朝实录》，世祖五年八月壬申。
② 《朝鲜王朝实录》，世祖五年八月丁丑。
③ 《朝鲜王朝实录》，世祖五年九月癸卯。
④ 《朝鲜王朝实录》，世祖五年八月丁丑。
⑤ 《朝鲜王朝实录》，世祖六年二月癸丑。

真人仇应时多也于事发当年的十二月赶到北京，向皇帝告发"朝鲜国既杀浪孛儿罕等十七人，又执柳尚同介驮牛而去"①。这说明，周边各部女真在感到外国的威胁降临时，都会不约而同想到明朝，想到中央政府可以帮助他们。

当时的明朝皇帝是复辟的英宗，虽然昏庸，但还是及时采取了一些措施，对女真人加以保护，对朝鲜国王加以训诫。女真人大体上都是在天顺三年冬赶到北京上奏的，天顺四年正月，明廷派出礼科给事中张宁等使节到朝鲜调查，并敕朝鲜国王"宜从实开奏，要见是非明白，勿或隐情掩饰。……不然，兵连祸结，自取不靖"②。张宁三月到朝鲜王京，对朝鲜国王多有责问。朝鲜世祖狡辩说，浪氏"世居我国境土"，并欲"谋叛"。明廷收到朝鲜的上奏后，又敕朝鲜国王，驳斥他："浪孛儿罕为都督佥事，是朝廷所授之职。虽称谋构边患，然亦未见形迹，而遽然杀之，是王自启衅端！"③这道敕谕是由朝鲜奏闻使四月带回的。六月，又让朝鲜谢恩使带回一敕，明确指出浪氏不是朝鲜编民，训斥他所谓的依法置罪，敕曰："王之依法置罪，止可行于王国，不可行于邻境。今以王国之法，罪邻境之人，欲其不生边衅，得乎？……今王辄将伊父子九人杀死，其族类闻之，得不忿然以复仇为事乎？无怪其子阿比车之不靖也！"④对于女真人的报复行为，明英宗表示理解。并且英宗还命朝鲜把拘捕的浪氏家族其他成员送到辽东都司，由朝廷再交阿比车团聚。与此同时，英宗应毛怜卫都指挥柳尚冬哈等人的要求，派锦衣卫指挥使马鉴，于七月赶到毛怜卫，调解女真与朝鲜的敌对关系。马鉴此行，朝鲜多有刁难，而女真人则对马鉴倍加保护，"童仓、火你赤等二百人，今随马鉴而来，名为护送"⑤。事毕，马鉴回京，柳尚冬哈一直护送到京。浪孛儿罕之孙木尚哈亦跟随到京袭职。木尚哈又将原掳获朝鲜男女九名，带到辽东。英宗自认为调解有效，让朝鲜使臣领回刷出之九人，并再敕朝鲜国王："继今王宜饬兵自守，不可复启衅端。"⑥从浪孛儿罕事件可以看出，女真人对明朝的依赖感和亲近感都在增强，女

---

① 《朝鲜王朝实录》，世祖六年二月甲子。
② 《朝鲜王朝实录》，世祖六年三月己卯。
③ 《朝鲜王朝实录》，世祖六年四月辛未。
④ 《朝鲜王朝实录》，世祖六年六月甲寅。
⑤ 《朝鲜王朝实录》，世祖六年七月癸卯。
⑥ 《朝鲜王朝实录》，世祖六年闰十一月戊午。

真族的国家观念已提高到一个新的阶段。

（二）浪孛儿罕被朝鲜杀害事件极大激发了女真人反抗外来压迫的斗争精神

浪孛儿罕作为女真领袖，有着丰富的阅历，在他被杀之前，就感到了朝鲜的压力。他从朝鲜富宁兵马探路的举动，看出了朝鲜将要入侵的迹象。他"令妻子登山"躲避，并"分军望候"。在他的影响下，"东良北无儿界舍地等处，野人不靖"①。女真人已露出了反抗朝鲜侵略压迫的苗头。

朝鲜凶狠霸道地杀害浪孛儿罕，更激起了女真各部的愤恨和反抗。当朝鲜设计拘执浪氏之时，被骗去聚会的女真各部首领，"童亡乃、金把儿歹、柳尚冬哈、金多弄哈、浪时哈、浪时帖具等在坐，皆失色曰：孛儿罕受中国高职，年又老耄，请轻论"。浪氏被拘后，他们"有持酒肉来访孛儿罕者"②。说明这些女真首领是不满朝鲜的做法的。在他们返回各自部落后，女真人反抗朝鲜的斗争便逐渐开展起来。

浪氏被害当年的冬天，"浪孛儿罕亲党火剌温可昌哈，率千余兵，欲犯边"③。"浪孛儿罕弟舍隐都哈及从弟佐化娄等请兵……欲聚兵报复，……东良北八九百里人听从，谋欲犯边"④。第二年，即天顺四年（朝鲜世祖六年，1460），浪孛儿罕之子阿比车"聚诸种一千五百余人，正月二十日来屯会宁长城外，毁木寨而入"。二十一日，又"分道而入"⑤。此会宁之战，连居住在朝鲜境内的不少女真人也都以各种形式支持阿比车。"前此，城底近居野人等，有变则请入行城。今皆越江逃院，与阿比车同谋，成群窃发，其势不止"。如斡朵里首领速鲁帖木儿，"令家人同力助战"⑥。另一斡朵里酋长"马仇音波等十六人"，亦"附贼"⑦。更多的是女真首领率众逃走，使朝鲜城堡失去屏障，如高岭城底兀弄草斡朵里等、钟城近居柳尚冬哈等、稳城李波儿是等、庆源金管娄等，俱"空家逃散"⑧。这些近居的女真人不再听

---

① 《朝鲜王朝实录》，世祖五年六月辛酉。
② 《朝鲜王朝实录》，世祖五年八月壬申。
③ 《朝鲜王朝实录》，世祖五年十一月甲辰。
④ 《朝鲜王朝实录》，世祖五年十二月辛未。
⑤ 《朝鲜王朝实录》，世祖六年正月丙午。
⑥ 《朝鲜王朝实录》，世祖六年二月辛亥。
⑦ 《朝鲜王朝实录》，世祖六年正月丙午。
⑧ 《朝鲜王朝实录》，世祖六年正月丙午。

朝鲜调遣，实是对阿比车的呼应。朝鲜对此大为恼火，骂之"此辈党贼，情状已明"①。二月九日，又有"八百余骑，来屯钟城江边，焚长城水口木寨，……入长城，焚邑城南门外野人馆"②。二月十四日，又有一支女真人"入富宁府邑城下虚水剌洞，杀二人，掳男妇并六口，掠牛四头马一匹而去"。同一天，又一支女真"百余骑，入镜城吾村口子，杀别差前万户宋宪等六人，掳男妇并九口、牛马三十九而去"③。二月十八日，毛里安兀良哈阿儿豆率吾治安伐引等处女真一百余人，"发兵向富宁"。二十四日，入朱乙温口子，与已有准备的朝鲜军发生激战，女真人二十六人被杀，"阿比车亦死于是战"④。三月四日，一支女真人马"入镜城云帖委洞，掳掠男妇二名、牛四头而去"⑤。三月下旬，又有一支女真人，袭击了富宁石幕里，杀朝鲜一人⑥。五月十四日，一支女真人袭击了甲山宁波堡前平，杀朝鲜六人，掳一人，掠牛马而去⑦。五月二十二日，一支女真人袭击了端川境，杀朝鲜八人，掳十九人，又掠牲畜而去⑧。在浪孛儿罕被害后，整个冬季和第二年春夏，女真人的报仇行动接连不断。在阿比车死后的二三年间，女真人的这种斗争一直没有停止。这并非朝鲜所言，是阿比车煽动的结果，而是女真人民族反抗精神的爆发。这年夏天，朝鲜世祖和兀良哈都万户李麻具、李沮里、广失塔等有一段对话，世祖问："汝等久蒙抚恤，听何人言，而来寇耶？麻具等对曰：非听人言，自来为寇耳！"⑨ 回答得多么直爽豪迈，这是女真人反抗精神的自然流露。面对女真人如火如荼的反抗斗争，朝鲜世祖也曾一度自省，对咸吉道官员说："五镇近境，彼人存抚有素。今因一失，举兵剿殄，则兵连祸结，无时可解。势合招抚安集。"⑩ 可是，世祖是个刚愎自用之人，他的自省只是一念之间，不久，他便派申叔舟，率领大批军队，对女真人施行更大规模的侵略和屠杀。天顺四年八月二十七至三十日，申叔舟率步骑兵八千人，分四路入侵女真，过图们江后，在今吉林

---

① 《朝鲜王朝实录》，世祖六年二月戊午。
② 《朝鲜王朝实录》，世祖六年二月丙寅。
③ 《朝鲜王朝实录》，世祖六年二月辛未。
④ 《朝鲜王朝实录》，世祖六年三月戊寅。
⑤ 《朝鲜王朝实录》，世祖六年三月庚寅。
⑥ 《朝鲜王朝实录》，世祖六年三月己亥。
⑦ 《朝鲜王朝实录》，世祖六年五月庚子。
⑧ 《朝鲜王朝实录》，世祖六年六月丁未。
⑨ 《朝鲜王朝实录》，世祖六年五月乙未。
⑩ 《朝鲜王朝实录》，世祖六年二月辛酉。

省海兰河、布尔哈图河一带,大肆屠杀女真平民,"剿杀四百三十余级,焚荡室庐九百余区,财产俱尽,杀获牛马千余"①。而女真人的顽强反抗,使朝鲜吉州牧使吴益昌率领的八百军兵全部覆没。②

(三)浪孛儿罕被害,朝鲜入侵,迫使分散的女真各部互相"借兵"、连兵,女真族的联合趋势由此露出端倪

前边讲到,浪氏被杀害的当年,即天顺三年,建州右卫广失塔到北京奏报之时,就声言"今欲聚速平江、喜乐温、斡木河、西海等卫人马六千,往朝鲜报仇"。建州都督童剌难等也到广宁告说,"欲借兵谋报"。如果说这是最初的计划,那么到后来,女真人也确实走上了联合抗朝的道路。

明天顺五年(1461),女真人反抗朝鲜的斗争已不局限在东边咸吉道,在西边的鸭绿江沿岸也陆续地开展起来,呈现出东西两线有机配合的态势。在东线,天顺五年三月,女真人百余"潜入稳城",杀掠而去③。同月下旬,女真人三十余骑"入吉州西北口子",杀掠而去④。五月,女真"三百余兵,破(吉州)西北口子寨,突入",与朝鲜兵激战⑤。六月二日,女真人二百余名突入甲山郡惠山口子,射杀朝鲜军十八人,掳马八十三匹⑥。在西线,九月十七日,长期在建州卫住的浪孛儿罕的侄子赵三波率女真人抢杀越界收禾的朝鲜义州人四十口,掳一百三十八口,掠马三十七匹、牛一百二十五头⑦。应该指出,赵三波领导的这次行动,不只是为了复仇,还包含着反抗朝鲜侵略、保卫领土的意义。朝鲜既声称忠于大明,为何有组织的越过鸭绿江,占耕大明的国土,剥夺女真人的家园!

天顺五年冬、六年春,女真各部连兵对抗朝鲜,逐渐形成规模。五年冬,"蒲州人与火剌温连兵,往寇平安道。所掳头匹不可胜数,人口掳来者亦多,人各执二三名而去"⑧。六年(1462)二月,为连兵抗朝,火剌温兀

---

① 《朝鲜王朝实录》,世祖六年九月甲申。
② 《朝鲜王朝实录》,成宗二年九月庚辰。
③ 《朝鲜王朝实录》,世祖七年三月辛亥。
④ 《朝鲜王朝实录》,世祖七年四月癸巳。
⑤ 《朝鲜王朝实录》,世祖七年五月癸亥。
⑥ 《朝鲜王朝实录》,世祖七年六月庚寅。
⑦ 《朝鲜王朝实录》,世祖七年十月丁卯、丙子。
⑧ 《朝鲜王朝实录》,世祖八年二月戊寅。

狄哈都督尼应可大、汝罗豆等专程到建州卫与李满住商议。这是海西女真与建州女真两大部首领首次为联合抗朝而举行的见诸记载的重要会议。会上，李满住分析，去秋刚进攻过平安道，现在平安道人都已进入城堡内，加之江冰溶化，此时难于攻城。应等到草长马肥、农民出城耕作之时，再去进攻。海西女真接受了这个方案①。尼应可大等回到火剌温之后，又传语前来的兀良哈人，他们曾与李满住、充尚等连兵，进攻过平安道。并且"更议四五月间草长马肥，则复寇甲山及平安道。满住已整兵五百，我等亦聚一千余兵，当如约入寇"。把这种机密告诉兀良哈人，也就是要串联他们也加入这次行动。也在此时，伐州住斡朵里浪巨具，使人"传箭"于阿赤郎耳、尚家下、东良北、无乙界、斜地等处的女真人，说："俟草长马肥，入寇甲山，故将如约发兵，姑与四五人……"②时间、地点与上项引文完全相同，显然是同一个计划，是在分头串联。并且对每地应该出征的人数，提出了要求。天顺六年冬，女真人再次准备连兵行动，"有建州右等卫女直都指挥卜花秃等，各自分投海西、毛怜等卫，勾引都督宁哈答（即尼应可大）等起五百人马，毛怜等卫女直都指挥尚冬加等人马五百，卜花秃、赵乃剌等五百人等，共千五百人马会同，十二月十八日都到东北千阿地面取齐，二十四日从婆猪江进去，抢朝鲜国人马牛畜，大杀一场出来"③。可以看出，女真人反抗朝鲜侵略压迫的行动，越来越有组织、有计划、有部署，动员的范围越来越广泛。在女真民族联合对敌，全面出击的形势下，一向狂傲的朝鲜世祖，称霸的野心受到动摇，不得不发出"今东西备急，自守不暇"的感叹。④

朝鲜对女真的高压、打杀，迫使朝鲜近境的女真人逃亡迁移，他们向建州和海西女真靠拢，这是女真民族联合凝聚的另一种现象。先是寄居朝鲜境内的女真人的逃走，如曾被朝鲜授为二品的斡朵里速鲁帖木儿，在天顺四年初，"见浪孛儿罕被诛，自生疑惑，欲逃往建州"，而第一步是先逃离朝鲜直接控制的图们江东岸，"逃往上保儿下浪仇难空家寄住"。浪仇难是浪孛儿罕的儿子，居家在图们江西朝鲜境外，他与父

---

① 《朝鲜王朝实录》，世祖八年三月癸丑。
② 《朝鲜王朝实录》，世祖八年四月丁丑。
③ 《朝鲜王朝实录》，世祖八年十二月辛酉。
④ 《朝鲜王朝实录》，世祖八年八月壬申。

亲同时被朝鲜杀害，家破人亡，所以是"空家"。与速鲁帖木儿相类似的"城底近居野人等"，也"皆越江逃窜"①。速鲁帖木儿在天顺四年七月病死，八月，其子童碍亡哈就"持其父印，逃往伐引"②。其他斡朵里，如"童亏沙哈、无应哥等十九名，挈带家小，向建州逃去"③。"童亡乃等，相继逃往建州"。"非特斡朵里也，兀良哈等亦惧罪，续续逃移建州者，前后二十余人。其余部落，亦将俟秋尽移建州。"④

离朝鲜较近的女真各部向建州、海西靠拢的趋势也一直在发展。天顺六年，"毛怜卫之贼，又移黼州"。"伐引、河州、毛里、蒙古家舍等处野人，……今二月内将移蒲州"⑤。图们江一带的其他女真人，也纷纷在逃移或计划逃移到建州和海西近旁。"阿赤郎耳、尚家下、东良北、无乙界、斜地等处住人四十余名，挈家徙居伐州"。河州一带"检天住罗邑乃、阳所应可等，则本年二月；东良住兀良哈也叱歹、於弄巨、巨余老等，伐引住加乙巨、乃车吾罗、乃也可等，则三月；要苔、也吾乃、阿古歹、加斤乃等，则辛巳（天顺五年）九月；河州住私家老、仇叱豆、金舍老、伐巨汝等，则本年十月，并徙居蒲州地。亏豆住时浪巨、毛多吾，蒙古住舍地等，则三月，亦徙居火刺温地"⑥。

女真各部的聚拢，无疑会增加女真族反抗外来压迫的力量，增强女真族的自信自强精神。当成化元年（朝鲜世祖十一年，1465），朝鲜征调八路兵马，要入侵建州之时，建州卫都督同知李古纳哈等就奏报明帝说，我等"亦聚人马，等候仇杀"⑦。显示出来者不惧的英雄气概。女真族的发展，在抵御朝鲜侵略压迫的大风大浪中，正走上一个新的阶段。

---

① 《朝鲜王朝实录》，世祖六年二月辛亥。
② 《朝鲜王朝实录》，世祖六年八月丙辰。
③ 《朝鲜王朝实录》，世祖六年八月壬戌。
④ 《朝鲜王朝实录》，世祖六年八月丙辰。
⑤ 《朝鲜王朝实录》，世祖八年二月癸巳。
⑥ 《朝鲜王朝实录》，世祖八年四月丁丑。
⑦ 《朝鲜王朝实录》，世祖十一年三月戊午。

北镇县满族的多元性及礼俗文化的融合*

费孝通先生在谈到中华民族多元一体格局的形成过程时指出:"它的主流是由许许多多分散孤立存在的民族单位,经过接触、混杂、联结和融合,同时也有分裂和消亡,形成一个你来我去、我来你去、我中有你、你中有我,而又各具个性的多元统一体。"我们对辽宁省北镇满族自治县满族成分及习俗的调查分析,进一步证明了费老的这个论断。

北镇县城广宁镇,东距沈阳 180 公里,西距锦州 96 公里,位于北纬 41 度 35 分,东经 121 度 47 分。全县面积 1782 平方公里,西部是医巫闾山,最高海拔仅 866.6 米,中部平均海拔 35 米,南部、东南部低洼,海拔 6.5 米。属温带半湿润季风大陆性气候,年降雨量 610 毫米,夏季最高气温摄氏 35.5 度,冬季最低气温摄氏零下 28 度,无霜期 160 天,适宜农作物和果树生长。明代这里是广宁中、左、右三卫,居民主要是汉族。明末以来,满族迁入,并不断吸收汉族和其他民族成分,同时大力接受汉族的先进文化和生产方式。三百多年来,这里的满族得到了很大的发展。现在全县 25 个乡镇,都有满族。

据 1986 年统计,全县人口总数 51 万 1738 人,其中满族 288604 人,占据主导地位,这里包括老满洲、新满洲和八旗汉军的后裔,这些人都清楚自己的族源,但又都自愿地填报满族。这种现象是很值得研究的。

一

据调查分析,北镇县的满族主要由老满洲、新满洲和八旗汉军三部分人的后裔组成。但仔细研究其迁来及加入满族的具体途径,大体又可分为八种情况。

---

* 原载《中华民族研究新探索》,中国社会科学出版社,1991。

北镇县满族的多元性及礼俗文化的融合

（一）明代广宁女真移民的后裔

明洪武二十年（1387）十二月，明廷设置三万卫，几个月后徙置于开原，以安置愿意内附的女真人。该卫第一任指挥使即是女真人侯史家奴。洪武二十八年（1395），这里不少女真人又服从明帝之命，迁到广宁西边屯种①。此后，再没有关于这部分女真人的文献记载。但不能排除这样两种可能性：一是这部分女真人早已同化于汉族，一是这部分女真人的后裔在清代加入了满洲八旗，以满族的身份出现了。后一种可能性是很大的，因为元代在中原的蒙古人的后裔，虽然经过了更久远的年代，语言和生活习俗等早已汉化，但现在仍然牢牢地记住自己的族源，很多人又都恢复了蒙古族的身份。那么居住内地时间更短的女真人的后裔，不可能不记住他们的先人，在满族为统治民族的清代，他们是完全有可能改为满族的。当然，这只是一种推测。

（二）努尔哈齐时代驻防广宁的"老满洲"后裔

满语有"佛满洲"和"伊彻满洲"，即汉意为老满洲和新满洲。最初，将努尔哈齐时代编入八旗的女真人和其他少数民族，称为老满洲；而将皇太极时期新编入满洲八旗的东北边远地区的女真人及其他少数民族，称为新满洲。1644年清军入关后，则又将以上人员统称为老满洲，而将以后新编入满洲八旗的称为新满洲。

北镇满族来自老满洲者，是指其先人在努尔哈齐时代就已被编入八旗的这一部分。明天启二年（1622），努尔哈齐攻占广宁后，即派部分八旗军留守于广宁周围。由于当时明朝已接近灭亡，"辽敝已极，辽人已空"②，所以留下的这部分满族先人，没有经过多大的波折，一直繁衍生息下来。这些人的后裔都对此津津乐道。如，富屯乡富屯村农民赵书林说："我家先人是伊尔根觉罗氏，属满洲正黄旗达哥牛录，随'龙'（指努尔哈齐）打天下来到广宁，落户至今。"廖屯乡巴屯村那万辛、那万林、那万义等老人讲："那姓是老满洲，老家是长白山辉发沟，祖先叫那林布，与罕王（指努尔哈齐）是拜把子弟兄，同打天下，随'龙'过来的，落户在巴屯哥俩，落户

---

① 《明太祖实录》卷239。
② 《筹辽硕画》卷1。

在宝山子哥一个，落户在中安堡东杨家窝铺哥一个。"这些地名，都在北镇县境内，都曾是八旗军的驻防点。正安镇正安一村敬老院常风柱老人说："我们老家在长白山新宾英哥绿门（英额门），我们先人当八旗兵，属正白旗，打广宁时迁来的，落户到正安堡。"又，沟帮子职业高中教师巴恩光，家藏满洲正黄旗《巴雅喇氏家谱》，其序云："吾人满洲也，先祖占据长白山，与清皇族缊縠，互相称雄。及明帝朝纲坠落，我先人佐辅清太祖皇帝起义西征，宗族亦随西移。建立国家后封授官爵，各据领土，……随任落户。"而落在北镇至今。

（三）皇太极时代驻防广宁的"新满洲"后裔

皇太极时代，后金实力增强，领域大为扩展，并数次向关内用兵。在八旗军进关之时，皇太极又将一些新满洲调驻广宁。这些新满洲后来虽然也披甲出征关内，但其家属却在广宁定居下来了。大屯乡管三家子何姓，就是这批新满洲留下的后裔。该村何佐良老人说："我们何姓是黑叶哈拉，是伊彻满洲人，属正白旗。天命、天聪年间何家没有当兵的。崇德年间，兵力不足，又招了雅、巴、年、色、田、赵、吴、何八姓，这八姓是伊彻满洲。（按：老满洲中也有赵姓）我们祖先叫阿着洛，是当八旗兵的，崇德年间由长白山错草沟调入广宁，以后又随龙（顺治）入关。家属就在广宁这里落户了。"后来何姓人口不断繁衍，又陆续分居在北镇县境内的大屯乡小孤家子、中安镇旧站、广宁乡马屯、正安镇四方台等处。

（四）康熙年间奉旨从长白山迁来的"新满洲"后裔

康熙初年及平定三藩之乱期间，由于用兵，广宁的八旗驻防人员被大批抽调入关，便又从长白山、松花江等地陆续拨来一批新满洲，驻防广宁，这批新满洲的后人便世世代代在广宁居住下来了。中安镇旧站村陶祥柏保存的陶姓谱单序云："系长白山西错草沟人，于康熙三年搬到广宁西板石沟，又于康熙八年转到旧站屯西头居住，满洲正白第三旗，哈拉头托克乐。"窟窿台乡关三村关庆瑞老人讲："我们关姓是伊彻满洲（按：老满洲中也有关姓），属正白第三旗。家谱中记着：原系松花江西蕃地方人，关姓新满洲于康熙十三年奉旨拨往过来。"中安镇旧站村吴文印也存有谱单，据吴讲，他的祖先属满洲正白旗，是康熙年间由长白山错草沟来到此地，家属也随军而来。同来的还有何、关、陶等姓，都来自错草沟。吴讲，他的先人是锡伯人，后入满洲称伊彻满洲。正安镇马市堡村佟国英、陶树仁讲，他们祖先原来也是锡伯人，原籍长白山，后加入满洲正黄旗，属于伊彻满洲。这些人的谈话记录是一致的，与谱单也是一致的，清楚地表明了满族在形成和发展过程中，吸收了女真以外的少数民族，特别是锡伯族。

（五）定都北京后，陆续从关内返回东北的各类满族的后裔

清朝基本完成统一全国的大业后，为了巩固东北的根基，又陆续拨回一些八旗官兵，回驻东北；此外，也有因升迁返回东北的满族，也有因罪谪发回东北的满族。因为广宁是东北的重镇，气候又好，宜农宜果，又有北镇名山，所以有很多人的家属就落户于广宁。例如，努尔哈齐十三子赖慕布的儿子赖虎（来祜），曾袭奉恩将军，晋辅国公，后因罪削爵，于顺治年间被谴回东北，便定居在广宁李家窝铺。因他是宗室，后来村名逐渐演变为赖虎公堡子、赖公堡子、赖公村。现在曹屯乡赖公村的赵姓、金姓均是来祜的后人。再如，雍正元年曾任兵部左侍郎的长寿，属满洲正白旗，祖籍长白山九江口，是老满洲，雍正时被调回盛京，任盛京户部主事，但其家属却定居在广宁四方台村。现在四方台村的佟姓一百三十多户，六百来人，都是长寿的后代。

（六）加入汉军八旗的明朝归顺官兵的后裔

早在努尔哈齐时代，1615年就有16个汉军牛录，此外还有一些汉人编在满洲牛录中。到皇太极时，由于执行了对汉人较为宽容的政策，归降的明朝官兵逐渐多起来。1631年（明崇祯四年，清天聪五年），已将汉军编为一旗。1637年，汉军扩大为两旗。1639年，扩大为四旗。1642年（明崇祯十五年，清崇德七年），扩大为八旗，旗色官制与满洲八旗、蒙古八旗同。此后，汉军佐领的数目也不断增加，到顺治十五年（1658），共有汉军佐领206个，半分佐领3个。康熙时，又将原来并未编入八旗的明朝降将孔有德、耿仲明、尚可喜的余部也编入了八旗，使汉军佐领增至258个，又半分佐领1个。这些八旗汉军的后裔在北镇县为数众多，现在几乎全以满族自居。

罗罗堡乡大白屯村满族胡振锋（中学教师），其先人胡鸾，山东济南人，原为明朝游击，降清不久就战死。胡鸾之子胡汝官、孙胡思化被编入汉军正黄旗，顺治初年被拨在广宁城守尉门下当差，顺治八年在大白屯定

居，至胡振锋已是第十四代。

罗罗堡乡郑屯满族郑富永，其先人郑自用，原籍山东，明末降清，编入汉军正黄旗，二世祖郑有时，在广宁当城守尉，顺治元年把家迁到郑屯，占地垦荒，至郑富永已十二世。青堆子镇六屯的郑姓，也是从郑屯分出去的。

五粮乡前五粮村、腰五粮村、后五粮村的陈姓满族，属汉军镶黄旗。其先人陈安边，明末任山东登州千总，顺治二年携子四人越渤海北上投清，先是落户在海州。康熙八年（1669），其子陈进贤等四人被委任为内务府庄头，在广宁每人赐地六百顷。先居住在广宁城北塔子沟，后又在城东南黄土台认领生荒开垦，每人各认领三四千亩，遂又迁居于黄土台，定村名为五粮甸。陈家在此繁衍生息三百余年，发展为四百余户，三个村庄。

闾阳镇下肖家沟满族尚德利、尚德本是明朝副将、降清后升为平南王的尚可喜的十二代孙。三藩之乱平定后，尚氏家族及其余部被编入汉军八旗，尚可喜之孙尚崇敦，曾任义州佐领，于嘉庆二年迁居义州丁相公屯。同治末年，其后人有一支又迁到广宁的下肖家沟。

（七）顺治康熙年间奉旨加入汉军八旗的关内农民的后裔

清初，在京畿和盛京地区建立不少皇室和贵族庄园，为有足够的庄丁，清廷将河北、山东等省的不少汉民编入八旗，拨去耕种，其中有些人被拨到广宁的庄园。同时，清廷为了巩固其赖以兴起的"根本"之地东北，这时也将新编入八旗的一些汉民派往东北屯驻，其中有些人也随之屯驻于广宁。这些人的后裔，生活在八旗组织中二百来年，一切依满族的制度，基本上满化了，现在也都填报满族成分。

广宁乡小井子村王怀庭所藏的家谱记载，他家原籍山东济南府大王庄，于顺治五年，其先人王成龙被拨来此地，编入汉军镶黄旗，属御果园，在此开荒四百来天地（按：一天地为六亩），种田育果，繁衍至今。

大市乡大市堡村（明代叫镇边堡）董、娄、王、周、姚、阮等十八姓，均是顺治八年由河北省拨民入旗来的。其中九姓是"兵群户"，九姓是"边台户"。如董姓，有家谱传世，其先人董可立，自顺治八年由祖籍河北省丰润县董家庄拨来，入汉军正白旗，是"兵群户"，辈辈有当兵的。至今已繁衍十四代，达数十户。娄姓，先人娄洪明，顺治八年由河北省抚宁县留守营子拨民入旗，来到大市，是"边台户"，只看边，垦荒种地，不当兵。至今也十余代。

富屯乡朱屯，教师朱景林，其先人朱廷泽，原籍河北，于康熙年间拨民来到朱屯，入汉军正蓝旗，种庄头地，当榛差，每年要缴纳一定数量的榛子。

（八）投充入旗人员的后裔

顺治二年（1645）清廷颁布招民投充的诏谕，说俘获包衣的近支兄弟或无衣无食的贫民可以投充旗下为奴，各王公、贝勒、官将皆有额数，不能多收，更不能逼民投充。实际上王公贵族逼令投充的很多，额数也大大超过。

北镇县投充入旗的后裔比起前几种人要略少一些，但在各个乡镇也都能找到。如曹屯乡徐屯村毕玉明，其先人毕伟，原籍山东登州府，顺治年间逃荒到中后所（绥中县境）、下五旗（锦西县境），最后落户在徐屯，住在徐庄头的地窝铺里，被迫投入汉军镶黄旗下，种庄头地。至今已十四代。

汪家坟乡东庄屯董姓家谱记载："祖籍山东武定县大董庄，顺治八年，先人逃荒到关东辽阳，投到镶红旗赵嘉庆佐领下当兵，后又拨到广宁汉军正黄旗吴连承管下应役，遂在广宁定居。"至今已十六辈。

在北镇满族的上述八种成分中，属于后三种的汉军旗人的后裔最多，占全县288000多口满族的大半以上。

北镇满族的这种构成，从一个侧面清楚地表明了，在中华民族形成的过程中，充满了不同民族成分的接触、混杂、联结和融合，你吸收我，我也吸收你，各个民族有着血肉般的联系，确实都是中华民族统一体的一个不可分割的部分。

二

北镇满族构成上的这种多元性，及其长期的共同生活，对满族礼俗文化的形成，产生了显而易见的影响。北镇满族的礼俗，既继承了老满洲的某些传统，也吸收了新满洲及汉族的许多习俗，表现为新的融合与统一。

就衣食住行看，这种互相吸收与融合，是随处都可以看到的。比如服饰，满族男人喜欢穿长袍，外面罩马褂。马褂是半截身，四开气，马蹄袖，这是为了便于骑马射箭，是从老满洲那里继承下来的。但到后来，随着生产、生活条件的变化，这种马蹄袖也多有改变，吸收了汉族服装的特点，改为齐头的了。女人穿的旗袍，原来是落地式的，站行不露双脚，后来也吸收别的民族服装的特点，由肥大改为瘦型，落地式改为过膝式，更能显现身形的优美。这种服装，不但通行于各种成分的满族人内部，而且在汉族中间，在有的地区、有的时候，也是受喜爱的。

再说食。北镇满族冬季爱吃火锅，火锅的主料，一般是白肉、血肠和酸菜、粉丝等。其中白肉、血肠显系来自老满洲的食俗，酸菜与粉丝则是来自八旗汉军的食俗，在这里得到了融合。满族一年四季还爱食大酱。酱，本是黄河中下游汉族人民的发明，这在公元六世纪成书的《齐民要术》中已有记载，由于八旗汉军的介绍，这种食品的制作技术及食用方法，早已被北镇乃至北方的所有满族所接受。现在，在饮食方面，北镇乃至辽宁省的满族与汉族，彼此吸收对方优长，已基本一致，再无差别。一般认为形成于清末民初的辽宁菜系，其基本特色就是满汉食俗的融合。

三说住。北镇满族的住房，与当地汉族住房基本相同，多是坐北朝南，一般为三间一座。但其老满洲的特点仍然保留，这就是房门多设在东间，室内砌南、西、北相连的三面炕，俗称"蔓子炕"。西炕供祖先，或留给尊贵的客人睡觉，南炕睡长辈，北炕睡晚辈。有的人家除火炕之外，还砌有火墙、火地。这种火炕、火墙、火地，在古代是先进而实用的，做饭取暖一举两得，既节能又不污染居室。由此取暖习俗的启发，后来才产生了现代的暖气片和电褥子。

最后说行。北镇满族在小孩子周岁的时候，有"抓周"的习俗，用来预示孩子的发展方向。这种风俗，显然是受汉族的影响，成书于北齐时代的《颜氏家训》就记载了这种风俗。成年子女的婚嫁，要请媒人、择吉日、下聘礼、陪送、迎亲、拜天地、回门等，许多仪式都和汉族大同小异。北镇满族的丧葬，也是用木制棺材进行土葬，与汉族稍有不同者，棺材是起脊式的，称为满洲材。其他如死者的停放，死者后人的披麻戴孝等，皆与汉族相同。在祭祀方面，如墙上贴"福"字，与汉族同，但满族是将"福"字供在西墙上。满族供祖宗匣的习俗，则是和锡伯族有更多的相似之处。在文化娱乐方面，北镇盛行太平鼓，是一种集体舞蹈，俗称拜鼓、单鼓、平鼓，是由萨满祭神的舞蹈中演变来的。后来在北京、东北、陕西、宁夏等地也都流行，只是各地跳法有所不同而已。儿童游戏有跑马城，也称抢机灵，可以锻炼儿童的勇敢与机智，与关内汉族儿童游戏相同。姑娘和青年妇女玩嘎拉哈游戏，可以锻炼手的灵巧，与锡伯族相同，与汉族女孩子抓子儿游戏也有相似之处。

总之，北镇满族的礼俗文化是开放的，它既吸收了其他民族的文化营养，也给予了其他民族一定程度的影响。在礼俗文化方面，北镇满族与其他民族相通之处就日益增多。这是北镇满族与周围其他民族长期团结的文化基础，也是他们今后共同繁荣发展的文化基础。

从一份"家训"看清后期满族的族长制*

一 他塔拉氏及其家谱

满族在形成时期,"穆坤"(即氏族)是社会活动的基本单位,"穆坤达"(即族长)兼有宗族、行政、军事诸种职能,权力与社会作用相当大。八旗制度确立,满族形成之后,军、政、民合一,"牛录"代替了穆坤,成为社会的基层组织。原来的穆坤达变成了"牛录额真"(佐领)或"甲喇额真"(参领),他们与宗族成员的关系,更多的变成了官民关系。这时,除佐领外,还有没有一般意义的族长?特别是到清代中后期,随着军事行动减少,社会稳定,人口增加,在原来留守群体的周围,及至在某些驻防点周围,又增添了许多新的满族居民点。这时,在固定数目的佐领官员之外,还有没有不是官员的一般意义的族长?答案是肯定的。那么,清代后期满族的族长是怎样产生的?他的主要职能是什么?剖析他塔拉氏家训,将有助于解答这些问题。

他塔拉氏,是满洲著姓之一,原居与朝鲜相邻的安褚拉库(今吉林省安图)地方,清太祖朝随穆坤达罗屯归顺,编入正红旗,散居宁古塔地方。康熙十年(1671),始迁祖一世贝楞额自宁古塔移驻吉林,隶镶红旗第二佐领,居吉林城西北七十五里大唐家屯。以后丁口日繁,其族众屡有被派驻别处的,也有迁往别处的,其大致情况是:康熙二十九年(1690)一部分移驻于齐齐哈尔;康熙五十四年(1715)一部分移驻于三姓(今黑龙江省依兰);雍正三年(1725)一部分移驻于阿勒楚喀(今黑龙江省阿城);嘉庆二十五年(1820)一部分移驻于双城堡(今黑龙江省双城)。除军事需

---

* 原载《满族研究》1993年第1期;又载《中国历史社会发展探奥》,辽宁人民出版社,1994。

的移驻外，尚有多次近距离迁移，在吉林城周围逐渐形成了三个聚居区：一是吉林城里及西门外丰家屯等地，连同原居地大唐家屯、漂洋屯，这一带概称为厂北；一是吉林城西南六十至一百里处的关门山、小关门山、马鹿沟、官地、郭璠屯等，这一带概称为厂南或南山；一是吉林城东南一百八十里左右、松花江上游的拉法河一带，包括旧街、蛟河、西唐家崴子、乌林屯、南唐家崴子、下参营等，这一带概称为上江或拉法沟。这三个地区的他塔拉氏，统称为吉林他塔拉氏。

《吉林他塔拉氏家谱》先后修了四次，第一次在嘉庆十五年（1810），由长支七世委官胜柱修撰；第二次在道光十八年（1838），由次支九世领催托伦保改修；第三次在光绪六年（1880），由次支十一世笔帖式富清阿再修；第四次在光绪三十二年（1906），由次支十三世候选道魁升增修。这次增修，除原来的谱图之外，在内容与体例上，又增加了序文、凡例、渊源、谱表、家训、移驻、祠宇、墓图、恩荣等篇，大大扩展了原谱的内容。"家训篇"是该谱的第五部分，它明确无误地指明，当时满族存在着族长制，并比较充分地反映了族长的产生办法及其职能。

二　族长的产生

关于族长的产生，"家训篇"在"和族"项下记载："吾族所居，均在厂北、厂南、上江拉法沟等处。仿照选举法，于厂北、厂南各举穆坤一人，拉法沟举穆坤二人，又复选总穆坤一人。……移驻者办法与上同。"这里说的穆坤不是氏族，而是人，在家谱中明确注为"国语族长也"。从这段记载可以看出，清代后期的满族族长，一不是官方任命，二不是拘于宗子、嫡长继承，而是由选举产生。

怎么选举？从这段文字看，选举的时候，首先，不是按支派，而是按地域进行的，分厂南、厂北、拉法沟三个聚居区。每个聚居区都不止一个村子，以厂南即南山为例，家谱"族居记"载："七世清外公一支、九世爱喜公一支，迁于南山（省西南一带俗呼为南山）官地（距省七十二里）、大关门山（距省六十里）、小关门山（大关门山河西五里）与马鹿沟（官地北七里）、郭璠屯（官地南二十里），此迁之南山者也。"这就包括了五个村子，最远者相距三十多里。从支派来看，这里有两支。这里仅选出族长一人，说明族长的选举是按地域而不是按支派产生。其次，族长名额是由这一带宗族人数的多寡决定的。厂南、厂北各举族长一人，拉法沟则举族长二人，就是因为拉法沟居住的族人最多。据"族居记"："长支倭尼堪公之全支，均迁于上江（省东南一带俗呼为上江，以其地居松花江上游也）拉法沟内（距省一百八十里）、旧街河东西（即拉法河，俗称喇叭河）与西唐家崴子河南北（拉法河）。次支六世雅图公一支迁于蛟河北（凡旧街、蛟河、西唐家崴子、乌林屯、南唐家崴子、下参营，均拉法沟内地名）。禅布公一支迁于蛟河南唐家崴子。地均因姓以名矣。此外，迁者愈众，五世乌西哩公迁于乌林屯也，扎尔胡公一支迁于下参营也。此迁之上江者也。"显然，在这里居住的族人，比厂南、厂北都要多。

他塔拉氏在厂北、厂南各选一名族长，在拉法沟选二名族长之外，在这几个地区"又复选总穆坤一人"。这个总族长管辖的范围，以吉林城为中心，往东南有一百八十里，往西南有一百里，往西北有七十五里，横跨今天几个县。

除吉林地区之外，他塔拉氏由于驻防的原因，还移驻到齐齐哈尔、三姓、阿城、双城等地，在这些地方，同样要依据聚居的地域及族人的多少，选出各自地区的族长，以至总族长。这就是家训上说的"移驻者办法与上同"。至于各个大地区的总族长之间是何关系，有何种形式的联系，家训未涉及，我们不得而知，但在交通不发达的时代，估计不会有什么固定形式的联系。

总之，清代后期满族的族长选任，并不拘于宗子，其原则不是"亲亲"，而是"长长"和"贵贵"，举富有者和有功名者担任是顺理成章的，族权和绅权已渐渐融为一体。

三 族长的职能

从家训看，族长的职能主要是以封建宗法思想教化与约束族人，把封建礼教灌输到社会生活的各个方面，包括主持族众祭祀，主持族人的婚嫁、分家、立嗣、财产继承以及调解族人的纠纷，负责族规的宣讲和执行等项。在日常生活中，族长全面代行宗族的权力。现概述如下：

第一，要过问族人的婚姻。家训规定："族人结婚，固由两姓主持，然仍须通知穆坤，以定可否。"说明族长有最后决定权。族长要教育族人，"宜遵婚律，不得过早结婚"；要教育族人，"凡议婚姻，先察其男女之性行及家法，不得苟慕富贵"，"不许论财"。现在看来，对族人的这些要求，大体还是正确的。

除上述正常婚姻之外，族长还要关心另一种婚姻，"如嫡室艰于生育，不妨选置侧室，以继嗣音"。也就是在特殊情况下，允许族人娶妾。这同样是为了贯彻封建伦理，无后为大不孝，要延续子嗣，就得允许选置侧室。

第二，要过问族人的立嗣事宜。按照封建礼教，不孝有三，无后为大，所以立嗣是宗族的大事。对此，族长有两方面的作用：一是想尽办法来保障族人都有继承人，不致断后。如嫡室不能生育，允许娶侧室；如侧室仍不生育，则允许"先于同父周亲内序立，无，则准于从堂兄弟之子择立；若序立、择立均无人，亦准兼祧"。所谓兼祧，就是一子兼嗣二房。二是监督族人，不许乱宗。"异姓乱宗，例禁綦严。如有抱养异姓之子为嗣者，除将抱养之子勒令归宗，不准冒姓外，抱养之父母，仍各从重惩以家法，以为乱宗者戒"。如此严厉，就是为了保持本宗族血统纯正。

与立嗣事相关，给子孙起名字，族长也有监督之责。不论亲生或过继子孙，取名时不得犯祖讳，犯祖讳就是不尊敬祖宗。"以后子孙凡遇命名，均应细查谱图，无论支派亲疏，已往之讳，一概敬避"。

第三，要管理族人的丧葬事宜。这主要有四方面内容：一是要求人们做到，"族有丧，不拘亲疏，如无事故，得耗均应赴吊，临丧举哀"。以尽敦睦之谊。二是监督有丧之家，按期安葬。家训规定："吾族亲亡，除殡殓一切仍遵旧制外，其葬期，无论合葬、新茔，不准过三个月。即殁于冬腊之交，地冻不能启土，亦不得过四个月。违者以不孝论，即由总穆坤（即总族长）照家法从重责惩，一面仍行勒令安葬。"这是因为，若长久不葬，"至破棺暴骨，不孝之罪莫此为甚"。三是监督对各坟，尤其祖茔，勤加修葺。对于贫困无力之家，要求"每年亦须修葺一次"。对于无嗣之坟，"永远责成承受遗产之子孙，岁时修葺。如敢任其坍陷，即由总穆坤及各穆坤知会各族，立将该承受遗产之子孙扭至坟前，照家法从重鞭责，勒令修葺"。对于无嗣而又无产之坟，也不能荒废，"应由祭田项下酌给修费，责成佐近各穆坤同稍近各支，三年修葺一次，不得虚应故事"。对于祖茔，总穆坤还要挑选相当族人四季守护，"不得听人畜作践，损伤茔树。遇有在茔内割草放牲、聚众酗斗，即行呵逐"。四是教育族人丧事不应侈大铺张。家训讲，"唯坟域不必侈大"。又讲，厚葬无异于诲盗，是最愚昧的，"近日盗墓之风甚炽，虽若辈无良，亦厚葬者有以诲之也。吾族每于亲死，附身附棺各极丰美，男则项珠翎管朝珠带钩，女则钗钏耳环钮（纽）扣，或珊瑚，或金石珠玉，甚或手握金锞，棺垫银宝，实属执迷已极。查南人殓法甚善，吾族宜仿之"。这种丧事从俭的思想，在今天也值得提倡。

第四，负责宗族的祭祀。祭祀分家祭、祠祭、始迁祖墓祭几种。家祭又分为小家庭祭和大家族祭。族长对家祭有严格的监督，对于一家一户的家祭，要求"每岁富者宜按季一举，中人之家岁二三举，即贫者亦应岁一举"。对于跨村而居的大家族的家祭，为尽敦睦之谊，则要求"他村酌量前去，同村而居者必举族以往。其无故不至者，穆坤得以严词以责之"。族长对于大家族的家祭，有权督促检查，察看祭品祭器是否洁净，与祭之人是否恭诚。"祀前数日，先通知各族主祭之家，宜洒扫西室，虔备祭品。届时主祭之人固宜诚敬，与祭者与各执事亦须恪恭将事，各穆坤及尊长有纠察之责"。

他塔拉氏的祠祭和始迁祖墓祭是同时举行的，由总族长主持。这种祭祀最能体现族长的尊贵地位和身份。通过祭祖活动，族长把自己同死去的祖先联系起来，不断强化自己作为宗族权力代表的形象，从而成为不可侵犯的精神权威。因为始迁祖住厂北大唐家屯，又葬于此，为使"祠祭、墓祭得以同时并举"，就将祠堂建在了大唐家屯。规定祠祭以每年冬至日为期，始迁祖之墓及同域各墓，以祠祭之次日为祭期。届时，居住在厂北、厂南、拉法沟等处的族人代表必须到此聚齐，一同致祭。至于其他各处的祖坟，则由各自的子孙在每年的清明、七月望、十月朔、岁腊，进行四次拜扫。祠祭是吉林他塔拉氏全族最隆重的大事，所到族人最全最多，此时，总族长及四位族长都要在族众面前"演说"，讲述先人的光荣业绩，进行伦理教育，"俾族人听之油然而生孝弟之心"。族长的教化职能在这一天发挥得最充分。

他塔拉氏有公共祭田，它来自富有之家的捐献，以及绝后户的遗产。族长对祭田款项管理甚严，"拣族中公正一人司之，各穆坤轮流稽查之"。祠祭、始迁祖墓祭的费用，均由祭田粮租项下供备。所余钱项主要用来添买祭田，不许多存，只可用少部分作为族中婚嫁丧葬恤贫存寡奖善旌贤等费。这些开支都需得到族长的批准。

此外，在祭祀之时，各族长还要负责登记本族一年之中出生者的生年月日，身故者的卒葬行事，娶妻者配氏的旗分里居，以备修谱时载入谱表。

第五，负责调解裁断族人的纠纷。这是各级族长的一项重要职能和权力。调解的程序是先经过族长,若调解不成,才能到总族长处;若仍无效,可由总族长将不听之人送官府惩治,严禁越级和越过宗族上诉。家训规定:"族中有事或犯禁戒,必先由佐近穆坤评论是非,以期了息。若不遵,赴总穆坤前公平,照家法究治,或在祠堂或在茔墓均可,……若理曲者桀骜不驯,总穆坤即令佐近穆坤送官惩治"。"族中有事,若不先请穆坤及总穆坤评论,而遽讼之于官者,总穆坤即令佐近穆坤扭至本支祖坟或祠堂前,责后再论是非,照家法办理。若讼官之人系族人之唆,查明后将主唆之人重责;若系外姓主唆,听唆之人亦重责"。这些规定都是为了保证族长的尊严与权威,维持宗族的团结与巩固。

族长要裁断的事项很多,家训开列的很细,对于子犯父母、孙犯祖父母,媳犯翁姑,孙媳犯祖翁姑;妇人不遵丈夫约束;子侄辈不约束妻妾,致妻妾有犯尊长;子媳平等相骂,或骂期亲尊长;有服及无服尊长无故欺凌卑幼,都规定了惩罚的办法。对于引诱同姓子弟赌博、游荡、吸烟、酗酒、无理取闹、为非招祸者,对于胆敢横行欺凌乡党者,族长都有权重责不贷。赋予族长这么多权力,也都是为了维护封建的宗法关系、伦理道德和封建秩序。总之,族长是族权的人格化和集中代表,是宗族的主宰。

综上所述,在清代后期,在满族社会中,仍然存在着一般意义的族长制,它与八旗制度相辅相成,在满族内部起到了维护封建秩序的作用。不过,这种族长制已大大不同于满族形成阶段的穆坤达制,它的各项规定都已浸透着汉族传统的封建伦理观念,与汉族的族长制已没有什么差别了。

锡伯族的宗族文化[*]

锡伯族是一个古老的有悠久文化传统的民族。锡伯族尤其重视宗族文化，并且在与汉族、满族的长期交往中，相互借鉴，从而形成了古朴、丰富、有民族特色的宗族文化。

一 聚族而居的宗族组织的结构特点

锡伯族聚族而居的宗族组织，就是已经分裂成个体小家庭的同一个男性祖先的子孙，世代相聚一起，按照一定的规范和办法，以血缘关系为纽带结合而成的一种社会组织。他们岁时祭祀共同的祖先，修撰族谱一部，制订一定的家法族规，并推选一位或几位族长，负责处理族中的公共事务。这种情况和汉族地区封建宗族制度是基本一致的，但又带有明显的本民族特色。

首先，它有严密的宗族组织系统。锡伯族被满族征服之后，虽然被编入八旗组织之中，长达三百余年，并且调驻各地，但是，直到中华人民共和国建立前，他们仍保留着本民族的"哈拉"、"莫昆"组织。哈拉系锡伯语"姓氏"之意，是以父系血缘为标志而组成的血缘共同体。据统计，东北仅沈阳地区就有50余个哈拉[1]。西迁伊犁驻防的锡伯族，一共是29个哈拉[2]，每个哈拉都有哈拉达，即哈拉之长。他由本哈拉成员民主选举产生，一般都是辈分最高且德高望重的长者，是本族的象征和最高负责人。

---

* 原载《中央民族大学学报》1997年第1期；又载《锡伯族研究文集》第1辑，新疆人民出版社，1997。
[1] 沈阳市民委民族志编纂办公室：《沈阳锡伯族志》，辽宁民族出版社，1988，第55页。
[2] 《锡伯族简史》编写组：《锡伯族简史》，民族出版社，1986，第81页。

莫昆系锡伯语"氏族"之意。哈拉传至五六代以后，由于人数众多，不便管理，哈拉达的权力愈来愈分散。这时，根据长者们的要求，按血缘议分数个莫昆。莫昆对哈拉有相对的独立性。每个莫昆都有一个莫昆达，即莫昆之长。也是由莫昆成员民主选举产生，一般也都是辈分最高且德高望重的长者。由他负责处理本莫昆的重要事情。每个莫昆还有定期的莫昆义善（氏族会议）制度，一般是每年正月召开一次，与会的成员是经族中长者商议，在每个辈分中，挑选男女各一人参加。莫昆会议的内容是检查莫昆成员在一年内的作为，莫昆达报告本莫昆的情况，并重申有关注意事项。这种莫昆达的推选制度和莫昆义善制度，类似中原汉族的推选族长和族事会，唯吸收妇女参加更显特色，说明氏族民主制残余保留得更多一些。

莫昆下面还有乌克孙。它通常是由同父或叔伯兄弟的家族群体组成。每个乌克孙都有一个乌克孙达，即乌克孙之长，由乌克孙中年长者担任，不必选举。乌克孙对莫昆负责，要完成莫昆赋予的各项社会义务。乌克孙有自己共同的经济利益，如父母叔伯的遗产、在哈拉墓地中的划区、土地等。在父母叔伯的遗产问题上，该乌克孙男性都有发言权，通常要留给最小者或生活困难者暂时使用，或永远属有，按传统习惯，大都不会有多大异议。对祖传下来的土地，兄弟分家后，可以在此建立房屋，另立门户。乌克孙下面就是家庭。

可以看出，锡伯族宗族系统是很严密的，从上到下、从大到小，分为四个层次，依次为哈拉—莫昆—乌克孙—家庭①。这种严密的宗族系统，显然是受了汉族和满族的影响。汉族的封建家族的组织系统，最上面是族，族下是若干房或支，房下就是许多个体家庭。族设族长，也叫族正、族首、宗长、祠长等。房设房长、房头。家有家长。但在一般情况下并没有类似乌克孙的这一层次。这说明锡伯族的宗族组织，在学习中有所发展，有自己的民族的特点。

其次，它有缜密的家法族规。没有家法族规，无以约束家族成员，宗族将形成一盘散沙。因此，锡伯族各个哈拉都有自己的族规，有些是文字的，有些是口头相传的。所以，族规是锡伯族宗族文化的重要特征之一。如沈阳地区图克色里氏（汉译为佟姓）家规中规定："敬祖先，睦宗族，以

---

① 参见佟克力《社会组织》，载佟克力编《锡伯族历史与文化》，新疆人民出版社，1989。

显孝悌之本。凡族中子弟有不善者，皆得尽训诲之责，不可有亲疏之见，而子弟对族中尊长，均须恭顺，亦不可存亲疏之见。"① 辽宁肇氏更制定了"十规旨"和"八戒要务"，明确要求族人做到："一孝顺父母；二尊敬长上；三和睦宗族；四严肃正直；五勤慎俭朴；六清洁安静；七知过必改；八正心修身；九谨言慎行；十治强有恒。""一戒奢华骄傲，二戒谎言戏谑，三戒杀生嗜酒，四戒奸淫邪道，五戒忌贤害能，六戒强横凌弱，七戒欺孤灭寡，八戒奸拐偷盗"②。

有些族规，不满足于一般的号召和要求，而是对不少违背祖制的言行，制定了非常具体的惩罚措施。如新疆伊犁《锡伯营镶黄旗鄂尔克勒氏世代相沿袭不可移越之家规》规定："凡在街上坐车骑马之子弟，遇长辈不下车马，或视而不见者，依法杖三十杖。凡于诸媳聚汇之地，嘴衔烟杆，鞋袜不正或出言不逊、以恶语犯上者，应抽打脸面二十，以禁怠慢迂疏恶习"③。

新疆图木尔齐哈拉，不但哈拉有族规，其下边的莫昆也有家规；不但对晚辈有种种限制和惩罚的规定，对家长和长者的言语也有约束。它的莫昆家规规定："在莫昆中，任何一个抛弃父母，不敬养父母，不养活妻儿，长期在外流浪不归家者，召集莫昆会议惩处。""同为兄弟而相互不睦，发生争吵，有失礼者，召开莫昆会议治罪示众。""妯娌之间不和睦相处，经常争吵者，召开莫昆会议定罪，当众掌脸示众。""子媳之辈，在街道上与长辈或父母相遇而不下马、下车让道行礼者，呈报莫昆后治罪。"这都是对晚辈人的要求。对年长者，图木尔齐哈拉的族规，更要求他们言传身教，做出榜样，否则，为老不尊，一样要受到处罚："身为家长（或长者），而不能遵照祖宗留传的家规而行，有言行不善者，召集氏族会议，在祖先灵位前议罪，罚羊只祭祖示众"；"长者违章，则罚羊只祭祖，以求恕罪"④。

---

① 《图克色里氏宗谱》，见新疆社会科学院民族研究所编《锡伯族文学历史论文集》，第3页。
② 转引自佟克力《社会组织》，载佟克力编《锡伯族历史与文化》，新疆人民出版社，1989。
③ 转引自夏之乾、满都尔图《金泉村锡伯族萨满教及文化习俗调查》，载《民族学资料丛编（三）》，《民族文化习俗及萨满教调查报告》，民族出版社，1993，第194~195页。
④ 转引自佟克力《社会组织》，载佟克力编《锡伯族历史与文化》，新疆人民出版社，1989。

最后,族长族权的统治,是锡伯族封建宗族组织的形态结构主要特点。清代,"八旗庶姓皆设族长,各于尊属闲官,或用闲散望重者,举之于官。凡涉公私事宜,得与佐领平章赞画,虽无秩禄,亦官身也"①。锡伯族被编入八旗,每个牛录都由几个宗族组成,其族长即哈拉达,自然也是"虽无秩禄亦官身也",是公私兼任的既统八旗壮丁又管宗族族人。其实,锡伯族的各级族长,哈拉达、莫昆达、乌克孙达,乃至个体家庭的家长,都有很大的权力。在宗族事务方面,最主要的是他们具有主持宗族祭祀祖先之权。在祖先崇拜盛行的中国封建社会,人们以为祖先是家族中一切权力的源泉,谁取得了主持祭祀祖先之权,就意味着谁取得了其他特权。正因为如此,哈拉达还有权主持制定本哈拉的规章制度,有权主持族谱的编修,有权召集莫昆达议事,有权处理本哈拉的民事纠纷、婚姻案件,甚至人命案件,非棘手的大事不轻易转到牛录衙门去。

同样的,在莫昆内部莫昆达的权力也是至高无上的。除主持莫昆祭祀外,还有主持族人分家及监督族人财产继承等权力,还负责处理族内的纠纷,惩罚坏人坏事,可以对违犯族规的人杖打、鞭笞、掌脸、罚跪、罚羊只等。也有权召集乌克孙达议事。乌克孙达和家长也都有类似的权力。

由于族长具有上述种种权力。族长就成了全体族众的主宰,成为封建统治的重要支柱,族权也就成了封建权力的重要补充形式。

二 风俗习惯中所体现的宗族文化

在锡伯族的风俗习惯中随处可见宗族文化色彩。

首先,看婚姻中体现的宗族文化。同一个哈拉的人,不得通婚,这是锡伯族一种不容违犯的风俗。族内的长者对族内子女婚姻有干涉和决定的权力,"凡族内子女订婚出嫁大事,先禀告族内父老,待诸父老首肯,方可相许行礼,禁止指腹为婚,违此规而专行者,依法惩罚"②。对于离婚,族人都要极认真地予以干涉。新疆察布查尔县金泉村的锡伯族有这样的习俗,如男子提出离婚,在妻子和男方家族人都不同意的情况下,经劝解无

---

① 《听雨丛谈》卷5,"族长"条。
② 《锡伯营镶黄旗鄂尔克勒氏世代相沿不可移越之家规》,见《民族文化习俗及萨满调查报告》,第195页。

效，则男方家族长辈即令该男子当着族人之面，往火、盐、馍上撒尿。如果该男子敢于如此，则准其离异，否则不准。若系妻子提出离婚，丈夫及族人坚决不同意，而该女子执意要离，经劝解无效时，男方家人便在房顶上开一天窗，在天窗下房内地上放盐、馍并点一小堆火。男方族人都聚于屋内，仰望天窗。令该女子当着众人往火、盐、馍上撒尿。若该女子敢于如此，准其离婚，否则不得离异。当地人认为，火、盐、馍是人们生存的必需品，若敢往这些东西上撒尿，则表明他已不打算生存下去①。由于畏惧族众的压力和羞辱，所以一般都不敢提出离婚。

其次，看丧葬中体现的宗族文化。丧葬仪式是否隆重，对于宗法式家族来说，极具重要意义，因为关系到它能否起到尊祖、敬宗、聚族的作用。因此，所有家族都规定，遇丧葬之事，族人都应往祭，"凡遇死丧大事，即时奔赴相济，确有实因不得脱身者，应禀告主管长者，若不，则以怠慢罪论处"。②

锡伯族每个哈拉都有一块公共的墓地，作为死去的族人在另一个世界的住宅。家族的死者都必须葬到族墓中去，不得另选所谓的吉地，即使是死在外地，也必须在一定时间内迁回族墓中，这大概是受到《周礼》"墓地不清"③的影响。这是活着的人希望死者如生前一样，聚族而居，时常团聚，继续进行宗族组织的活动，如《周礼》所说的"生相近，死相迫"④。族长也可以此作为精神上束缚族众、团结宗族的手段。

锡伯族坟墓的排列次序，与其族谱中的排列次序完全一致，完全按世系。如察布查尔县金泉村关哈拉墓地，从北向南排列，"顶端为某代祖先之夫妇合葬墓，下面从左至右分别是他们长子、次子、三子之夫妇合葬墓，如此，依次一代代往下排，最多的一支可排到六代"。再如该村鄂尔克勒哈拉，从东北迁此的第一代祖隆土，有三个儿子，繁衍至今已八代，分成三个莫昆。其"家谱上的各代成员排列情况，同该哈拉墓地上死者的排列情况是完全一致的，即在哈拉墓地中又划分为三个莫昆墓区"⑤。锡伯族的守丧制度很严，守丧期和孝服依照亲疏远近的不同，其时间长短和服式也有

---

① 见夏之乾、满都尔图《金泉村锡伯族萨满教及文化习俗调查》。
② 《鄂尔克勒氏家规》，见《民族文化习俗及萨满教调查报告》，第195页。
③ 《周礼·王制》。
④ 《周礼·大司徒》。
⑤ 夏之乾、满都尔图：《金泉村锡伯族萨满教及文化习俗调查》。

区别。如沈阳图克色里氏宗谱说,"我族丧事服制,久已复杂,今参订礼制,及先人所传之原则,酌定五族服制,使后世子孙永远遵守,庶免纷歧"。宗谱中还详列了斩衰、齐衰、大功、小功、缌麻等五种由近渐远的服制,规定了同辈、子侄辈、孙辈、曾孙辈、玄孙辈应服的孝服及守孝期限,祖免孙无服,即出了五服①。这些规定非常繁琐,是明显照搬汉族的一套。成书于战国时的《仪礼》,就已对丧服做了如此的规定,一直为中原汉族所遵循。清顺治三年(1646),"定丧服制,列图于律,颁行中外"②,仍然沿前代旧制。由于清廷的推行,锡伯族可能在清初就实行了这套宗法性很强的丧服与守丧制度。

最后,看日常生活习俗中体现的宗族文化。中华传统文化一向讲究伦理道德,别长幼、明孝悌、示尊卑、睦宗族,向称礼仪之邦。锡伯族在日常生活习俗中,莫不体现了这种文化精神。民以食为天,食是人生最基本的需要。在食上,锡伯族处处体现了敬老的风尚,吃饭时,父子不同席,儿媳更不许与老公公同桌;每上一道菜,长者不伸筷,他人不能先吃;用餐完毕,必须是长者放下筷子离席,他人方能离席。谁家宰猪,都要请族中老人来家聚餐;除夕前宰年猪,请族中老人来会餐,更是有专有名词"会年茶"③。住,也是人生的基本所需,锡伯族也是把老人安排在最尊贵的地方,最好的地方。锡伯族以西为上,因此长辈住正房的西间,晚辈住东间。如果在一间屋子里有南炕和北炕,则长辈住向阳的南炕,晚辈住北炕。在行上,也有严格的礼节。外出路上遇见长辈老人,则要侧立路旁为老人让路,或下马下车向老人问候,待老人走过后,方能起身再走;与长辈同行,则应在长辈身后随行;进出门时,要抢前几步先为开门,以便长辈先进或先出。进屋后,长辈不先坐,年轻人不能坐。长辈出门远行,全家人要送至大门外;归来时,要迎到大门外。年轻人外出归家,到村头必须下车或下马步行,至家中要向老人及兄嫂请安。如果违反了这些礼节,则要受到家长或族长的训斥或惩罚。

这些日常居家礼仪,有些是锡伯族世代相传下来的,但更多的是受了汉族封建家礼的影响。宋代司马光编写的《居家杂仪》,就对这种礼仪规定

---

① 《锡伯族文学历史论文集》,第3~5页。
② 《清史稿》卷93。
③ 《沈阳锡伯族志》,第106页。

得十分具体和繁琐。通过日常的训导教诲和实践，使族众认识到实行家礼是天经地义的事，在思想上乐于接受这些礼节规范的封建等级秩序，愿意顺从家长族长的统治。这就是清初理学家陆世仪说的"家法使人遵，家礼使人化；家法使人畏，家礼使人亲"①的道理，看来在锡伯族中确实发挥了作用。

各种节日庆典，锡伯族也都忘不了尊祖敬宗。腊月三十午后，各家要请出祖宗之像，摆设香案进行祭祀；还要去祖坟扫墓；也要到哈拉达或莫昆达家拜祭族谱，并向哈拉达、莫昆达叩头拜贺。大年初一早饭后，仍要到族长家向祖先神位及族长叩拜一次，然后还要到族内各家向长辈拜贺。清明、中元（农历七月十五）、下元（农历十月一日）等节日，都要上坟祭祖。此外，新婚夫妇也必须在父母的带领下，上坟祭祖。上述的这种祭祖，都是宗族组织的重要活动，以此来强化族众的宗族意识。

有的族规还明确要求，"凡族内有穷困窘迫与病疾者，应相往来扶助，以视血缘之重。万勿冷落外族"②，这些互助的传统习俗，增强了锡伯族的宗族观念和宗族凝聚力。

三　宗族纽带——族谱文化的盛行

谱牒这种东西，汉族的先民在周代就已经盛行了，司马迁说它从周以后，"乃颇可著"③。它是记录宗族成员间血缘关系的简册，实为联结宗族之纽带。锡伯族对于谱牒的重视，是和广大汉族接触以后，约在清代初年开始。我们至今见到的锡伯族族谱，没有早于清代的。在锡伯族的一些谱书中反复引用儒家经典，以说明敬祖联宗的重要性和编修族谱的重要意义。如沈阳《依尔根觉罗西伯肇氏宗谱》说："《书》曰：'以亲九族，九族既睦，是帝尧首以睦族示教也。'《礼》曰：'尊祖故敬宗，敬宗故收族'，明人道必以宗族为重也。夫家之有宗族，犹水之分流，木之分枝，远近异势，疏密异形，要其本源则一。"宗族既然重要。怎样才能联结起来呢？接着就讲到："然欲睦族，非修有族谱之书，将何以联疏远而昭雍穆！"④

---

① 陆世仪：《思辨录》，载《训俗遗规》卷4。
② 《鄂尔克勒氏家规》，载《民族文化习俗及萨满教调查报告》，第195页。
③ 《史记》卷13《三代世表序》。
④ 《沈阳锡伯族志》，第60～61页。

锡伯族的宗族文化

清朝统治者倡导孝道，提倡修谱，对锡伯族各个哈拉普遍修谱，起到了推波助澜作用。顺治皇帝受儒家思想影响，认为"孝为百行之首"，强调"以孝治天下"①。雍正皇帝更把孝道与宗族制度相联系，他的《圣谕广训》第一条讲敦孝悌，第二条就讲"笃宗族以昭雍睦"，号召"修族谱以联疏远"。要求在八旗和全国农村中，每月都要宣讲两次，并认真实行之。乾隆时，官方又带头修纂了《八旗满洲氏族通谱》。锡伯族都在八旗之中，对于编修族谱之事，当然是认真仿效实行了。

锡伯族对于族谱的修纂，热情很高，又非常认真。上至族长，下至族众，可以说是全族动员。每隔三年或五年，由掌管族谱的哈拉达"召集一次全哈拉会议，男女老幼都须参加，目的是将近几年本哈拉出生的男孩名字登记上族谱，同时将死去的族人的名字注销掉"②。这里，"注销掉"一词可能是调查时由锡伯语译为汉语之误，也可能是调查者理解上的偏差。按汉族、满族修谱的习惯，活着的人在族谱上须用红笔书其名，死后则要将其名用墨笔描为黑色，是万万不可将族人名字从族谱中注销掉的。只有一种情况，即犯有大罪之人，才要从族谱中除名，这是一种惩罚。锡伯族之修谱，是从汉族、满族学来，似乎也应遵循这一惯例。这三年、五年的一次登录，还不是典型意义的修谱。真正的修谱，一般为三十年一次。"每三十年，合族通修一次。其地点时间，皆临时核定。但此三十年中，遇有死亡之者，得由子弟记其事迹，以备通修时，记录于事迹栏内"③。三十年中，几乎每个家庭都会遇到丧事，所以，每个家庭平时都要为大修族谱时积累材料。这种通修的期限，与汉族的做法也是一致的。宋代朱熹曾说，人家三代不修谱，则为不孝。封建社会通行早婚早育，三代大约也就相当于三十年。汉族的一些族谱中也常常有这些规定，如"谱必三代一修"④；"族谱重修刻版后，每十年汇稿，三十年续修补刻印刷"。⑤

从一些族谱的修订年代上，可以看出锡伯族修谱热情一直持续不断，修谱传统持之以恒。沈阳《何叶尔氏宗谱》，注明为"乾隆五十

---

① 转引自《安氏宗谱纂序》，载《沈阳锡伯族志》，第64页。
② 夏之乾、满都尔图：《金泉村锡伯族萨满教及文化习俗调查》。
③ 《图克色里氏宗谱》，载《锡伯族文学历史论文集》，第3页。
④ 《（光绪）春谷东溪王氏宗谱》卷首载乾隆间《续修旧谱总纲》。
⑤ 《（道光）香山黄氏家乘》卷1《族规》。

年（1790）重修，咸丰三年（1853）二月十六日重立，光绪二十九年（1903）五月十七日重抄"①。沈阳《哈什胡里氏谱》，"先世家谱，原系满文。于大清同治十一年（1872）十一月初三日，经永奎、吉凌阿二人操办修谱，仍书满文。于民国二年（1913）旧历十月二十七日重修谱，经松严一由满文翻译汉字"②。锡伯族的这种修谱传统，一直持续到民国时期和当代。

我们还注意到，在清朝末年以后，锡伯族对后代的命名办法，都特别做出规定，强调按辈分定字命名。这是向汉族学习，宗族文化进一步发展和严密的表现。诚如肇氏宗谱所说，"先辈命名，多用满蒙文吉祥成语类，字数多寡不同。故未能编列辈行定字。嗣后诚恐族众子孙繁衍，年远未经聚会者，一经面叙，虽系一族，犹须盘问三代，方知辈行。倘有不记忆三代者，殊多费解"。因此，该族后来"特由'林'辈起编定：'林玉达明学永恒，福德中世泰安宏，健克仁良恩纯厚，文广志大显增荣'。此二十八字，以备后嗣命名之用。将来排字，一辈字在中，一辈字落底，周旋复始用法，辈行之中不有从绪，族宗辈行不准紊乱"。又规定，"此后命名，自应一律冠姓"③。这里所说的姓，是指改用汉姓的一字姓。关氏宗谱也说，以前"因满字时期，亦不过随时命名而已"，辈分不能辨明，自按"文、明、世、泽、永"等五十字排行后，"从此齿序井然，愈行亲切，寒宗谱之传统，庶几于万斯年也"。④

从以上可以看出，锡伯族的宗族文化，是中华民族文化的有机组成部分。它既反映了封建社会统治阶级的思想意志，也反映了中华民族的传统美德。我们应该去其糟粕，取其精华，并对某些文化内容加以改造和发展，把它和当代的精神文明建设结合起来。

---

① 《沈阳锡伯族志》，第73页。
② 《沈阳锡伯族志》，第65页。
③ 《依尔根觉罗西伯肇宗谱》，载《沈阳锡伯族志》，第61~62页。
④ 《关氏宗谱》，载《沈阳锡伯族志》，第66~69页。

为何谢氏家谱都定炎帝系申伯为始祖而不涉黄帝系[*]

历代各地谢氏家谱都明确无误地写明，谢氏始祖为炎帝系西周的申伯。可是近来有些宗亲对此提出强烈质疑①。疑点可概括为二：一是谢姓最早出自黄帝系，并一直传姓至今，不可误为炎帝系。二是申伯封谢地后，申国并未改为谢国，申伯也未改申姓，谢姓为其奴隶，应有错必纠，不能错认祖先。以今人的观念看，这些疑问合情合理。但历史的演变和发展，包括姓氏的演变和发展，是曲折和复杂的，尤其是在商周时期。我们考察一下商周时期的政治制度和社会史，尤其是当时姓氏制度的演变，便不难发觉，今人的观念与商周的情况有多大的偏差。这或许有助于消除一些宗亲的疑问。

一 传说时代的谢姓族群出自黄帝系，但此谢系到周初已经失姓

1. 传说时代的谢姓族群出自黄帝系

我国对姓氏的研究，始于战国时代，当时的文献《左传》、《国语》、《世本》等，就记载有与姓氏制度相关的内容。

与谢姓有关并被经常引用的，有《国语·晋语四》中司空季子劝告重耳迎娶怀嬴的一段话如下。

> "同姓为兄弟。黄帝之子二十五人，其同姓者二人而已，唯青阳与夷鼓为己姓。青阳，方雷氏之甥也。夷鼓，彤鱼氏之甥也。其同生而异姓者，四母之子别为十二姓。凡黄帝之子二十五宗，其得姓者十四

---

[*] 原载《中华谢氏》创刊号，2010年11月。
① 参见河南省太康县谢氏文化研究会编《谢氏天地》2009年第1期所载《谈经说史辨谢源》、《悼念永春，兼论谢氏源流》、《源头不必画蛇添足》等文。

人,为十二姓:姬、酉、祁、己、滕、箴、任、荀、僖、姞、儇、依是也。唯青阳与苍林氏同于黄帝,故皆为姬姓。同德之难也如是。……"

这段话有自相矛盾的地方,不好理解,这里暂不解释。我们之所以引用这一段,是因为其中的"任"姓与谢氏有关。

当时的"姓",只是一个氏族组织的符号。民族学常识告诉我们,一个氏族经过长期的发展壮大,人丁日多,在原居地生活资源出现缺乏时,必然会有一部分人要从老的氏族中分离出去,寻找新的生活基地,形成新的氏族。新的氏族会选用新的氏族符号,即新的姓。黄帝的姬姓分为十二姓就是这样。又不知道过了多久,其中的"任"姓后裔,又分化为谢、薛、章、舒、吕、祝、终、泉、毕、过十姓。所以战国晚期成书的《世本·氏姓篇》,在梳理早期的姓氏源流时说:"谢,任姓,黄帝之后。"

以上就是"谢"姓源于黄帝系的来龙去脉。谢姓的最初形成时间,当在华夏族形成的传说时代。

2. 黄帝系的谢姓族群在周初已经失姓

大约到商代晚期,黄帝系谢姓族群已发展得很大,已超出部落的规模,转化成为当时的"万邦"之一,以今河南省南阳市宛城区东、西谢营一带(原属南阳县)为中心,形成"谢国"。它是所谓的任姓十邦或十国之一。这时的谢姓族群,当然还保有着"谢"姓。

可是好景不长,到周代,原先的谢姓族群失了"国",成为庶民,因而也失去了谢姓,变成了无姓之人。究其原因,完全是周代的政治制度和社会变革造成的。

(1)上古姓氏制度演变的四个阶段

在此简要介绍一下学术界对我国古代姓氏制度沿革史的一些共识,或许可以帮助一些人化解疑问。这些共识已渐变为学界的常识,可概括为以下几点:一是从传说时代到有夏,为古代姓氏制度的发轫阶段。此阶段产生了所谓"古姓",即最早的氏族名号;古姓多与族居地有关;其作用是收族和别婚姻;氏族成员都有使用本氏族名号的权力。二是殷商时期,为姓氏制度的发展阶段。"亚氏族名号"的使用代替了远古氏族名号的使用;亚姓多以居地名、先祖名命名,也有取自职官名的;男女民众都可使用族氏名号;来自异族的战俘或奴隶,因为已失族,而无权使用原有的族氏名号,

为何谢氏家谱都定炎帝系申伯为始祖而不涉黄帝系

更别说使用役使自己的族氏名号了,数代之后,原来的族氏名号自然淡忘了。三是西周至春秋中期,为姓氏制度的成熟阶段。因周朝实行赐姓命氏制度,而形成了姓、氏两分;姓是"因生以赐",讲究血统,冀百世不变,可别婚姻、收族;氏以国名、地名、父祖名、职官名而命,可递出不穷,能辨尊尊、贵贵与收族;这一时期,姓、氏是贵族的专利,男子称氏,女子称姓,而庶民无姓亦无氏。四是春秋晚期至两汉之际,是先秦姓氏制度的没落与新型姓氏制度的形成阶段。姓、氏合一,姓氏普及;贵族已不能垄断姓氏;男女在姓氏使用上没有区别;平民可自行使用姓氏,可因袭古姓,可使用贵族姓氏,也可吹律定姓、占卜得姓、以职业为姓,甚至胡乱定姓;到西汉末年,连奴隶也有了姓氏。①

这就明确地告诉我们,在西周和春秋中期,庶民和奴隶都无姓氏可言。

(2) 为何西周庶民变得无姓无氏

也许有人会问,庶民在商代还有使用姓的权力,为何到西周就变得无姓无氏了?这与社会变革和西周的政治制度有关。

商代的平民称"众"、"众人",他们要服兵役,还要为王室或其他贵族服农业劳役。他们虽受剥削,但他们与王室或其他贵族有宗法的血缘关系,他们有姓,被视作族氏成员,他们的劳役被视作为族氏共同体尽义务。而周代的庶民,当时称"庶人"或"野人",他们居住在都邑四郊之外,以农耕为主②,如《左传》所言"庶人力于农穑"。他们不是贵族,也不是奴隶,而是具有自由身份的民众。他们主要是商遗民中的平民和被征服的散处各地的土著民。他们要为所属的贵族服劳役。就经济地位而言,他们与商代的平民十分接近。但他们与其所服务的贵族之间无血缘关系,他们所服劳役,体现出的是强制性的超经济性质。在政治等级上,他们是被征服者,显然要低于商族氏成员的商代平民。还有,西周的庶民没有服兵役的权力③,他们完全被屏蔽在贵族宗族的一切活动之

---

① 参见杨宽《古史新探》,中华书局,1965;杨宽:《西周史》,上海人民出版社,1999;赵光贤:《周代社会辨析》,人民出版社,1980;朱凤瀚:《商周家族形态研究》,天津古籍出版社,1990;赵伯雄:《周代国家形态研究》,湖南教育出版社,1990;宋镇豪:《夏商社会生活史》,中国社会科学出版社,1994;雁侠:《中国早期姓氏制度研究》,天津古籍出版社,1996;陈絜:《商周姓氏制度研究》,商务印书馆,2007;杜正胜:《周代城邦》,联经出版事业公司,1981。
② 参见童书业《春秋左传研究》"庶人、工、商"、"国人"等条,上海人民出版社,1980。
③ 参见朱凤瀚《商周时代社会结构的变迁》,载冯尔康主编《中国社会结构的变迁》,河南人民出版社,1994。

外。最重要的一点是，西周专对贵族的赐姓命氏制度的实施，使得庶民原有的姓氏流于虚衔，由不能用而废弃，实际是变相地被剥夺了。

西周庶民无姓、氏，已是先秦史学界的共识，现将两岸学者各举一例，来欣赏一下他们的说法。

台湾学者杜正胜撰文说："自古以来，国家兴亡无常，'高岸为谷，深谷为陵'，胜国余烬夷沦为庶者，代不乏人，他们也当有姓氏的。不过，一旦丧失政权，姓氏流于虚衔，就了无意义了。所以平民无氏，有的甚至无姓，但因为群居，仍然有族。……他们既无姓氏，唯以名识别，一离开故国乡土，便须加上乡国之名。春秋时期虢的舟之侨、晋的介之推、齐的夏之御寇、烛庸之越、楚的耿之不比、郑的烛之武，大概都是平民出仕而冠以故乡之名者。"① 大陆学者陈絜在其专著中讲："姓、氏本质皆是血缘的，周初由于政治统治的需要，通过赐姓命氏之制赋予姓、氏以特定的政治功能，姓、氏也就成了统治阶级的专利品。所以，尽管从理论上讲，周初庶民应该是有姓或有氏的，但由于赐姓命氏的实施，迫使这些原有的姓、氏流于虚衔，再加之强制性的地域编制，这些庶民原有的姓、氏也就变相地被剥夺了。所以，我们在文献中才会看到诸如'舟之侨'、'介之推'、'梁五'、'东关嬖五'之类的名号。而所谓'某之某'或'某之某某'以及'某某'，其实就是某地之某的意思。这也恰好说明了庶民无氏。……另如《左传》中所记载的'绛县老人'，也是一个典型的无姓无氏的庶民。至于礼书中所讲的'买妾不知其姓则卜'，恰好也是庶民无姓的真实反映。……总之，西周至春秋（至少在春秋中期之前），庶民没有姓、氏是可以肯定的。这是周初赐姓命氏制度的实施所决定的。由此看来，像姓氏这样原本寻常得紧的血缘性符号，自西周以后，被赋予了强烈的政治等级色彩，成为一种贵族阶层的法权符号。与殷商时期比较，其使用范围也被大大地缩小了去。难怪乎当时的贵族絮絮叨叨地反复强调，要'申固其姓'，要'保姓受氏'，甚至将姓氏神圣化和神秘化。"②

实际上，在《国语·周语下》周灵王二十二年（前550）的记事中，早就记录了有些古人亡姓失姓的事实，说："唯有嘉功，以命姓受祀，迄于天下。及其失之也，必有慆淫之心间之，故亡其氏姓，踣毙不振，绝后无

---

① 杜正胜：《传统家族试论（上）》，《大陆杂志》第65卷第2期。
② 陈絜：《商周姓氏制度研究》，商务印书馆，2007，第352~353页。

主,湮替隶圉。"即一旦沦为隶圉,便必然失去了姓。这段记载,应重新引起重视。

(3) 黄帝系谢地之人在西周的社会地位

在商朝和西周初期,在中央政权直接统辖区的周围,是广大的分封区,散布着众多的诸侯。在诸侯的封地之间,以及诸侯封地的外围,当时还存在着许多方国部落,有的服属于中央王朝,有的同中央王朝及其诸侯经常发生战争。"谢"作为一个部落方国,在西周初期曾存在于姜姓诸侯申国与吕国的旁边,可能那时已被周征服。至迟在周宣王时,"谢"已服属于周朝,所以周宣王可以将谢地与"谢人"一起赏赐给申伯,"因是谢人,以作尔庸"①。有学者解释,"庸"即"佣",是对奴仆的称呼,就是把谢人赏赐给申伯,作为奴隶。②

另有学者认为,谢人是被征服的土著民,是庶民。他们为受封者所"因",也就是为受封者服役,受宗法贵族剥削。这种土地与民人一起分赐的制度,即为文献及金文中所讲的"授民"、"授土"或"赐民赐疆土"。③

总之,周宣王赐申伯的"谢人",不论是奴隶身份还是庶民身份,从当时的社会制度和姓氏演变史看,他们都是无姓无氏之人了。因此,上引《诗经》上的"谢人"应作"谢地之人"理解,这比作"谢姓之人"理解,更合乎实际。到春秋中期以后,姓氏开始渐趋平民化,这距申伯封谢地,已二百余年,距周初更在四百年以上,这些无姓的庸者后人是否还记得起先祖,实在难说,选用什么姓氏,已无从考证了。

二 周朝"赐姓命氏"制度使炎帝系申伯成为新谢氏的始祖

1. 周代的赐姓命氏制度

周代姓氏制度特殊的地方,就是姓、氏二分,周天子对贵族既赐姓又命氏。这与周的封建制度即封邦建国有着密切的关系,正如《左传》隐公八年众仲所言:"天子建德,因生以赐姓,胙之土而命之氏。"所谓"因生以赐姓",就是周天子"因"受封者所出"生"的血统,对其原来之"姓"重新

---

① 《诗经·大雅·崧高》。
② 郭沫若主编《中国史稿》,人民出版社,1976,第1册,第240页。
③ 陈絜:《商周姓氏制度研究》,商务印书馆,2007,第351页。

加赐，予以新王朝的承认，否则便不能有贵族身份。所谓"胙之土而命之氏"，杨宽曾有很好的解释："天子……分封给臣下土地，就必须立一个新'宗'，即所谓'致邑立宗'，新立'宗'需要有一个名称，就是'氏'。"①赐姓、命氏与胙土，有机结合，缺一不可。姓是氏的宗主，氏乃姓的分支，"姓者，统其祖考之所自出；氏者，别其子孙之所自分"，一姓可以分出多氏，但均以土地为依托。封土和采邑，是当时宗族安身立命的根本。姓以别婚姻，氏"以别贵贱"，贵者有"氏"，贱者无"氏"，是当时的通则。

当时的命氏形式，据《左传》隐公八年记事，主要有以下几种：①"胙之土而命之氏"，包括"以国为氏"、"以邑为氏"；②"以字为氏"，包括"以王父字为氏"、"以王父之排行名为氏"、"以父字为氏"、"以父之排行名为氏"、"以父之私名为氏"等；③"以官为氏"；④以居地为氏。等等。绝大多数是要经过周天子或诸侯的赐命。

2. 周王对申伯实施封邦建国，赐"南土"、"南邦"、"谢"邑，申伯"致邑立宗"，获命"谢"氏，属周代通例，有史诗为证；申伯为新"谢"姓始祖，不可轻易言否

周代的国家形态是周邦与"万邦"或称"庶邦"并存的局面，二者一起才是"周天下"或"周王朝"②。为此，周朝曾广施封建。周王对申伯实施封邦建国之事，在《诗经·大雅·崧高》中有明确地记载："亹亹申伯，王缵之事，于邑于谢，南国是式。王命召伯，定申伯之宅，登是南邦，世执其功。王命申伯，式是南邦，因是谢人，以作尔庸。王命召伯，彻申伯土田。王命傅御，迁其私人……王遣申伯，路车乘马。我图尔居，莫如南土，锡尔介圭，以作尔宝，往近王舅，南土是保。"

诗中的申伯，炎帝后裔，姜姓申氏，是周宣王的舅舅，去谢地之前应该是申国诸侯。诗中说的周王授予他"南土"与谢地之民，让其建都邑于谢地，并称之"登是南邦"，我理解，这应是宣王对申伯的改封，是将申伯调离原申国，派到更紧要的地方另建一个邦国。宣王的目的也明确，即希望老诚干练的申伯新建的邦国，成为南方各邦国的榜样，共同保卫好周王朝在南方的疆土。我们也可以反过来看这件事，如果申伯新建的不是一个邦国，怎么可能成为南方各邦国的榜样？

---

① 杨宽：《试论西周春秋间的宗法制度和贵族组织》，载氏著《古史新探》，中华书局，1965。
② 赵伯雄：《周代国家形态研究》，湖南教育出版社，1990，第1~18页。

为何谢氏家谱都定炎帝系申伯为始祖而不涉黄帝系

前面已经讲过，立邦国或赐采邑，都必须分立新宗，要有新宗的名号，即新的"氏"，所谓"胙之土而命之氏"，这是西周的通例，也是通则。因此，申伯离职申国，不论是获得谢邑或谢国的新封，必然要获命一个新氏，无论是"以国为氏"或"以邑为氏"，其获命"谢氏"是毋庸置疑的。申伯由"申氏"变为"谢氏"之后，仍为"姜"姓。这就是西周姓氏演变的特别之处，姓不变而氏可千变万化，在当时司空见惯，不必为怪。例如召公奭，就一门三氏，其长子燕氏，是以国为氏；身边次子召氏，是因召公的采邑为氏；还有一支随召公东征淮夷，召公返京后，这部分族众留守东土，"致邑立宗"，以召公之职官为氏，即大保氏。

为什么在上述《诗经》中缺少命申伯为"谢氏"的文字？因为当时的制度，"胙之土"必然会"命之氏"，既有"胙土"之举，"命氏"便不言而喻，这可能是《诗经》省略的原因吧。

申伯改封谢地之后，其随迁的子孙自然为谢氏。他们虽仍属姜姓，但因为"氏"在周代是尊贵的符号，在习惯上，男子都称氏而不称姓，直到后来姓、氏合一，才彻底脱离姜姓，专一以"谢"为姓氏。申伯在"谢"地繁衍的后裔，尊炎帝系的申伯为谢姓始祖是完全合情合理的。

从申伯封谢起，直到春秋中期，这二百多年间，姓氏还未走向普通平民，这期间的谢氏成员，只有申伯血统的后裔，让这些人不尊炎帝系的申伯为始祖，而选择黄帝系的某个人为始祖，既有悖伦理，又不合事实。

炎帝裔申伯封谢而有谢氏，在宋代一部考证古代姓氏的重要著作《路史》中，已有明确的记载。该书卷十三《炎帝纪》下篇讲，炎帝之裔有泰岳者，"周初，复泰岳后（裔）于申。暨申伯入卿，而楚蚀其壤。宣王开元，舅申伯于谢，后有……谢氏"。谢氏宗谱与姓氏文献是一致的。

三 相关问题的辨析

1. 申伯封"谢"后与原"申"的关系

笔者认为，申伯封"谢"，既不是申国的南扩，也不是申国更名为谢国，而是在原申国地盘之南，以谢地为政治中心，又建立一个重要邦国。其目的已如前所述，是要做南方诸邦的榜样，并带领南方诸邦，对抗日益崛起的楚国。宣王让他信任的申伯来承担这个重任。姜姓原来已有齐、吕、申、许等国，扩大封建，在紧要的地方再设个姜姓邦国，在宣王看来也是值得的。

原来的申国由谁来领导？有两种可能，一是申伯的长子，一是他的次子。笔者认为，由其长子掌国的可能性较大。周朝已有成例，老臣被封国因故而不便赴任者，由长子代父出外就封，次子则留在身边。如周初武王时，曾封周公旦于鲁，封召公奭于燕，由于大局尚未稳定，周公、召公一直留在京师辅佐时王，而由周公长子伯禽就封鲁地，召公长子克就封燕地，他们世代为诸侯。而周公次子和召公次子则被留在身边，接替他们，世代为周公、召公。现在，申伯既然被宣王改封在"谢"，申国的诸侯位自然应由其长子接替。其长子后代，仍世代为申氏。

申伯带到谢地的子孙，则世代为谢氏。可能因为申伯已年高，到谢地后并没有轰轰烈烈的业绩，因而不见有谢伯、谢侯之类的记载。但申伯获得谢氏之命是不容怀疑的。因为"致邑立宗"命氏的方式，是周代姓氏制度的通则，能够得到周天子赐姓命氏是一种荣耀，不会也不能轻易改变这一方式。就像周公之长子伯禽分封鲁地之后，以"鲁"为称为氏，称"鲁伯禽"而不称"周伯禽"一样。

2. 幽王时的申侯绝非封谢之申伯

宣王死后，到其子幽王、其孙平王时，仍有申侯的记载。幽王废掉申后和太子宜臼，立褒姒为后，以褒姒子伯服为太子。申后是申侯的女儿，于是申侯联合缯和西夷犬戎，进攻宗周，为申后和宜臼申冤。幽王溃逃，被犬戎杀死，宗周被戎人摧毁。申侯、鲁侯和许文公立宜臼于申，是为平王。后迁都洛邑，史称东周。有人说这个申侯就是宣王时的申伯，说"周厉王的儿子宣王纳妻也是姜氏，宣王之子幽王原配又是申伯之女"[①]。这似乎不大妥当。

一是西周宗法制度极其严格，周幽王违反了立嫡立长的规制，虽贵为天子，仍不免遭到众诸侯的攻伐。乱伦之事当不会发生在有中兴美称的宣王和申伯身上。因为申伯是宣王的舅父，即是幽王的舅爷，宣王和申伯绝不会允许幽王娶申伯之女。因此，这个申侯绝非申伯。这个申侯当是申伯留在申国的长子，即申国之君。

二是西周"致邑立宗"命氏制度也不会轻易改变，申伯既改封谢地，是一定以改为谢氏为荣，不会也不敢违制仍以申为氏。

三是从年龄上看，申伯也不可能是申侯。申伯是宣王的舅父，年长宣王一辈。宣王在位近半个世纪，其即位前还有十四年共和，死后幽王又执政十

---

① 见《谢氏天地》2009年第1期，第11页。

一年。申伯即使再高寿，此时也仅能苟延残喘，不可能组织和指挥大规模作战。有此等体力与精力者，只能是其子辈，这就是留在申国的长子申侯。

四 结语

　　谢姓之符号虽一，但实有两个血统。最早的谢姓族群是黄帝一系，但到西周时已失国失姓，虽有源而流已断，作为生物性的"人"，虽然仍可一代一代传下去，但人的"宗族性"已丧失，无姓无氏之人已然无从传承。黄帝系之谢可称为前谢或旧谢。

　　新的谢氏族群诞生于西周后期，缘于"致邑立宗"命氏制度，缘于炎帝系的申伯封谢地，不管是"以国为氏"或"以邑为氏"，又形成了另一血统的谢氏。这一谢氏可称为后谢或新谢。新谢与旧谢的关联，在于两个不同族群都曾居住于谢地，"谢"的符号相同。但他们不同质，形象地说，是旧瓶装新酒。新谢奉申伯为人文始祖，这个始祖是有据可查的真实人物，而不是神话传说。新谢源头清晰，其流也宽广长远，今日全球众多谢氏家谱皆言申伯为始祖，此明证也。反过来看，未有谢氏家谱认黄帝系者，也确证旧谢实已失传。

　　历史是曲折复杂的，不是非此即彼这么简单，也不能以我们生活的时代的事物来解释古代的事物。既不能搞成势不两立，也不可把两个不同质的事物硬扭成一体。承认曾有旧谢，亦承认当今之谢是新谢，分阶段讲，大概比较符合谢氏的历史演变过程。

　　最后要说明的是，拙文仅是有感于一些宗亲提出了尖锐的问题，促使我又认真地学习一遍商周史，并把学界有关商周姓氏制度的最新研究成果，引入我谢氏研究，谨向这些学者表示感谢。也希望有兴趣的宗亲能查阅这些原著，把我们谢氏研究更推进一步。文中提出的对谢氏历史的认识是初步的、粗浅的，肯定有不妥之处，希望宗亲们提出批评，一同探讨。

2010年3月3日夜12点于沈阳科学家花园

附言：

　　此稿尚未寄出，于五月初，收到郑州寄来的《舜裔春秋》杂志2010年第1期一册。该杂志由陈文云先生任社长，陈瑞松先生任总编辑，闻东先生任主编，谨向三位表示感谢。该期登载闻东、龚璐二同志合撰文《为谢姓得姓开山祖申伯正名》，读来感慨颇多。因为有人否定申伯，为申伯是谢姓得姓开山祖正名是正确的，讲申侯与申伯非一人，亦很精辟。但该文说召公虎是申伯，其封地谢城在信阳，其实质还是否定申伯，本人不敢苟同。

七月初，又收到《阳夏谢氏》发行组自郑州寄来的该书征订单，订单说明该书由陈文云先生任学术顾问，陈瑞松先生任主编，谢纯灵宗长任副主编，由文心出版社出版。其"内容提要"中有云："为谢姓找到了得姓开山祖申伯（召公虎）及其封地'古谢城遗址'"。征订单上还印有信阳县人民政府1982年立的"古谢城遗址"牌和所谓申伯墓的照片。可以看出，该书的主创人员与《舜裔春秋》的班子是一致的，只是增加一位谢纯灵宗长。关于谢姓受姓始祖问题，该书也一仍《舜裔春秋》之文的观点（作为该书副主编的纯灵宗长，应该也已接受这一观点了）。虽然文章变成了书，主创人员加入了谢姓宗长，本人仍不敢苟同其始祖和受封地的说法。如果能证实召公虎的封地墓地在信阳，也不该硬与谢姓挂钩。

学术研究应该是严肃的、严谨的，涉及祖先身世的研究，更应当严肃和严谨。申伯与召公虎是两个实实在在的真人，召公虎姬姓，黄帝裔，申伯姜姓，炎帝裔，申伯受封谢地，典籍中皆斑斑可考，既不可将二人混为一谈，更不可指鹿为马。古谢城的方位，在信阳县立牌之前，由众多专家合作编绘的国家重点项目《中国历史地图集》已标定在南阳县（今宛城区）谢营；在信阳县立牌之后，在上世纪九十年代初召开的谢氏源流研讨会上，由现代中国历史地理学科奠基者谭其骧为首的众多专家撰写论文，从方方面面论证古谢城还是在南阳谢营。学术研究提倡创新，但这个创新应该是严谨的、科学的，要想推翻前辈学者尤其是权威学者的结论，要想改换历代家谱中的公认祖宗申伯（以召公虎之实体，贴申伯标签，等同于换祖宗），应该拿出比权威学者更多的证据来。标新立异不等于创新，随意也不是创意。

各位宗亲，凡涉及认祖之事，当慎之又慎。我们无权不让别人随意说话，但是第一，我们可以多问几个为什么，第二，此时更应相信我们世代相传的家谱，我们历代祖先不会"昏"到瞎认始祖的分上。抱定朴实虔诚之心，就不会被花巧迷惑。

2010年7月10日补

再论谢氏始祖为炎帝系申伯及谢邑在南阳宛城区谢营[*]

——兼谈"召伯虎说"与"信阳说"之离谱处

一 "再论"之缘起及其必要性

2010年春,刚写完拙稿《为何谢氏家谱都定炎帝系申伯为始祖而不涉黄帝系》,忽收到由郑州邮来的《舜裔春秋》杂志2010年第1期一册,内有龚璐执笔《为谢姓得姓开山祖'申伯'正名》一文,言申伯实为姬姓召伯虎,其封地谢邑在信阳。因"信阳说"早已被学术界否定,"召伯虎说"又毫无根据,纯属臆断。拙文便又加一"附言",简要指出其非,并寄中华谢氏联谊总会筹委会,由该会主办的《中华谢氏》创刊号于2010年11月刊出。

2010年11月,在广西南宁举办的全球谢氏宗亲联谊总会第四届恳亲大会上,有人散发了龚璐的文章,文末注明"本文历史资料引自陈瑞松主编的《中华名门望族阳夏谢氏世系纪事》一书。本文……执笔人陈瑞松笔名龚璐,副编审,世舜联《舜裔春秋》杂志总编辑"。至此,方知龚璐乃为笔名。因为谢氏族谱凡言始祖,均为申伯,与召伯虎无涉。还有,经全球谢氏最近二十余年的不懈寻根,专家学者的多方论证,南阳市宛城区金华乡谢营一带,已被公认是申伯之谢邑所在。为此,在2007年10月于湖北武汉举办的全球谢氏宗亲联谊总会第三届恳亲大会上,全球与会宗亲隆重通过《武汉宣言》,决定在谢氏发祥地宛城区谢营建中华谢氏大宗祠及编纂谢氏总谱,以永念始祖申伯。陈先生的"召伯虎说"与"信阳说",歪曲谢氏始祖与祖地,自然引起众多宗亲的质疑与愤怒。因为我曾写过谢氏发祥地和

---

[*] 原载《中华谢氏》总第2期,2011年6月。

谢氏始祖方面的文章①，不少宗亲希望我对此做出反驳。对比前些年，英人拉什迪因在其《撒旦诗篇》中对穆罕默德有不敬语，而常年遭到众多穆斯林追杀，谢氏族众做出此种程度的反应，可以说是温和的。他们的尊严是应该卫护的。

稍后，2011年1月下旬，首次接到陈瑞松先生的电子邮件，说找到并读了拙文，又讲"我不姓谢，也不想参与你们内部的争论。鉴于当前学术造假之风屡禁不止，想提供一些史料供研究。……寄上一篇拙作，供参考"。附上了他写的《重访信阳寻觅"申伯国"与"古谢城"遗迹》。我以为，陈先生真的想就此打住，不争论了。谁知余音刚过，一个月后，陈先生又发来第二封电子邮件，称上次材料寄错了。这次又寄来了他的另篇大作《探研谢谱真谛，走出历史误区—兼与〈为何谢氏家谱都定炎帝系申伯为始祖而不涉黄帝系〉一文作者谢肇华先生商榷》（载《舜裔春秋》2011年第1期）。文前还标有"作者声明"：说他"不姓谢，不是信阳市人，也不是南阳市人，与南阳县（今宛城区）和唐河县也无瓜葛，更没有接受任何一方的委托和拿过谁给的红包，这里只是想实事求是地讨论问题"。但该文未拿出一条新资料新证据，只是反复重申他的观点。新增的内容，只是对拙文的曲解与指责。

陈先生在两文中都提出"寻根问祖不离'谱'，评价人物重史实"的原则，这无疑是正确的。陈先生在其第二篇文章的结尾，还非常气愤地说："恕我不恭，先生，你是抛开谢氏族谱，硬性指定xx（谢按：此处我的原文是'谢营'二字，陈先生对此地似十分忌讳，既引拙文，又遮蔽以xx）地方就是'谢国'、'谢城'，这样武断地肯定能使人信服吗？请你详细条述，我愿洗耳恭听。"说拙文《为何谢氏家谱都定炎帝系申伯为始祖而不涉黄帝系》抛开了家谱，表面上说对了。因为该文是与以现代眼光质疑古家谱的一些宗亲讨论问题，他们既疑家谱，我就不能再用家谱为论据，只能从宏观的姓氏制度、政治制度、社会制度的角度来论证家谱记载的合理性。换言之，这篇文章的用意或作用，就是用理论的"所以然"，来论证家谱的"当然"，实则是尊重家谱，为家谱辩护的。这一特定的讨论对象及该篇文

---

① 拙文《为什么确认南阳谢营为谢氏发祥地》，刊载于全球谢氏宗亲总会主办、南阳市宛城区谢氏宗亲联谊会承办的《全球谢氏通讯》总第17期（南阳，2008年1月）。拙文《为何谢氏家谱都定炎帝系申伯为始祖而不涉黄帝系》，刊载于中华谢氏联谊总会主办的《中华谢氏》创刊号（武汉，2010年11月）。

章的用意，在拙文的开头已点明了。陈先生若是认真看看拙文的开头部分，也许就不会指责我"抛开家谱"了。

内有众多宗亲的希望与要求，外有陈先生的指责并催促我"详细条述"，也只好从命，做此"再论"。现在就依陈先生强调的原则，本文就从谢氏族谱说起，兼及文献与文物，进一步考证关乎谢氏始祖与谢邑的两个重大问题，同时也再指指我认为的陈先生两文的离"谱"和不实之处。本人并非这方面的专家，只是谈点再学习的点滴心得，错误在所难免，谨欢迎宗亲们和陈先生以及其他人的批评。因为，要光大谢氏文化，就不应局限论者的姓氏和籍贯，而应该有更多的人来关心。

二 依家谱申伯为炎帝系无疑，说申伯是姬姓召伯虎实为臆造

（一）陈先生对阳夏《谢氏族谱》三序的误读

陈先生在《探研谢谱真谛，走出历史误区》文中讲，他通过对"河南省太康县（古称阳夏）老冢镇谢家堂村庋藏的唐序宋谱阳夏《谢氏族谱》"的探研，"从序文中揭示出：谢氏原来是出自炎帝，至西周时周宣王改封元舅召公（姬姓）为申伯，于信阳建申国，为防御楚人入侵，不久令其转为州牧，于古谢邑（平昌关）筑谢城，后世子孙以谢为姓，为黄帝之系，与《世本》这部专著的记载符合"。

陈先生文中引用了该谱三个序，而在这三个序中，我怎么解读也得不出陈先生的上述结论。现完全照录陈先生的引用部分，看看合乎逻辑的分析应是什么结论。

唐代谢肇广明元年（880）《谢氏宗支避地会稽序》：

> 谢氏本系出自炎帝，神农氏之嗣。建（谢按：疑陈误写，应为'逮'）至唐虞降世，而为四岳。至周，有申伯为周宣王元舅，丰功硕德，聿为中兴勋戚。王命于邓州之南阳筑谢城以封之。厥后子孙世仕于周，而家于封。其后，或仕宦，或商贾，避迹远游，错处海内者，实繁盛矣。而究其本源，同归一派，昭然可据也。

南宋彭龟年绍熙五年（1194）《东山谢氏家谱序》：

> 氏族之学难稽者久矣。君子必质诸《世本》者，以其源于周官小

史著姓之说，理尚可信不诬。谢氏之裔出于炎帝，则《世本》果安在哉？盖自申伯受封于谢，其地即今汝南谢城（谢按：下面将分析其误）是也。

清朝谢凤仪咸丰元年（1851）《重修家谱序》：

稽我谢氏受姓肇自申伯，秦汉以来世居阳夏……

陈先生引用该谱的三个序中，赫然有清序在，而陈先生竟声称该谱为"唐序宋谱"。该谱三个序中，也无一处言及召伯虎者，陈先生也竟能定召伯虎为谢氏得姓始祖，这不得不令人称奇。

我对该谱三个序的解读是，唐序最早，也最详，自然是基础。但同一问题做文章，后者不能重复前者。宋序当是对唐序的补充、解释和圆全。清序则是对前两序的简明概括。唐序讲申伯是炎帝之裔，在周宣王时被封于谢城，子孙也"家于封"而为谢氏，这是以后各地谢氏的"本源"。但唐序未提《世本》的说法，《世本》成书于战国晚期，说谢氏为黄帝裔，任姓之后。谢肇应该是见过《世本》的，他可能认为那是讲的远古的谢，与本谢无关，故未提。南宋再修谱时，彭龟年被谢氏请序。凡谱序，几乎都是颂歌，彭也断然不会唱反调，令谢氏不悦。他的高明处在于，先提出《世本》之说，以示自己渊博；再解决之，圆全之，以令谢氏满意。他后边几句话的原意应理解为：谢氏出于炎帝系，那《世本》之说还成立吗？这并不矛盾，因为炎帝系的谢氏是自申伯受封于谢才开始的（与《世本》所述远古之谢不相干）。至于远古的黄帝系之谢哪里去了，彭也未提，他可能认为那与本谱无关了吧。（此问题在下面讲的谱序中有回答）清序不重复，不绕弯，一语概括前说。三个序是一致的，即谢氏始祖为炎帝裔之申伯，由申氏变谢氏，则缘于被封谢城。

在这三个序中，看不出陈先生讲的黄帝系、姬姓、召伯虎的丝毫踪影。

（二）其他谢氏家谱也都定炎帝系申伯为始祖

陈先生在臆想的解读了阳夏《谢氏族谱》的三个序后，又引申说："除此以外，我又翻阅了苏东坡、文天祥等数十部谢氏谱序（不包括现代人撰写的谱序），也都没有再提过'谢氏本系出自炎帝，神农氏之嗣'，都是肇自周宣王所封申伯。这怎能说'谢氏家谱都定炎帝系申伯为始祖而不涉黄帝系'呢?"这就奇了,谢谱言炎帝者比比皆是,怎么陈先生独不见乎?笔者读谱不多,竟屡屡见到举炎帝神农及其裔姜姓者。兹按成谱先后,略举例如下。并注明谱籍地、撰修者及收藏馆等,以便爱好者查阅。

(1) 清咸丰十年(1860)湖南沩宁《谢氏五修族谱》,九卷,卷首二卷,木活字本,谢垂炯等修,国家图书馆藏。

该谱卷首《录老谱艮斋公序》,是南宋谢谔(1121~1194年)写的序。谢谔字昌国,人称艮斋先生,临江军新喻(今江西新余)人,幼敏惠,日记千言,为文立成。绍兴进士。曾任知县、监察御史、右谏议大夫兼侍讲、御史中丞、权工部尚书等。著有《艮斋集》。他年长给阳夏谱作序的彭龟年二十一岁,他的序作于光宗绍熙三年(1192),比彭序早二年。彭作序年正是他去世之年。他的序,于谢氏之本最详。其序曰:

> 余因考吾族古来有谱,庚子年得一本于族中,其言疑若无据。后预朝籍,杨寺丞文虎家多藏书,因循其目,有此谱二卷,索本录之。既而稽之馆阁所藏,皆有此书。吾宗之外,但有郑氏一卷,他姓莫预焉。复观南丰之会所载家谱,亦似相符,于是乃信。谢氏出于姜姓,炎帝之后。任姓以后,分为十族,谢其一也,其国在南阳宛,三代之际,或以失国,子孙散亡。至周宣王,命申伯为卿士,使召伯营谢邑,以赐申伯,此族氏之本也。

艮斋公的序,讲了他对族谱的疑、探索、考证和信的过程。作为大学问家,他是看过《世本》的,他特别点出《世本》中讲的黄帝系的任姓分出的谢族,其国在南阳宛,但很早就因失国而失姓了。他的结论是:谢氏出于姜姓,炎帝之后。炎裔申伯被周宣王封于谢邑,这才是谢氏之本。

艮斋公的序,既包含了早于他的唐代谢肇序的内容,也包含了晚于他的彭龟年序的内容,而且对彭序中提出的《世本》黄帝说,给予了比彭序更明确的解释,更指明了黄帝系谢族的失国失姓问题。这里,我还要指出北宋的一位大学问家、大史学家欧阳修(1007~1072年),他在《谢绛墓志》中早写道:**"任姓之谢既失国,申伯之谢乃代兴,斯得之矣!"** 对于不同血统的两个谢,及其兴灭的两种不同命运,讲得多么清楚啊!当代史学家关于姓氏演变的最新成果:在周代,平民和奴隶,失国的同时也失姓,变成无姓无氏之人。这比欧阳修、谢谔的见识,几乎晚了近千年。而我在《为何谢氏家谱都定炎帝系申伯为始祖而不涉黄帝系》文中,引用当代史学家的最新姓氏理论，多数人赞同，不信者亦有之，足见统一认识之难。

（2）清光绪二年（1876）江苏常州《毗陵谢氏宗谱》，三十六卷，谢顺德修，国家图书馆、常州市图书馆及日本、美国都有收藏。

该谱卷三之《谢氏集古录》，为谢氏南渡第十九世孙景岱所撰，开宗明义就说："粤自神农起而姜姓传，申伯封而谢氏出。赫赫者宣王之命，肃肃者召伯之功，其都邑之相近而接壤者为邓州（原注：谢邑在河南邓州）。"这里的"召伯"即召伯虎，即诗经《崧高》中讲的，宣王封申伯于谢地，令召伯先为之筑谢邑，以使申伯居之。除此之外，召伯和"谢氏出"便没有关系了，召伯虎变不成申伯。

（3）清光绪六年（1880）江苏无锡《谢氏宗谱》，宝树堂活字本，二十二卷，谢迎梅等修，国家图书馆、人民大学图书馆和美国都有收藏。

该谱卷一载道光二十八年邹星躔写的《高田谢氏支谱序》，开头即为"粤稽金邑谢氏，系出神农，得姓于周，受封于申，出封于谢，因以为氏"。谢氏"系出神农"说得十分清楚。尤其难得的是他讲清了谢与申的关系，即申伯先受封于申，又从申"出"，再封于谢。这就是说，此时的申伯已脱离申，不再是申的国君，而是谢国或谢邑的执政者了。这印证了拙文《为何谢氏家谱都定炎帝系申伯为始祖而不涉黄帝系》中谢与申关系的分析。

该谱卷二载嘉庆癸酉年边超然《泰伯谢氏源流序》云："考之先世，本姓姜，出自周元舅申伯公，宣王封之于谢地，子孙以谢为姓。"姜姓，即炎帝之裔。

该谱卷三之《推本以要其始》篇讲："推申伯之所出，当自炎帝始。……谢之得姓实于申，故推之当自申伯始。申伯，姜姓，侯爵，其先神农之后，为唐虞四岳，受封于申，国在南阳宛县。周宣王时，以元舅出封于谢，《崧高》之诗是也。"也说得很清楚。

该谱卷四载明朝正德十五年杨自持《毗陵谢氏宗谱序》："谢之姓，其来尚矣。揆其所自，炎帝之后。"

该谱《申伯公像赞》曰："嵩岳降灵，生我尊亲，实四岳之裔，为昭代之卿。……洵周邦之良翰，无愧谢氏之宗型也耶！"四岳之裔，也就是炎帝之后。

（4）清光绪江苏《毗陵谢氏宗谱》，五十四卷，首一卷、末一卷，活字本，谢兰生等修，国家图书馆收藏。

该谱收入两篇明朝正德年间的序，一是正德庚辰年毛宪序，说："稽诸史册，申伯承炎帝之裔，为周宣王元舅，封汝南（谢按：下节将讲其误）之谢城。厥后因国为氏，其流始长。故凡世之推原，谢之所自，必于是祖述焉。"二是正德辛未年南京吏部尚书王华序，亦明确指出谢氏为"炎帝之后"。

（5）清光绪二十九年（1903）湖南邵阳《谢氏五道续修族谱》，又名《陈留家乘》，宝树堂木活字本，六卷另三卷，卷首一卷，谢先荣主修，国家图书馆收藏。

该谱卷首载明万历甲辰翰林院编修刘孔当撰《义历雅冈合修族谱序》，言："谢之先，实始姜姓，氏曰有吕，自申伯以元舅受封于谢，故称……"

另有明万历壬寅谢时泰《义历谢氏续修族谱序》，曰："吾谢本……胙土命氏，神农之裔，所从来尚矣！"指明了我们的谢是胙土命氏制度产生的。我在《为何谢氏家谱都定炎帝系申伯为始祖而不涉黄帝系》的拙文中，曾阐述周代胙土必命氏，申伯受封于谢，必改申氏为谢氏。近读此族谱，方知先贤时泰公在几百年前，就讲出了此关节点，深愧读谱太少，读书太少。

该谱又载清乾隆四十三年谢绍安序，曰："溯吾谢姓之初，始神农，本姜姓，至周宣王而出封于谢。……是谢姓之初，虽根于神炎，而实肇于申伯之封也。"

该谱还收录了《尚书艮斋公序》，即前述咸丰十年《谢氏五修族谱》中南宋谢谔的序，二者仅个别文字有异，如前者讲南丰谱"亦似相符，于是乃信"，此谱为"殆有相似，于是可信"。前者讲"任姓以后分为十族"，此谱为"任姓之别分为十族"。前者讲"三代之际，或以失国"，此谱为"三代之际，盖以失国"。而炎帝系则无丝毫变化。

（6）民国十一年（1922）贵州贵阳《谢氏瓜瓞谱》，宝树堂石印本，谢启元重订，日本东洋文库收藏。

该谱录前代《源流备考》云："其先姜姓，炎帝之后。任姓之别分为十族，谢其一也，其国在南阳宛。三代之际，盖以失国，子孙散亡。至周宣王，命申伯为卿。使召伯营谢邑，以赐申伯。其支子孙以邑为姓，此谢氏之本也。"这段文字似抄自南宋谢谔的序，文字略有出入而不失原意。

（7）民国十八年（1929）湖南沅陵《东山谢氏四修支谱》，玉树堂本，谢懋林主修，国家图书馆收藏。

该谱卷一保留的旧序中，有明成化二年《亲藩沅陵王赐书义历三修老谱序》，曰："粤稽谢本姜姓，神农之裔。申伯为宣王元舅，受封于谢，因邑为姓。"

（8）民国十八至十九年《洪山谢氏五修族谱》，印泉堂本，二十八卷，谢敏修等编，国家图书馆收藏。

该谱卷首上保留多篇旧序。谢敬绸、谢三锡之《康熙九年墨谱序》曰："忆我族乃炎帝之胤，申伯之裔。"

谢代巡《康熙五十八年谱序》曰："粤稽我姓，始为炎帝之胤，肇于申伯之封。"

其卷首上所收《受姓考》云："我姓之源，出自姜姓，炎帝神农之后。……迨周宣王以元舅申伯蕃翰，王宝加地进爵，出封于谢，于是以国为姓。"

（9）民国十九年（1930）《南江谢氏寿房续修支谱》，陈留堂木活字本，八卷，谢良通、谢新周等修，国家图书馆收藏。

该谱存清光绪二十九年《八修序》云："粤稽炎帝之裔，……周宣王时命申伯为卿士，于邑于谢，因地赐姓，此氏族之本也。"

（10）民国二十一年（1932）湖南衡山《兰村谢氏白杨洲房谱》，东山堂木活字本，谢芳运等五辑，日本东洋文库收藏。

该谱收录北宋苏洵《宋文忠公苏老泉序》，内言"粤稽谢氏之先，始出自周宣王元舅姜姓，受封于谢，其后以国为氏"。姜姓者，炎帝之后也。

该谱《谢氏同宗迁徙考》亦云："吾族得姓之姓，本姜姓神农之后。"

（11）民国二十四年（1935）湖南《长沙白泉谢氏家谱》，谢基极等修，宝树堂本，国家图书馆收藏。

该谱录有明成化二年沅陵王序，同前述。

该谱还录有明成化三年谢沛序，曰："古者有姓有氏有族。姓出于一，而百世不可以易。别其支派，各取以为号者，谓之氏。合而言之，一派之所出者，谓之族。如齐本姜姓，姜姓之正派者，吕氏也。申国、许国之类，虽同于姜姓，而支分派别。后世姓氏淆乱，失其从来。今之姓，方古之氏者。"谢沛讲姓氏演变史，指出申国是姜姓的支派，自然申伯的谢氏是炎帝之裔了。

（12）民国二十五年（1936）广东《番禺芳村谢氏族谱》，日本东京大学东洋文化研究所收藏。

该谱录有明洪武三十一年（1398）《大明洪武戊寅庐陵亲藩沅陵王序》，其序曰："粤稽谢氏，姜姓神农之后。申伯为周宣王元舅，受封于谢，因以为姓。"

（13）民国二十七年（1938）湖南平江《谢氏族谱》，谢雪峣纂，国家图书馆收藏。

该谱录有明洪武二十一年工部行人李绾《源流总序》,曰:"谨按谢氏始祖,出自神农,……原本姜姓,传申伯之姊联姻周宣王为后,封舅申伯于谢川,因以地为姓。"

该谱卷首录清康熙十八年嗣孙庠生谢质生《福建旧谱序》:"予族谢氏始于炎帝,至周则有申伯为宣王之舅,辅佐王室大有功勋,宣王封之于谢,遂以邑为氏。"

这些记载谢氏为炎帝之后的族谱,也许陈先生真的未读过,而不是视而不见。既然已翻阅了数十部谢氏谱序,不妨再翻一些,好在我都注明了收藏馆所,除了日本藏的几部,其他的都易看到。而且不止这些,言谢氏为炎帝后的谱书,在国家图书馆还有许多种。

陈先生说他翻阅了"数十部谢氏谱序,……都是肇自周宣王所封申伯,这怎能说'谢氏家谱都定炎帝系申伯为始祖而不涉黄帝系'呢?"这真是惊天之问。因为凡是谢族,凡是读周史者,凡研究姓氏史者,悉知申伯系出炎帝,而非黄帝。这乃常识也。到目前为止,我仅知唯先生一人痴迷于申伯为黄帝后,将申伯与炎帝对立起来。先生讲数十部谢谱序都是肇自申伯封谢,这倒帮了我们的忙,为我们提供了更多的证据,使我们这些相信常识之人,更坚信谢氏是炎帝之裔了。

三 家谱与其他文献和文物皆证谢邑在南阳市宛城区

(一) 家谱之证

前引各谱在讲述谢氏所本的同时,也多对谢邑何在做了交代,现再分述如下。

(1) 河南太康收藏的《谢氏族谱》。

唐代谢肇《谢氏宗支避地会稽序》云:"王命于邓州之南阳筑谢城以封之。"这里的"南阳"辖于邓州,是县级之南阳。

(2) 清咸丰十年湖南沩宁《谢氏五修族谱》。

其卷首上《录老谱艮斋公序》云:"谢其一也,其国在南阳宛。"申伯被封的谢地,召伯虎为他筑的谢城,即在此。这里的"南阳"当为郡级,'宛'为县级。谢邑的具体地点是在南阳郡的宛县。

(3) 清光绪二年江苏常州《毗陵谢氏宗谱》。

其卷三《谢氏集古录》云："申伯封而谢氏出，……其都邑之相近而接壤者为邓州（原注：谢邑在河南邓州）。"今南阳市宛城区仍与邓州市相近。

（4）光绪六年江苏无锡《谢氏宗谱》。

其卷三《推本以要其始》云："申，国在南阳宛县。"周宣王时，申伯"以元舅出封于谢"。前边毗陵谢谱将谢邑定位与邓州接壤，则谢邑应在申国之南，约在今宛城区的南部边缘处。

（5）光绪二十九年湖南邵阳《谢氏五道续修族谱》（又名《陈留家乘》）。

其卷首《尚书艮斋公序》云："任姓之别分为十族，谢其一也，其国在南阳宛。三代之际，盖以失国，子孙散亡。"后来周宣王封申伯时，又在此地"营谢邑"。这是很明确地指出，谢邑在南阳宛县，也即今之南阳市宛城区。

又，其卷首《义历谱序》附"先后分徙乡贯"项下讲，"申伯封于谢：古申国之地，今邓州南阳县"。今宛城区即是原南阳县的一部分。

（6）民国十一年贵阳《谢氏瓜瓞谱》。

其所录《源流备考》讲，申伯所封之谢地，乃古时任姓的分支谢族之地，"谢其一也，其国在南阳宛"。

（7）民国十八至十九年出版的《洪山谢氏五修族谱》。

其引《受姓考》云，申伯"出封于谢，于是以国为姓。……其地在今之河南邓州南阳县"。南阳县在元明清三代已属于南阳府，其属于邓州最晚也应在元朝之前，故《受姓考》也应早于元。

（8）民国十九年《南江谢氏寿房续修支谱》。

其清光绪二十九年《八修序》云，远古时，任姓分为十族，谢其一也，"原国南阳宛"。后来申伯"于邑于谢，因地赐姓"。则谢邑仍在南阳宛县。

（9）民国二十一年湖南衡山《兰村谢氏白杨洲房谱》。

其所录《谢氏同宗迁徙考》云，"谢即古申国之地，在今开封府之陈留，陈州之阳夏是也"。说在陈留，明显是错误的。所以《迁徙考》又附以《纪地》，予以纠正。《纪地》改正为："古申国之地，在今河南邓州南阳县。"

（10）民国二十七年湖南平江《谢氏族谱》。

其卷首上为旧序，所录清光绪三十一年郡庠生谢式南《义先公裔三修谱序》讲得很直接："谢邑即今南阳。"

这些家谱记载，上自唐宋，下至明清，一致认定谢邑在南阳县，或曰宛县，即今之宛城区，应该是最可信的。

(二) 文献之证

1. 古代文献之证

历史地理研究有一条原则，"凡古城邑故址的今地，旧籍有几种不同说法者，在一般情况下，理应以见于较早记载者为准"①。因为谢邑与申国相近，兹依此原则，将申国及谢邑在南阳的记载排列如下。

（1）《汉书·地理志》："宛，故申伯国。"该书为东汉班固（32~92）著，未完部分由其妹班昭（约49~约120）补。则这条记载当在公元120年之前。

（2）《潜夫论·志氏姓》："申城在南阳宛北序山之下。"该书为东汉王符著，王符卒于公元162年，这条记载当在该年之前。

（3）《国语·郑语》载郑桓公曰："谢西之九州。"韦昭《注》曰："谢，宣王之舅申伯之国。今在南阳。"《国语》相传为春秋末年鲁国史官左丘明作，三国时吴人韦昭（约204~273）为其作注，称《国语注》，又称《国语解》。按韦昭卒年计，此条记载也不迟于公元273年。

（4）《晋太康地记》："故申城在南阳北三十里，周宣王舅所封。"该书又名《晋太康三年地记》、《晋太康三年地志》、《地记》、《地志》，作者不详，书成于西晋太康三年（282）。

（5）《左传》隐公元年记"郑武公娶于申"。杜预《注》曰："申国，今南阳宛县。"《左传》为春秋时左丘明作，亦称《春秋左传》。西晋人杜预（222~285）为其作注，称《春秋经传集解》，则此注不晚于公元285年。

（6）《后汉书·郡国志》："宛，本申伯国。"《后汉书》为南朝宋范晔（398~445）著，但缺《郡国志》部分。而在范之前，西晋人司马彪（？~约306）著有《续汉书·郡国志》，比较完善，这也可能是范晔不写再《郡国志》的原因。直到北宋真宗时，才将两书合刊为完整的《后汉书》。这样算来，后汉书的这段文字，当在司马彪生前即公元306年前。

（7）《续汉书·郡国志》南阳郡棘阳县下，刘昭引《荆州记》注曰："东北百里有谢城。"这是关于谢邑方位最具体的记载。《续汉书·郡国志》

---

① 谭其骧：《古谢邑故址应在今南阳县境》，载谢肇华主编《谢氏故里研究》，南阳市宛城区政协文史委员会、南阳谢氏祖地文化研究会出版，1998。

是西晋司马彪作，刘昭是南朝梁人，为其作注。刘昭所引用的《荆州记》，是南朝刘宋末年盛弘之著，成书于元嘉十四年（437）。

（8）《水经注·淯水》："淯水又南经宛城东，其地故申伯之国。"淯水即今经南阳市区之白河，则申国应在南北朝时的南阳郡宛县，即今之宛城区。该书作者是北魏郦道元（470～527），成书于公元522年。

又，《水经注·比水》："比水又西南流，谢水注之，水出谢城北，其源微小，至城渐大，城周回侧水，申伯之都邑。《诗》所谓'申伯番番，既入于谢'者也。"比水即今唐河，谢水即今宛城区金华乡东谢营村东的小河，后因是南阳县（今宛城区）与唐河县的界河，又俗称"界河"，以当地乡音又讹称为"涧河"。

（9）南宋王应麟（1223～1296）《诗地理考》卷四《诗·南国》："毛氏曰：'谢，周之南国。'……孔氏曰：'申伯先受封于申国，本近谢。'今命为州牧，故邑于谢。"王说的孔氏，是唐代孔颖达（574～648），孔子三十七世孙，曾作《毛诗正义》。《毛诗》为《诗经》代称，是西汉毛公所传。王引的谢近于申的这条资料，其形成时间最迟也应在孔颖达卒年公元648年之前。

（10）《括地志》："故申城在邓州南阳县北三十里。"该书为唐初李泰（618～652）、萧德言、谢偃等共同编著，成书应在公元652年前。谢偃时为功曹参军，对申、谢当会全力搜证，不会妄说。

（11）唐李吉甫《元和郡县志》："南阳县，本周之申国也，平王母申后之家。"该书成于公元813年。

（12）北宋欧阳修（1007～1072）《谢绛墓志》："其（谢）国在南阳宛。"

上述这些资料，从公元初直到公元一千年，都讲申与谢在南阳县，又曰宛县，具久远性和连续性。北宋以后的资料也不少，似乎不必再引了。

而陈先生讲申、谢在信阳，征引的资料为《方舆览胜》（谢按：应是《方舆胜览》）和乾隆《信阳州志》。《方舆胜览》为南宋祝穆撰，理宗嘉熙三年（1239）初刻，二十余年后，其子祝洙又增补重订。这比上引南阳说的第一条资料晚一千二百年左右，比第十二条资料晚二百年左右。至于乾隆《信阳州志》，就更晚，更不足为据了。其实，信阳说始见于南宋之《舆地纪胜》，王象之编著，约宝庆三年（1227）成书，比《方舆胜览》还早十余年，陈先生亦可参考。

2. 今人论著认定

当代学者研究古谢国、古谢邑的著作，更加深入、细致。下面着重介绍几位著者及其论著的结论，并注明其出处，以便大家查找、研究。

（1）谭其骧《古谢邑故址应在今南阳县境》的结论为："是则谢邑故址，当在今南阳金华乡东、西谢营村无疑"①。谭先生是中国现代历史地理学的创始人、中国历史地理研究所原所长、原中国科学院学部委员，除该文外，在他主持并任主编的国家重点科研项目《中国历史地图集》，和他任副主编的另一国家重点项目《中国历史大辞典》中，也都标明或写明谢在南阳县（今撤县，划为宛城区）境内。文、图、典，三者一致。

（2）钱穆《国史大纲》："申在南阳宛县，（原注：《汉书·地理志》）今河南南阳（原注：城北二十里）有申城故址。宣王时申迁于谢，在今南阳稍南。"② 钱穆乃我国二十世纪著名的史学家。

（3）周乾濚《春秋谢邑考》："历经多少朝代，不能说它的辖地就毫无变化，但可以这样说，变化并不太大。……春秋谢邑实属于今河南南阳。"在总结全文论证之后，结尾之句更断言："谢邑之在南阳是肯定的。"③

（4）郑杰祥、任崇岳、艾延丁《谢邑考》：在文章结尾言，"综合以上所述理由，我们认为古代谢邑（谢国谢城遗址）所在地就是在今南阳县金华乡的东谢营村附近"。④

（5）钱林书《古谢国在今南阳考》言："南阳说时间最早，记载也非常具体，而且比较符合历史事实，我们以为是正确的。"又说："则古谢城应当在今南阳县东南。今其地有以谢命名的东谢营、西谢营，即古谢国之所在无疑。"⑤ 钱教授是中国历史地理研究所副所长，直接参加了上述两个全国重点项目《中国历史地图集》、《中国历史大辞典》的研究、编绘、撰写工作，是历史地理学科的资深专家。

（6）谢安民《寻根探源定谢邑》："南阳县金华乡东、西谢营村附近古城遗址，才是真正的古谢邑遗址，申伯之都无误。"⑥

---

① 谭其骧：《古谢邑故址应在今南阳县境》，载《谢氏故里研究》。
② 钱穆：《国史大纲》第一编第三章，商务印书馆，1996；又见氏著《西周戎祸考（上）》，载《古史地理论丛》。
③ 周乾濚：《春秋谢邑考》，载《谢氏故里研究》。
④ 郑杰祥、任崇岳、艾延丁：《谢邑考》，《南都学坛》1989年第1期。
⑤ 钱林书：《古谢国在今南阳考》，载《谢氏故里研究》。
⑥ 谢安民：《寻根探源定谢邑》，载《谢氏故里研究》。

（7）魏仁华、吴湛《申伯在南阳》："申伯所徙之谢邑，当在今南阳县金华乡的东谢营村附近。"①

（8）彤良翰《谢国、谢城及谢氏源流考辨》："据此，我们可以知道，古谢城当在今南阳县金华乡涧河附近。"②

（9）谢增寅《古谢邑今址考》："综上，根据谢姓的居迁情况，以及古籍对古谢水、古谢邑的记述，和专家学者对出土文物的认定，古谢邑当在今南阳县东、西谢营一带，确定无疑。"③

（10）谢少先、陈长怀、谢朝发、谢东斗《谢氏故里研究·通论》："总之，通过以上说明，古谢国、谢城在南阳金华乡东谢营村一带。"④

（11）谢少先、谢朝发、谢新堂《谢氏发祥地研究浅评》："关于古谢邑遗址定位，'南阳说'东、西谢营一带是始祖发源地，一、符合众多早期文献记载；二、先祖为南阳留下了充分的证据；三、有河流地貌完全与记载相一致。"⑤

（12）谢永春《谢城在南阳》："为正本清源，世界谢氏总会理事长汉儒先生深表关注，并于1993年春来信明示，托我到河南、山东等地考察了解谢氏源流事宜。此本是我义不容辞之责任，受此重托，深感责任重大。几年来，我食不觉甘味，夜深方寝，遍查群籍，全面孜集，精心研究有关史料，三入南阳、唐河（谢按：本文作者是湖北枣阳市谢氏宗亲联谊会会长），实地考察，访人寻据，察古察今，日渐明晰。古谢城在今南阳当是无疑，具体区域位置是南阳东南六十华里，东至涧河，西至溧河，中间的等腰三角地为谢城古址。即以东、西谢营为中心。"⑥

（三）文物之证

陈先生文中称："1997年3月信阳县吴家店坟扒村刘忠富院内，出土一批西周晚期的青铜器。……证明当时确实是申国和谢人民居之所在"。不知陈先生是一时疏忽，还是有意弄错时代。据《河南文博通讯》1979年第4

---

① 魏仁华、吴湛：《申伯在南阳》，载《谢氏故里研究》。
② 彤良翰：《谢国、谢城及谢氏源流辨》，载《谢氏故里研究》。
③ 谢增寅：《古谢邑今址考》，《南都学坛》1989年第1期。
④ 谢少先、陈长怀、谢朝发、谢东斗：《谢氏故里研究·通论》，载《谢氏故里研究》。
⑤ 谢少先、谢朝发、谢新堂：《谢氏发祥地研究浅评》，载《谢氏故里研究》。
⑥ 谢永春：《谢城在南阳》，载《谢氏故里研究》。

期刊载的信阳地区文管会等撰写的文物发掘报告《两批春秋早期吕国铜器》，对吴家店公社坟扒生产队刘忠富院内出土的文物，已有明确定性，时间上属春秋早期，而不是西周晚期；国别上是吕国器物，而不是申国器物。陈先生何故颠倒哉？

真正的西周申国文物是在南阳出土的。①

1981年2月，在南阳市北郊砖瓦厂发现一座申国贵族墓，出土一批申国铜器，其中一鼎二簋皆有铭文，仲偁父簋的铭文，经国家夏商周断代工程首席专家、中国社会科学院学部委员李学勤先生认定，仲偁父是周夷王的孙子，周宣王的从兄弟，在申国任大宰，即申国之相。铭文中的南申伯，即《诗经·崧高》篇里的申伯②。应注意，这里说的是"南申伯"，而不是"南申国"。是人，而不是国。有这批出土文物为证，则申国在南阳之说，早在二十多年前已得到世人公认。

南阳的另一批出土文物，说明申国一直坚持在南阳，直到被楚国灭亡。1975年3月，在南阳市西关煤场发现一座春秋时期的古墓，出土有铜器、玉器、漆器等③。李学勤、刘彬徽二位先生认定出土的"申公簋""应属楚器"，"是楚封君所作"，"是楚灭申后不久封申公之器"④。楚文王灭申后设申县，楚国县之长官称"公"或"尹"。该铜器铭文"申公彭宇"，证明楚王任命了非申氏的人为申公。

南阳出土的有关申的两批文物及信阳未发现申的文物，不是清楚地表明了，不论是西周之申国，还是春秋时楚国之申县，皆在南阳一地，信阳不沾边也。

至此，炎帝系申伯是谢氏始祖，古谢邑应定位在南阳市宛城区东、西谢营一带，已表述完毕，这篇文章也可以到此结束了。

四 余论

但是，陈先生在谈谢的几篇文章中，讲了不少我们认为是与谢无关的东西，而硬与谢搅在一起，在谢氏宗亲中，特别是在一些查找资料不便的

---

① 崔庆明：《南阳市北郊出土一批申国青铜器》，《中原文物》1984年第4期。
② 李学勤：《论仲偁父簋与申国》，《中原文物》1984年第4期。
③ 王儒林、崔庆明：《南阳市西关出土一批春秋铜器》，《中原文物》1982年第1期。
④ 刘彬徽：《楚国春秋早期铜社器》，载《楚文化觅踪》，中州古籍出版社，1986。

宗亲中，造成了疑惑和混乱。有必要再赘言几句，做一些澄清。

（一）关于"申"的问题

陈先生说"有四个申国"，召伯虎在今信阳一带征淮夷，"以功封为申伯，称为东申"。"东申姬姓，他与其他三申是四个同申不同源的诸侯国"。此"东申说"是陈先生的创造。其他人也有谈东申者，但与陈先生之说迥然不同。不管"东申"何时有之，有与没有，前述文物已证，皆与周宣王时封申伯于谢邑无关。再顺便介绍一下，严肃的科研最新成果，如《中国历史地图集》和《中国历史大辞典》（谢按：该大辞典历史地理卷编纂委员会主编是谭其骧先生，战国前之先秦史卷编纂委员会主编是李学勤先生），皆无东申之说。《大辞典》只有"申"和"西申"两条，将"申"释为"国名。姜姓。……《汉书·地理志》：南阳郡宛县'故申伯国'……"而将"西申"释为"古族名。……盖申本为山西太岳山地区古民族之一。后来，一部分徙封于河南南阳，仍名曰'申'；另一部则流徙于西方，因别于东方山西、河南之申而言，乃名曰西申。……西申具体地望当在今陕西北部安塞一带"。

至于陈文列出信阳众多的"申伯遗迹"，很可能是楚灭谢、灭申后，流移到此的申人、谢人，为怀念申伯而附会的。类似之事如"东山"，是在谢安隐居不仕的浙江上虞市南。但相传今浙江临安市、江苏南京市皆有东山，为谢安隐居不仕处，这都是出于后人的附会。此类事，作为旅游景点，讲明白只是为寄托人们的思念，也并非坏事。但作为严肃的学术研究，作为乡土教材，是绝不允许的。

今信阳（隋之义阳郡，宋之义阳军）在唐代曾两度改为申州。陈先生在文中联想为，"信阳是东申黄帝之系姬姓申伯始封之地，故简称'申'"。如前所述，信阳与申伯封谢毫无关联。这就如上海别称为申城，与申伯无关一样。

（二）关于"召伯虎"的问题

陈先生在几篇文章中用很多篇幅谈召伯虎，如在《为谢姓得姓开山祖"申伯"正名》文中讲，"从《史记·周本纪》对召公虎（封号申伯）的记述和武汉大学历史系编《简明中国历史辞典》（河南教育出版社，1983）和《中国古今地名大辞典》（香港商务印书馆，1931）的解释，可以得出如下

再论谢氏始祖为炎帝系申伯及谢邑在南阳宛城区谢营

结论：周宣王的大舅，丰功硕德，为周朝的中兴立下汗马功劳的'申伯'，原谓召公虎，一说召康公，姬姓……以功被封为申伯……迁封于谢邑……"我们查对陈先生说的《史记》和两本辞典，怎么也没发现召伯虎被封申伯的文字。而对于查找资料困难的人来说，面对如此认真的征引，如此肯定的记述，又怎能不相信？这不是明摆着骗人吗？

必须指出，这是陈先生一个并不完美的编造。它既脱离了文献这个大"谱"，也脱离了周朝制度的大"谱"，因而漏洞百出。第一，陈先生说，"原谓召公虎，一说召康公"，此乃没弄清召伯虎是谁也。召伯虎，名虎，又称召公、召伯、召穆公，西周晚期大臣。召康公乃周初大臣，是召伯虎的先祖。第二，周朝宗法制度十分严格，姓以别婚姻，氏以辨尊卑，周王与召公同为姬姓，根本不能通婚。说召伯虎是周宣王的大舅，实乃太离周朝宗法制度之谱。第三，周朝的爵位等级为公、侯、伯、子、男。公是最高等级。伯比公低两级。伯为人名时则不是爵位等级，召伯之"伯"就是名的组成部分。召伯虎既是召公或召穆公，爵位是公。陈先生说他"以功被封为申伯"，怎么爵位反由"公"降为"伯"了呢？实乃太离周朝爵位制度之谱。制度决定人物的身份和命运，周朝的召伯虎确有其人，是有名的大功臣，但召伯虎从未变身为申伯。陈先生为自圆其说，说申伯和召公是两个称谓，"二者同为一人"，这就把真的申伯化为乌有，未免太过分了。申伯另有其人，乃前述我谢氏始祖。二者不容混淆。不要乱给谢氏安祖宗。

（三）关于学风问题

陈先生为何立论与常人大相径庭？这在其文风学风中或许能找出答案。写历史论文，有其基本要求或曰准则，一是对资料要甄别，要去伪存真，要选用最原始、最早的资料，要用坚实的证据支撑所论，有一分证据说一分话；二是要吸收学术界最新的研究成果，避免最新成果摆在那里，你还蒙无所知或视而不见，只顾自话，贻笑于人。陈先生的文章则是从心证出发，随意拈取资料，又随意解读资料，甚至随意制造史料。现以陈先生的文章为例来分析之。

陈先生的文章引用南宋的《方舆胜览》和乾隆《信阳州志》，证其申和谢邑在信阳之论，为什么抛开了自《汉书》至北宋欧阳修等所有记载申和谢邑在南阳的古籍呢？这些记载可是早于信阳说几百年、上千年啊！陈先生讲申、讲申伯，援引1931商务版的《中国古今地名大辞典》和1983年武汉大学历史系编的《简明中国历史辞典》，而抛开 2000 年新出版的《中国历史大辞典》，须知，这部《中国历史大辞典》是国家的重点社会科学项目，集全国各地历史研究机构、高等院校数百位历史学家，历十五年之功，完成各分卷编纂。又历三年，完成汇编本编纂。再历三年，才正式出版。这是全国历史学家的最新的集体成果。陈先生何以不引？皆因该书的释文不符合陈先生的心证。既不引最早的记载，又不取最新的学术成果，如此违背立论的基本准则，所得结论焉能与常人同？

陈先生之文把信阳出土的春秋早期吕国铜器，硬说成西周晚期的中国文物；把内有清序的家谱，硬说成宋谱；把文献上讲的邓州之南阳县硬解读为南阳郡，以扩大其范围到信阳地，圆全自己的谢邑信阳说。如此偷换论据概念，所得结论焉能与常人同？

陈先生上引《史记》、引台湾数十教授的《诗经》今译，下征武汉大学之《简明中国历史辞典》、商务版《中国古今地名大辞典》，言之凿凿，反复讲召公因功封申伯，召公与申伯为同一人。以此欺骗看不到资料的多数人士。经查证，皆无此说。如此无中生有地制造论据，所得结论焉能与常人同？

以此种学风搞"研究"，还是学术研究吗？以此种文风写出的文章，还算得上学术论文吗？我谢氏族众还敢相信吗？

陈先生文中又云："谢肇华先生文章说，'谭其骧为首的众多专家撰写论文从方方面面论证古谢城还是在南阳 xx。我听说那次会议谭其骧老先生就没有到会。"这是在暗指我说谭先生为讨论会撰文是捏造的。这是陈先生的又一种影射文风吧。

既然陈先生意有所指的提到"那次会议"与谭先生，我就不妨再说说与谢氏相关的那次讨论会，以及与这次讨论会相关的谭先生的人品和学风。那是 1991 年 10 月在南阳召开的"中国谢氏源流首届学术讨论会"。我负责邀请河南省以外的学者。我写信邀请谭先生，谭先生爽快地答应了。但是开会时，谭先生却未能与会，而是托他的学生兼同事、中国历史地理研究所副所长钱林书教授，带来了他的文章《古谢邑故址应在今南阳县境》。钱林书教授讲，谭先生很认真，答应与会，是一定要来的；既要与会，还一定写文章。为了给这次讨论会写文章，老先生亲自查资料。登折叠梯取书架高处的书时，不慎跌了一跤，因摔断腿骨而住进医院。谭先生因不能如约与会而抱歉，但还是坚持在病床上完成了这篇文章。我们听后很感动，佩服先生做人的高尚和治学的认真严谨。后来听说，先生再也没站起来，研究谢邑之文，很可能是先生最后的文章。因我请先生而竟致先生受伤不起，为此我一直愧疚于心。我们谢氏应该感谢为谢氏研究用尽最后一点力的谭其骧先生，我们应该学习他、记着他。

就以这则与我谢氏有关的文坛掌故结束本文吧。我谢氏族人可从中慢慢体味，真正的大师是怎样做人做学问的。

2011年3月24日晚12点于北京拂林园完稿